Rosemarie Wrede-Grischkat
Manieren und Karriere

ROSEMARIE WREDE-GRISCHKAT

MANIEREN UND KARRIERE

INTERNATIONALE VERHALTENSREGELN FÜR FÜHRUNGSKRÄFTE

VIERTE, ÜBERARBEITETE UND ERWEITERTE AUFLAGE

Frankfurter Allgemeine
ZEITUNG FÜR DEUTSCHLAND
GABLER

Die Deutsche Bibliothek – CIP-Einheitsaufnahme
Ein Titeldatensatz für diese Publikation ist bei
Der Deutschen Bibliothek erhältlich

1. Auflage 1990
2. Auflage 1992
3. Auflage 1998
4., überarbeitete und erweiterte Auflage 2001

Satz: Publishing Service R.-E. Schulz, Dreieich
Druck: Wilhelm & Adam, Heusenstamm
Buchbinderei: Osswald + Co., Neustadt/Weinstraße

ISBN 3-409-49146-5

Vorwort zur vierten Auflage

Gibt es einen Anlass, mein Buch über Verhaltensnormen im Business erneut zu verändern und zu erweitern? Im Entwicklungsprozess der Zivilisation brauchen wir normalerweise eine ganze Generation, bis Veränderungen der Norm erkennbar werden. Das gilt jedoch nicht für technische Innovationen, die mit rasanter Geschwindigkeit Eingang in unser Leben – nicht nur das berufliche – finden, und hier noch keine etablierten Verhaltensstandards vorfinden, die den Umgang mit diesen technischen Neuerungen angenehm gestalten könnten. Was also eine Aktualisierung notwendig machte, war zunächst einmal die Verlagerung großer Teile der geschäftlichen Kommunikation ins Internet. Deswegen enthält diese Auflage dazu ein ganz neues Kapitel.

Einen weiteren Grund liefert die fortschreitende Globalisierung unserer Wirtschaft; ernst zu nehmende Marktinteressen sind vor allem in Ost- und Südost-Europa hinzugekommen, sodass es einem Orientierungsbedarf im Hinblick auf diese Länder nachzukommen gilt. Dabei kann es sich nicht nur um Strategien handeln, wie man in welchen Ländern mit diesen oder jenen Schwierigkeiten am besten umgeht oder Tücken andersartiger Geschäftsgewohnheiten zu durchschauen vermag. Mir geht es darum, meine Leser in die Lage zu versetzen, durch ein höfliches und möglichst angemessenes Auftreten in diesen Ländern Europas eine positive Gesprächsatmosphäre zu kreieren, die letztlich der einzige Garant für eine effiziente Geschäftsverbindung sein kann. Und das alles sollte auch unter dem Gesichtspunkt zu sehen sein, dass wir nicht die einzigen Akteure auf dem Weltmarkt sind, sondern uns fast überall in Konkurrenz nicht nur zu hochqualifizierten, sondern zudem gebildeten und korrekt auftretenden Geschäftsleuten anderer Nationen befinden.

Zu dem bereits erwähnten Problem der vielfach schlechten Umgangsformen im Internet habe ich in dem Abschnitt Netiquette eine Art „Internet-Knigge“ aufgestellt, indem ich den gegenwärtigen Konsens unter denjenigen Unternehmern und Spitzenmanagern aufgegriffen und beschrieben habe, die selbst bei der Schnelligkeit unserer modernen Kommunikationsmedien und bei potenzieller Auswechselbarkeit von Geschäftspartnern auf ein Mindestmaß an Höflichkeit nicht verzichten wollen. Hierzu habe ich enorm von den Gesprächen mit meinen Seminarteilnehmern profitiert, denen ich viel an aktueller Information verdanke.

Von ihnen habe ich mich dann auch davon überzeugen lassen, dass es hilfreich wäre, etwas konkretere Hinweise zum Thema Smalltalk zu erhalten – hier gibt es also einen neuen Abschnitt *Smalltalk*.

Als dringend aktualisierungsbedürftig habe ich das Thema Telefonieren gesehen; hier nähert sich der Dienstleistungsbegriff auch bei uns mehr und mehr dem internationalen Standard, sodass beim geschäftlichen Telefonieren doch einige wichtige Ergänzungen notwendig wurden – zu lesen unter *Telefon-Etikette*.

Im 10. Kapitel, das sich den Etikette-Vorschriften und Kulturvorgaben anderer Nationen und Regionen widmet, geht es mir darum, insbesondere für die Länder *Ost-Europas, Südost-Europas* und *Nordost-Europas* die wirtschaftlichen Entwicklungen aufzugreifen und meine Hinweise aus der dritten Auflage wesentlich zu aktualisieren und zu erweitern. Aber auch die Hinweise auf veränderte Standards in *Nordeuropa* sowie für die wichtigsten Geschäftsregionen in *Südamerika* habe ich für diese Auflage einer gründlichen Aktualisierung bzw. Präzisierung unterzogen. Dabei habe ich nicht nur meine persönlichen Eindrücke verwandt, sondern den glücklichen Umstand meinen Lesern nutzbar gemacht, von den Erfahrungen hochrangiger Wirtschaftsexperten profitieren zu können.

An dieser Stelle ist es mir ein Bedürfnis, meinen Dank all denjenigen auszudrücken, von deren Erfahrungen und Reflexionen ich in den letzten Jahren sehr profitiert habe. Das sind zunächst die Damen und Herren Führungspersönlichkeiten, die ich in meinen Seminaren antraf.

Meinen ganz besonderen Dank schulde ich jedoch folgenden Gesprächspartnern, die sich in exzeptioneller Weise um mein Verständnis für die realen Probleme im internationalen Business der unterschiedlichen Regionen verdient gemacht haben. Das sind:

Ana C. Gamarra Bernal, Leverkusen / Peru
Konsul Wilfried Eisenfeller, Caracas, Venezuela
Dr. Martin Schmitz, Direktor WestLB, Sao Paolo, Brasilien
Dr. Gerd Uhlmann, Mitglied der Geschäftsleitung der Wella AG, Darmstadt

Es ist für mich selbstverständlich, dass sowohl die Daten zu jedem Land wie auch die Mitgliedschaften in internationalen Institutionen für diese Auflage aktualisiert wurden.

Mühltal, im Juli 2001 *Rosemarie Wrede-Grischkat*

Vorwort zur ersten Auflage

Dieses Buch lebt von der Erfahrung mit Menschen und dem Bedürfnis, anderen zu helfen. Es beruht auf Erfahrungen mit jenen, die sich durch die höflichen Manieren anderer respektiert sehen möchten und tagtäglich durch Unhöflichkeiten frustriert werden. Es erkennt die Probleme jener, die nicht wissen, was sie in einer bestimmten Situation falsch gemacht haben, aber spüren, dass dies offenbar der Fall gewesen ist. Es ist vertraut mit dem scheinbaren Widerspruch, dass Menschen ihren Beruf engagiert ausüben und trotzdem nicht weiterkommen. Dieses Buch will all diese unterschiedlichen Bedürfnisse von Menschen aufgreifen und zeigen, wo Reibungspunkte und Defizite sind und wo die berüchtigten „Fettnäpfchen" versteckt sein könnten. Es will hier Abhilfe schaffen. Es soll den Unsicheren zu größerer Souveränität verhelfen und den Fähigen dazu, in Führungspositionen aufzusteigen. Es soll dem einen vermitteln, wie man Achtung vor dem anderen ausdrückt. Und es soll den beruflichen Alltag unkomplizierter und freundlicher machen.

„Manieren und Karriere" ist ausgerichtet an der Lebenswirklichkeit heutiger Führungskräfte. Es greift die Fragen auf, die sich ihnen täglich stellen: Wie geht man überhaupt mit Menschen um? Wie erwirbt man den Respekt anderer? Wie verhält man sich in Situationen, in denen „es darauf ankommt"?

Und doch ist dies kein „Benimm-Buch" herkömmlicher Art. Denn es richtet sich an Persönlichkeiten, denen mit einfachen Handlungsanweisungen nicht gedient wäre. Deshalb ist dies ein anderes Buch über Verhaltensformen. Es zeigt Hintergründe auf, beleuchtet Zusammenhänge und gibt Einordnungskriterien an die Hand. Dadurch wird der Leser/die Leserin in die Lage versetzt, selbst einzuschätzen, wie er/sie sich in dieser oder jener Situation verhalten sollte. Es soll also Sicherheit im Auftreten vermitteln und zu mehr persönlicher Souveränität verhelfen.

In diesem Punkt kann man eine Traditionslinie zu Adolph Freiherr von Knigge ziehen. Denn dieser revolutionäre Adlige gab in seinem berühmtem Buch „Über den Umgang mit Menschen" die Umgangsformen der adligen Oberschicht an junge Männer des Bürgertums weiter. Offenbar gefiel es ihm nicht, dass über die „guten“ Manieren nur der Adel verfügte, denn Manieren waren entscheidend dafür, ob jemand Karriere machen durfte oder nicht. Deshalb half Herr von Knigge mit seinem Buch etwas nach und „demokratisierte« auf diese Weise den Zugang zu den Karrieren.

Zweifellos leben wir heute in einer ganz anderen Gesellschaft, die nicht im geringsten mehr mit der damaligen „geschlossenen Gesellschaft“ der Adelsherrschaft zu vergleichen ist. Dennoch können auch wir nicht leugnen, dass Umgangsformen über Karrieren entscheiden. Deswegen könnte man zu dieser Intention des Herrn von Knigge einer Parallele ziehen: Auch dieses Buch will denjenigen dazu verhelfen, sich in der Gesellschaft sicherer zu bewegen, die diese Sicherheit nicht durch die eigene Erziehung gewinnen konnten.

In einem anderen Punkt unterscheidet sich dieses Buch aber ganz wesentlich von dem des adligen Herrn: Knigge ließ die Frauen nicht nur außen vor, er hatte sogar einen ausgesprochenen „Horror“ vor intelligenten Frauen. Der Verlockung, eine Kostprobe davon zu geben, kann ich einfach nicht widerstehen:

„Ich muß gestehen“, schreibt Knigge, „dass mich immer eine Art von Fieberfrost befällt, wenn man mich in Gesellschaft einer Dame gegenüber oder an die Seite setzt, die große Ansprüche auf Schöngeisterei oder gar Gelehrsamkeit macht. (...) Es erregt wahrlich, wo nicht Ekel, doch Mitleiden, wenn man hört, wie solche armen Geschöpfe sich erkühnen, über die wichtigsten Gegenstände, die Jahrhunderte hindurch der Vorwurf der mühsamsten Nachforschungen großer Männer gewesen sind, (...) in den entscheidendsten Ausdrücken Machtsprüche zu wagen, indes sie kaum eine klare Vorstellung von der Materie haben, wovon die Rede ist.“ (Adolph Freiherr von Knigge: Über den Umgang mit Menschen, S. 201 f.)

Um es kurz zu fassen: Mein Buch richtet sich selbstverständlich auch an Frauen – und mit besonderer Genugtuung an alle diejenigen, in deren Gegenwart es Herrn von Knigge schlecht geworden wäre.

Mühltal, im September 1990 *Rosemarie Wrede-Grischkat*

Vorwort zur zweiten Auflage

Es gibt viele Bücher, die nach den politischen Veränderungen in Ost-Europa und nach der Vereinigung Deutschlands neu geschrieben werden müssen. Dieses ist eines davon.

Es war vor allem der Auslandsteil, der dringend der Korrektur bedurfte – doch ist dies nicht der einzige Grund dafür, bereits nach zwei Jahren eine überarbeitete Auflage von „Manieren und Karriere“ herauszubringen. Mindestens ebenso wichtig erschien es mir, meine Erfahrungen mit dem Buch, die ich in den beiden letzten Jahren sammeln konnte, den Lesern mitzuteilen – Erfahrungen in den alten und in den neuen Bundesländern.

Niemand ahnte zu dem Zeitpunkt, als „Manieren und Karriere“ zum ersten Mal erschien, dass der Titel dieses Buches quasi Programm der Unternehmensführung werden würde, und dass dieses Thema in allen Wirtschaftszeitungen und -magazinen diskutiert werden würde. Natürlich hätte auch niemand vorhersagen mögen, dass Seminare zu diesem Thema einen solchen Zuspruch erfahren würden – trotz Wiedervereinigung, trotz Wirtschaftskrise, trotz trostloser Situation in den neuen Ländern.

Meine Erfahrungen aus dem öffentlichen Umgang mit diesem Thema in Ost- und Westdeutschland habe ich in dieser neuen Auflage eingearbeitet. Und ich habe versucht, auf die neuen Fragen Antworten zu geben.

Gleichzeitig habe ich in den letzten beiden Jahren selbst sehr viel gelernt. In den neuen Ländern habe ich gelernt, dass es leichter ist, Formen zu vermitteln, als sich über Inhalte – also über Werte und Normen – zu verständigen. Und ich habe gelernt, dass wir scheinbar eine Sprache sprechen und die gleichen Wörter verwenden, hüben wie drüben – nur, wir füllen viele Wörter und Begriffe mit unterschiedlichen Inhalten. Einige Grundbegriffe verstehen wir jedoch eindeutig und unmißverständlich in gleicher Weise. Das sind Begriffe wie Menschenwürde, Respekt vor anderen Menschen, Achtung vor Schwächeren, Ärmeren, Unglücklicheren. Aber gerade im Bereich dieser Begriffe, die nur durch die respektvollen Formen und höflichen Manieren glaubhaft vermittelt werden können, habe ich die bösesten Erfahrungen gemacht. Durch das Verlassen der guten Manieren beim Betreten der neuen Länder drücken viele „Wessis" unmißverständlich ihre Mißachtung der ehemaligen „Brüder und Schwestern im Osten" aus. Und das sind Signale, die – richtig – verstanden werden, und die wehtun.

Dazu, dass dies niemandem unabsichtlich unterlaufe, soll dieses Buch dienen. Und es besteht Hoffnung auf Erfolg. Denn alle geben sich Mühe mit diesem Thema: die Journalisten und auch die großen Buchhandlungen. So gaben mir die Buchhandlungen Hugendubel in München, Frankfurt und Nürnberg, Witwer in Stuttgart und das Schweizer Sortiment in Berlin Gelegenheit, vor größerem Publikum aus „Manieren und Karriere" lesen beziehungsweise referieren zu dürfen. Weitere werden folgen.

Mühltal, im Mai 1992 *Rosemarie Wrede-Grischkat*

Vorwort zur dritten Auflage

Allein schon die Vorworte zu den beiden vorangegangenen Auflagen dieses Buches bieten einen augenfälligen Beleg für die Schnelllebigkeit unserer Epoche. War es 1990 noch mein Anliegen, zunächst einmal Bewusstsein dafür zu schaffen, welche Bedeutung gute Manieren für die persönliche Karriere einer jeden Führungspersönlichkeit haben, so konnte ich das bei der zweiten Auflage bereits als bekannt voraussetzen. Erfreulicherweise haben mich Medien und Öffentlichkeit jahrelang und bis heute darin unterstützt, Höflichkeit und korrektes Auftreten als Führungsaufgabe zu definieren. Auch wurde in der Wirtschaft der unabweisbare Zusammenhang von höflichen Umgangsformen und Unternehmenserfolg erkannt.

Mit der Europäisierung des Marktes und den zunehmend globalen Interessen auch kleinerer und mittlerer Wirtschaftsunternehmen bekommen internationale Umgangsformen eine aktuelle wirtschaftliche Dimension. Ohne Zweifel tauchen nun für viele Unternehmer wie auch für Geschäftsleitungen deutscher Konzerne Fragen auf, die offensichtlich in unmittelbarem Zusammenhang mit wirtschaftlichem Erfolg stehen und doch außerhalb der gewohnten Strukturen und, vor allem, außerhalb der gewohnten Verhaltensmuster liegen. Heute werden deshalb nicht nur die eigene Unternehmenskultur und interne Verkehrsformen zum Gegenstand kritischen Interesses, sondern es kommen auch noch Verhaltensstandards fremder Kulturen sowie die Begegnung mit völlig anderen Wertmaßstäben als einzukalkulierende Größen hinzu. Und wer weiß schon, auf welche Formen er zurückgreifen soll, wenn plötzlich eine persönliche Begegnung mit dem ausländischen Gesprächspartner ansteht, den man durch häufige Kommunikation über das Internet schon gut zu kennen glaubte?

Es gab also für mich dringliche Gründe, eine völlige Neubearbeitung der Verhaltensorientierungen für eine Neuauflage von „Manieren und Karriere“ in Angriff zu nehmen. Diesem Vorhaben konnte ich meine Erfahrungen aus vielen Berichten in meinen Seminaren nutzbar machen; darüber hinaus erschien es mir nun notwendig, über das Auftreten meiner geschäftsreisenden Landsleute im Ausland vor Ort Näheres zu erfahren. So habe ich in persönlichen Gesprächen mit langjährigen Repräsentanten deutscher Unternehmen in China und einigen arabischen Ländern aus sich dort wiederholenden Problemen allgemein gültige und vermittelbare Schlüsse zu ziehen versucht. Letztlich habe ich breite Unterstützung bei einer ganzen Reihe von Botschaften gefunden, die mit großem Entgegenkommen meine Fragen beantwortet und die lexikalischen Fakten und Daten aktualisiert haben. In diesem Zusammenhang danke ich herzlich den Botschaften von:

Afghanistan, Argentinien, Australien, Belgien, Bolivien, Brasilien, Chile, Dänemark, Frankreich, Griechenland, Großbritannien, Iran, Israel, Italien, Jordanien, Kanada, Katar, Luxemburg, Mexiko, Neuseeland, Niederlande, Oman, Peru, Philippinen, Polen, Rumänien, Russland, Schweden, Schweiz, Slowakei, Slowenien, Spanien, Tschechische Republik, Türkei, Ukraine, Uruguay, Usbekistan, Venezuela, Vereinigte Arabische Emirate, Volksrepublik China, Zypern.

Selbstverständlich war nach sechs Jahren die Aktualisierung unserer eigenen Verhaltensstandards ebenfalls notwendig geworden, die sich in der Zwischenzeit entweder weiterentwickelt haben oder durch das Auftauchen neuer Technologien neue Probleme aufwarfen – wie beispielsweise das Handy.

Ich wünsche mir, dass dieses Buch vielen meiner Leser und Leserinnen in den entscheidenden Momenten zum geschäftlichen Erfolg verhelfen möge.

Mühltal, im September 1998 *Rosemarie Wrede-Grischkat*

Inhalt

1. Kapitel

Unternehmensinteresse: Image und Erfolg

Weder Produkte noch Dienstleistungen verkaufen sich allein aufgrund ihrer Qualität. Ein ganz wesentlicher Faktor des wirtschaftlichen Erfolgs ist das Image eines Unternehmens. Dieses Ansehen wird durch das höfliche und korrekte Auftreten seiner Führungskräfte bestimmt. Dabei wirkt nicht nur das stilvolle Auftreten prägend, maßgebend für ein positives Bild nach außen sind vor allem die Qualität der Kommunikation und der Stil des internen Umgangs.

Angesehene Wirtschaftswissenschaftler und maßgebende Unternehmensberater sind sich gegenwärtig darüber einig, dass das Image als der am meisten unterschätzte Wettbewerbsfaktor in deutschen Unternehmen anzusehen ist. Das gilt für nahezu alle Unternehmen. Der gute Ruf, das Image eines Unternehmens, ist nicht nur entscheidend für das Vertrauen von Kunden, also dafür, welche *Produkte* ein Kunde kauft, sondern auch dafür, wessen *Aktien* ein Anleger kauft und bei welchem Unternehmen sich die *fähigsten Fach- und Führungskräfte* bewerben.

Kein Unternehmen – ganz gleich welcher Größe und welcher Branche – kann es sich heute noch erlauben, auf ein korrektes Auftreten seiner Mitarbeiter und Mitarbeiterinnen zu verzichten. Dabei ist das Image nur *ein* Faktor, der im Hinblick auf die Umgangsformen in Betracht gezogen werden muss, wenngleich das Image heute als der „vierte Produktivfaktor" bezeichnet wird.

In den letzten Jahren hat es eine ganze Reihe von Veröffentlichungen zum Thema Unternehmensimage gegeben. Dabei wurde durchgängig das *Ansehen als der wichtigste Erfolgsfaktor* herausgestellt. Man konnte belegen, dass es eine erstaunliche Korrelation zwischen einem hohen Ansehen und dem wirtschaftlichen Erfolg von Unternehmen gibt, die allein durch die Geschäftspolitik nicht zu erklären war. Eine weitere Erkenntnis daraus ist, dass sich das Image eines Unternehmens nicht durch firmenseitig beauftragte Imagekampagnen positiv beeinflussen lässt. Oftmals bewirken gestylte Geschäftsberichte und allzu forsche Werbekampagnen eher das Gegenteil, wie das „Manager Magazin" feststellte. Jedoch sind gute Umgangsformen der führenden Persönlichkeiten stets unverzichtbare Bedingung für den guten Ruf des Hauses.

Dabei geht es hier nicht nur um die Wirkung nach außen als imageprägendem Faktor, sondern gleichermaßen um die *unternehmensinterne Wirkung* von Höflichkeit und respektvollem Umgang.

Es gilt heute als eine gesicherte Erkenntnis, dass die Corporate Identity das Bild eines Unternehmens in der Öffentlichkeit prägt. Jedoch sind die Bausteine für CI keineswegs so einsträngig produktbezogen, wie viele glauben, sondern vor allem ein Ergebnis *personenbezogener Unternehmenskultur*. CI macht sichtbar, was das Unternehmen ausmacht: Die Unternehmensidee, der Stil der Unternehmenskultur und die Wertvorstellungen, die ein Unternehmen leiten.

Das heißt, *Bedingung* für ein positives Erscheinungsbild einer Unternehmensidentität in der Öffentlichkeit ist unverzichtbar die Identifikation der Mitarbeiter/innen mit ihrem Unternehmen. Deswegen ist nicht nur die Kommunikation nach außen notwendiger Teil einer Erfolgsstrategie von Unternehmen; zunächst und vor allem muss der Stil der internen Kommunikation die Identifikation aller mit dem Unternehmen ermöglichen.

Zeitgemäßer Führungsstil als Unternehmenskultur

In der Soziologie hat sich seit einiger Zeit die Höflichkeitsforschung als eine seriöse Wissenschaftsrichtung etabliert, an der viele Wissenschaftler international und national beteiligt sind. Eigenartigerweise haben deren Erkenntnisse bei uns jedoch bisher erst zögernd Eingang in die Führungsstrategien der Wirtschaft gefunden.

Ganz anders in den Vereinigten Staaten. Bereits vor 20 Jahren gingen amerikanische Soziologen – mit genügend Mitteln für eine weltweit angelegte Studie ausgerüstet – dem „Phänomen der Höflichkeit" nach. Eines der Ergebnisse ihrer kulturvergleichenden Untersuchung war, dass normierte Formen der Höflichkeit keinesfalls auf den europäischen und den asiatischen Kulturkreis beschränkt sind. Selbst in uns fernen Kulturen uns eher „primitiv" erscheinender Völker fanden sie erstaunliche Übereinstimmungen mit unseren Höflichkeitsformen.

Wegen der Vielfalt der unterschiedlichen Kultureinflüsse in ihrem großen Land gehen Amerikaner weniger traditionsbelastet und bedeutungsschwanger an die Nutzbarmachung der *Höflichkeit* für den Businessbereich heran. Ihr Fazit:

Höflichkeitsstandards sind ein Katalog von Strategien, die auf Erfolg gerichtet sind.

In unserem mitteleuropäischen Kulturraum gab es noch vor ein, zwei Generationen eine Reihe von Begriffen und Verhaltensweisen, die früher nicht nur Voraussetzung, sondern geradezu *Merkmal von Führungspersönlichkeiten* war:

Die Achtung vor der Persönlichkeit anderer und das Akzeptieren der eigenen Vorbildfunktion.

Höflichkeit wird zu Recht als ein *Zeichen für persönliche Souveränität* angesehen und ist entschiedenermaßen kein Zeichen von Schwäche. Ganz im Gegenteil: Menschen mit Minderwertigkeitsgefühlen oder unsicherem Auftreten tun sich schwer, anderen respektvoll zu begegnen. Sie denken meist, mit Höflichkeit würden sie sich etwas vergeben.

Zum korrekten Verhalten von Vorgesetzten gehören auch heute noch einige Selbstverständlichkeiten, die anscheinend hier oder da in Vergessenheit geraten oder unbekannt geblieben sind. Sie sollen in den nachfolgenden Kapiteln aktualisiert und in Erinnerung gerufen werden.

Untersuchungen bei uns besagen, dass die Tätigkeit von höheren Führungskräften zu 80 bis 90 Prozent aus Gesprächen besteht. Und sie stellen fest, dass für eine erfolgreiche Kommunikation das Führungsverhalten von entscheidender Bedeutung ist. Ich spreche in diesem Zusammenhang lieber vom *Führungsstil*. Zweifelsfrei ist das Gespräch das wichtigste Führungsinstrument, das in einer ganzen Reihe von betrieblichen Zusammenhängen – mit Sicherheit gerade den schwierigsten – nicht durch andere Kommunikationsmittel zu ersetzen ist, so zum Beispiel bei der vertraulichen Bereinigung persönlicher Kontroversen, bei Verhandlungen und dem komplizierten Aushandeln von Geschäften. Umso wichtiger erscheint es daher, dass man sich auch über den persönlichen Stil Gedanken macht, und sich nicht allein auf die Inhalte und die üblichen Gesprächsstrategien verlässt.

Obwohl es zu den alltäglichen Aufgaben gehört, ist das *Erteilen von Anweisungen* oftmals ein kritischer Punkt im Führungsstil manches/r Vorgesetzten. Deshalb erscheinen hierzu einige Beispiele erwähnenswert:

Anweisungen sollten stets

- *durchführbar* sein – denn man verliert an Glaubwürdigkeit, wenn man Dinge zu tun verlangt, die gar nicht durchführbar sind;
- *verstehbar* sein – es liegt oftmals an der Art sich auszudrücken, dass Vorgesetzte nicht verstanden werden, und wer traut sich schon zuzugeben, dass er von all dem nichts verstanden hat;
- *kontrollierbar* sein – weil nur durch die Kontrollierbarkeit die Möglichkeit zum Lob eröffnet wird, und das ist wiederum sehr wichtig im Hinblick auf die Motivation der Mitarbeiter/innen;
- *begründet* werden – dadurch wird dem/der Mitarbeiter/in die Möglichkeit des Mitdenkens gegeben, was ebenfalls für die Motivation von großer Bedeutung ist;
- *höflich formuliert* werden – damit sich der/die Mitarbeiter/in als Person respektiert sehen kann und sich nicht herabgesetzt fühlt.

Eine Unternehmenskultur, die von der Höflichkeit und den guten Manieren der Vorgesetzten geprägt ist, übt einen grundlegend positiven Einfluss auf die *Motivation* aller Mitarbeiter/innen aus. Diese Art des Miteinander-Umgehens erleichtert nicht nur erheblich die Identifikation mit dem Unternehmen beziehungsweise der Betriebseinheit, die Arbeit macht auch Freude. Darüber hinaus ist es eine unbestrittene Tatsache, dass nur diejenigen Mitarbeiter/innen ihre Kunden wichtig nehmen, die sich selbst wichtig genommen wissen. Deshalb ist ein höflicher Umgangsstil auch bestimmend für das positive Image eines Unternehmens.

Zu den wichtigsten innerbetrieblichen Führungsaufgaben gehört die Optimierung der Unternehmenskommunikation. Konsequenterweise spielen die Formen des innerbetrieblichen Umgangs, die man auch als „Interaktionsregeln" bezeichnen kann, damit eine entscheidende Rolle. Denn selbstverständlich ist nicht allein die Tatsache wichtig, dass die Kommunikation untereinander klappt, sondern ganz entscheidend für die Effizienz ist, *auf welche Art* das geschieht.

Höflichkeit als Kommunikationsleistung

Es geht in diesem Zusammenhang also auch um die *Qualität* der Kommunikation. Eigentlich hört es sich nach einer Binsenweisheit an, sie ist aber keineswegs in angemessener Weise in allen Köpfen präsent:

Die Qualität der Kommunikation wird stets durch die Umgangsformen der Beteiligten bestimmt.

Unter „Qualität" sind nun keineswegs nur die Verständigungsebenen gemeint, sondern auch die *Effizienz der Kommunikation*, die sich zum Beispiel auch in der Qualität der Informationen festmachen lässt. Ohne Zweifel ist ein weiterer Aspekt der äußeren Wirksamkeit von Unternehmensstrategien die Beschaffung von *Informationen*, die heute als die wichtigste Basis unternehmerischen Handelns angesehen werden. Erfolge in diesem kniffligen Aufgabenfeld sind eindeutig von den kommunikativen Fähigkeiten der damit betrauten Mitarbeiter/innen abhängig. Und es ist einleuchtend, dass besonders von ihnen korrekte und taktvolle Manieren gefordert sind. Das alles gilt bereits für den heimischen Markt.

Im Hinblick auf ein erfolgreiches Agieren auf dem internationalen Markt kommt noch ein weiterer, entscheidender Faktor hinzu: Deutsche Unternehmen haben sich der im Ausland wesentlich höher entwickelten „Dienstleistungsmentalität" zu stellen. Dazu gehört nicht nur, die in der Regel hochqualifizierten Mitarbeiter auf die positiven wirtschaftlichen Konsequenzen einer *höheren Dienstleistungsorientierung* gegenüber Kunden und Investoren einzuschwören. Als eine unverzichtbare Voraussetzung dafür ist es notwendig, sie mit den kulturbedingten Verhaltensformen auszurüsten, die das Erkennen und Einordnen von tatsächlichen Kundenbedürfnissen und das Schaffen von serviceorientierten Problemlösungen erst möglich machen. In diesem Zusammenhang unerlässlich ist die Sensibilität für Formen, sowohl für das Erkennen der Codes anderer Kulturkreise als auch für die Interpretationsmöglichkeiten der selbst ausgesandten Codes – oder, anders gesagt, der eigenen Verhaltensformen und Manieren.

In Deutschland gilt die Devise: „*Bei uns zählt die Leistung*"... Was aber ist denn mit Leistung gemeint? Geht es dabei um eine völlig objektive, austauschbare, unpersönliche Kraftleistung, die auch von Robotern zu erbringen wäre? Oder geht es dabei um die individuelle Leistung von Menschen? Und worin sollte diese Leistung bestehen, wenn sie denn nicht von Robotern zu erbringen ist?

Hier drücken sich viele Unternehmen davor, die Leistungsanforderungen nicht nur mit technischen, organisatorischen oder irgendwelchen, mit Mengenangaben versehenen Fähigkeiten zu füllen, sondern ganz präzise die geforderte Leistung als *Kommunikationsleistung und Anpassungsleistung* zu definieren.

Höflichkeit und korrektes Auftreten sind Kommunikationsleistungen, die für Unternehmen jeglicher Art unverzichtbar sind.

Für alle klassischen Dienstleistungsunternehmen jeglicher Branche und Größe gilt das schon länger als selbstverständlich. Dort geht man schon seit geraumer Zeit davon aus, dass sich Dienstleistungen nicht allein aufgrund ihrer Qualität quasi von allein verkaufen.

Im Gegensatz dazu ist das Bewusstsein vieler anderer Wirtschaftszweige und Industrieunternehmen noch weit weg von der Erkenntnis, dass es kaum eine *fachspezifische Leistung*, geschweige denn irgend welche *Ideenprodukte* gibt, die nicht kommunikativ vermittelt werden müssten, um entsprechend eingebracht oder akzeptiert zu werden. Dass auch technische Produkte und technologische Dienstleistungen per Kommunikation an den Mann/die Frau gebracht werden müssen, spricht sich erst ganz langsam bei uns herum. Es hat jedoch den Anschein, als zögen nun – nicht zuletzt angesichts europäischer oder globaler Konkurrenz – immer mehr Industrie- und Wirtschaftsunternehmen Konsequenzen daraus.

Was die *Anpassungsleistung* betrifft, so gehen die meisten Unternehmen mit dieser Leistungsanforderung um wie mit einem Tabu: darüber spricht man nicht. Dabei ist es eine ganz selbstverständliche Gepflogenheit von Unternehmen mit Image-Anspruch, schon bei der Einstellung die Kandidaten und Kandidatinnen auch auf ihre potenzielle Anpassungsfähigkeit an die Unternehmenskultur und die Firmenphilosophie zu testen.

Höflichkeit und einwandfreies Auftreten sind ein unerlässlicher Teil der geforderten Anpassungsleistung.

Anpassung? Ja – aber natürlich *nicht Überanpassung*! (Siehe dazu 2. Kapitel.)

Pünktlichkeit ist der höfliche Umgang mit anderer Leute Zeit

Unternehmen verstehen unter „Zeitmanagement" nicht nur den Umgang mit dem eigenen Terminkalender, sondern auch mit den Zeitplänen anderer Mitarbeiter. Gerade im beruflichen Zusammenhang ist man in besonderer Weise darauf angewiesen, dass verabredete Zeiten eingehalten werden. Im Allgemeinen wird in Wirtschafts- und Industrieunternehmen von folgenden *Grundregeln* ausgegangen:

- Pünktlichkeit bedeutet im beruflichen Zusammenhang das Einhalten einer verabredeten Zeit, auf die wiederum andere ihre Zeitplanung abgestellt haben.
- In anderen Ländern gibt es unterschiedliche Pünktlichkeitsstandards und unterschiedliches Verhalten gegenüber den „pünktlichen" Deutschen.
- Ein bekannt gegebener, nicht persönlich vereinbarter Termin gilt als akzeptiert, sobald man ihm nicht vorher widersprochen hat.
- Wenn man im Vorhinein weiß, dass man einen bestimmten Termin nicht einhalten kann – oder auch nur möglicherweise nicht einhalten kann –, sagt man im Voraus Bescheid und entschuldigt sich.
- Bei Anreisen mit dem PKW zu einem bestimmten Termin sollte man – trotz Autotelefons – eine Sicherheitszeit einplanen.
- *Jedes* unpünktliche Erscheinen bedarf einer *Entschuldigung*.

Selbstverständlich können nicht vorhersehbare Gründe auftreten, die eine Verspätung entschuldigen. Wie sollte man sich in einer solchen Situation verhalten?

- ⊕ Ohne Zweifel hat sich derjenige, der ein Meeting einberufen hat, für sein Zuspätkommen zu entschuldigen.
- ⊕ Falls man/frau verspätet in einen kleinen Kreis kommt, so entschuldigt man sich – mit sehr kurzer Begründung – dezent beim Sitzungsleiter und setzt sich unverzüglich auf seinen Platz.
- ⊕ Falls man/frau verspätet zu einem größeren Meeting, einer Konferenz oder einem Seminar erscheint, sollte man sofort und unauffällig Platz nehmen. Unerlässlich ist dann, sich bei der *nächsten* Unterbrechung kurz für seine Verspätung zu entschuldigen – ohne nähere Begründung.

Tabus:

- ⊖ Unpünktlichkeit heißt somit, eine feste Verabredung nicht einzuhalten – sei sie nun generell oder persönlich getroffen worden. Sie wird wie der Bruch eines Versprechens übel genommen.
- ⊖ Unpünktlichkeit bedeutet stets „zum Fenster hinausgeworfenes" Geld.
- ⊖ Das Wartenlassen kostet vor allem die anderen viel Nerven, weil es deren Planungen durcheinander wirft, und frustriert auch deshalb, weil man davon ausgehen muss, dass man diejenigen, die man warten lässt, nicht besonders hoch schätzt.
- ⊖ Vorgesetzte, die von Mitarbeitern Pünktlichkeit verlangen, selbst aber unpünktlich sind, setzen einen Teil ihrer Glaubwürdigkeit aufs Spiel.
- ⊖ Zu spät zu kommen und dann so auffällig hereinzurauschen, dass eine Unterbrechung provoziert wird, macht einen äußerst negativen Eindruck.
- ⊖ Ebenfalls indiskutables Verhalten wäre, sich einfach hinzusetzen, ohne sich zu entschuldigen.

- Zu spät zu kommen und alle Anwesenden dann noch mit Handschlag zu begrüßen, zeugt von einem übersteigerten Selbstbewusstsein.

Bedingungen erfolgreicher Kommunikation

Es ist nicht die Intention dieses Buches, auf alle für eine moderne und effektive Unternehmenskommunikation erforderlichen Elemente und Grundvoraussetzungen einzugehen. Mein Interesse gilt in diesem Zusammenhang der Frage, inwieweit *gute Manieren als Erfolgsstrategien* für die Unternehmenskommunikation von Bedeutung sind.

Im Allgemeinen steht uns für die Unternehmenskommunikation, sowohl nach innen als auch nach außen, die ganze Palette der Höflichkeitsformen zur Verfügung, die wir auch im privaten Bereich einsetzen. Beiden Kommunikationsbereichen gemeinsam ist ebenfalls, dass es sich bei Höflichkeitsformen um Strategien handelt, die auf Erfolg gerichtet sind: hier geschäftlicher Erfolg, dort privater Erfolg. Und hier wie dort geht es aber auch um die Einhaltung eines Ehrenkodex, der keine Verstöße duldet – das heißt, es spielt die *moralische Bewertung* unseres Tuns und Verhaltens eine wichtige Rolle.

Zu der Reihe ungeschriebener Gesetze aus der Tradition deutscher Kaufmannschaft gehört die Ehrlichkeit, über deren Einhaltung scharf gewacht wird. Weder Unternehmer noch Gewerbetreibende oder Geschäftsleute können darauf verzichten, größten Wert darauf zu legen, als ehrlich zu gelten. Damit ist nicht nur gemeint, dass die Produkte auch den Angaben entsprechen müssen, unter denen sie verkauft werden. Auch das „Über-den-Tisch-Ziehen", also das Überreden zu etwas, was der andere vielleicht gar nicht will, gilt bereits als unfein. Das bedeutet, dass nur diejenigen Verkaufsstrategien als ehrlich und geschäftlich sauber gelten und akzeptiert sind, die durchschaubar und allgemein üblich sind. Wie aber steht es in diesem Zusammenhang mit den Umgangsformen?

Wir wissen aus dem privaten gesellschaftlichen Umgang, dass jeder Mensch empfindlich und ablehnend reagiert, wenn er gute Manieren und Höflichkeitsformen als bewusst eingesetzte Erfolgsstrategien erkennt. Dafür gibt es im Volksmund eine Reihe abwertender Bezeichnungen, wie zum Beispiel „sich einschleimen" – und einige andere Ausdrücke, welche die Autorin des guten Tons wegen hier nicht festhalten kann. Gute Umgangsformen werden nur dann als positiv aufgenommen, wenn sie *glaubwürdig* sind.

Und das ist das Entscheidende auch für die berufliche Kommunikation: Gute Manieren dürfen auch in beruflichen Zusammenhängen nie den Anschein bewusst eingesetzter Strategien erwecken – obgleich sie es oftmals sind. Und zwar sind sie es unweigerlich in den Fällen, in denen man die eigene Höflichkeit verlassen würde, weil der andere unübersehbar unhöflich ist oder einem auf die Nerven geht. Im beruflichen Bereich ist diese Empfindungsschwelle durchaus höher angesetzt; man kann sich die privaten Ansprüche an die gute Erziehung seines Gegenübers nicht immer „leisten". Und so bleibt man aus geschäftlichem Interesse auch dann noch höflich, wenn es einige Überwindung kostet. Jedoch darf auch das Geschäftsinteresse nie über die Selbstachtung gestellt werden, deshalb braucht man sich keineswegs alles gefallen lassen, was einem von ungehobelten Menschen geboten werden kann.

Die Grenze für die eigene Höflichkeit ist auf jeden Fall bei persönlicher Herabsetzung oder Missachtung zu ziehen.

(Hinweise zum Umgang mit Unhöflichkeit im 3. Kapitel.)

Empfang von Geschäftsbesuchern

Es ist nicht das Niveau der Besucher, dem sich der Stil des Hauses anzupassen hat; der Stil des Hauses wird geprägt durch das Niveau derjenigen, die das Unternehmen repräsentieren.

Ausschlaggebend für die Art und Weise, in der Besucher empfangen werden, ist die *persönliche Kultur* des- oder derjenigen, dem in dieser Situation die „Gastgeber/innenrolle" zufällt. Der persönliche

Stil, in dem man Kunden und Besucher empfängt, ist eine *erste Visitenkarte des Unternehmens.*

Es gibt eine Reihe einfacher *Regeln*, deren Beachtung Geschäftsgespräche von vornherein günstig beeinflussen können:

- Man sollte einen eintretenden Besucher sofort *mit den Augen zur Kenntnis nehmen* und – wenn es irgend möglich ist – sogleich begrüßen.
- Falls man gerade ein Telefongespräch führt, das nicht abrupt unterbrochen werden kann, sollte man dem/der Besucher/in mit Augen und Gesten einen Platz anbieten und ihn/sie auffordern, sich zu setzen.
  - In so einem Fall ist *sofort* nach der Beendigung des Gesprächs eine *Entschuldigung erforderlich.*
- Im Normalfall steht man/frau zur Begrüßung eines Besuchers auf und *reicht dem/der Eingetretenen die Hand.*
- Es ist völlig korrekt, den Besucher freundlich um seine Visitenkarte zu bitten, falls einem sein/ihr Name nicht schon geläufig ist.
- Es ist höflich, einen Gast zu fragen, ob er den Mantel ablegen möchte. Als Mann ist man dem Besucher oder der Besucherin beim Mantelablegen behilflich.
  - Eine Frau sollte stets den Gast auffordern, ihr *den Mantel zu geben.* Sie kann das etwa so formulieren: „Wenn Sie ablegen möchten, können Sie mir gern Ihren Mantel überlassen." Als Frau – ganz gleich, ob es sich um eine Führungsfrau, Büromanagerin oder Sekretärin handelt – sollte sie nur Damen und *wesentlich älteren oder gebrechlichen* Herren beim Mantelablegen behilflich sein.
- Oftmals empfiehlt es sich auch, etwas zu trinken anzubieten.
- Für Besucher sollten etwas geschmackvollere und natürlich saubere Tassen für Kaffee und *Teetassen für Tee* vorgesehen sein, wenn man solche Getränke anzubieten hat. (Es gibt kultivierte Menschen, denen graut es, wenn sie Tee aus Kaffeetassen trinken sollen.)

- Die Gläser für die anzubietenden kalten Getränke müssen „*blitz-blank*" sein.
- Ein Schrank für die Besuchermäntel macht in der Regel einen besseren Eindruck als eine offene Garderobe.
- Die Sitzmöglichkeiten für Besucher geben unmissverständlich Auskunft darüber, ob man Gästen – insbesondere dann, wenn sie dort einen Augenblick warten müssen – generell Aufmerksamkeit entgegenbringt.
- Es ist ratsam, sich einmal mit „fremden Augen" wie ein Besucher in seiner täglichen Umgebung umzusehen.
- Alsdann sollte man prüfen, was in der „Besucherecke" fehlt. Für einen guten Stil sprechen folgende Kleinigkeiten:
  - ordentlich ausgelegte Fachzeitschriften und neueste Ausgaben der wichtigsten Wirtschaftszeitungen und -zeitschriften;
  - ein kleiner Strauß frischer Blumen – es kann auch eine einzelne Blume sein (es ist also keine Frage des Geldes).
- Im Sekretariat ist ein separater Schrank für die Büromanagerin/Sekretärin unbedingt notwendig, damit dort sowohl ihre Schuhe zum Wechseln, die Haar- und die Kleiderbürste sowie der Einkauf aus der Mittagspause – vor fremden Blicken geschützt – ordentlich untergebracht werden können.
- Nach Möglichkeit *geschmackvoller* Wandschmuck.

Die „beliebtesten" Fettnäpfchen

Folgende Details sind mir bei Besuchen in Unternehmen aufgefallen, die nicht gerade zwangsläufig auf eine stilvolle Unternehmenskultur schließen lassen:

- eine chaotische Unordnung auf dem Schreibtisch;
- Kaffeetasse auf Geschäftsunterlagen;
- bis auf einen kurzen Stummel verdrehte Telefonschnüre;
- Besucherstühle, die erst von Papierstößen befreit werden müssen;

- schmutzige Aschenbecher;
- unappetitlich wirkendes oder angeschlagenes Geschirr;
- Tee, der in Kaffeetassen serviert wird;
- trübe oder mit Fingerabdrücken übersäte Gläser;
- Winterstiefel, die in einer Büro-Ecke stehen;
- Kollegenpostkarten als einziger Wandschmuck;
- verblühte, schlecht riechende Blumen oder Plastikblumen in Pressglasvasen;
- schlechte Luft.

Kommunikationsformen der Gesprächsführung

Zunächst geht es um einige äußere Bedingungen, deren Beachtung *„einfache" Geschäftsgespräche* von vornherein günstig beeinflussen können. Hierzu einige Beispiele:

- *Positive Gesprächsatmosphäre herstellen!*

  Sämtliche äußeren Bedingungen sollten bereits einen positiven Eindruck machen und die Unternehmenskultur erkennen lassen. Das bezieht sich sowohl auf den Stil des Mobiliars und der Dekoration eines Raumes als auch auf deren Anordnung.

- *Räumlich eine gleiche Gesprächsebene herstellen!*

  Es ist wichtig, dem Gesprächspartner während der Unterredung auf *gleicher Augenhöhe* zu begegnen. Wenn man selbst sitzen bleiben möchte, sollte man dem anderen ebenfalls einen Platz anbieten, um zu vermeiden, auf sich herunter sehen zu lassen. Aus dem gleichen Grund sollte man selbst stehenbleiben, wenn man den Gesprächspartner nicht zum Sitzen auffordern möchte.

- *Verbale Höflichkeitsgesten nicht vergessen!*

  Dazu gehört zum Beispiel ankommenden Besuchern gegenüber eine Frage wie: „Hatten Sie eine gute Fahrt hierher?" oder „Haben Sie uns leicht gefunden?" und andere mehr.

⊕ *Deutliches Interesse am Gegenüber zeigen!*

Diese Regel bezieht sich nicht nur auf höfliche Gesten wie das Handgeben, sondern auch auf das Interesse an – vordergründig eher nebensächlichen – Informationen, die jedoch zur Einordnung der Person dienen.

⊕ *In der Körperhaltung sich dem Gegenüber zuneigen!*

Wie schwierig das in einem angeregten Gespräch auch sein mag, man sollte doch versuchen, auf seine Körpersprache zu achten. Das empfiehlt sich besonders dann, wenn man einem Gesprächspartner gegenüber Vorbehalte hat – wenn man ihm gegenüber also „*abgeneigt*" ist. Damit das nicht sofort kenntlich wird, sollte man sich ihm bewusst *zuneigen*.

⊕ *Stets mit Namen anreden!*

Es ist eine schon lange erkannte Tatsache, dass des Menschen liebstes Wort sein eigener Name ist. Es ist aber auch ein Gebot der Höflichkeit, wenn immer es angebracht ist, Gesprächspartner mit ihrem Namen anzureden. In diesem Bezug kann man allerdings auch des Guten zu viel tun, wie es so genannte „Verkaufskanonen" tun, die den Namen des Kunden permanent im Munde führen – was nur unangenehm berührt.

⊕ *Ganz wichtig: das Lächeln!*

Gewiss ist es nicht für sämtliche Gesprächssituationen passend; man sollte sich jedoch darüber im Klaren sein, dass ein freundliches Lächeln Vertrauen erzeugt und wesentlich dazu beitragen kann, eine angespannte Atmosphäre zu entspannen.

⊕ *Man sollte gut zuhören können und ausreden lassen!*

Die knapp zur Verfügung stehende Zeit hindert einen oft daran, jemandem zuzuhören, der sich etwas zu ausführlich ausdrückt. Und das Zeitopfer empfindet man obendrein als schmerzlich, wenn man schon im Voraus weiß, was der/diejenige sagen will. Es ist dennoch äußerst ratsam, dem Zuhören den Vorzug zu geben, denn die scheinbar geopferte Zeit zahlt sich oft mehrfach wieder aus. Selbst wenn man sachlich nichts Neues mehr zu erfahren glaubt, erhält man auf diese Art und Weise oft wichtige Informationen, die man niemals erfragen kann.

- *Bei Gesprächsunterbrechung – auch durch das Telefon – sich beim Gesprächspartner entschuldigen!*

  Das gilt für jede Art von Unterbrechung, ob jemand hereinkommt oder anruft. Selbstverständlich ist diese höfliche Geste – unabhängig vom Status des Gesprächspartners – jedermann gegenüber angebracht.

Strategien, einen Gesichtsverlust zu vermeiden

Zu den schwierigeren Gesprächen zählen solche, bei denen man Mitarbeiter davon überzeugen muss, dass sie einen Fehler gemacht haben, der unerträglich ist. Das heißt, man muss jemanden tadeln. Es handelt sich hierbei prinzipiell um eine Situation, bei welcher der oder die Andere Gefahr läuft, sein/ihr Gesicht zu verlieren. Die Folge von Gesichtsverlust aber ist in der Regel nicht Motivation, zukünftig Fehler zu vermeiden, sondern in der Regel *Demotivation*.

- Bei aufgetretenem Fehlverhalten sollte man stets zunächst mit dem Betroffenen selbst darüber sprechen.

- Solche Gespräche haben *unter vier Augen* und hinter verschlossener Tür stattzufinden.

Nachhaltig positiv wirken sich bei Gesprächen dieser Art jene Höflichkeitsstandards aus, die darauf gerichtet sind, dem Anderen zu helfen sein Gesicht zu wahren, wenn es durch eine „*gesichtsbedrohende Handlung*“ gefährdet ist. Zum Beispiel kann man auf einige Sätze der US-Höflichkeitsstrategen Brown und Levinson zurückgreifen, die folgendes vorschlagen:

⊕ *„Mute dem anderen möglichst wenig zu!“*

Man kann zur Interpretation dieses Satzes unseren Begriff der „*Zumutung*“ hinzuziehen, der sich sowohl auf eine Überforderung als auch auf eine diskriminierende Unterforderung beziehen kann.

⊕ *„Drücke dich bei einem Tadel möglichst unpersönlich aus!“*

Gemeint ist hier der Grundsatz, die *Sache* in den Vordergrund der Kritik zu stellen, anstatt die Person. Also nicht: „Sie haben diesen und jenen gravierenden Fehler gemacht“, sondern eher: „Hier ist dieser oder jener gravierende Fehler passiert.“

⊕ *„Zeige deutliches Interesse für den anderen!“*

In der hier angenommenen Situation sollte das Interesse über die oben beschriebene, unverbindliche Gestik hinausgehen. Es sollte einen also interessieren, aus welchen persönlichen Umständen heraus dieser oder jener Fehler passiert ist, zumal dann, wenn es sich um eine/n sonst sehr zuverlässige/n Mitarbeiter/in handelt.

⊕ *„Unterstelle oder behaupte Gegenseitigkeit!“*

Hiermit ist sicherlich wohl etwas mehr als nur die wohlfeile Floskel: „Ich an Ihrer Stelle hätte …“ oder ähnliches gemeint. Es ist eher daran gedacht, dass man – unter Verzicht auf Phrasen dieser Art – wirklich versuchen sollte, sich in die Situation des anderen hineinzuversetzen, um an die wirklichen Ursachen des Fehlers heranzukommen.

⊕ *Gerade in solchen Situationen ist die räumliche Atmosphäre von ganz entscheidender Bedeutung.*

⊖ Es wäre beispielsweise fatal, wenn man einem Mitarbeiter nur deshalb keinen Platz anbietet, weil man ihm unangenehme Dinge zu sagen hat; dann würde derjenige während des ganzen Gesprächs auf den Vorgesetzten „herabschauen“.

- Ebenfalls ungünstig wirkt es, auf jemanden hinunterzusehen, während man ihm etwas Unangenehmes zu sagen hat, denn das könnte als eine betont autoritäre Geste verstanden werden.

Vermeidbare Reibungsverluste

Die Manieren des Einzelnen sind für sämtliche betrieblichen Kommunikationszusammenhänge ausschlaggebend. Dass sie darüber hinaus, wegen der unabweisbaren Vorbildfunktion der Führungskräfte, Bestandteil der Führungsaufgaben sind, geht ebenfalls aus dem Dargelegten hervor. Das bedeutet, dass sowohl die guten wie auch die schlechten Manieren der Vorgesetzten sich unmittelbar auf das Betriebsklima auswirken. Und ein schlechtes Betriebsklima verursacht in allen Branchen immense Reibungsverluste.

Natürlich können gute Manieren nicht falsches Handeln verdecken oder gar ersetzen. Es gibt eine Unzahl von unvermeidlichen Reibungspunkten, die von kleinen Dissonanzen bis zu handfesten Verfehlungen reichen können. Wenn man solche Reibungspunkte nun schon nicht ausschließen kann, ist es umso wichtiger, dass man sie nicht noch verschärft; und das lässt sich durch höfliche Kommunikationsformen oft vermeiden. Es ist nun schlichtweg unmöglich, hier auf alle denkbaren Ursachen von betrieblichen Reibungspunkten einzugehen, deshalb dazu nur einige Anregungen.

Verhalten bei Konflikten

- Bei persönlichen Zwistigkeiten sollte man prinzipiell beide Seiten hören.
- Bei auftretenden Beschwerden über Belästigungen von Frauen am Arbeitsplatz entspricht es heute der Rechtslage, dass jede/jeder Vorgesetzte einer solchen Sache mit allem Nachdruck nachzugehen hat. Das Gleiche gilt für etwaige Beschwerden über Diskriminierung ausländischer Arbeitnehmer/innen; darunter können auch sprachliche Diskriminierungen fallen, wie zum Beispiel das *einseitige Duzen*.

2. Kapitel

Ohne Manieren keine Karriere

Es gibt kaum eine fachspezifische Leistung noch irgendwelche Ideenprodukte, die nicht kommunikativ vermittelt werden müssen. Höflichkeit und korrektes Auftreten sind daher Kommunikationsleistungen, die für Unternehmen jeglicher Art unverzichtbar sind. Die Einstellungs- und Aufstiegs-Chancen von unfreundlichen Individualisten sind nicht nur bei großen Unternehmen ziemlich gering. Höflichkeit und ein gewisses Maß von Anpassung an die Unternehmenskultur gelten dagegen zu Recht als Zeichen persönlicher Souveränität und sind schon allein deswegen der Karriere förderlich.

Diese These, seit Erscheinen der ersten Auflage dieses Buches bereits mehrere hundertmal zitiert – und mehrere tausendmal verifiziert – hört sich immer noch etwas erschreckend an. Deswegen bedarf es hierzu einiger Erläuterungen.

Es ist nicht mein Anliegen, durch die Vermittlung korrekter Umgangsformen oberflächliche Karrieretipps zu geben. Vielmehr möchte ich durch die Offenlegung der vielfältigen Verflechtungen zwischen Manieren und Karriere diese Zusammenhänge *durchschaubarer* und *kalkulierbarer* machen. Nur dadurch – davon bin ich überzeugt – kann es auch denjenigen Menschen gelingen, gute Manieren wirklich zu adaptieren, die nicht von klein auf dazu erzogen worden sind. Denn eines ist gewiss, durch eine rein äußerliche Anwendung korrekter Umgangsformen kann man keine Glaubwürdigkeit erringen; es gehört schon etwas mehr dazu: man muss sie zu einem Teil seines Selbst werden lassen. Erst die *Glaubwürdigkeit* der guten Manieren – wenn es also überzeugend wirkt, dass sie zu diesem Menschen gehören und nicht nur äußerlich aufgesetzt sind – ist der eigentliche Schlüssel zum Erfolg.

Aus diesem Grund wird es in diesem Kapitel um den wichtigen Verständnishintergrund für die Zusammenhänge zwischen guten Manieren und Karriere gehen. Gleichzeitig bieten diese Zusammenhänge unverzichtbare *Einordnungskriterien* für die Verhaltenserwartung anderer in den verschiedensten Situationen. Kurz gesagt: Dieses Kapitel ist für diejenigen Leser und Leserinnen gedacht, die die Dinge zu hinterfragen gewohnt sind.

Überanpassung oder persönlicher Stil?

Man kann es ja nicht leugnen, dieses Wort „Manieren“ ruft bei vielen von uns zuerst einmal widersprüchliche, vielleicht sogar unbehagliche Gefühle hervor. Erinnert es uns nicht an die eigene Kinder- und Jugendzeit, als man ohne Unterlass dazu gebracht wurde, etwas zu tun, wozu man überhaupt keine Lust hatte? Sollte man sich nun, als gestandene/r Erwachsene/r, ausgerechnet diesen Manieren unterwerfen, denen man sich als Kind mehr oder weniger erfolgreich widersetzte?

Ganz anders sind jedoch unsere Erfahrungen als Erwachsene. Bei einer Reihe von Persönlichkeiten aus der Wirtschaft und dem Öffentlichen Leben erkennen wir korrekte Höflichkeit und respektvollen Umgang mit anderen. Dieses souveräne Auftreten fordert uns ebenfalls Achtung und Respekt ab. Früher war es genau dieser Stil, der alle *erfolgreichen* Menschen auszeichnete; aber heute? … Es ist nicht von der Hand zu weisen, dass wir besonders empfindlich reagieren und peinlich berührt sind, wenn dieser Stil verletzt wird. Wenn zum Beispiel von politischen Vertretern unseres Landes gegenüber ausländischen Gästen schlechte Manieren an den Tag gelegt werden.

Es hat eher traditionelle denn gegenwartsbezogene Gründe, dass wir höfliche Menschen für „feiner", für glaubwürdiger und meist auch für sympathischer halten als unhöfliche. Aber damit nicht genug: Gute Manieren sind ebenso entscheidend dafür, ob wir jemandem eine *hohe Sachkompetenz* unterstellen oder wenig Zutrauen zu seinen Fähigkeiten haben. Die Gründe hierzu liegen wohl mehr in unserer genetischen Programmierung als im rationalen Bereich. Es ist anscheinend so, dass wir die jahrhundertealte Erfahrung in unserem Unterbewusstsein gespeichert haben, dass die „gebildeten" Menschen, also die mit viel Wissen und Kenntnissen, sich stets durch ihre *Höflichkeit gegenüber jedermann* von den anderen, den „Ungebildeten" abhoben. Die „Gebildeten" genossen ein Höchstmaß an Vertrauen, was sie schon allein ihres persönlichen Ansehens wegen rechtfertigten. Und danach urteilen wir auch heute.

Zweifellos ist der persönliche Stil nach wie vor entscheidend für die *Einordnung der Persönlichkeit.* Ist er durch gute Manieren gekennzeichnet, wird das – zu Recht – als Zeichen eigenen Selbstbewusstseins und persönlicher Souveränität interpretiert. Daraus ist zu schließen:

Durch gute Manieren kann man sich nie etwas vergeben.

Dabei ist es jedoch von ausschlaggebender Bedeutung, dass man sich im Rahmen der – zu dieser Zeit gültigen – Verhaltensnormen bewegt und Höflichkeitsgesten *nicht übertreibt.* Denn das rechte Maß – das man kennen sollte – ist der entscheidende Faktor dafür, ob man Manieren als korrekt und gut einstuft, oder als unterwürfig und gar kriecherisch. Und dass man sich durch übertriebene Höflichkeit sicherlich in gleicher Weise schaden kann wie durch Unhöflichkeit, liegt auf der Hand. Kein Mensch empfindet es als besonders angenehm, wenn einem übereifrig die Tür aufgerissen wird, oder man überfallartig den Mantel vom Körper gezogen bekommt. Dieses Verhalten wird allgemein als *Überanpassung* interpretiert werden – sofern es sich nicht um Unkenntnis der *situationsgerechten Umgangsformen* handelt. Durch die Anpassung an die jeweils gültigen Höflichkeitsnormen lässt sich jedoch keineswegs ein Verdacht von Überanpassung begründen.

Schon während der gesamten Entwicklung unserer Zivilisation haben wir es damit zu tun, dass unsere *natürlichen* Bedürfnisse und Lebensäußerungen „*geformt*", das heißt begrenzt werden. Das gilt für alle Kulturvölker. Das Zusammenleben von Menschen in Gesellschaften bedarf zweifellos gewisser Regeln, die auf Kosten der individuellen Entfaltungsfreiheit gehen. Bei aller Vielfalt individueller Bedürfnisse des Menschen haben sie doch alle eins gemeinsam: sie berücksichtigen nicht von sich aus die Interessen anderer. In einer Gesellschaft, die nicht durch die Durchsetzung strenger Verhaltensregeln darauf achtete, auch die Interessen der Schwächeren zu schützen, würde unweigerlich das Recht des Stärkeren herrschen.

Es ist das wissenschaftliche Verdienst von Norbert Elias, dass wir heute „*über den Prozess der Zivilisation*" (das ist auch der Titel seiner wegweisenden Arbeit) die Erkenntnis vermittelt bekommen haben, dass wir uns im Zuge der Entwicklung unserer Kultur keinesfalls generell in Richtung auf immer größere individuelle Freiheit zubewegt haben, wenngleich wir es bei einer oberflächlichen Betrachtung der Geschichte so sehen könnten. Vielmehr lassen sich *zwei gegeneinander gerichtete Entwicklungsstränge* der Verhaltensnormen nachweisen.

Eine dieser Entwicklungslinien läuft in der Tat in Richtung *größerer Liberalität*. Hier sind als Beispiele die wesentlich größere persönliche Freiheit oder der freiere Umgang der Geschlechter untereinander zu nennen. Denken wir nur an die rigiden Einschränkungen der sexuellen Bedürfnisse von Menschen, mit Hilfe derer frühere Gesellschaften bedingungslos verhindern wollten, dass Kinder geboren würden, für deren Versorgung nicht auch ein Mann individuell verantwortlich zu machen sei. (Daher auch das Beharren auf der Ehe als vertraglicher Vorbedingung für sexuelle Kontakte.)

Ein anderer Entwicklungsstrang der Verhaltensstandards zielt jedoch auf immer *größere Einschränkung* des Menschen. Das hat seinen Grund darin, dass die Menschen in den modernen Gesellschaften immer abhängiger voneinander werden, vor allem abhängig davon, sich aufeinander zu verlassen. Dafür gibt es täglich unzählige Beispiele, ganz gleich, ob wir uns nun in der Stadt bewegen oder still zu Hause sitzen.

Dabei werden Verbote, die an den Menschen ursprünglich von außen herangetragen wurden, immer mehr in uns hineingelegt. Wir bemerken es gar nicht mehr, dass wir diesem oder jenem Verbot folgen, wir halten es für unsere eigene Intention oder gar für unser eigenes Bedürfnis. Als ein Beispiel kann man hier vielleicht das Zähneputzen anführen: Ursprünglich eine Hygienevorschrift, wurde uns das Zähneputzen von klein auf mit Nachdruck beigebracht, und als Erwachsene/r hat man regelrecht das Bedürfnis, sich die Zähne zu putzen, sonst würde man sich unwohl fühlen. Andere, sogenannte *natürliche Bedürfnisse*, sind im Laufe der Zivilisation völlig *tabuisiert* worden, das heißt, ein Verstoß gegen diese Verbote hätte ein Höchstmaß an Peinlichkeit zur Folge. Denken wir beispielsweise einmal an die Körpergeräusche und Körpergerüche.

Man kann also feststellen, dass Zivilisation stets mit Einschränkungen, mit dem *Formen* menschlicher Natur einhergeht. Und es ist kein Sprachzufall, dass wir hier den Begriff „Formen" wiederfinden, der auch in den *Umgangsformen* enthalten ist. Insofern also, als es sich bei einer gewissen *Anpassung an die jeweilige, kulturbedingte Verhaltenserwartung* um ein Erfordernis der Zivilisation handelt, wäre es nicht angebracht, im Zusammenhang mit einer Anpassung an diese Leistungserwartung von einer Überanpassung sprechen.

Gute Manieren, schlechte Manieren – wer entscheidet darüber?

Es entspricht den Traditionen sämtlicher Kulturvölker, dass sie nicht nur Verhaltensregeln für ihre Gesellschaften aufstellen, sondern sie auch massiv durchsetzen. Was im Allgemeinen weniger bekannt ist oder oft unterschätzt wird, ist die Tatsache, dass diesen Verhaltensnormen in den entsprechenden gesellschaftlichen Zusammenhängen ein größeres Gewicht als Gesetzesnormen beigemessen wird. Die Sanktionen bei Verstößen gegen die geltenden „Anstandsregeln“ sind wesentlich einschneidender – sie reichen von persönlicher (und beruflicher!) Abwertung bis zum sozialen Boykott: man wird „geschnitten“.

Nun ist aber eine lebendige Kultur wie die unsere einem ständigen Wandel unterworfen. Neue Verhaltensmuster und -regeln werden aufgenommen, alte verworfen, oder aber bewusst konserviert. Unsere Gesellschaft reagiert dabei auf Einflüsse aus anderen Kulturen, auf neue Phänomene aus der Arbeitswelt, oder auch auf politische Veränderungen.

Wie aber vollzieht sich dieser Wandel und wer bestimmt die „Norm“? In allen Gesellschaften gibt es eine sogenannte „machttragende“ Schicht, darunter versteht man die jeweils stärkste Gesellschaftsgruppe in allen Kulturen. (In der Soziologie spricht man von den „Eliten“ einer Gesellschaft.) Bei allen Nationen und Völkern werden innerhalb dieser machttragenden Gesellschaftsschicht – und nur für ihre Mitglieder – Verhaltensmuster entwickelt. Es entsteht dann ein Konsens über deren Gültigkeit, und letztlich wird *innerhalb dieser Schicht* die Durchsetzung dieser neuen Normen überwacht. Mit der Zeit – das ist in der Regel mindestens eine Generation später – werden einige dieser Standards von der nächst unteren Schicht aufgenommen. Ein Grund dafür, dem Vorbild der Oberschicht zu folgen, liegt in dem Bestreben, als „dazugehörig“ eingestuft zu werden und dadurch Vorteile zu erlangen. Es sind aber auch handfestere Interessen mit dieser Anpassung verbunden, wie sich im nächsten Abschnitt zeigen wird.

Umgangsformen als Auslesekriterium

Es ist ein plötzlich wieder aufgetretenes Phänomen unserer Zeit, dass gute Manieren und Umgangsformen nicht mehr nur als Unterscheidungsmerkmale zwischen den „wohlerzogenen" Menschen und den „schlechterzogenen" gelten. Gute Manieren sind wieder – fast wie zu Zeiten der feudalen Gesellschaften – als Voraussetzung jeder Karriere anzusehen. Die Gründe dafür sind wahrscheinlich in dem zeitlichen Zusammenfallen einiger gesellschaftlicher Entwicklungen zu sehen.

Zum einen ist in diesem Zusammenhang die Phase der *„antiautoritären Erziehung"* von Ende der sechziger und Anfang der siebziger Jahre zu nennen. Deren Erziehungsmaßstäbe wurden von jungen, intellektuellen Familien als bewusste Gegenströmung zu den herrschenden Gesellschaftsstrukturen verstanden, die in dieser Zeit noch stark autoritär und undemokratisch waren. Diese Kinder wurden weder durch die oben zitierten Maßregeln traktiert, noch durch das Beibringen von Höflichkeitsformen gegängelt. Als Ergebnisse dieser Erziehung können wir einerseits sicherlich vermerken, dass unsere Gesellschaftsstruktur etwas demokratischer geworden ist. Andererseits haben wir es jedoch auch mit Konsequenzen zu tun, die damals nicht absehbar schienen: Das Fehlen jeglicher Umgangsformen und Manieren bei einer ganzen Generation von Kindern aus einer Schicht, die man gemeinhin als die „Gebildetenschicht" bezeichnet. Das hat sich für unsere Gesellschaft als starke Belastung ausgewirkt. Ein solches Statement sollte aber erläutert werden.

Unbestreitbar ist es ein Zeichen von Humanität und gelebter Kultur, jedwedem Menschen gegenüber Achtung und Respekt zu zeigen. Diese Haltung kann man aber nur durch die *Formen des eigenen Verhaltens* ausdrücken, wenn sie glaubwürdig sein soll. Denn Worte allein würden ins Leere fallen, weil sie ohne die entsprechenden Umgangsformen nicht glaubwürdig wären. Kennt man diese Formen aber nicht, so wird die Unkenntnis dieser Höflichkeitsformen als *praktizierte Respektlosigkeit* erlebt, die enorme Frustrationen erzeugt. Da wir es nun, wegen des oben beschriebenen Erziehungsdefizits, mit einer derart weit verbreiteten Unhöflichkeit zu tun haben, beginnt die Gesellschaft, sich massiv dagegen zu wehren.

Zum anderen ist es in einer Phase hoher *Arbeitslosigkeit*, wie sie bei uns nun schon seit Jahren besteht, typisch und selbstverständlich, dass die machttragende Gesellschaftsschicht ihre Maßstäbe durchsetzen will. Diese Maßstäbe beziehen sich nicht nur auf Kenntnisse und Fähigkeiten, die wirtschaftlich nutzbar zu machen sind – wie zum Beispiel der Fächerkanon von Schulen und Universitäten –, sondern besonders auf jene der „guten Erziehung", also die Manieren der eigenen Sozialisation der Führungsschicht. Daraus folgt, dass man auf der anderen Seite von jeder Führungskraft erwartet, dass sie über die entsprechenden Manieren verfügt.

Die Gründe für die Durchsetzung dieser Manieren liegen nun bei weitem nicht allein darin, dass Unternehmer und Führungspersonen heute die Möglichkeiten haben, diesen Umgangsformen durch Auslese Geltung zu verschaffen. Hinzu kommen sehr handfeste *wirtschaftliche Interessen*. Und dies ist der dritte Faktor, der im 1. Kapitel ausführlich dargelegt wurde.

In einem einerseits immer „enger" werdenden, andererseits global expandierenden Markt gehören die guten Manieren der Mitarbeiter heute zu den wichtigsten Erfordernissen der Durchsetzungsstrategien gegenüber der Konkurrenz. In dem Maße, in dem sich das Schwergewicht sämtlicher wirtschaftlicher Strategien auf die Kommunikation verlagert hat, haben die Verhaltensweisen der Mitarbeiter/innen an entscheidender Bedeutung für die wirtschaftlichen Erfolge eines Unternehmens gewonnen. Auf nahezu allen Ebenen entscheiden über geschäftlichen Erfolg oder Misserfolg nicht mehr primär die Qualität der Produkte, Erzeugnisse oder Dienstleistungen.

Heute ist die Durchsetzung der Produkte auf dem Markt von der Qualität der Kommunikation abhängig.

Aus diesem Grund ist es für die Unternehmen unerlässlich, dass diese Kommunikation durch gute Manieren ihrer Mitarbeiter/innen optimiert wird, anstatt das Risiko einzugehen, sie durch unzulängliche Umgangsformen gestört zu sehen.

Gleichzeitig darf man natürlich nicht außer Acht lassen, dass sich heute nicht nur Großindustrie und Großbanken auf dem internationalen Markt bewegen, sondern ebenfalls mittelständische Unternehmen und sogar Kleinunternehmen. Auf der anderen Seite handelt es sich bei den in diesem Buch empfohlenen Manieren um internationale Umgangsformen und Gepflogenheiten, die man beherrschen muss, wenn man auf dem internationalen Markt reüssieren will. Mindestvoraussetzungen dafür sind nicht nur die besonderen Kenntnisse über das jeweilige Ausland (siehe dazu das 10. Kapitel), sondern – und zuallererst – die *Beherrschung der Umgangs- und Höflichkeitsformen der eigenen Kultur.*

3. Kapitel

Korrekte Umgangsformen: Das klassische Repertoire

Die Umgangsformen erfüllen im Zusammenleben der Menschen wichtige Funktionen: sie sind Signale des Respekts und der Rücksichtnahme. Damit dienen sie auch der Motivation der Mitarbeiter; vor allem aber sind sie Ausdruck einer souveränen Persönlichkeit. Geschäftlich wie gesellschaftlich hilft die Kenntnis heutiger Verhaltensnormen und der geltenden Etikette, verpatztes Verhalten zu vermeiden, das nicht nur peinlich, sondern unter Umständen auch geschäftsschädigend sein könnte.

Ganz gleich, um welchen Kulturkreis es sich auch handelt, Umgangsformen haben in allen Gesellschaften eine Reihe von wichtigen Funktionen zu erfüllen. Allen diesen – zum Teil voneinander recht verschiedenen – Formen und Vorschriften gemeinsam ist, dass sie Bestandteil der Kultur eines Volkes sind und oftmals eine schon sehr lange Tradition haben. Sie werden also tradiert und den eigenen Kindern – sei es durch Gene sei es durch die Erziehung – überliefert. Die Bedeutung der Formen des Umgangs ist keineswegs rein äußerlich oder gar willkürlich.

Höfliche Umgangsformen sind stets

- ausgedrückte *Signale für Achtung und Respekt* vor anderen;
- mit *Gesten der Rücksichtnahme* gegenüber Schwächeren verbunden;
- *Belege für eine gute Erziehung*, das heißt auch: Ausweis für die Zugehörigkeit zur beispielgebenden Gesellschaftsschicht.

Folgende Gesten sind eindeutig Signale des Respekts:

- Bitte- und Danke-Sagen;
- Entschuldigung-Sagen bei Verletzung der Distanzzone anderer;
- grüßen/jemandes Gruß erwidern;
- zur Begrüßung aufstehen;
- Menschen mit Namen anreden;
- jemanden beim Sprechen ansehen;
- jemandem zuhören;
- die aufrechte, nicht-legere Haltung;
- in korrekter Kleidung erscheinen;
- in Gegenwart von Damen korrekt bekleidet bleiben;
- die Tür für jedweden Nachkommenden aufhalten;
- Vortritt gewähren;
- in den Mantel helfen;
- Anklopfen.

Vor allem diese letztgenannten, alltäglichen Gesten der Höflichkeit erwartet man sich gegenüber – und man sollte sie sich auch gegenüber anderen abverlangen. Es wäre absurd, darin Zeichen von

Anpassung zu sehen; ganz im Gegenteil findet man gerade bei Menschen, bei denen eine gute Erziehung zu persönlicher Souveränität geführt hat, auch heute noch den ausgedrückten Respekt vor anderen. Andererseits liegt eher die Vermutung nahe, dass es den Unhöflichen an Selbstsicherheit mangelt. Denn die braucht man offenbar, um andere respektieren zu können – seien es ältere Menschen oder Kinder oder auch solche Menschen, die durch wirtschaftliche Umstände „machtlos" geworden sind.

Rollen- und situationsabhängiges Verhalten

Höflichkeitsregeln sind im Allgemeinen – bis auf einige standardisierte Grundregeln – *situationsgebunden und rollenabhängig*. Wir können uns heute gar nicht überall und in jeder Situation regelgerecht formell verhalten, und wären wir auch der höflichste Mensch auf Erden. Der permanente Gebrauch der Höflichkeitsregeln, wie sie in bestimmten Situationen unerlässlich sind, wäre in anderen Situationen eine Garantie dafür, sich gründlich lächerlich zu machen oder zumindest sehr aufzufallen. Sei es, dass man auf der „Wiesn" des Oktoberfestes zum Brathendl unbedingt Messer und Gabel verlangt, oder das höfliche Stuhlranrücken für seine Tischpartnerin unbedingt mit den Bänken des Bierzeltes praktizieren möchte. Oder nehmen wir, als weiteres Beispiel, den an sich höflichen Händedruck, der aber gegenüber Verkäufern/Verkäuferinnen im Kaufhaus, dem Reinigungspersonal und bei einer Reihe weiterer Gelegenheiten ziemlich verkehrt sein kann.– Es ist die mangelnde Übereinstimmung zwischen dem Verhalten eines Menschen und der *allgemeinen Verhaltenserwartung* in einer bestimmten Situation, die den Stoff für eine Unmenge von Witzen liefert.

Im Allgemeinen kennen wir die *Verhaltenserwartungen*, weil wir sie als Kleinkind in unserer Sozialisationsphase bereits erlernt haben, und wir stellen unser Verhalten meist unbewusst auf die gegebene Situation ein. Das trifft aber nur auf Situationen zu, die unserem täglichen Leben, unserem normalen Umfeld entsprechen. Für Situationen außerhalb dieser Routine, also bei außergewöhnlichen

Anlässen, müssen wir uns bewusst darauf einstellen. Unabdingbare Voraussetzung dafür ist jedoch, dass wir die gültigen Verhaltenserwartungen für diese Situationen kennen.

Das Gleiche gilt für die *unterschiedlichen Rollen*, die ein jeder von uns je nach den Lebensumständen einnimmt, in denen er sich gerade befindet. So wird innerhalb eines Tages derselbe Mann als Familienvater zu Hause, im Betrieb als Vorgesetzter und am Abend als Freizeitsportler zu jeweils anderen Verhaltensformen kommen. Die Verhaltenserwartung ihm gegenüber wird jedenfalls auf die Standards der jeweiligen Rolle abgestimmt sein, die er gerade verkörpert. Ganz typisch dafür sind die Rollen von Gastgeber beziehungsweise Gastgeberin, von denen das nächste Kapitel handeln wird.

Einige wichtige Verhaltensnormen leiten sich von dem hierarchischen Prinzip her, das bei uns nach wie vor jedes Protokoll und jede gesellschaftliche Begegnung bestimmt. Wir haben also stets eine Rangfolge zu beachten. Und dieses ist nicht etwa eine der veralteten Formalien, die wir heute vielleicht nicht mehr so ernst zu nehmen hätten – ganz im Gegenteil. Wie im Zusammenhang mit der protokollarischen Rangfolge näher erläutert (siehe 5. Kapitel), handelt es sich hierbei um eine höchst sensible Angelegenheit. Für jeden Menschen ist es äußerst wichtig, sich in seinem „Rang", in seinem Stellenwert gegenüber anderen, korrekt eingeordnet und respektiert zu sehen.

Für diese in unserer Gesellschaft *allgemein gültige Rangfolge* gibt es feste Regeln, die im Großen und Ganzen denen unserer herkömmlichen Kulturtradition entsprechen. Bis auf das Faktum, dass der Adel seit 1919 nicht mehr unter den Vorgaben seiner Geburt, sondern nur noch nach den des persönlich erworbenen Rangs eingeordnet wird. Jedoch ist diese traditionelle Rangfolge bisher von den umwälzenden Änderungen bei den Verhaltensstandards für Frauen (Näheres im 7. Kapitel) weitgehend unberührt geblieben.

Die korrekte *Rangfolge* lautet:

- eine Dame ist stets die Ranghöhere gegenüber einem Herrn;
- die/der Ältere ist stets ranghöher gegenüber der/dem Jüngeren;

- die/der Fremde ist stets ranghöher gegenüber der/dem Verwandten;
- Ausländer rangieren vor Inländern gleichen Ranges.

In allen *privaten* gesellschaftlichen Zusammenhängen setzen diese Rangfolgen auch berufliche Hierarchien außer Kraft. Das heißt, wenn man in Begleitung seiner Frau seinem Vorgesetzten begegnet, so ist die Ehefrau die Ranghöhere gegenüber dem Chef; in dieser Situation zählt nur, dass sie eine Dame und er ein Herr ist. (Näheres dazu weiter unten) – Ganz anders ist die Rangfolge der Frau im beruflichen Umfeld, wo sie auf derselben Ebene wie ihre männlichen Kollegen, die die gleiche berufliche Rangstufe einnehmen, eingeordnet wird.

Zunächst wird in diesem Kapitel von den *gegenwärtig gültigen* Höflichkeitsformen die Rede sein, wie sie *im privaten Bereich* als *gute Manieren* definiert sind. Grundsätzlich gelten sie insoweit auch für den beruflichen Alltag, als sie dort angebracht und praktikabel sind (siehe dazu 1. und 2. Kapitel). Die hierarchische Rangfolge ist im geschäftlichen Zusammenhang von anderen Prioritäten bestimmt.

Begrüßung

Mit den symbolischen Gesten der Begrüßung, wie sie in allen Zivilisationen in großer Vielfalt üblich sind, muss man sich im jeweiligen Kulturkreis auskennen, will man nicht missverstanden werden. Aus diesem Grund ist es auch bei uns wichtig, die jeweils „richtigen" Begrüßungsgesten zu beherrschen. Hierzu im Folgenden einige Beispiele:

Das Grüßen im Vorbeigehen

- Heute grüßt derjenige zuerst, der den anderen zuerst sieht, die Frage des Ranges spielt also hier keine Rolle.
- Auf den Gruß des anderen zu „warten" kann als ein Zeichen mangelnder Souveränität verstanden werden.

⊕ Wer einen Raum betritt, in dem sich bereits andere befinden, grüßt grundsätzlich als erste/r.

⊖ Einen Gruß nicht zu erwidern gilt von jeher als eine Geste, die Missachtung ausdrücken soll.

Der Händedruck

Auf dem europäischen Festland wird der Händedruck nach wie vor als *Ausdruck von Höflichkeit* verstanden, weil er ein größeres persönliches Interesse am Anderen signalisiert als das distanzierte sich Gegenüberstehen. Man sieht ihn ebenfalls als eine Geste der Gesprächsbereitschaft, deshalb entfällt der Händedruck stets in solchen Fällen, in denen man es für ein Gespräch zu eilig oder dazu keine Lust hat.

Allerdings ist *das Handreichen* bereits mit *Regeln und Tabus der Etikette* besetzt, die auch heute noch ernst genommen werden und deswegen streng befolgt werden sollten. Gegen diese Regeln sollte man schon deshalb nicht verstoßen, weil ihre Verletzung gnadenlos zur Kategorie der *schlechten Manieren* gezählt wird.

⊕ Die Hand zum Gruß wird grundsätzlich *von dem/der Ranghöheren* dem/der Rangniederen gereicht.

⊕ Eine Dame ist – unabhängig von ihrem Alter – in privater Gesellschaft grundsätzlich die Ranghöhere; es ist also stets die Dame, die ihrem Gegenüber zuerst die Hand reicht – wenn sie es denn möchte.

⊕ Es ist unerlässlich, sich beim Handschlag gegenseitig in die Augen zu blicken;

    ⊖ und *nicht* auf das Ohr des Gegenübers oder auf dessen Krawatte oder bereits in Richtung des Nächsten zu Begrüßenden, wie es die unfeine Art mancher Politiker ist.

⊕ *Herren stehen* bei der Begrüßung grundsätzlich vor jeder/jedem auf; bei einer ausführlicheren Begrüßung ist der Jackettknopf zu schließen.

- Sollte jemand aus sachlichen Gründen, die nicht für jeden sofort verständlich sind, bei einer solchen Begrüßung sitzen bleiben wollen, erfordert das eine kurze *Entschuldigung*.
- *Damen* stehen *privat nur in Ausnahmefällen* auf, etwa gegenüber älteren Damen oder anderen „würdigen" Personen, denen sie durch diese Geste ihre besondere Wertschätzung ausdrücken wollen. Bei der beruflichen Begrüßung stehen Damen beim Handschlag auf.

Tabus:

- Obwohl man es häufiger beobachten kann, gehört es nach wie vor in die Kategorie der *peinlichen Fettnäpfchen*, wenn ein Herr einer Dame die Hand zum Gruß hinstreckt, oder ein Rangniederer einem Ranghöheren. Selbstverständlich muss er *abwarten, ob* man ihm die Hand reichen möchte, und darf das Privileg des Ranghöheren, dies zu entscheiden, nicht verletzen.
- Selbstverständlich haben weder ein Herr noch eine Dame bei einer Begrüßung eine Hand in der Hosentasche!
- Personal wird *nicht* mit Handschlag begrüßt; das bezieht sich sowohl auf Hauspersonal als auch auf fast alle anderen Zusammenhänge unmittelbarer persönlicher Dienstleistung, wie auf Kellner, Verkäufer/innen, Hotelpersonal etc.

Der Handkuss

Er galt früher als Ausdruck besonderer Wertschätzung gegenüber „würdigen" Damen. Aus diesem Grund durfte man auch nur einer verheirateten Frau die Hand küssen, und dies auch nur in geschlossenen Räumen – also nie in der Öffentlichkeit oder gar auf der Straße.

In Situationen, in denen der Handkuss als *glaubwürdiges Zeichen besonderer Wertschätzung* gegenüber Damen zu verstehen ist – und wenn er in einer festlichen Atmosphäre gekonnt zelebriert wird –, kann der Handkuss nach wie vor eine sehr schöne Geste sein. Voraussetzung ist allerdings: er sollte beiderseits gekonnt ausgeführt beziehungsweise empfangen werden. Zwei Generationen zuvor war der weibliche Part des Handkusses selbstverständlicher Bestandteil der Erziehung „Höherer Töchter", während sich um den Part der Herren Offiziersschulen und Studentenverbindungen kümmerten. Regelkenntnis und Übung sind unabdingbare Voraussetzungen für einen stilgerechten Handkuss. Beobachtet man einen „Kavalier und eine Dame alter Schule" beim Handkuss, wird dies deutlich – da stimmt eben alles.

Diese schöne Gepflogenheit alter Zeit ist heutzutage jedoch äußerst problematisch, weil zwei Bedingungen eben nicht mehr „stimmen": Zum einen zeigen moderne junge Frauen offenbar nicht das geringste Interesse daran, ihrerseits den weiblichen Part des Handkusses zu lernen und dem Herrn ihr schlaffes Händchen zu überlassen. Diese Tatsache bedeutet aber für den handküssenden Herrn die akute Gefahr, sich beim Handkuss eine blutige Lippe zu holen, wenn eine sportliche Frau kräftig die Hand schüttelt. Zum andern hat es allzu oft den Anschein, als diene der Handkuss karrierebewussten jungen Männern eher als Geste der Selbstdarstellung denn als Ehrerbietung gegenüber einer Dame.

Wie dem auch sei, hier sind die *Regeln für einen korrekten Handkuss:*

⊕ Der zum Handkuss entschlossene *Herr* muss

- die Hand der Dame nur an den Fingerspitzen ergreifen;
- sodann diese Hand ein wenig zu sich heraufziehen;
- seine Lippen mittels einer Verbeugung dem Handrücken der Dame nähern;
- in einem Abstand von 1 bis 2 cm zur Handoberfläche seinen Atem auf den Handrücken der Dame *hauchen.*

⊕ Es ist höflich und korrekt, anlässlich eines Empfangs die Gastgeberin mit Handkuss zu begrüßen.

Tabus:

- Der Herr sollte nicht die Hand einer Dame auf die eigene Gesichtshöhe heraufzuziehen.
- Seine Lippen dürfen ihren Handrücken *nicht* berühren.
- Er sollte keine Handküsse flüchtig und im Freien verabreichen.
- „Selektive" Handküsse zu verteilen, wäre ein schlimmer Fauxpas. Wenn ein Herr – außer der Gastgeberin – weitere Damen mit Handkuss begrüßt, so darf er dabei keine der anwesenden Damen auslassen – schon gar nicht ältere Damen oder „Uninteressante".
- Im beruflichen Alltag wirken Handküsse gegenüber Managerinnen und Führungsfrauen meist *chauvinistisch*.

Für die *Dame* sind bei einem Handkuss folgende Regeln zu beachten:

- Sie soll dem handkussverdächtigen Herrn
  - ihre rechte, schlaffe Hand etwas unterhalb ihrer Schulterhöhe reichen;
  - sodann ihre entspannten Fingerspitzen überlassen.

(Eine frühere Formulierung von mir, eine Dame solle beim Handkuss vorzugsweise die Augen niederschlagen und in ihren Schoß blicken, wurde von Rezensenten unerwartet ernst genommen und entfällt deshalb an dieser Stelle.)

- Keinesfalls sollte sie allerdings seine Hand dabei ergreifen, drücken oder gar schütteln!

„Bussi-Bussi"

Die Wangenküsse scheinen sich gegenwärtig als eine mögliche Art der Begrüßung fest zu etablieren. Gedacht sind die Wangenküsschen als eine herzliche Begrüßung unter Freunden – meist Freundinnen. Aber sicher ist man da nie!

Hier der momentane Usus (für Wangenküsschen gibt es bei uns keine Etiketteregeln, da diese Geste nicht aus unserer Tradition herrührt):

- ⊕ Unter Freunden fängt immer irgendjemand damit an.
- ⊕ Normalerweise bedient man sich zuerst der linken Wange des Gegenübers, dann der rechten (ebenfalls keine „verlässliche" Regel, also *Achtung*, will man nicht in der Mitte erwischt werden!)
- ⊖ Ist man neu in einem Kreis, sollte man nicht als erste/r mit dem „Bussi-Bussi" anfangen.

Das Vorstellen

Das korrekte Bekanntmachen von Fremden untereinander erfolgt nach der altehrwürdigen Etikette stets durch einen Dritten, der beide Partner kennt und diese dann gegenseitig vorstellt. Früher war es ein unverzeihlicher Fauxpas, mit einem Fremden ein Gespräch anzufangen, mit dem man nicht vorher bekannt gemacht worden war. Heute wird das zwar nicht mehr so eng gesehen, unter gewissen Umständen kann man sich durchaus auch selbst bekannt machen. Jedoch hat das Vorgestelltwerden auch in solchen – inoffiziellen – Situationen immer *Vorrang gegenüber der Selbstvorstellung*. Das heißt, dass man sich nicht selbst vorstellen sollte, wenn das jemand anderes übernehmen könnte.

In allen offiziellen Situationen unterliegt das Vorstellen den internationalen Etikettevorschriften.

Hier sind die Regeln:

- ⊕ Die/der Ranghöhere hat zuerst den Namen der/des Rangniederen zu erfahren, das heißt, der oder *dem Ranghöheren wird der/die andere zuerst vorgestellt.*
- ⊕ Also muss der-/diejenige zuerst die Initiative und das Wort ergreifen, der den oder die in dieser Konstellation Ranghöchste/n kennt und somit auch ansprechen darf.

- In privater Gesellschaft ist *jede Dame höherrangig* als jeder anwesende Herr – also hat selbst eine jüngere Dame einen höheren Rang als ein älterer Herr. (Extreme nach beiden Seiten sind selbstverständlich ausgenommen.)
- In offizieller Gesellschaft wird also ein *Herr immer einer Dame* vorgestellt, das heißt, die Dame erfährt zuerst den Namen des Herrn, ehe ihr Name genannt wird.
- Bei zwei oder mehreren gleichrangigen Herren wird der Rang nach dem – augenscheinlichen – *Alter* bestimmt: der ältere Herr hat gegenüber dem jüngeren Herrn den höheren Rang. Das Gleiche gilt für mehrere Damen unter sich.
- Akademische Titel werden bei der Vorstellung durch andere stets genannt – *zusammen mit dem Namen.*
- Bei einer privaten Vorstellung ist es korrekt, Ehepartner als „meine Frau“ beziehungsweise „mein Mann“ vorzustellen.
- Bei nicht-ehelichen Partnerschaften kann man seine/n Partner/in mit „das ist mein Partner, Herr …“, beziehungsweise „das ist meine Partnerin, Frau …“ vorstellen. Man kann aber auch *einfach dessen Namen* sagen, das ist ebenfalls korrekt – besitzanzeigende Fürwörter sind nämlich nicht erforderlich.
- Bei *jüngeren* Leuten untereinander ist es üblich – unter Weglassung des „Herr“ beziehungsweise „Frau“ – nur Vor- und Zunamen zu nennen.
- Unter der Bedingung, dass es zutrifft, kann man bei einer Vorstellung sagen, „ich freue mich, Sie kennen zu lernen, ich habe schon viel von Ihnen gehört“ oder ähnliches.
- Normalerweise wünscht man sich gegenseitig die Tageszeit, und der/die Ranghöhere reicht zuerst die Hand zur Begrüßung.

Tabus:

- Begrüßungsfloskeln, wie zum Beispiel „sehr angenehm!“ – sind völlig „*out*“!
- Seine Frau als „meine Gattin“ vorzustellen – ist Comedy.

Die Selbstvorstellung

- Bei einer Selbstvorstellung nennt der *augenscheinlich Jüngere* oder Rangniedere seinen Namen zuerst und erwartet dann, dass sein Gegenüber ebenfalls seinen Namen sagt und *ihm dann die Hand reicht*.
- Promovierte beziehungsweise habilitierte Akademiker/innen nennen ihre Titel nicht selbst.
- Hat man den Namen bei der Vorstellung nicht verstanden, kann man selbstverständlich ein-, zweimal *nachfragen*; man sagt zum Beispiel, „würden Sie bitte Ihren Namen wiederholen, ich habe ihn eben nicht verstanden".
- Man kann aber auch um die Karte der/des anderen bitten, weil jeder Mensch einen Namen besser behalten kann, wenn er ihn einmal gelesen hat.

Tabu:

- Bei einer Selbstvorstellung gleich mit der ausgestreckten Hand sich den Handschlag eines/einer Ranghöheren zu erzwingen, ist sehr schlechter Stil.

Das Bekanntmachen

Das gegenseitige Bekanntmachen ist ein „demokratisches" Verfahren, das ohne vorherige Klärung einer Rangfolge auskommt.

Die *Reihenfolge*, in der die Namen genannt werden, ist bei dem Bekanntmachen völlig *beliebig*. Mit folgenden Formeln kommt man wirklich in den meisten Fällen aus:

- Bei einer inoffiziellen Vorstellung sagt man also:
  - „Ich möchte Sie gern miteinander bekannt machen, das ist …"
  - „Darf ich Sie miteinander bekannt machen? Das ist Herr …"
  - „Wir sollten uns vielleicht bekannt machen, ich bin …"

Die Anrede

Die persönliche Anrede lebt von Namen! Namen! Namen! Es gilt als gesicherte Erkenntnis, dass *das* Wort, welches ein Mensch am liebsten hört, sein eigener Name ist. Deshalb sollte man stets versuchen, sich den Namen zu merken, den man bei der Vorstellung erfahren hat, und sein Gegenüber damit anreden. Gewiss ist das in vielen Fällen schwierig, wenn nicht gar unmöglich, denn oftmals kann man den Namen bei der Vorstellung nicht verstehen. Es ist dann wesentlich besser, man fragt noch einmal nach, als dass man sein Gegenüber während eines ganzen Gesprächs namenlos anredet.

Weitere Hinweise zur Anrede:

- Akademische Titel sind stets in unmittelbarem Zusammenhang mit dem Namen zu gebrauchen, zum Beispiel „Herr Doktor Müller".
- Bei mehreren akademischen Titeln nur den ersten verwenden: „Herr Professor Meier".
- Den Doktortitel des Anzuredenden sollte man nur *auf dessen ausdrücklichen Wunsch* weglassen.
- Alle (ca.) volljährigen Frauen werden mit der Anrede: „Frau …" angesprochen, ohne Rücksicht darauf, ob sie einen Trauschein haben oder nicht.
- „Fräulein" wird nur noch auf ausdrücklichen Wunsch der Angesprochenen verwendet, sonst gilt diese Anrede heute als diskriminierend.
- „Gnädige Frau" gilt als Ausdruck besonderer Wertschätzung und sollte auch nur in diesem Zusammenhang gebraucht werden.
- Frau „Doktor" Schmid hat selbstverständlich selbst promoviert; (auch hierfür gibt es noch Ausnahmen älteren Semesters, denen man die altvertraute Anrede als „Frau Doktor" nicht ohne Not nehmen sollte).

Tabus:

⛔ Es ist nicht korrekt,

- den promovierten Juristen oder Chemiker mit „Herr Doktor" anzusprechen, weil der daraufhin von Fremden für einen Arzt gehalten wird;
- junge erwachsene Frauen mit „Fräulein" anzureden;
- aus Nachlässigkeit Führungsfrauen mit „Gnädige Frau" anzureden, weil „Mann" glaubt, sich den Namen von Frauen nicht merken zu müssen;
- den Doppelnamen anderer Personen in der Anrede willkürlich abzukürzen, ohne vorher um Erlaubnis gefragt zu haben;
- bei der Anrede von Doktoren und Professoren deren Titel unaufgefordert wegzulassen; das gilt in Deutschland ebenfalls als unhöflich.

Der Adel

Die Anrede von Adligen ist in *zweifacher Form „richtig"*:

1. Die rechtlich korrekte Anrede, die seit 1919 der deutschen Verfassung und Rechtsordnung entspricht; die dafür geltende Regel lautet:

   Der vormalige Adelstitel ist wie ein *Namensbestandteil* zu behandeln; deswegen kann der Titel – jeweils nach dem Vornamen – als Herzog, Fürst, Prinz, Graf oder Baron dem Familiennamen vorangestellt werden.

   Beispiel: Armin Graf Wasserburg-Hohenstein
   Lieselotte Gräfin Wasserburg-Hohenstein.

   Beim „einfachen" Adel, wie zum Beispiel Ritter, Edler und dem erworbenen Adelstitel kann anstelle des Adelstitels ein „von" vor den Familiennamen gestellt werden – ebenfalls nach dem Vornamen.

   Beispiel: Herr Bodo von Springinsfeld
   Frau Marga von Springinsfeld.

2. Die offiziell nicht mehr gültige, aber *zuvorkommende Anrede* aus der Zeit vor 1919, ist zwar nicht mehr erforderlich, aber höflich und für geschäftliche Kommunikation vorteilhaft.

   Sollte man diese Anreden verwenden wollen, so ist es ratsam, sich entweder beim Sekretariat des jeweiligen Hauses danach zu erkundigen oder beim Deutschen Adelsarchiv in Marburg. Denn welchem respektive welcher

   - Prinzen, respektive Prinzessin,
   - Herzog, respektive Herzogin,
   - Fürsten, respektive Fürstin,
   - Grafen, respektive Gräfin,
   - Freiherrn, respektive Freifrau (unverheiratet: Freiin),

   welcher Titel zukommt, ist durchaus nicht schematisch einsichtig.

   Zur Auswahl stehen vierzehn mögliche Höflichkeitsformen der Anreden, zum Beispiel:

   - Seiner respektive Ihrer Hochwohlgeboren,
   - Seiner respektive Ihrer Durchlaucht,
   - Seiner respektive Ihrer Königlichen oder Kaiserlichen Hoheit etc.

⊕ Bei allen diesen Anredeformen entfällt jeweils das „Herr" beziehungsweise „Frau".

⊕ Edler respektive Edle von … und *Ritter* – die gibt es *nur männlich* – sowie Adlige mit erworbenem Titel werden mit Herr von … /Frau von … angeredet.

Zur höflichen Formulierung von Anreden sowie Anschriften nebst gebräuchlichem Kürzel bei Angehörigen des Adels vergleiche Alexander Freiherr von Fircks: *Anreden und Anschriften* (nähere Angaben siehe Literaturliste).

Telefon-Etikette

Die Visitenkarte eines Unternehmens ist entweder der erste persönliche Eindruck oder die erste telefonische Antwort der- oder desjenigen, der als erster das ankommende Telefongespräch entgegennimmt.

Deswegen sollte die erste telefonische Antwort der- oder desjenigen, der als erster das ankommende Telefongespräch entgegennimmt, *serviceorientiert, höflich und möglichst freundlich* sein.

Während man im persönlichen Gespräch, außer der Sprache, Haltungen, Gesten und Mimik zur Verfügung hat, Höflichkeit und Freundlichkeit nonverbal auszudrücken, ist man während eines Telefongesprächs dieser Hilfen als Kommunikationsform beraubt. Bei einem Telefongespräch bleibt der Ausdruck *auf die Sprache angewiesen.* Aus diesem Grund sollte man seiner Wortwahl wesentlich mehr Aufmerksamkeit widmen als dies für ein persönliches Gespräch notwendig ist. Das ist in einem gehetzten Alltag gewiss nicht immer leicht, deshalb sollte man es sich bewusst machen, dass ein falsches Wort, eine dahingeworfene Redensart am Telefon wesentlich gewichtigere Folgen haben kann als im persönlichen Gespräch. Ein Minimum an Gestik kann man jedoch auch noch per Telefon vermitteln. So haben einschlägige Kommunikationsstudien ergeben, dass man das Lächeln am Telefon am anderen Ende „hören" kann. Ob das jedoch für jeden Gesprächspartner zutrifft, erscheint wohl eher fraglich – man sollte sich besser nicht darauf verlassen.

Regeln zum geschäftlichen Telefonieren

Antwort bei Durchwahl:

- Bei Anrufen von außen meldet man sich mit seinem Namen sowie mit dem Namen der Firma und ggf. mit dem Namen der Abteilung; die Reihenfolge ist unterschiedlich. Allerdings darf auch diese erste Antwort keinesfalls zu lang werden, deshalb sollte man sich *nur in Ausnahmefällen* – etwa bei Namensgleichheit oder um Verwechslungen zu vermeiden – mit *Vor- und Nachnamen* melden.

- Die Verwendung von persönlichen Mailboxen ist in der Regel angenehm, weil sie dem Anrufer einen erneuten Versuch erspart, sein Anliegen vorzubringen.

Antworten der Telefon-Zentrale:

- Es ist heute erforderlich, der Zentrale die präzise Anweisung zu geben, einen Anrufer *nie vergeblich* anrufen zu lassen, und bei Antwort und Auskunft besonders höflich zu sein.
- Die Zentrale meldet sich mit dem Namen des Unternehmens und evtl. dem eigenen Namen. Allerdings darf diese erste *Antwort keinesfalls zu lang* werden, deshalb sollte sich die Zentrale *nicht mit Vornamen* und Nachnamen melden. Die endlos langen Antworten von angerufenen Unternehmen verärgern gegenwärtig die gesamte Geschäftswelt, weil sie den Anrufer/Kunden *Zeit und Geld* und zum Teil unendliche *Geduld* kosten.
  - Das Weiterverbinden hat *so zügig wie nur irgend möglich* vor sich zu gehen, weil warten lassen verärgert.
- Die Zentrale sollte folgendermaßen antworten, falls die gewünschte Person nicht erreichbar ist:
  - „Der von Ihnen gewünschte Teilnehmer ist im Augenblick nicht erreichbar, darf ich Sie mit Herrn/Frau … aus der gleichen Abteilung verbinden?"

oder

  - „Der von Ihnen gewünschte Teilnehmer ist im Augenblick nicht erreichbar, bitte geben Sie mir ihre Nummer, Herr/Frau … ruft sie zurück, sobald er/sie wieder im Hause ist."

oder

  - „Der von Ihnen gewünschte Teilnehmer ist im Augenblick nicht erreichbar, kann ich Ihnen vielleicht weiterhelfen?"

- Die Durchwahlnummer des gewünschten Teilnehmers sollte die Zentrale *nur auf Anforderung durch den Anrufer* geben, denn es entspricht nicht mehr dem heutigen Verständnis von Service, einen Kunden oder Geschäftspartner aufzufordern, von sich aus erneut anzurufen.

Tabus:

- Nichts ist kundenunfreundlicher als *„Warteschleifen"*; minutenlange Musikberieselung macht manche Leute allein schon wegen der *kostenintensiven Zeitverschwendung* aggressiv und wirkt immer *kundenfeindlich*. Ganz gleich, ob mit oder ohne Musikuntermalung, Kunden nehmen es mit Recht übel, dass sie die Rationalisierungsmaßnahmen anderer Unternehmen mit ihrer eigenen Zeit bezahlen müssen. Kein Unternehmen, das nicht gerade über ein Monopolprodukt verfügt, kann sich über einen längeren Zeitraum solche „Scherze" erlauben, ohne einen erheblichen Imageverlust zu erleiden.

- Ohne Frage ist auf unhöfliche Redensarten unbedingt zu verzichten, zum Beispiel:

  - „Rufen Sie später noch einmal an!" – ohne das „Bitte" ist das ein ungehöriger Befehl;
  - „Haben Sie das verstanden?"– ist überheblich und diskriminierend.

- Es ist für unsere Etikette durchaus problematisch, wenn in Deutschland Erwachsene sich mit *Vor- und Nachnamen* am Telefon melden, wie es amerikanische oder amerikanisierende Unternehmen oftmals von ihren Mitarbeiter/innen verlangen. Die gleiche Gepflogenheit, die im Amerikanischen freundlich klingt – weil dort der Gebrauch des Vornamens einen völlig anderen Kultur-Code besitzt – wirkt in unserer Kultur *anbiedernd bis peinlich*. Bei jungen Leuten unter sich ist das hingegen kein Problem.

- Zeitaufwendiges Weiterverbinden ist heutzutage verpönt.

Als *Anrufer/in:*

- sagt man seinen Namen, ggf. auch die Firma, „Guten Tag!" (als erste/r);
- sollte man nie vergessen, „Bitte" und „Danke" zu sagen. Zum Beispiel: „Können Sie mich *bitte* mit … verbinden?" „Danke!"

⊕ Bei Anrufen in *Privathaushalte* sollte man nach Möglichkeit die üblichen Mittagsruhezeiten respektieren und *nicht zwischen 13 und 15 Uhr* anrufen.

Das private Telefonat

Auch im privaten Kontakt zu anderen Menschen ersetzt das Telefongespräch heutzutage einen Großteil persönlicher Kommunikation und nimmt einen entsprechend hohen Stellenwert in unserer modernen Gesellschaft ein. Das Telefon ist *das* Medium unserer Lebensorganisation; und ist es einmal außer Betrieb, fühlen sich die Betroffenen von der Umwelt abgeschnitten, isoliert – und sind es oftmals sogar.

In gleichem Maß, wie das traditionelle Gastrecht als Kulturgut bei uns an Wert eingebüßt hat, ist – anscheinend Zug um Zug – das Telefon in den Vordergrund gerückt. Heute besucht kaum ein Mensch noch jemanden zu einem kleinen Plausch, selbst unmittelbare Nachbarn telefonieren eher miteinander, als dass sie an der Haustür nebenan klingelten. Läutet es tatsächlich einmal an der Haustür, ist man zuallererst unangenehm berührt; kein Mensch geht heute mehr in der Stimmung freudiger Erwartung an die Tür – denn ein Besuch hätte sich ja telefonisch angemeldet.

Der funktionale Zusammenhang zwischen den veränderten Besuchsgewohnheiten früherer Zeiten und den heutigen Gepflogenheiten des Telefonierens lässt sich auch daran ablesen, dass die Tageszeiten, zu denen man jemanden unverabredet anrufen kann, exakt den früheren Besuchszeiten entsprechen.

„Besuchszeiten", an denen man unangemeldet jemanden besuchen kann, gibt es nicht mehr.

Ohne Frage gehört es zu den guten Manieren, Höflichkeitsformen auch für Telefongespräche zu beachten. Dabei ist hervorzuheben, dass es sich bei den nachfolgend beschriebenen Umgangsformen ausschließlich um das Telefonieren im *privaten Bereich* handelt (zum geschäftlichen Telefongespräch siehe oben).

Als *Anrufer/in*

- sagt man immer seinen Namen und „Guten Tag“ (je nach Tageszeit), sobald die Verbindung hergestellt ist;
- sagt man in den Fällen, in denen man jemanden anderes sprechen möchte, stets: „Entschuldigen Sie bitte die Störung, kann ich *bitte* ... sprechen?“
- sollte man nicht vergessen, bei einer falschen Verbindung „Entschuldigung“ zu sagen.

Bei Anrufen in *Privathaushalte* unbedingt die *korrekten Telefonzeiten* beachten! Das sind:

- sonntags: von 11.00 Uhr bis 13.00 Uhr
- werktags: von 9.00 Uhr bis 13.00 Uhr und von 15.00 Uhr bis 19.00 Uhr, im Sommer bis 21.30 Uhr

Tabu-Zeiten, also Tageszeiten, zu denen man auf keinen Fall ohne *dringenden* Grund bei *fremden* Leuten anrufen sollte, sind:

- täglich zwischen 13.00 Uhr und 15.00 Uhr
- die Hauptnachrichten-Zeiten des öffentlich-rechtlichen Fernsehens zwischen 19.00 Uhr und 19.20 Uhr (ZDF) beziehungsweise 20.00 Uhr und 20.15 Uhr (ARD)

Selbstverständlich kann man von dieser Zeitregel abweichen, wenn man die Lebensgewohnheiten desjenigen gut kennt, den man anrufen möchte, und zum Beispiel weiß, dass er stets nach 22.00 Uhr an seinem Schreibtisch anzutreffen ist. Ein weiterer Grund für die Nichteinhaltung der Telefonzeiten läge auch dann vor, wenn man ausdrücklich einen Anruf für eine bestimmte Zeit vereinbart hat.

Als *Angerufene/r*

- ist die *Nennung des eigenen Namens* sofort nach dem Abheben des Hörers *weder notwendig noch angebracht*;
- sagt man nach dem Abheben: „ja bitte“, „bitte?“, „hallo“ oder ähnliches;
- nennt man den eigenen Namen erst, nachdem sich der/die Anrufer/in zu erkennen geben hat.

Da es um diese Frage – ob man sich mit seinem Namen melden soll oder nicht – immer mal wieder Kontroversen gibt, hierzu einige Erläuterungen:

Es geht hierbei um die unterschiedliche Bewertung von *Persönlichkeitsrechten* auf der einen und dem Informationsbedürfnis auf der anderen Seite. Das eine ist ein international anerkanntes und durchgesetztes Menschenrecht – nämlich das Recht auf Schutz der Privatsphäre des/der Angerufenen und sein Recht auf Selbstbestimmung – und das andere ist deutsche *Militärtradition*: „Der angesprochene Soldat hat sofort mit Dienstgrad, Namen und Einheit zu antworten!"

Die Menschen, die anderen das Recht zubilligen, sich nicht für jeden und jede Anrufer/in permanent verfügbar zu halten, sondern erst einmal hören wollen, *wer* sie denn sprechen möchte, empfinden es als selbstverständlich, wenn sich jemand mit „ja bitte" am Telefon meldet. So ist es ebenfalls *in aller Welt üblich*. Nicht ein einziges der in diesem Buch beschriebenen Länder kennt die Gepflogenheit, sofort nach dem Abnehmen des Hörers seinen Namen in den Äther zu rufen.

Ganz abgesehen davon, dass es durchaus zum guten Ton gehört, sich seinen Umgang – das heißt auch, seine Gesprächspartner – selbst auszusuchen. Selbstverständlich muss deshalb auch am Telefon das Recht gelten, nicht von jedwedem zu einem Gespräch gezwungen zu werden – ganz gleich, ob man denjenigen überhaupt sprechen will oder nicht. Gibt man sich aber bereits mit seinem Namen zu erkennen, ist die Gesprächsverweigerung mit Unannehmlichkeiten und Rechtfertigungsdruck verbunden, was in einzelnen Fällen eine Zumutung darstellen kann.

Die Forderung mancher Deutscher, dass der Angerufene sofort beim Abnehmen des Hörers seinen Namen dem – wer auch immer er/sie sei – Anrufer anzuvertrauen habe, ist eine Forderung nach vorauseilendem Gehorsam. Diese nationale Eigenheit wird im Ausland häufig in der Weise karikiert, dass der Angerufene beim Abnehmen des Hörers und dem sofortigen Ausrufen des eigenen Namens auch noch die Hacken zusammenschlägt.

Privat meldet man sich am Telefon also mit

- „ja bitte“,
- „bitte?“,
- „ja, ich höre“ oder ähnlichem.

Das Handy als „Ärgernis“

Dieses Produkt moderner Technik hat – neben einer Reihe wirklicher Vorzüge für Leute, die permanent erreichbar sein müssen – einen großen Nachteil: es kann in ungehöriger Weise stören. Der Umgang mit dem Handy stellt daher die Etikette vor eine neue Herausforderung und ungekannte Probleme.

Nach einer ersten Phase, in der dieser Apparat neu – und teuer – war und oftmals dazu dienen sollte, Aufmerksamkeit zu erregen, sehen sich Handybenutzer heute einer Front von Gegnern, häufig sogar „Feinden“ gegenüber, die sich von den Benutzern dieses Kommunikationsgerätes behelligt, belästigt und gestört fühlen. Die Stimmung hat sich in Deutschland ganz eindeutig gegen die nervenden Handybenutzer gewandt. Das ist das Resultat von allzu oft rücksichtslosem Gebrauch dieses mobilen Telefons.

Dabei hat sich ganz offenbar die Tatsache negativ ausgewirkt, dass diejenigen, die in exhibitionistischer Weise ihr Handy nutzen, ganz deutlich nicht aus Elternhäusern stammen, die ihre Kinder zur Rücksichtnahme auf andere erziehen. Vermutlich wird auch jemand, der ein Sekretariat hat und die Freiheit besitzt, nicht permanent erreichbar sein zu müssen, andere Menschen nicht mit seinen Telefongesprächen behelligen. Dagegen trifft man bei Menschen, die diese Freiheit nicht besitzen, eher selten auf einen rücksichtsvollen Umgang mit diesem Gerät. Ganz schlimm verstoßen jedoch diejenigen gegen das Diskretionsbedürfnis anderer, die sich von einem Handy immer noch einen Prestigegewinn versprechen. Gegen deren Rücksichtslosigkeit, mit der sie Unbeteiligte an ihren Gesprächen teilhaben lassen, ist wirklich kein Kraut gewachsen.

Einige Tipps zum höflichen Gebrauch des Handys:

- Das Mitführen eines eingeschalteten Handys sollte auf das *unbedingt notwendige Mindestmaß* beschränkt werden.
- Es ist unbedingt erforderlich, sicherzustellen, dass das akustische Signal nicht Unbeteiligte stört oder in Situationen ertönt, die der Andacht, Stille oder Konzentration gehören.
- Zum Telefonieren geht man in einen Nebenraum, in ein Foyer, einen Flur oder ins Freie.
- Im Zug geht man zum Telefonieren auf den Gang oder – zum Beispiel in Großraumwagen – in den Einstiegsbereich zwischen zwei Waggons.
- Es ist eine strikte Regel der guten Manieren, niemals Unbeteiligte an einem Telefonat teilhaben zu lassen.

Tabus:

- Es bedeutet eine äußerst unfeine Belästigung, in Gegenwart unbeteiligter Menschen hörbar zu telefonieren, weil man sie nötigt, das kulturbedingte Tabu zu verletzen, bei Gesprächen, die einen nichts angehen, zuzuhören.
- Es ist eine unverzeihliche Ungezogenheit, Veranstaltungen – seien es Seminare, Trauerfeiern oder Sportturniere – durch Handybenutzung zu stören.
- Jeder Mensch fühlt sich um das Vergnügen eines genussvollen Restaurantbesuchs betrogen, wenn er ungefragt Telefongespräche anderer mithören muss. Wer beispielsweise von seinem Restaurant-Tisch aus telefoniert, darf sich nicht wundern, wenn man ihn für schlecht erzogen und unerträglich aufdringlich hält.

Netiquette

Ein Grundsatz scheint sich gegenwärtig erneut zu bewahrheiten: Kaum ist ein neues Kommunikationsmedium in Umlauf, schon verlangt es nach Regeln und Formen dafür. Nach dem Handy ist es nun das Internet. In letzter Zeit verstärkt sich offenbar ein breites Bedürfnis, über die Dos und Don'ts der *Internet-Kommunkation* einen Konsens herzustellen.

Und so soll es hier darum gehen, das gegenwärtige Verständnis von Höflichkeit in dieser Art der modernen Geschäftskorrespondenz festzuhalten, wie es unter denjenigen „Usern" (Benutzern) Konsens ist, die einen höflichen Ton bevorzugen.

Zunächst sollte es keinem Zweifel unterliegen: die *persönliche* E-Mail ist nicht nur – wie beabsichtigt – aussagekräftigen Inhalts, sie ist ganz gewaltig aussagekräftig in Bezug auf die *Person des Absenders*. Sie lässt nicht nur Rückschlüsse auf sein Verhältnis zum Time-Management zu, sondern auch auf seinen Bildungsstand, sein Verständnis von Höflichkeit und Respekt gegenüber seinen Kommunikationspartnern und vieles andere mehr. Es ist ein Irrtum zu glauben, dass den E-Mail-Empfänger stets nur die Frage beschäftigt: „Was will der/die von mir?", zunächst wird er sich die Frage stellen, „Wer will da was von mir?" – Eine E-Mail ist – nolens volens – stets die persönliche Visitenkarte des Absenders.

Wohlgemerkt, es geht hier weder um Sprache noch um Gepflogenheiten in den Chat-Rooms und Clubs. Sowohl Sprache, Emoticons, Floskeln als auch der Umgang damit regulieren sich offenbar selbst durch die gegenseitige, oftmals drastische Kritik untereinander.

Die hier angesprochenen Regeln beziehen sich dagegen allein auf den höflichen Stil der E-Mails im Business:

⊕ Eine E-Mail

- dient der schnellen, unmissverständlichen, d. h. effizienten Kommunikation.
- ist eine Art Brief, geschrieben in Sprech-Sprache, vergleichbar einem mitgeschriebenen Telefonat.

- verzichtet auf ausgefeilte Formulierungen und „Lindwurm“-Sätze, die man mindestens zwei mal lesen muss, um den Inhalt zu verstehen.
- sollte unter „Thema“ (subject) einen kurzen Hinweis auf den Inhalt enthalten (vergleichbar dem Betreff eines Briefes).

⊕ Es gibt keine neuen Deutschregeln für das Internet.

⊕ Im Hinblick auf die korrekte Orthographie sollte eine E-Mail weder Anlass zum Rätselraten noch zur Erheiterung ganzer Büros dienen.

⊕ Korrekte Groß- und Kleinschreibung sind nicht altmodisch, sondern erleichtern die schnelle Lesbarkeit.

⊕ Absätze und kurze Sätze sowie korrekte Interpunktion dienen ebenfalls dem schnelleren Verständnis.

⊕ Weil die E-Mail-Sprache kurz sein soll, besteht die Gefahr, dass sie als brüsk oder sehr unfreundlich verstanden wird. Allein deswegen sollte man die Mail vor dem Abschicken nochmals durchlesen, um festzustellen, ob man den beabsichtigten Ton getroffen hat.

⊕ Der Umgangston sollte dem üblichen Ton zwischen den Kommunikationspartnern – etwa wie beim Telefonieren – entsprechen, das heißt

- formell-höflich gegenüber einem neuen Kunden sowie gegenüber Höherrangigen und Vorgesetzten
- freundschaftlich-höflich gegenüber Kunden, zu denen man bereits ein vertrauteres Verhältnis pflegt
- kollegial-unkompliziert gegenüber Kollegen, mit denen man sich gut versteht; da kann der Ton auch mal freundschaftlich-flapsig sein, wenn man ihn untereinander gewöhnt ist.

⊕ Eine persönlich adressierte E-Mail enthält selbstverständlich sowohl die übliche, höfliche *Anrede* als auch eine höfliche *Schluss-Formel* – und einen Namen (Signatur) als Absender.

- Ebenfalls sollte man in der *internationalen* Kommunikation weder *„ß"* noch *Umlaute* noch sonstige Sonderzeichen verwenden, wenn man vermeiden will, dass sie als Bilderrätsel dort ankommen.
- Bei der Beantwortung einer E-Mail sollte man sich direkt auf das zu beantwortende Stichwort – und zwar möglichst knapp – beziehen. Hier ist Kürze angenehm.
- Will man sich der Abkürzungen der Chat-Sprache oder der Emoticons bedienen, sollte man sicher sein, dass der Adressat diese Sprache nicht nur auf Anhieb versteht, sondern auch selbst benutzt.
- Es ist höflich zu bedenken, dass nicht jeder einen so schnellen und modernen Computer hat wie der Absender. Will man Bilder oder Dateien von mehreren MBytes versenden, sollte man vorher sicherstellen, dass der Adressat damit keine (Zeit-)Probleme hat.
- In jedem Fall: *nochmals lesen und dann erst mailen.*

Tabus:

- Einen ungehaltenen Ton oder sogar unhöfliche Bemerkungen sollte man unbedingt vermeiden.
- Es ist schlechter Stil, grammatische oder orthographische Fehler einer erhaltenen Mail zu korrigieren und zurückzusenden – es sei denn, man ist für die Ausbildung des Absenders verantwortlich.
- Ganz schlecht kommen Belehrungen an – da helfen auch keine höflichen Redewendungen.
- Ironische Bemerkungen laufen generell Gefahr, falsch verstanden zu werden, weil alle nicht-sprachlichen Kommunkationsmittel – wie Mimik und Gestik –, die zum Verständnis von Ironie unerlässlich sind, entfallen. Wie weit sie durch Emoticons ersetzt werden können, hängt ganz entschieden davon ab, ob sie dem Empfänger geläufig sind – sie erst zeitaufwendig entschlüsseln zu müssen, wird als Zumutung empfunden.

- Beleidigungen sind grundsätzlich irreparabel – sie werden weder durch Emoticons wie :-) noch durch Formulierung in einer Fremdsprache entschärft.
- Auch in der E-Mail sollte man niemanden duzen, den man nicht schon gut kennt – es sei denn das „Du“ ist in der Branche oder auch auf der hierarchischen Ebene zwingend.
- Unhöfliche oder gar beleidigende Emoticons sind natürlich genau so zu vermeiden wie verbale Beleidigungen.
- In der Signatur sollten nicht Informationen wiederholt werden, die im Absender bereits enthalten sind.
- Das Versenden von persönlich favorisierten Tagessprüchen, ostasiatischen Weisheiten oder ähnlicher Belege persönlichen Geschmacks sollte man klugerweise unterlassen.

Visitenkarten

Die Visitenkarte wurde in der Zeit ihrer Erfindung ausschließlich privat genutzt, als wichtiger Teil eines eingespielten Rituals. Wenn man jemandem einen Besuch abstattete, und das öffnende Dienstmädchen oder der Diener höflich fragte: „Wen darf ich den Herrschaften melden?“, dann legte der Gast seine Visitenkarte (franz.: visite = Besuch) auf das bereitgehaltene kleine Silbertablett. Der dienstbare Geist verschwand damit, und der Besucher musste erst einmal warten. Je nach der Begeisterung, die sein Besuch auslöste, wurde er schneller oder weniger schnell von derselben dienstbaren Person mit „die Herrschaften lassen bitten“ weitergeleitet. Oder aber, nach ebenfalls geraumer Zeit, wurde ihm die lapidare Nachricht zuteil: „Wir bedauern außerordentlich, aber die Herrschaften empfangen heute nicht.“ Das war's dann – oder, wie man heute sagt, dumm gelaufen …

Nun, das ist heute etwas anders. Es gibt zwar noch die rein privat genutzte Visitenkarte, die umso vornehmer ist, je weniger außer dem Namen drauf steht.

Die *geschäftliche Visitenkarte* hat einem weitaus breiter angelegten Informationsbedürfnis zu genügen. Und deshalb muss sie weitaus mehr Text enthalten.

Die geschäftlich genutzte oder die einheitliche Unternehmens-Visitenkarte enthält in der Regel:

- Vor- und Nachnamen, gegebenenfalls Titel
- Position beziehungsweise Funktion
- Abteilung, Firmenanschrift, Firmenlogo
- Telefonnummer mit Durchwahl
- Faxnummer
- E-Mail- beziehungsweise Internet-Adresse
- eventuell Privatanschrift – das ist aber keineswegs obligatorisch.

⊕ Bei sämtlichen geschäftlichen Begegnungen übergibt man aus Höflichkeit seine Visitenkarte bereits bei der Vorstellung – und zwar ungefragt, unkommentiert und selbstverständlich ohne große Geste.

⊕ Wer aus privatem Anlass angemeldet werden möchte, braucht seine Karte nicht unbedingt abzugeben. Man sagt seinen Namen und lässt sich anmelden.

⊕ Auf eine entgegengenommene Visitenkarte sollte man sofort und solange einen Blick werfen, bis man den Namen und die *wichtigsten Daten gelesen* hat.

⊕ Man kann Besucher gleichen Ranges und Rangniedere durchaus um deren Karte bitten und gleichzeitig die eigene Karte überreichen.

Tabus:

⊖ Es ist nicht höflich, eine überreichte Visitenkarte ungelesen einzustecken (bei Asiaten gilt das sogar als Beleidigung).

⊖ *Höherrangige* Besucher bittet man *nicht* um ihre Karte.

Das Siezen und das Duzen

Es gibt im gesellschaftlichen Umgang viele gute Gründe und eine Reihe von Anlässen, von dem distanzierteren „Sie“ auf die intimere Anredeform „Du“ überzugehen. Mit der symbolischen Geste, die den Übergang vom „Sie“ zum „Du“ begleitet, waren früher eine Reihe von Etikettevorschriften verbunden, die sich zum großen Teil überlebt haben oder abgelegt worden sind.

Im *privaten Umgang* ist heute eigentlich nur noch folgendes zu beachten:

- ⊕ Das „Du“ wird grundsätzlich von der/dem Ranghöheren dem Rangniederen „angeboten“, das heißt selbstverständlich, von einer Dame einem Herrn – und nicht umgekehrt.
- ⊕ Normalerweise reicht es aus – als Geste der Verbrüderung – mit einem (alkoholischen?) Getränk anzustoßen.
- ⊖ Sowohl der Bruderkuss als auch das „Bruderschaft-Trinken“ mit den gegenseitig verschlungenen Armen während des Trinkens, gelten heute als antiquiert.

Wesentlich problematischer ist das gegenseitige *Duzen in einem Unternehmen.*

Das Problem im Geschäftsleben sind weniger die Leute, mit denen man sich duzt, sondern diejenigen, die sich von dieser offenkundigen „Kumpanei“ ausgeschlossen fühlen. Außenstehende, wie neu hinzukommende Kollegen, werden stets das Gefühl haben, als seien sie nicht nur von einer – unterstellten oder vermuteten – Freundschaft ausgeschlossen, sondern auch von Informationen, die die anderen untereinander austauschen.

Einige Anregungen hierzu:

- ⊕ Das Duzen im geschäftlichen Umgang führt stets zu Konsequenzen, die über den Kreis der unmittelbar Beteiligten weit hinausgehen und erfordert schon deswegen viel Fingerspitzengefühl.
- ⊕ Ob das „Du“ gegenüber Kollegen/Kolleginnen oder Mitarbeiter/innen angebracht ist, hängt ab

- von dem allgemeinen Umgangston innerhalb des Unternehmens oder der Abteilung;
- von der Position oder dem Arbeitsbereich im Betrieb;
- vom Typ des/der Einzelnen.

⊕ Wenn jemand Vorgesetzte/r von Mitarbeiter/innen wird, mit denen er/sie sich während der gemeinsamen Ausbildungszeit geduzt hat, sollte man/frau nach Möglichkeit versuchen, dieses Du im Betrieb vor anderen zu vermeiden.

⊕ Am besten sind die Leute beraten, die sich innerhalb des Unternehmens *grundsätzlich mit niemandem duzen* – die sind immer auf der sicheren Seite.

⊕ Häufig wird es bei uns nicht gern gesehen, wenn Vorgesetzte sich mit ihren Mitarbeitern duzen, weil man damit einen Verlust an Führungsstärke beziehungsweise Autorität verbindet.

⊕ Dass das „Du" grundsätzlich von der/dem Ranghöheren dem Rangniederen anzubieten ist, wird im Berufsleben eigentlich nie in Frage gestellt.

⊖ Wesentlich öfter tritt das Problem auf, dass Chefs von ihren Mitarbeitern unbedingt geduzt werden möchten, jedoch ist denen das Angebot unsäglich unangenehm und peinlich. – Aber gegen eine solche „Ehre" hat die Etikette leider keinen Widerspruch vorgesehen.

Tabu:

⊖ Eindeutig schlechter Stil ist das einseitige Du „von oben herab", das heißt, das einseitige Duzen der Rangniederen, Untergebenen oder Auszubildenden, ebenso das diskriminierende Duzen von Ausländern.

(Nicht gemeint ist damit das väterliche/mütterliche Du gegenüber deutlich Jüngeren, wenn es auf Grund der Situation oder auch der Personen nicht als Diskriminierung missverstanden werden kann.)

Zum Thema Rauchen

Das waren noch Zeiten, als man das Rauchen als Ausdruck von Geselligkeit und Gemütlichkeit empfand! Das waren noch Zeiten, als die Autorin dieses Buches zur 2. Auflage 1992 noch auf Details der gegenseitigen Rücksichtnahme eingehen konnte. Diese Zeiten sind offenbar vorbei!

Heute ist alles anders. Heutzutage müssen Raucher sich darüber im Klaren sein, dass sie von einer Bevölkerungsmehrheit eher nolens volens geduldet denn verständnisvoll toleriert werden. Für Raucher bedeutet das: äußerst defensives Rauchverhalten und jederzeit darauf achten, andere Menschen durch Rauchen weder zu belästigen noch gar gesundheitlich zu gefährden. Und wenn man sich selbst als einen höflichen Menschen versteht, dann kann man im Hinblick auf das Rauchen eigentlich gar nichts verkehrt machen, weil man ganz einfach vermeidet andere Menschen zu belästigen.

Rauchen im Unternehmen

Vielleicht ist bei Erscheinen dieses Buches Rauchen im Betrieb gar kein Thema mehr. Gegenwärtig scheint es so, als befinde sich die Gewohnheit des Rauchens derart auf dem Rückzug – mehr oder weniger freiwillig(!) – , dass es in einiger Zeit aus dem öffentlichen sowie beruflichen Bereich völlig verschwunden sein wird. Deswegen kann das gegenwärtige Fazit nur eine Momentaufnahme wiedergeben und morgen vielleicht schon überholt sein.

Gegenwärtig gelten für Raucher im Allgemeinen folgende Regeln, die von Betrieb zu Betrieb oder von Behörde zu Behörde jeweils variiert oder ganz anders gehandhabt werden können.

- Man sollte stets darauf achten, andere Menschen nicht durch selbstproduzierten Rauch zu behelligen.
- Ein generelles Rauchverbot gilt heute für
  - Büros mit interner oder externer Kommunikation
  - Meetings

- Konferenzen
- Sitzungen
- Seminarräume

⊕ Auf bestimmte Zonen beschränkte Raucherlaubnis kann es in Kantinen und Kasinos und Aufenthaltsräumen geben.

⊖ Als sehr schlechter Stil wird gewertet, wenn Chefs die Abhängigkeitssituation ihrer Mitarbeiter/innen – meist ist es die persönliche Sekretärin – ausnutzen und hemmungslos in deren Anwesenheit rauchen.

Rauchen in Gesellschaft

Als oberstes Gebot gilt heute die Frage: „*Stört es Sie, wenn ich rauche?*“

Und diesem Gebot sollte man sich als höflicher Mensch überall und zu jeder Gelegenheit unterwerfen, wann immer man in Gegenwart anderer rauchen möchte. Das gilt selbst dann, wenn man sich als Gastgeber/in in seinen eigenen vier Wänden oder in seinem *eigenen Büro* befindet.

Als Gast

⊕ wartet man höflich, bis man etwas zu rauchen angeboten bekommt oder man gefragt wird, ob man vielleicht rauchen möchte.

⊕ Ist man bei Nichtrauchern zu Besuch, gibt es absolut *keine – höfliche* – Möglichkeit, dort zu rauchen, falls man nicht nachdrücklich dazu ermutigt wurde.

⊕ Sollte man nicht ohne Rauch auskommen, so bleibt einem nur übrig – mit einer entsprechenden kurzen Entschuldigung – für einige Minuten an die frische Luft zu gehen.

⊕ Bei größeren Gesellschaften ist es bisher noch üblich, dass – nach bestimmten Regeln der Etikette – geraucht werden darf.

- ⊕ Bei Einladungen zum Essen kann üblicherweise *zum Aperitif* geraucht werden, sofern man sich noch nicht zu Tisch begeben hat.
- ⊕ Der früheste Zeitpunkt zum Rauchen ist der, wenn alle Gäste am gleichen Tisch mit dem *Dessert fertig* sind.
- ⊕ Selbstverständlich muss man auch dann seine Tischnachbarn höflich fragen, ob man rauchen dürfe.
- ⊕ Sollte sich jemand durch Rauch gestört fühlen, bleibt nur übrig, sich zum Rauchen *nach draußen* zu begeben.
- ⊖ Bei Tisch darf *zwischen den Gängen keinesfalls* geraucht werden.

Einige Anmerkungen für Nichtraucher

Selbstverständlich gelten auch Rauchern gegenüber die allgemeinen Regeln der Höflichkeit. Das heißt, dass man sein gutes Recht, sich durch Zigarettenrauch nicht behelligen zu lassen, mit der gebotenen Höflichkeit vertreten sollte.

Es ist zum Beispiel immer korrekt zu sagen:

- ⊕ „Wären Sie bitte so freundlich, hier nicht zu rauchen?“

Schwierig wird es dann, wenn man Gäste zu sich einlädt, die Raucher sind. Hier sind einige *Vorschläge zur Konfliktvermeidung*:

- ⊕ Entweder Gastgeber lassen ihre Gäste bereits *mit der Einladung* wissen, dass in ihrem Haus/ihrer Wohnung nicht geraucht werden solle.
- ⊕ Oder Gastgeber nehmen es in Kauf, nach einer Einladung ihre Räume zwei, drei Tage gründlicher zu lüften.

Im ersten Fall können sich die Eingeladenen vorher entscheiden, ob sie sich auf diese Bedingung einlassen möchten oder nicht. Falls sie es nicht möchten, könnten sie – mit einer höflichen Begründung, die plausibel klingen sollte und nicht unbedingt die wahre sein muss – dann noch freundlich absagen.

Tabu:

- Es ist kein guter Stil, Gäste einzuladen und diese dann bei jeglichen Temperaturen und Wetterbedingungen ins Freie zu schicken.

„Peinlichkeiten"

Es wäre schon etwas weltfremd, wollte man davon ausgehen, dass alle diese Regeln und Vorschriften jederzeit und überall korrekte Anwendung fänden und nie etwas schief ginge. Selbstverständlich geht auch mal etwas daneben. Was aber geschieht dann, wenn man ungewollt etwas falsch macht oder sich andere unkorrekt verhalten? Mit Sicherheit gibt es keinen Menschen, dem dieses oder jenes nicht schon „passiert" ist, und deshalb gibt es auch auf diese Fragen Antworten. Die Antworten müssen sich allerdings auf drei unterschiedliche Perspektiven zu solchen Normverstößen beziehen:

Wie reagiert man als

1. von Unhöflichkeit *Betroffener*?
2. nur Anwesender, also unbeteiligter *Zuschauer*?
3. „*Unglücksrabe*", also als derjenige, der gegen die guten Umgangsformen verstoßen hat?

Zum Ersten:

Wie verhält man sich zum Beispiel, wenn man es einmal mit einem Menschen zu tun hat, der in provozierender Weise unhöflich, ja unverschämt ist? In solchen Fällen erfordern es sowohl die Etikette als auch die Selbstachtung, dass man diese Situation *so schnell wie irgend möglich beendet.* Entweder man lässt denjenigen einfach stehen, oder bittet ihn den Raum zu verlassen. Die guten Manieren erlauben keine andere Möglichkeit, und schon gar nicht die, sich auf die gleiche niedrige Ebene von Unverschämtheiten zu begeben.

Wie soll oder darf man mit Peinlichkeiten aus der Sparte Körpergeruch oder Vergleichbarem umgehen? Darf man jemanden darauf aufmerksam machen, dass er für andere eine Zumutung ist? Dieses sind, in der Tat, einige der am schwierigsten zu beantwortenden Fragen, die mir regelmäßig in meinen Seminaren gestellt werden. Und sicherlich gibt es dafür *keine allgemein gültigen* Antworten.

- In manchen Fällen ist es möglich, den- oder diejenige zur Seite zu nehmen und ganz direkt darauf anzusprechen, dass das benutzte Deodorant wohl nicht ganz ausreicht.
- Oftmals bleibt einem aber vor Peinlichkeit jedwede Bemerkung im Halse stecken. Sicherlich hängt es in einer solchen Situation ausschließlich von den beteiligten Personen ab, ob oder wie peinlich ein solcher Hinweis wird.

Zum Zweiten:

Es ist eine strikte Forderung der Etikette, dass man Verstöße gegen den guten Ton prinzipiell *nicht zur Kenntnis* nimmt, man tut so, als sei nichts geschehen. Das bezieht sich auf alle Arten von „unfeinem" Verhalten. So wird man weder von einem umgeworfenen Glas, von einem lauten Lachen oder sonstigen auffallenden Dingen Notiz nehmen – wie man auch von auffallenden Leuten keinerlei Notiz nimmt.

Ebenfalls in diese Kategorie der Peinlichkeiten gehört, wenn jemand in beruflichen oder gesellschaftlichen Situationen „hemdsärmelig" auftritt, etwa in Anwesenheit von Damen oder Vorgesetzten sein Jackett ablegt oder mit einer Hand in der Hosentasche einen Raum betritt. Ob man es demjenigen „schonend beibringt", oder ob man es bei dessen Blamage belässt, ist ebenfalls eine von Situation und Person abhängige Entscheidung der Betroffenen selbst. Es gibt für diese Fälle keine Faustregel, weil es diese Fälle eigentlich nicht gibt.

Zum Dritten:

Es ist einleuchtend, dass man nur dann in der Lage ist, auf etwas zu reagieren, wenn man einen Tatbestand überhaupt wahrgenommen hat. Auf die Ge- und Verbote aus den Verhaltensstandards bezogen heißt das, ich kann nur dann angemessen auf einen Fauxpas reagieren, wenn ich selbst bemerke, dass ich etwas falsch gemacht habe. Nur dann kann ich mich zum Beispiel entschuldigen. Kennt man jedoch die „*norm*“alen Verhaltensformen nicht, dann wird das eigene Fehlverhalten noch dadurch verstärkt, dass man zusätzlich eine angemessene Reaktion vermissen lässt.

Wenn wir nun aber selbst bemerken, gegen die Normen korrekten Verhaltens verstoßen zu haben, haben wir es zuerst und vor allem mit uns selbst zu tun, so eigenartig das auch klingen mag. Denn ein Mensch, der gegen Ge- oder Verbote der Gesellschaft verstößt, empfindet das zuerst als eine Niederlage sich selbst gegenüber. Jeder stellt in erster Linie an sich selbst den Anspruch, sich jederzeit und überall einwandfrei zu verhalten – es also anderen gleichzutun. Indem er gegenüber diesem eigenen Anspruch versagt, setzt er eigene Ängste frei, die ihn glauben machen, er könne sich nicht mehr auf sich selbst verlassen. So kann es sein, dass er sich wehrlos fühlt gegenüber der vermeintlichen Überlegenheit anderer. Kein Wunder also, dass sich dem auf diese Weise Verunsicherten zuerst die Ohren röten, dann der ganze Kopf, dann sehnt er sich in das sprichwörtliche Mauseloch oder hilfsweise danach, auf der Stelle tot umzufallen.

Je nach dem Gewicht des Verstoßes – das heißt, ob es sich um einen kleinen, relativ leicht entschuldbaren Fauxpas handelt oder um einen schon etwas auffälligeren – verfügen wir über eine ganze Palette abgestufter Reaktionsmöglichkeiten. Lässt man zum Beispiel jemandem die Tür vor der Nase zufallen oder man stößt jemanden, reicht eine einfache Entschuldigung, und die Sache ist vergessen. Bei Verstößen gegen die Etikette – also in Situationen, in denen unkorrekte Manieren besonders ins Gewicht fallen – kann die eigene Reaktion von Peinlichkeit bis zu Scham reichen.

Was ist denn nun aber „peinlich“? Zunächst ist auch hierzu festzuhalten, dass sich die Peinlichkeitsstandards dem Wandel der Kultur und der Moral anpassen und entsprechend ändern. Etwas, was früher mit Peinlichkeit besetzt war, ist es heute nicht mehr. Zum Beispiel löste noch vor 50 Jahren das entblößte Knie einer Dame aufsehenerregende Peinlichkeit aus. Andererseits wäre es heute peinlich, Dinge zu tun, die früher durchaus als normal empfunden wurden, beispielsweise einfach auf den Boden zu spucken oder ähnliches mehr. Im Allgemeinen ziehen Verstöße gegen das in der Gegenwart geltende „klassische Repertoire“ der korrekten Umgangsformen Peinlichkeit nach sich.

So unangenehm es einem auch sein mag, in irgend einer Form gegen die guten Manieren verstoßen zu haben – ganz verkehrt wäre es, noch zusätzlich Aufhebens davon zu machen.

Eine kurze Entschuldigung ist allgemein angebracht, wenn man

- laut geniest oder gehustet hat;
- jemanden beim Sprechen unterbrochen hat;
- jemanden behindert, versehentlich getreten, angestoßen oder ungewollt berührt hat;
- sonstwie gegen Höflichkeitsstandards verstoßen hat.

⊖ Beim Niesen anderer „Gesundheit“ zu sagen gilt als sehr familiär und ist offiziell *nicht angebracht.*

Sollte man jedoch jemandem Schaden zugefügt haben – beispielsweise durch ein umgestoßenes Glas einer Dame ein rotweindurchtränktes Kleid eingebracht haben –, muss man sich schon etwas mehr um die vorläufige Behebung des Schadens bemühen. Ohne Hektik zu verbreiten, sollte man seine Serviette zum Abtrocknen anbieten und – selbstverständlich – für die Reinigungskosten aufkommen wollen. Nicht korrekt wäre es in diesem Fall selbst Hand anzulegen.

Wenn man nun aber richtig in einen „Fettnapf“ getreten ist – das klassische Beispiel dafür ist, dass man die etwas jugendliche Begleiterin eines Herrn als dessen Tochter anspricht –, sollte man am besten gar nichts sagen, denn weitausholende Entschuldigungen pflegen in solchen Fällen die Peinlichkeit noch zu verstärken. (Vorsicht: Nicht jeder junge Mann ist automatisch der Sohn der älteren Dame, die er begleitet!)

Allen potenziellen „Unglücksraben" zum Trost sei gesagt, dass es grundsätzlich kaum einen Fauxpas gibt, den die Gesellschaft nicht verzeiht, wenn man ihn denn selbst bemerkt und entsprechend darauf reagiert hat.

4. Kapitel

Korrektes Äußeres und Kleiderordnung

Das Äußere eines Menschen bestimmt nicht nur den ersten Eindruck gegenüber Fremden, sondern beeinflusst oftmals entscheidend das Image einer Führungskraft gegenüber Mitarbeitern und Geschäftspartnern. Hier reiben sich häufig der individuelle Stil sich zu kleiden mit den internationalen Standards, die für die Businesskleidung maßgebend sind. Dazu sind dann noch für offizielle wie für gesellschaftliche Anlässe bestimmte Kleiderordnungen zu beachten, um die man nicht herum kommt.

Als Allgemeingut gilt heutzutage die Erkenntnis, dass auch in geschäftlichen Begegnungssituationen der äußere Eindruck meist entscheidend ist. Es ist *das Äußere* eines Menschen, das den *ersten Eindruck* bestimmt, und für den gibt es – wie eine gängige Redensart weiß – keine zweite Chance. Aus diesem Grund wird in diesem Kapitel der Gesamteindruck eines gepflegten Aussehens und eines tadellosen Auftretens abgehandelt. Selbstverständlich umfasst das sowohl die international für alle Führungsebenen festgelegte, korrekte Businesskleidung als auch das richtige Outfit für gesellschaftliche Anlässe.

Wie gesagt – wir legen heute großen Wert auf die äußere Erscheinung eines Menschen, ganz gleich, ob Mann oder Frau. Und dies bezieht sich auf das *ästhetische Gesamtbild* einer Erscheinung, das sich aus guter Körperhaltung, gepflegtem Aussehen und Kleidung zusammensetzt.

Das korrekte Auftreten

Zu einem korrekten Auftreten gehören nicht nur die guten Manieren, sondern auch eine gute Körperhaltung. Für die Körperhaltung gilt nach wie vor das gleiche wie für alle anderen Restriktionen gegenüber den natürlichen Bedürfnissen von Menschen: *je mehr ge„formt*" sie sind, *umso höher ist das Ansehen* des „gut erzogenen" Menschen. Früher hatte man bereits den kleinen Kindern mit Hilfe einer unerbittlichen Erziehung beigebracht, wie „man" zu sitzen und zu stehen habe, so dass ihnen die anerzogene Körperhaltung wie eine natürliche vorkam, ihnen also zur „zweiten" Natur wurde, die bewusster Korrektur nicht mehr bedurfte. Heute ist eine derart drangsalierende Erziehung verpönt – und das Ergebnis beklagen nicht nur Ästheten, sondern auch Orthopäden.

Was versteht die Etikette unter einer *korrekten Körperhaltung*? Man könnte es vielleicht als eine Mischung aus sportlicher und eleganter Körperbeherrschung bezeichnen, die sich im Einzelnen so darstellt:

- Die Körperhaltung ist stets aufrecht, wobei die Schulterblätter etwas zusammengezogen werden.
- Die Haltung der Beine, Arme und Hände sind sowohl im Stehen als auch im Sitzen zu kontrollieren, wobei es für Damen und Herren unterschiedliche Standards gibt.

Einige Haltungsregeln für Herren

+ Im Stehen wie auch im Sitzen sollte ein Herr sich möglichst *aufrecht* halten mit ziemlich geradem Rücken, ohne stocksteif zu wirken.
+ Die *Beine* kann er ruhig etwas auseinander stellen, aber nicht zu breitbeinig, und im Sitzen sollten die Beine in Körpernähe bleiben. Männer dürfen selbstverständlich die Beine übereinander schlagen.
+ *Arme und Hände* kann man an sich herabhängen lassen; als Wechselhaltung(!) können die Arme auch mal verschränkt werden, wobei es freundlicher und offener wirkt, wenn *beide* Hände *sichtbar* bleiben.
+ Er sollte darauf achten, dass die Hände keinen verkrampften Eindruck machen, also nicht zu angespannt wirken. *Eine(!)* Hand darf auch *für kurze Zeit* mal in einer Hosen- oder Jackentasche verschwinden – allerdings nie, wenn die andere Hand gerade jemanden begrüßt!

Tabus:

− Herren sollten *nicht*
  - während sie jemanden begrüßen, eine Hand in der Jacken- oder Hosentasche haben;
  - mit hängenden Schultern und krummem Rücken stehen oder dasitzen;
  - die Arme hinter dem Rücken zusammenlegen;
  - die Hände in einer „Fußball-Mauer"-Haltung vor sich halten;

- beide Hände gleichzeitig in die Taschen stecken;
- während des Redens dauernd gestikulieren, vor allem nicht mit offensichtlich eingeübten Gesten;
- ihre Rede mit einem drohenden Zeigefinger unterstützen;
- im Sitzen die Arme als Kopfstütze verwenden;
- im Sitzen die Beine von sich strecken;
- einen Fuß auf das andere Knie legen.

Einige Haltungsregeln für Damen

Im Stehen sollte eine Dame

- sich möglichst aufrecht halten mit etwas zusammengezogenen Schulterblättern;
- die *Beine* nicht so weit auseinander stellen, wie es einem Mann erlaubt ist, sondern so eng wie möglich;
- einen *Fuß* etwas vor den anderen stellen, wenn sie direkt von vorn gesehen wird;
- die *Arme* ruhig an sich herabhängen lassen; als Wechselhaltung(!) können die Arme auch mal verschränkt werden, wobei es freundlicher (und auch weiblicher) wirkt, wenn immer beide Hände zu sehen sind;
- darauf achten, dass die *Hände* einen „kontrolliert lässigen" Eindruck machen, also nicht zu angespannt wirken. Deshalb können sie auch einfach hängen gelassen werden. *Eine(!)* Hand darf auch für kurze Zeit mal in einer Hosen- oder Rocktasche verschwinden – allerdings nie während einer Begrüßung!

Im Sitzen sollte eine Dame

- sich aufrecht halten mit möglichst geradem *Rücken;*
- die Haltung ihrer *Beine* stets kontrollieren, denn die *Knie müssen stets geschlossen* gehalten werden. Sie „darf" dabei ihre Beine übereinander schlagen und alle gut aussehenden Beinhaltungen einnehmen, solange sie ihre Beine *parallel* hält.

Tabus:

- Eine Dame sollte *nicht*
  - die Schulterblätter hängen lassen;
  - die Arme hinter dem Rücken zusammenlegen;
  - die Hände vor dem Bauch falten;
  - beide Hände gleichzeitig in irgend welchen Taschen verschwinden lassen;
  - während des Redens andauernd die Hände ringen oder sie gefaltet halten;
  - während einer Begrüßung mit Handschlag eine Hand in eine Rock-, Jacken- oder Hosentasche stecken;
  - *breitbeinig sitzen*, ganz gleich ob sie einen Rock oder eine Hose trägt.

Tabus für *Damen* und *Herren:*

- Es gilt als äußerst unfein, in offiziellen Situationen laute Geräusche von sich geben, zum Beispiel *laut zu lachen* oder geräuschvoll zu *gähnen.* Zumindest sollte man/frau sich während des Gähnens die Hand vor den Mund halten.

- Auch für das *Husten* oder *Niesen* gilt: Hand vor den Mund! Hierbei empfiehlt es sich – wenn immer die Zeit dazu noch reicht – ein Taschentuch vor Mund und Nase zu halten.

- Es ist bei uns absolut verpönt, in Gegenwart anderer *Kaugummi* zu kauen oder irgend etwas zu lutschen; das gilt auch für Zuhörer von Vorträgen, Konzerten etc.

- Es wirkt peinlich, den eigenen Körper in Gegenwart anderer ausgiebig anzufassen; man darf sich also nicht kratzen, kraulen, streicheln, und was es an *unbewussten Reflexen* sonst noch alles gibt.

Körperpflege und Kosmetik

Eine sorgfältige Körperpflege gehört heute unverzichtbar zu einem gepflegten Erscheinungsbild.

Für moderne Menschen steht selbstverständlich die *Körperhygiene* an erster Stelle; das täglich mehrfache *Zähneputzen* dient nicht nur den schönen weißen Zähnen, sondern auch dem frischen Atem.

Für Herren empfiehlt es sich, auf Folgendes zu achten:

- Gepflegte Hände und Fingernägel – bei spröder Haut sollten Herren eine Handcreme benutzen.
- Angenehmen Körpergeruch – das Deodorant ist mittlerweile auch für Herren unentbehrlich.
- Vermeidung von Mundgeruch.
- Ein Hauch von Eau de Cologne wird mindestens als angenehm, wenn nicht gar anziehend empfunden.
- Ebenso kann eine leichte Feuchtigkeitscreme verwendet werden.
- Die Haare sollen stets einen frisch gewaschenen Eindruck machen und noch den ursprünglichen Schnitt erkennen lassen.
- Ein gepflegter Bart wird heute allgemein akzeptiert.

Tabus:

- Sehr peinlich wirkt es, wenn jemand Körpergeruch verbreitet; das wird von anderen als unzumutbare *Belästigung* empfunden.

- Wenn Freunde gesunder Kost sich am Sonntag abend – oder sogar während der Woche – *Knoblauch* einverleiben, dann gilt das in Deutschland als *Zumutung* für Mitarbeiter und Kunden.

- Die Frisur sollte niemals einen ungepflegten Eindruck machen; – sowohl für Kunden als auch für Vorgesetzte zählt es wenig, dass jemand zu beschäftigt war, um zum Friseur zu gehen.

Einige Stilfragen für Damen

Für erfolgreiche Frauen gehören Körperpflege und Kosmetik unverzichtbar zum gepflegten Erscheinungsbild. Deswegen geht es hier eigentlich nicht um das „Ob“, denn etwas Kosmetik gehört meistens zur kleinen „Korrektur der Natur“, sondern nur um das „Wie viel“. Der Maßstab dafür ist normalerweise das Lebensalter: *je jünger* eine Frau ist, umso mehr wird sie noch von der Natur verschönt, je älter sie ist, umso mehr sollte sie der Natur ein wenig nachhelfen.

Von größerer Bedeutung ist die Frage, um welchen *Typ* Frau es sich handelt. Frauen, die Wert auf *natürliches Aussehen* legen, werden sich mehr an solche Produkte halten, die die Haut pflegen und vor schädlichen Umwelteinflüssen schützen sollen. *Elegante* Frauen werden ihr Erscheinungsbild auch durch solche Kosmetika zu verbessern suchen, die der Faltenbildung vorbeugen sollen oder Fältchen verdecken.

Für Damen empfiehlt es sich, folgendes zu beachten:

- Den täglichen Gebrauch eines *Deodorants* stellt keine kultivierte Frau mehr in Frage.
- Eine Dame wird darauf achten, dass sie ein Deodorant auswählt, das in seiner Stärke den Anforderungen ihres Arbeitstages gewachsen ist. *Geheimtipp*: Männer-Deos sind offenbar „zuverlässiger“!
- Eine andere Möglichkeit wäre, auf ein *Antitranspirant* zurückzugreifen, wenn die Gefahr besteht, dass der Tag sehr stressig wird. Achtung beim Kauf: es gibt Antitranspirants, die können an empfindlichen Stoffen Schaden anrichten.
- Damit sie das rechte Maß für ihren Duft behält, wird die gepflegte Frau die Duftnote ihres Eau de Parfums *öfter mal wechseln*; nach einer Zeit der Gewöhnung nimmt man den Duft an sich selbst kaum mehr wahr. Das kann dann dazu verleiten, des Guten zu viel zu nehmen.
- Der Gefahr der Gewöhnung kann eine Dame auch dadurch begegnen, dass sie *während eines Tages* zwischen unterschiedli-

chen Duftnoten *wechselt.* Zum Sporttreiben passt zum Beispiel ein anderes Eau de Cologne als zur Bürotätigkeit, und für den Abend kann dann der etwas schwerere Duft an die Reihe kommen.

- Tagsüber nur Eau de Toilette oder Eau de Cologne benutzen. Das Parfum ist erst für den Abend gedacht.
- Jener Frauentyp, welcher das kultivierte Aussehen dem naturbelassenen vorzieht, sollte auf den Wuchs der *Körperhaare* achten. Es widerspricht immer noch dem ästhetischen Idealbild einer gepflegten Frau, wenn ihre Beine dunkel behaart sind oder Haare unter der Achsel herausschauen. In Großbritannien und den USA erregt ein solcher Anblick sogar Abscheu. Blonde Frauen haben es in diesem Punkt etwas besser, ganz erübrigt sich das Problem für sie aber auch nicht.
- Die *Hände* sollten auf jeden Fall einen gepflegten Eindruck machen. Wie oft täglich eine Handcreme zu benutzen ist, hängt auch von der ausgeübten Tätigkeit ab. Oft trocknet Büroluft die Hände sehr stark aus.
- *Nagellack* erscheint aus ästhetischen Gründen oftmals angebracht, weil er die Nägel auch nach einem langen Arbeitstag gepflegt erscheinen lässt. Die Entscheidung für oder gegen Nagellack ist eine reine Geschmacksache, die auch wesentlich vom Typ der Frau abhängt. Allerdings müssen lackierte Nägel stets gut gepflegt werden und dürfen nicht abgeplatzte Stellen aufweisen. Bei problematischen Nägeln empfiehlt es sich, die Hilfe eines *Nagelstudios* in Anspruch zu nehmen.
- Das Make-up sollte bei Tageslicht sehr dezent und der Hautfarbe angepasst sein. Selbstverständlich sollte es tagsüber das „kleine" Make-up sein, so dass für den Abend noch Steigerungsmöglichkeiten bleiben.
- Die Frisur sollte nicht das Stiefkind der ganzen Erscheinung sein, sondern verlangt ebenfalls tägliche, kritische Aufmerksamkeit und Pflege. Die kultivierte Frau wird von Zeit zu Zeit ihren Spiegel befragen, ob ihre Frisur noch in die Zeit und zu ihrem sonstigen Stil passt.

Tabus:

- *Kein Deodorant* zu verwenden, obwohl Frau zu Körpergeruch neigt, wird von ihrer Umgebung als außerordentlich peinliche Zumutung empfunden.
- Ein zu schwaches Deo zu verwenden, das der Belastung des Arbeitstages nicht stand hält und mit der Zeit versagt, ist ebenso unverzeihlich. (Die Umgebung verzagt, sagt aber nichts.)
- Der persönliche Duft ist prinzipiell nicht für die Öffentlichkeit in Fahrstühlen etc. bestimmt, um dort völlig unbeteiligten Menschen die Luft zu nehmen.
- Stark parfümiert ins Büro zu kommen, wird nicht nur von den Mitarbeiter/innen, sondern auch von Besuchern für aufdringlich und unfein gehalten.
- Wenn Erwerbstätige sich am Sonntag abend – oder sogar während der Woche – *Knoblauch* einverleiben, dann gilt das in Deutschland als *Zumutung* für Kollegen und Kunden.
- Auch bei uns wirkt der Anblick von weiblichen *Körperhaaren* – vor allem unter den Achseln – auf viele Menschen unangenehm und peinlich.
- *Fingernägel in Überlänge* sind nicht nur aus Geschmacksgründen, sondern auch aus praktischen Erwägungen problematisch.
- „Dramatisch" geschminkt ins Büro zu gehen ist kein Zeichen guten Geschmacks.
- Eine „lieblose" *Frisur* beeinflusst selbstverständlich auch das Gesamtbild einer Dame unvorteilhaft.

Das unangenehmste an den Fehlern aus dem Bereich des Körperlichen ist, dass *andere Leute sie eher bemerken* als man selbst. Die tägliche Umgebung fühlt sich davon zwar unheimlich belästig und rümpft hinter dem Rücken des oder der Betroffenen die Nase, aber niemand traut sich, ihm/ihr etwas davon zu sagen. Deswegen werden solche Nachlässigkeiten *für alle* Beteiligten so *peinlich*.

Korrekter Bekleidungsstil im Beruf

Die Kleidung der Menschen ist seit alters her ein Bestandteil ihrer Kultur und deshalb auch deren Wandel unterworfen. Früher diente Kleidung immer auch dazu, Unterschiede in der Schichtzugehörigkeit äußerlich sichtbar zu machen. Es gibt eine Menge Aufzeichnungen darüber, welche Art von Bekleidung für Nichtadelige zu tragen verboten war, zum Beispiel Pelze und anderes mehr. Daneben ist uns manche traditionelle Berufskleidung bis heute überliefert, die einst von den Zünften für ihren Berufsstand festgelegt wurde, wie zum Beispiel die originelle Zimmermannskleidung oder die Pepita-Hosen der Bäcker und die hohen Mützen der Köche.

Auch heutzutage sind für bestimmte Berufe einheitliche Formen von Bekleidung – also „Uniformen" – vorgeschrieben, wie zum Beispiel bei Luftverkehrsgesellschaften. Ganz abgesehen von der Tradition des Militärs, die wohl zunächst darauf gerichtet war, Freund von Feind zu unterscheiden. Gemeinsam liegt allen diesen Uniformen natürlich die Intention zugrunde, ihre Träger/innen einer bestimmten Berufsgruppe, Gesellschaft oder Nation unverwechselbar zuordnen zu können.

Nun sind es aber nicht nur Uniformen im herkömmlichen Sinn, mit denen wir es zu tun haben, sondern meist deren moderne Varianten. Jede Berufssparte hat heute ihre eigene Bekleidungsuniformität, die sie aus dem Angebot der zur Zeit üblichen Bekleidung auswählt. Eindeutig anders kleiden sich Bankangestellte als Journalisten, und Lehrer wieder anders als Leute aus der Modebranche. Und dann gibt es noch Ingenieure und Leute aus dem EDV-Business – die ziehen sich meist irgend etwas an …

Dagegen ist es ein eher erstaunliches Phänomen, dass die *Führungspersönlichkeiten* nicht nur aller Branchen und Institutionen, sondern auch aller Nationen, einen einheitlichen Stil bevorzugen. Sie tragen die sogenannte formelle Kleidung – ein Stil von unübersehbarer Konservativität –, die man international mit „Business dress" beziehungsweise „Business suit" bezeichnet. Man wird diesen Herren im dunklen Anzug mit weißem oder pastellfarbenem Hemd mit Krawatte und den Damen im „Chanel-Kostüm" oder einer eleganten und dezenten Variante davon, auf allen Chefetagen der Welt begegnen. (In Deutschland sind Begegnungen mit Damen auf diesen Fluren immer noch rarer als anderswo.)

Welcher Bekleidungsstil nun für die Mitarbeiter/innen eines Unternehmens verbindlich zu sein hat, ist in aller Regel schon durch die Bekleidungsgepflogenheiten der jeweiligen Branche vorgegeben. Darüber hinaus legt die jeweilige Geschäftsleitung – im Einklang mit der Unternehmenskultur eines Hauses – fest, in welcher Art sie ihre Mitarbeiter und Mitarbeiterinnen gekleidet zu sehen wünscht. Solche Vorschriften befinden sich generell im Einklang mit dem geltenden Arbeitsrecht.

Die Kleidung betrifft nun nicht ausschließlich das Erscheinungsbild nach außen; das wäre eine Fehleinschätzung, wie sie leider häufig anzutreffen ist. Vielmehr ist davon durchaus auch der Stil betroffen, der *innerbetrieblich maßgebend* ist. So kann es natürlich sein, dass man sich bei extrem hohen Temperaturen oder während einer „heißen" Arbeitsphase hin und wieder einen Kragenknopf öffnet oder – im Einvernehmen mit *allen* Anwesenden – das Jackett ablegt. Jedoch würde das Gesamtbild eines Unternehmens sehr unter einer „Hemdsärmeligkeit" der Führungskräfte leiden. In Unternehmen mit einem Sinn für Unternehmenskultur wäre es auch keineswegs empfehlenswert, dass ein Mitarbeiter in einer solch legeren Aufmachung zum Chef oder seiner Chefin ginge. Man sollte stets darauf achten, dass auch in diesem Fall die Kleidung korrekt ist und dem vorherrschenden Stil des Hauses entspricht.

Eigentlich müssten an dieser Stelle die allgemeinen Standards für eine betriebliche Kleiderordnung für sämtliche Branchen getrennt aufgeführt werden, denn sehr unterschiedlich sind der Stil und die Erwartungen der Kunden bei den verschiedenen Wirtschaftszweigen. So gibt es Branchen, in denen man sich betont modisch kleidet, in anderen gibt man sich leger, und wieder andere legen besonderen Wert auf korrekte Konservativität der Kleidung. Da das insgesamt jedoch hier nicht leistbar ist, beschränke ich mich auf Beispiele, bei denen die Maßstäbe der *formellen Kleidung* zugrunde gelegt werden. Das heißt, sie gelten für die Wirtschaftszweige, Unternehmen und Institutionen, in denen auf *korrekte Business-Kleidung* Wert gelegt wird.

Formelle Business-Kleidung für Herren:

- Gedeckter dunkler Anzug; je dezenter der Anzug umso vornehmer – das heißt: nicht zu auffällig oder zu modisch
- Oberhemd mit Kragen und Manschetten
- Doppelmanschetten mit Schmuck-Manschettenknöpfen trägt man heutzutage seltener, sie gelten aber nach wie vor als elegant
- Krawatte, die nicht zu „laut" sein sollte, eventuell auch Einstecktuch, eine akzeptierte „persönliche Note"
- Die gebundene Schleife (= Fliege) hat den gleichen Rang wie die Krawatte; sie wirkt etwas individualistischer
- *Dunkle Socken*, passend zum Anzug (eher dunkler als heller)
- Saubere, *blank geputzte*, *dunkle* Schuhe, passend zum Anzug
- hellere Schuhe sind höchstens zu einem hellen Sommeranzug während des Tages erlaubt
- Am Abend trägt ein Herr zum offiziellen Anzug *ausschließlich schwarze* Schuhe
- Natürlich muss alles einen sehr gepflegten Eindruck machen!

Nützliche Tipps zur Herrenbekleidung:

- Ein kombinierter Anzug wirkt zwar sportlicher, er ist jedoch international verpönt, und deswegen für die Führungsebene *nicht geeignet.*

- Gleichermaßen als Business suit für die oberen Ränge nicht geeignet sind Anzüge in hellen Farben.

- Korrekterweise sind bei allen Anzügen, die ohne Weste getragen werden, die erforderlichen *Knöpfe* zu schließen, sobald ein Herr sich erhebt, steht oder geht.

- Bei Anzügen mit Weste muss das Jackett nicht geschlossen werden.

- Sind bei Konferenzen oder Besprechungen Kolleginnen anwesend, ist es ein Gebot des Respekts, die Dame/n um ihre Erlaubnis zu fragen, das *Jackett ablegen* zu dürfen.

- Bei *extrem hohen* Temperaturen können zwischen den Anwesenden Sonderregelungen vereinbart werden. Dieses Thema ist aber so heikel, dass es stets dem *Ranghöchsten vorbehalten* ist, diese Frage zu stellen oder als erster das Zeichen dafür zu geben, dass eine legerere Kleiderordnung angesagt ist.

Bei sehr hohen Temperaturen können tolerante und berufserfahrene Frauen von sich aus ihren männlichen Kollegen die Erlaubnis zum Ablegen der Jacketts erteilen, noch bevor sie darum gebeten werden.

- Das ästhetisch aussehende, gebügelte *Stofftaschentuch* gehört nach wie vor zur korrekten Herrenausstattung.

- *Papiertaschentücher* sind zusätzliche Utensilien für allerlei praktische Zwecke.

- Zu Hause sollten stets *Schuhspanner* benutzt werden, damit die Schuhe keine peinlichen „Sorgenfalten" bekommen.

- Die *Krawatte*, resp. Schleife, muss täglich neu gebunden werden, weil ihr Aussehen sonst dramatisch leidet.

- Eine wertvolle Krawatte sollte mindestens 36 Stunden ausruhen dürfen, bevor sie wieder gebunden wird.

Freizeitkleidung darf nicht mit offizieller Bekleidung verwechselt oder kombiniert werden.

Tabus:

- Ausschließlich in den *Freizeitbereich* oder in künstlerische Berufe beziehungsweise in den Produktionsbetrieb gehören zum Beispiel:
  - *Blue Jeans*
  - Tennisschuhe und Sandalen
  - Schuhe mit dicken Kreppsohlen
  - weiße Socken.

- ⊖ In Gegenwart von Damen – Kolleginnen mit eingeschlossen! – das Jackett abzulegen, ohne sie um Erlaubnis gefragt zu haben, ist ein Fauxpas.
- ⊖ Es gilt nach wie vor als ein *Fauxpas*, in einer *nicht-privaten Umgebung* die Krawatte zu lockern und den Kragenknopf zu öffnen oder sonstige „Erleichterungen" in Anspruch zu nehmen!
- ⊖ Es ist mit Sicherheit ein dicker Fauxpas, wenn ein anwesender Mitarbeiter einem Ranghöheren die Entscheidung „abnimmt", ob dieser die Erlaubnis zur „Marscherleichterung" geben möchte oder nicht.
- ⊖ In unkorrekter, legerer Aufmachung vor seinen Chef oder seine Chefin zu treten, ist schädlich.
- ⊖ Ausgesprochen *peinlich* wirken staubige oder abgelaufene oder gar schmutzige Schuhe.

Tipps und Tabus zum Thema Herren-Schmuck

- ⊕ Schon immer akzeptiert wurden:
  - maximal zwei Ringe
  - Schmuck-Manschettenknöpfe
  - eine Uhr
  - Krawatten-Nadel oder -Spange.
- ⊕ Neuerdings akzeptiert werden:
  - Armband oder Armreif.
- ⊕ (Noch) nicht überall akzeptiert sind:
  - Ohrring(e)
  - Ohrstecker.
- ⊖ *Nicht* akzeptiert werden:
  - Halsketten auf offizieller Bekleidung
  - Nasenflügelstecker
  - Piercing.

Die korrekt gekleidete Managerin

Für Frauen mit Stil ist es selbstverständlich, dass sie sich im beruflichen Alltag nicht in der gleichen Weise kleiden oder zurecht machen, wie sie es in ihrer Freizeit oder gar für den Abend tun. Frauen in Führungspositionen sollten darüber hinaus nicht außer Acht lassen, dass das berufliche Erscheinungsbild nach wie vor männlich dominiert ist, und dass es deswegen für sie günstiger ist, sich diesem Erscheinungsbild in *gewissem Maß* anzupassen. Selbstverständlich sollte auch die Businesskleidung von Frauen sowohl der ausgeübten Tätigkeit als auch ihrer Position angemessen sein.

Allerdings gibt es im Hinblick auf den Bekleidungs*stil* grundsätzlich einen beachtenswerten *Unterschied zwischen zwei Berufsgruppen* erwerbstätiger Frauen, der sich zum großen Teil aus der Tradition erklärt.

- In allen traditionell von Frauen ausgeübten Berufen – wie zum Beispiel Sekretärin, Dolmetscherin, Bibliothekarin – können Frauen auch heute sich *grundsätzlich femininer* kleiden, ohne einen Kompetenz- oder Ansehensverlust zu erleiden.

- Frauen in traditionell von Männern ausgeübten Berufen – wie zum Beispiel die Anwältin, die Universitätsprofessorin und die Akademikerin in einem technisch-naturwissenschaftlichen Beruf – sollten ihrem Outfit für den Berufsalltag lieber einen *leicht* maskulinen Touch geben.

Bei den nachfolgend angeführten Beispielen werden die Maßstäbe der *formellen Kleidung* zugrunde gelegt, das heißt, sie gelten für die Wirtschaftszweige, Unternehmen und Institutionen, in denen auf traditionelle, das heißt, auf eine *konservativ-korrekte Bekleidung* Wert gelegt wird. Auch soll hier der Tatsache Rechnung getragen werden, dass Frauen, für deren Beruf es schon seit Generationen eine weibliche Norm gibt, sich mit der Kleiderfrage nicht so schwer tun wie Frauen, die in ihrem Beruf keine weiblichen Maßstäbe vorfinden. Deswegen sind beispielsweise für eine Wirtschaftsingenieurin, Anwältin, Diplomingenieurin oder Diplomkauffrau usw. grundsätzlich mehr Fragen offen, auf die hier eingegangen werden soll.

Formelle Business-Kleidung für Damen:

- Dezentes Kostüm oder sehr gut sitzender Hosenanzug
- Schultern stets bedeckt, also mindestens ein kleiner Ärmel an Bluse oder Kleid
- Altersgemäß in Schnitt und Aufmachung
- *Unerlässlich*: stets mit Strümpfen „bekleidete" Beine
- Sehr ordentliche, gepflegte Schuhe, im Stil passend zur Bekleidung.

Tabus:

- Freizeitkleidung mit offizieller Bekleidung zu verwechseln oder zu kombinieren ist die häufigste Ursache vieler „*Missgriffe*" von Frauen, die nicht sehr geschmackssicher sind.
- Für Frauen mit Stil gelten für ihre Bürokleidung als tabu:
  - Mini-mini-Röcke
  - Kleider mit großem Dekolleté
  - auffallend durchsichtige oder wallende, wogende Kleider
  - enge Röcke oder Hosen mit straff gespannten Nähten
  - Tops mit Spaghetti-Trägern
  - einfache T-Shirts
  - aufreizende oder andere Freizeitkleidung
  - *Blue Jeans*, Leggings und Radlerhosen!
- Im Büro geradezu *peinlich* wirken
  - nackte Beine und somit nackte Füße
  - ein heruntergetretener Rocksaum
  - Laufmaschen
  - ungepflegte Schuhe.

Nützliche Tipps zur Damenbekleidung:

- Das Kleid oder das Kostüm sollte in Schnitt und Aufmachung *der Position entsprechen*. Grundsätzlich gibt es *keinen stilistischen* Unterschied zwischen einem Kostüm und einem Hosenanzug. Deswegen ist es unerheblich, ob eine Dame zu einem Blazer eine Hose oder einen Rock trägt.

- Den Stil der Kleidung bestimmen Faktoren wie zum Beispiel:
  - die *Qualität* des Stoffes
  - die Klasse von *Schnitt und Verarbeitung*
  - ob es sich um einen sportlichen, einen eleganten, einen sehr femininen oder einen alternativen Naturlook handelt
  - die Länge eines Rockes
  - die Herstellungsart – ob der Rock aus Strickware besteht oder handgewebt ist usw.
- Die Kleidung soll stets einen sehr gepflegten Eindruck machen.
- Das *Stofftaschentuch* ist ein nach wie vor unverzichtbarer Kulturgegenstand und gehört in jede Damenhandtasche.
  - Papiertaschentücher sind nur *zusätzliche* Utensilien für allerlei *praktische* Zwecke.

Tipps und Tabus zum Thema Schmuck

- Im beruflichen Alltag gehen Führungsfrauen mit Schmuck äußerst sparsam um.
- Größere, schwingende Ohrgehänge und klimpernde Armbänder sollten im Büro vermieden werden.

Bekleidungsvorschriften bei offiziellen Anlässen

Bestimmte gesellschaftliche Veranstaltungen sind mit bestimmten Vorstellungen über die dazu passende Bekleidung verbunden. Damit wird oftmals der traditionellen Etikette Rechnung getragen, oftmals aber auch nur der Tatsache, dass es stets die *Gäste* sind, die durch den Stil ihrer Kleidung eine Veranstaltung *prägen*. Daher ist es natürlich auch das gute Recht der Gastgeber, in Bezug auf die Kleidung der Gäste bestimmte Wünsche zu äußern.

Wenn jemand also eine Einladung zu einer gesellschaftlichen Veranstaltung erhält, auf der ein Bekleidungsvorschlag vermerkt ist, so muss man diesen „Vorschlag“ als *bindend* betrachten. Er findet sich entweder als Bekleidungsvermerk schriftlich auf den Einladungen (siehe dazu 5. Kapitel) oder er kann auch nur mündlich geäußert werden. Sollte man/frau wirklich nicht etwas Entsprechendes anzuziehen haben, so sagt man höflich ab. Vom gewünschten Stil deutlich abzuweichen sollte nicht in Frage kommen. Denn missachtete jemand diesen geplanten Stil des Festes, so bedeutete das eine krasse Unhöflichkeit gegenüber den Gastgebern. Dabei macht es keinen Unterschied, ob man „overdressed“ hinginge, also eleganter als die übrigen Gäste, oder „underdressed“, das heißt für den Anlass zu schlicht gekleidet. In jedem Fall würde man dadurch seine Missachtung gegenüber den Planungsvorstellungen der Gastgeber zum Ausdruck bringen. Erfahrungsgemäß sind es jedoch die anderen Gäste, die auf einen solchen Affront noch „unangenehmer“ zu reagieren pflegen. – Gegen „Understatement“ ist dagegen nichts einzuwenden, wenn beispielsweise sehr teure Stoffe in einem schlichten Stil verarbeitet worden sind und ähnliches.

Offizielle Bekleidungsvorschriften beziehen sich stets nur auf die *Herrenbekleidung*, sie lauten in der Regel:

- Business suit = Geschäftsanzug
- dunkler Anzug
- kleiner Gesellschaftsanzug (am Tag) = Stresemann
- großer Gesellschaftsanzug (am Tag) = Cut/Cutaway
- Black tie = Smoking = kleiner Gesellschaftsanzug (für den Abend) = cravate noire (franz.)
- Dinnerjacket = kleiner Gesellschaftsanzug für den *Sommerabend*
- White tie = Frack = großer Gesellschaftsanzug = cravate blanche (franz.).

Bei privaten Einladungen kann es zum Beispiel heißen:

- leger = casual
- sommerlich
- festlich und anderes mehr.

Für eine Reihe offizieller Veranstaltungen gibt es jedoch festgelegte Konventionen, dadurch erübrigt sich ein Bekleidungsvermerk.

Die nachfolgenden Beispiele – in alphabetischer Reihenfolge – sollen zur Orientierung in den Fällen dienen, in denen eine *offizielle Einladung* keinen entsprechenden Bekleidungsvermerk enthält. Über den Anzug hinaus werden hier noch weitere, sichtbare Bestandteile der Bekleidung angesprochen. Und es werden auch Beispiele für die offizielle *Bekleidung der Damen* genannt.

Was ist die offizielle Bekleidung zu welcher Gelegenheit?

	Für den Herrn:	*Für die Dame:*
Akademische Feier: (normal)	dunkler Anzug oder Kombination: Club-Blazer mit dunkelgrauer Hose einfarbiges Hemd dezente Krawatte dunkle Strümpfe ohne Muster schwarze Schuhe	Kostüm oder Hosenanzug Strümpfe
Akademische Feier: (hochoffiziell)	Stresemann, komplett oder schwarzer Anzug weißes Hemd Krawatte grau oder silbergrau schwarze Kniestrümpfe schwarze Schuhe	schwarzes oder dunkles Kostüm Strümpfe
Ball/Gala:	Smoking Smoking-Hemd weiß, champagner oder bleu Cummerbund oder Weste Fliege schwarz oder farbig schwarze Kniestrümpfe schwarze Schuhe oder Lackschuhe	Großes Abendkleid Strümpfe
Bankett/Diner/ Dinner:	Smoking Smokinghemd, weiß oder pastell evtl. Weste mit passender Fliege oder schwarze Fliege schwarze Kniestrümpfe schwarze Schuhe	Abendkleid/Abendanzug Strümpfe

Cocktailparty:	gedeckter Straßenanzug oder dunkler Anzug elegante Krawatte dunkle Socken schwarze Schuhe	Nachmittagskleid oder Cocktailkleid Strümpfe
Déjeuner/Brunch/ Lunch:	Anzug je nach Jahreszeit modische Krawatte abgestimmte, dunkle Socken dunkle Schuhe	Elegantes Tageskleid Strümpfe
Empfang:	Blazer mit grauer Hose Club-Krawatte oder dunkler Anzug elegante Krawatte weißes Hemd, schwarze Socken oder Kniestrümpfe schwarze Schuhe	Kostüm oder elegantes Jackenkleid Strümpfe
Sommerfest:	Dinnerjacket/Smoking Smokinghemd, weiß oder oder écru evtl. Weste mit passender Fliege oder schwarze Fliege schwarze Kniestrümpfe schwarze Schuhe	Sommerliches Abendkleid Abendanzug Strümpfe

Dazu einige Erläuterungen

Der *Stresemann* ist der – kleine – Gesellschaftsanzug für festliche Anlässe *ausschließlich während des Tages.* Er besteht aus einer schwarz-weiß-grau gestreiften Hose ohne Umschlag mit einreihigem, schwarzem Jackett. Dazu trägt man ein weißes Hemd mit Doppelmanschetten mit grauer Weste; die Krawatte ist dezent in schwarz-weiß-silbergrauen Tönen. Eine Krawattennadel ist beim Stresemann das „Tüpfelchen auf dem i", das weiße Einstecktuch gehört dazu.

Gegenwärtig erlebt der Stresemann – schwarz oder marengofarben – ein großes Comeback bei *Hochzeiten* als elegantes Kleidungsstück für den Bräutigam. Hierzu wird gleich beim Kauf eine *zweite Hose im Uni-Stoff* des Jacketts angeschafft, die dann ab dem *abendlichen* Hochzeitsessen getragen wird. Der Bräutigam trägt dazu eine Weste mit Seidenstickerei oder aus Brokat, dazu ein graues Plastron (Schal-Krawatte). Das Hemd ist weiß oder écru, in Baumwolle oder Seide, das Einstecktuch hat die Stoffart und Farbe des Hemdes.

Der *Cutaway* ist der große Gesellschaftsanzug für hochoffizielle Anlässe *während des Tages*. Der Cutaway ist in der Regel schwarz oder auch grau, die Rockschöße sind von vorne nach hinten bogenförmig geschnitten, was seinem Aussehen Ähnlichkeiten mit Pinguinen verleiht. Dazu wird die gestreifte *Stresemann-Hose* getragen. Zum *Cut*, wie er auch genannt wird, trägt man ein weißes Hemd mit Doppelmanschetten, eine graue Weste und ein graues Plastron (Schalkrawatte) oder eine silbergraue Krawatte. Zu hochoffiziellen Hochzeiten und internationalen Pferderennen trägt man zum Cut den grauen Zylinder und graue Handschuhe – die auch nur in der Hand gehalten werden können – während anlässlich hochoffizieller Trauerfeiern der schwarze Zylinder mit schwarzen Handschuhen zum schwarzen Cut getragen werden.

Der *Smoking* unterliegt einem alten, nach wie vor gültigen *Tabu*, gegen das man nicht verstoßen sollte: Er darf das Tageslicht *nicht vor 19.00 Uhr* erblicken! (Ausnahme: Bayreuther Festspiele: dort trägt man bereits ab 17.00 Uhr Abendgarderobe.)

Der *Smoking* ist der *klassische Abendanzug*. Das Sakko des Smoking ist ein- oder zweireihig mit steigenden Revers oder Schalkragen mit Seidenbesatz. Die Hose ohne Umschlag hat Seidengalons (aufgesetzte Längsstreifen an den Außennähten). Farbe: schwarz oder mitternachtsblau. Dazu trägt man entweder eine tief ausgeschnittene Weste aus dem gleichen Stoff wie der Anzug oder den klassischen Cummerbund aus dem gleichen Material wie die Schleife (Fliege). Gegenwärtig „in“ sind sowohl seidengestickte Westen als auch Brokatwesten aus dem gleichem Material wie die Schleife. „Klassisch“ ist die *schwarze* Satin-Schleife, sie kann aber auch weinrot oder silbergrau sein. Dazu trägt man ein Hemd mit Biesen und verdeckter Knopfleiste, mit Umlege- oder Klappkragen und *Doppelmanschetten*, Farbe: weiß oder hellbleu. Das Einstecktuch hat die Farbe des Hemdes.

Der Herr im Smoking mit der *weißen Fliege ist der Kellner.*

Das *Dinner-Jackett* – eigentlich eine irreführende Bezeichnung, weil es ein offizielles Abendjackett für allerlei Gelegenheiten an *Sommerabenden* ist – ist die korrekte Bekleidung für Sommerfeste, große Gartenparties und Schiffsreisen, streng genommen für festliche Gelegenheiten unter freiem Himmel. Es ist aber nichts dagegen einzuwenden, das Dinner-Jackett anlässlich einer gesellschaftlichen Veranstaltung im Sommer zu tragen, die nur des Wetters wegen nicht draußen stattfinden kann. Das Dinner-Jackett hat die gleiche Form wie das Smoking-Jackett, einzig die Farbe ist weiß oder meist écru. Es wird zur schwarzen Smoking-Hose getragen. Dazu trägt man ein weißes oder pastellfarbenes Smokinghemd mit dunkler Smoking-Schleife. Das Einstecktuch ist farblich mit dem Hemd abgestimmt oder – als Kontrast – passend zu Weste und Schleife.

Der *Frack* ist der *große Gesellschaftsanzug* für sehr festliche Anlässe, wie zum Beispiel Gala-Bälle, Staatsempfänge etc. Anlässlich gesellschaftlicher Veranstaltungen sollte er nicht vor Eintritt der Dunkelheit getragen werden. Der Frack – Farbe schwarz oder mitternachtsblau – hat eine schmal geschnittene Hose mit hohem Bund und Doppelseidenstreifen (Galons), sie wird normalerweise mit (von) Hosenträgern getragen. Das Jackett ist vorn sehr kurz tailliert, zweireihig, und läuft hinten knielang in dem berühmten „Schwalbenschwanz" aus. Das Jackett, dessen Revers ebenfalls Satinbesatz haben, wird vorn nicht geschlossen; dazu gehört eine weiße tiefausgeschnittene Weste aus steifem Piqué. Das Frackhemd ist ebenfalls gestärkt, aus Waffel-Piqué mit Klappecken, mit einfachen, steifen Manschetten mit Knopflöchern. Das Frackhemd erhält seine besondere Note durch Schmuckknöpfe, die meist aus Perlmutt oder Perlen, aber auch mit Brillanten besetzt sein können. Die Frackschleife ist für den Gast aus weißem Piqué – *die schwarze Fliege trägt der Kellner.* Zum Frack gehört als Kopfbedeckung der schwarze Chapeau claque.

Zu allen Gesellschaftsanzügen trägt ein Herr Hemden mit Doppelmanschetten und Schmuck-Manschettenknöpfen aus Edelmetall.

Drei wichtige Regeln für Hochzeiten:

- Die Farbe Weiß bleibt ausschließlich der Braut vorbehalten.
- Der Bräutigam trägt gegenwärtig eine graue oder dunkelblaue Spielart eines Stresemann – *keinesfalls* darf er *im Smoking* zur Trauung erscheinen, und natürlich auch keiner der Gäste.
- Das Brautpaar gibt durch seine Art der Kleidung den Stil vor, der auch für die Bekleidung der Gäste maßgebend sein sollte.

Drei wichtige Regeln für Trauerfeiern:

- Herren tragen einen sehr dunklen oder schwarzen Anzug mit schwarzer Krawatte, schwarzen Strümpfen und Schuhen. Damen tragen ebenfalls schwarze oder dunkle Kleidung mit langem Arm – am besten ein Kostüm – dunkle Strümpfe, schwarze Schuhe, schwarzen *Hut* und äußerst sparsamen Schmuck.
- Bei *offiziellen* Trauerfeiern, Staatsbegräbnissen und ähnlichem tragen Herren Cut oder Stresemann, jeweils mit schwarzer Weste, und einen schwarzen Zylinder mit Trauerflor und schwarze *Handschuhe*. Damen tragen ein schwarzes Kostüm mit schwarzem *Hut* und schwarzen *Handschuhen*.
- Kränze und Blumengebinde werden an das Beerdigungsinstitut gegeben und nicht selbst getragen. Sträuße und kleinere Gestecke kann man selbst vor dem Sarg platzieren.

Drei wichtige Regeln für Theater- und Opernpremieren:

- Die große Abendgarderobe ist eigentlich nur noch bei Gala-Premieren üblich; das bedeutet dann: Frack und schwarzer Mantel mit weißem Seidenschal für den Herrn, und das große Abendkleid mit langem Abendmantel für die Dame.
- Zu „normalen" Opernpremieren trägt der Herr Smoking und die Dame ein Abendkleid, eventuell mit Tuch, Stola oder ähnlichem. Bei Schauspielpremieren ist die festliche Kleidung im allgemeinen weniger förmlich.

Wichtig: Muss man, um an seinen Platz zu gelangen, in seiner Reihe an Besuchern vorbei, die bereits Platz genommen haben, so kehrt man diesen Damen und Herren *das Gesicht zu* – und das Gegenteil der Bühne.

- Wenn höfliche Besucher aufstehen, um einen besser vorbeilassen zu können, ist es unverzichtbar, sich bei ihnen zu bedanken.

Tabus der offiziellen Bekleidung:

Bei *Herren* wirken peinlich stillos

- der Anblick durchgeschwitzter Hemden, insbesondere in Gegenwart fremder Damen;
- Smoking am Tag;
- der Anblick von Hosenträgern;
- braune Schuhe am Abend;
- der Anblick von nackten Männerwaden unter einem Abendanzug;
- weiße Socken unter Anzugshosen;
- ungeputzte Schuhe;
- abgetretene Absätze, Löcher in den Sohlen.

Bei *Damen* wirken peinlich

- nackte Beine und – folglich – nackte Füße;
- Laufmaschen;
- heruntergetretener Rocksaum;
- ungepflegte Schuhe.

Accessoires

Die *Krawatte* ist – immer noch – für alle offiziellen und viele beruflichen Gelegenheiten ein lästiges Accessoire. Gegenwärtig sind es ca. 600 Millionen Männer, die sich weltweit täglich damit „plagen" müssen.

Im internationalen Verständnis signalisiert die Krawatte, dass ihr Träger über Kompetenz und Macht verfügt. Das gilt natürlich – mit den oben erwähnten Einschränkungen – nur für bestimmte Branchen und privat nur für bestimmte Gelegenheiten. In einigen Gegenden der Erde bedeutet die Krawatte, dass ihr Träger zur Oberschicht gehört. Das ist insbesondere dort wichtig zu wissen, wo in gepflegten Restaurants, erstklassigen Hotels, ja selbst in manchen Kinos für Angehörige der Unterschicht der Zutritt verboten ist. Das heißt konsequenterweise oftmals: entweder Krawatte oder draußen bleiben.

Nie sollte eine wertvolle Krawatte unaufgeknotet abgelegt oder gar längere Zeit so hängen gelassen werden.

Einen *Hut* zu tragen war schon immer eine Frage der Mode, und so ist es auch noch heute. Zur Zeit leben wir gerade in einer ziemlich „hutfreien" Epoche, und das gilt sowohl für Damen als auch für Herren. Jede/r darf einen Hut tragen, muss es aber nur noch bei wenigen *offiziellen* Gelegenheiten, bei denen – sowohl für Herren als auch für Damen – ein Hut unverzichtbar dazugehört. Das sind zum Beispiel:

- offizielle Trauerfeiern und Begräbnisse,
- offizielle Hochzeiten,
- für Herren: der Besuch einer Synagoge,
- vornehme Pferderennen, dabei ist für Herren der graue Zylinder das Nonplusultra.

Es gibt allerdings etliche Situationen, bei denen ein Hut absolut *fehl am Platz* ist, zum Beispiel beim Theater- oder beim Kinobesuch – hierher passt höchstens ein „Hütchen".

Falls ein *Herr* einen Hut trägt, sollte er einige traditionelle Vorschriften beachten:

- Auf der Straße sollte ein Herr den Hut „lüften", wenn er jemanden grüßt.

- Wenn er ein Gebäude oder einen Raum betritt, muss der Hut sofort abgenommen werden (Ausnahme: Synagogen).

Eine Dame *kann* ihren Hut in geschlossenen Räumen aufbehalten, wenn sie es will (und wenn sie andere Leute dadurch nicht behindert).

Zu früheren Zeiten waren *Handschuhe* ein Signum der Oberschicht, sowohl für Damen als auch für Herren. Gegenwärtig gibt es nur noch wenige Gelegenheiten, zu denen das Handschuhtragen von der Etikette vorgesehen ist (siehe oben).

Als Regeln für das Ablegen, beziehungsweise das Anbehalten der Handschuhe gelten nach wie vor:

- Innerhalb von Gebäuden wird bei einer Begrüßung der rechte Handschuh abgelegt (Ausnahme: Abendhandschuh).
- Auf der Straße kann man im Winter bei einer Begrüßung die Handschuhe anbehalten.

Eine wichtige, unerlässliche Kleinigkeit ist das *Stofftaschentuch*, das als *Kulturgegenstand* nach wie vor zu jedem korrekten Anzug, beziehungsweise in jede Damenhandtasche gehört. Seine Funktion ist heute darauf beschränkt, *Träger des Eau de Cologne* zu sein und eventuell die Schweißperlen eines temperamentvollen oder hochkonzentrierten Redners aufzunehmen. Als Accessoire der offiziellen Bekleidung ist das Stofftaschentuch nach wie vor unerlässlich.

Dagegen haben *Papiertaschentücher* einen rein funktionalen Charakter. Sie sind angebracht bei Schnupfen und nützlich für kleinere Reinigungsaktionen, so zum Beispiel zum schnellen Schuhputz im Lift, wenn man gerade durch Pfützen gewatet ist, oder um den Schaden einer umgegossenen Tasse Kaffee zu begrenzen.

5. Kapitel

Gastgeberpflichten

Die Visitenkarte der Kultur eines Unternehmens ist der Stil, in dem es seine Gäste empfängt. Das gilt für den Gästeempfang im kleinen Kreis genau so wie für die großen oder festlichen Veranstaltungen. Oft bietet erst der gesellschaftliche Rahmen einem Unternehmen die Plattform, seine Kunden auch emotional an sich zu binden. Ein gehobenes Image erfordert aber auch das stilvolle und etikettegerechte Wahrnehmen der Gastgeberrolle sowie die perfekte Organisation repräsentativer Veranstaltungen.

Alle offiziellen Einladungen unterliegen den *Regeln der Etikette* beziehungsweise denen des *Protokolls*, und selbst bei privaten Einladungen spielen einige Rituale aus unserer Kulturtradition eine nicht zu unterschätzende Rolle. Daher ist die Kenntnis all dieser Regeln Voraussetzung für das Gelingen einer Veranstaltung. Wenn man also eine Einladung plant, sollte man sich nochmals im Voraus vergewissern, ob man auch alles bedacht hat und wo eventuell noch Fußangeln der Etikette verborgen sein könnten. Aus diesem Grund seien hier die wichtigsten Gastgeberpflichten in Erinnerung gerufen.

Die Gastgeberrolle ist im gesellschaftlichen Umgang in der Regel an zwei Personen gebunden: an den Gastgeber und die Gastgeberin. Von dieser Regel kann in Ausnahmefällen natürlich abgewichen werden – solche Fälle sind zum Beispiel alle Arbeitsessen oder ausgesprochene Herrenessen. Andererseits tritt die Frau des Unternehmers, des Verbandspräsidenten oder Vorstandsvorsitzenden auch dann als Gastgeberin auf, wenn es sich um Veranstaltungen gesellschaftlicher Art handelt, die ausschließlich geschäftlichen Interessen dienen, selbst dann, wenn sie außerhalb des eigenen Hauses stattfinden.

Die Verantwortungsbereiche des Gastgebers sind:

- die gesamte Organisation der Veranstaltung
- die Tischordnung
- die Auswahl der Getränke
- das erste Erheben des Glases – gegebenenfalls mit einem ausgebrachten Toast
- das Festlegen der Rednerliste
- die offizielle Begrüßungsrede.

Die Verantwortungsbereiche der Gastgeberin sind:

- der Stil der Veranstaltung, das Ambiente, die Dekoration
- die Zusammenstellung des Menüs
- der reibungslose Ablauf des Essens

- zu Tisch bitten
- das Zeichen zum Essensbeginn geben
- die Tafel aufheben, das heißt als erste den Tisch zu verlassen.

Die Gastgeberpflichten beider Gastgeber sind:

- gemeinsam die Gäste begrüßen
- die Gäste miteinander bekannt machen
- sich mit allen Gästen unterhalten
- dafür Sorge tragen, dass der gute Stil erhalten bleibt.

Um ihre Gäste korrekt zu begrüßen, müssen sich die Gastgeber so aufstellen, dass jeder Gast zuerst der Gastgeberin und dann dem Gastgeber die Hand reichen kann. Daher ist es wichtig, dass die Gastgeber sich nicht in einer hinteren Ecke des Raumes „verstecken".

Zumindest sollte man diejenigen Gäste miteinander bekannt machen, die gemeinsam zu Tisch sitzen werden. Dabei ist es vorteilhaft, wenn die Gastgeber einige Anknüpfungspunkte für eine Konversation der Gäste untereinander geben, etwa Hinweise auf deren Beruf oder Stellung im öffentlichen Leben oder auch auf ein gemeinsames Hobby. Man kann bei dieser Gelegenheit ruhig auch ein paar Verdienste erwähnen, die niemand – aus Bescheidenheit – von sich selbst anführen würde, die aber für eine Einschätzung des Gegenübers dem Fremden hilfreich sein könnten.

Es wäre ein bedauerliches Versäumnis, wenn auch nur ein einziger Gast mit der Gewissheit nach Hause ginge, weder vom Gastgeber noch von der Gastgeberin beachtet worden zu sein. Deswegen sollten Gastgeber sich bemühen, sich mit allen Gästen – zumindest einmal kurz – zu unterhalten.

Im Interesse der Gäste sollten die Gastgeber dafür Sorge tragen, dass der gute Stil, in dem die Veranstaltung geplant wurde, auch zu vorgerückter Stunde noch erhalten bleibt. Aus diesem Grund muss man auch vermeiden, dass Gäste in allzu kontroverse Diskussionen geraten – zum Beispiel über Politik.

Die Veranstaltungsplanung

Zwei Grundsätze sollten bei jeder gut organisierten Veranstaltung beachtet werden:

1. Man darf nichts dem Zufall überlassen.
2. Man sollte sich nicht darauf verlassen, dass andere Leute mitdenken oder gar initiativ werden könnten.

Eine gelungene Veranstaltung und ein schönes Fest müssen generalstabsmäßig geplant werden.

Die Fallstricke der traditionellen Etikette können dabei in jedem Detail versteckt sein. Aus diesem Grund gilt das Hauptaugenmerk zuerst der Veranstaltungsorganisation.

Die Terminplanung

Zunächst und vor allen anderen Dingen sollten mit dem/derjenigen, der/die aus dem eigenen Unternehmen bei der Veranstaltung als Gastgeber oder Gastgeberin auftreten wird, mehrere mögliche Termine vorgeklärt werden, sofern es sich bei der geplanten Veranstaltung nicht um einen unveränderbaren Termin handelt, dessen Datum von vornherein feststeht.

Bei einem variablen Termin kann das Datum der Veranstaltung durchaus von der Terminplanung eines sehr wichtigen Gastes oder einiger Gäste, auf die man besonderen Wert legt, abhängen.

In jedem Fall ist es bei einer größeren Veranstaltung heutzutage angebracht, mit deren Vorbereitung mindestens *ein Jahr im Voraus* zu beginnen. Es ist nötig, bereits ein Jahr im Voraus

- die wichtigsten Gäste auf die geplante Einladung zu diesem Termin hinzuweisen, damit sie ihn einplanen können;
- die wichtigsten Punkte der Checkliste (Phase 1) zu erledigen (siehe weiter unten).

Die Terminplanung für die Veranstaltung muss realisierbar sein.

Die Gästeliste

Die Gästeliste sollte etwa folgendermaßen entworfen werden:

- der wichtigste Gast ...
- weitere sehr wichtige Leute ...
- wen müssen wir ebenfalls einladen ... (etwa aufgrund gleichartiger Geschäftsbeziehungen oder ähnlichem)
- wer muss eingeladen werden, weil er/sie sonst beleidigt reagieren könnte ...
- wer aus unserem Unternehmen soll an der Veranstaltung teilnehmen ...
- wer passt noch gut in diesen Kreis ...
- ergibt sich ein Damenüberschuss? In dem Falle sollte eine entsprechende Anzahl einzelner Herren ebenfalls eingeladen werden.

Die Gästeliste muss „stehen" und mit den wichtigsten Gästen terminlich abgestimmt worden sein, ehe man weiter plant.

Die Veranstaltungsart

Als ein wesentlicher Punkt der Planung ist alsdann zu bedenken, dass der Rahmen der Veranstaltung dem Anlass angemessen sein soll. Überzieht man den Rahmen, das heißt, setzt man die Veranstaltung zu aufwendig für den Anlass an, so könnte das peinlich werden, weil es möglicherweise den Geruch von Angeberei und Protz an sich hätte. Aber auch das Gegenteil kann einen ausgesprochen unliebsamen Eindruck machen, wenn man nämlich als knauserig dasteht, weil das Fest im Verhältnis zu dem Anlass zu bescheiden ausgefallen ist.

Die Veranstaltung muss dem Anlass entsprechen.

(Näheres dazu im Abschnitt „Organisation offizieller Veranstaltungen" weiter unten.)

Aus der Fülle möglicher Anlässe hier einige Beispiele:

Offizieller („runder") Geburtstag

- Vormittagsempfang
- Abendeinladung – Dinner/Bankett mit oder ohne anschließendem Ball beziehungsweise Programm

Firmenjubiläum

- Akademische Feier
- Beiprogramm: Besichtigungen/Ausstellungseröffnung/Kulturakzent
- Lunch
- Presseempfang
- Dinner/Bankett

Wichtiger ausländischer Besuch

- Déjeuner/Brunch/Lunch
- Cocktailparty
- Dinner/Bankett

Vorstellung neuer Produktionszweige/eines neuen Produktes/neuer Gebäude, Niederlassungen usw.

- Presseempfang
- Lunch-Büfett
- eventuell Abendeinladung

Gesellschaftliche Öffentlichkeitsarbeit

- Stiftung eines Universitäts- beziehungsweise Hochschulpreises
- „Kultursponsoring": Ausstellungseröffnung/Stiftung eines Kunstpreises
- Sponsoring eines Golfturniers/Stiftung eines Sportpreises
- Lunch-Büfett oder Dinner/Bankett.

Die Checkliste

Sobald die Entscheidung über Art und Umfang der Veranstaltung gefallen ist, sollte man eine detaillierte Checkliste erstellen, anhand derer die Veranstaltung organisiert und später nochmals kontrolliert werden kann. Diese Checkliste sollte am besten in *zwei Zeitphasen* unterteilt werden und mindestens folgende Punkte enthalten:

Checkliste Veranstaltungsplanung

1. Phase

- Gästeliste abklären,
- Veranstaltungsort aussuchen, überprüfen und reservieren,
- Musik/Band/Orchester usw. vorbestellen,
- gegebenenfalls Beiprogramm vorbestellen,
- Hotelzimmer in ungefährer Zahl der erwarteten Gäste reservieren lassen,
- Vorkalkulation der Kosten erstellen,
- Einladungskarten entwerfen und herstellen lassen,
- Plakate und Wegweiser herstellen lassen,
- Einladungen mit Anschriften und Anreden versehen und versenden.

2. Phase

- Anhand der Rückantworten endgültige Teilnehmerzahl feststellen,
- Veranstaltungsort festmachen,
- Menü/Getränke auswählen und bestellen,
- Dekoration bestellen,
- Orchester oder Band fest buchen und Programm festlegen,
- Hotelzimmer für die Gäste buchen,
- Hotelprospekte, Lageplan/Stadtplanauszug besorgen,
- Anschreiben für Übernachtungsgäste anfertigen und zusammen mit den Prospekten und Orientierungshilfen versenden,
- Konferenztechnik vorbereiten lassen,

- Tischkarten schreiben und gegebenenfalls Namensschilder herstellen lassen,
- Tischordnung anhand der Gästeliste und der protokollarischen Vorgaben in Abstimmung mit den räumlichen Gegebenheiten festlegen,
- nochmals mit dem verantwortlichen Gastronom in Verbindung setzen, die endgültige Teilnehmerzahl bekannt geben und sicherstellen, dass *genügend Personal* zur Gästebewirtung zur Verfügung gestellt wird,
- Besucherbetreuung organisieren,
- Fahrdienst organisieren beziehungsweise Taxis vorbestellen.

Die Kostenkalkulation

Zum Gelingen einer wichtigen Veranstaltung sind nicht nur Ideen und Organisationstalent gefragt, sondern auch verantwortliches Umgehen mit den zur Verfügung stehenden Geldmitteln. Das bedeutet also in der Regel, dass man sich innerhalb eines vorgegebenen Rahmens bewegen muss. Dazu ist eine Vorkalkulation der zu erwartenden Kosten am Ende der ersten Planungsphase erforderlich. Diese Kostenkalkulation sollte folgende Faktoren berücksichtigen:

Mietkosten für

- Veranstaltungsräume beziehungsweise ein Festzelt,
- Bestuhlung oder Tische und Bänke,
- Rednerpult,
- Flügel/Klavier,
- Technik, zum Beispiel:
  - Verstärkeranlage, Podiums- und Saalmikrophone,
  - Stative, eventuell Dolmetscheranlage,
  - Scheinwerfer, Projektoren, Leinwand.

Gagen für Musiker, Kleinkünstler, Tänzer etc.

Honorare für Festredner, Künstler

Personalkosten für

- Bedienungspersonal,
- Garderobenpersonal,
- Chauffeure,
- Küchenpersonal,
- Technisches Personal,
- Platzanweiser,
- Personenschutz/Sicherheitskräfte.

Kosten für

- Blumen und Pflanzendekoration,
- Bankett-Ausstattung, zum Beispiel:
  - Tischwäsche, Geschirr, Gläser, Besteck.

Herstellungskosten für

- Einladungen,
- Programm und Info-Material,
- Menükarten und Tischkarten,
- Namensschilder jeglicher Art,
- Sonderbroschüre oder Festschrift,
- Wegweiser-Tafeln.

Hotelkosten für Gäste und eventuell für Künstler

Bewirtungskosten für alle geplanten Mahlzeiten

Transportkosten für Taxis, Reisekostenübernahme etc.

Aufwendungen für Geschenke, zum Beispiel für

- Jubiläumsgeschenke,
- Blumen für Ehrengäste, Festredner, Künstler.

Ein nicht unwesentlicher Zweck dieser Kostenkalkulation ist natürlich darin zu sehen, dass man sich anhand dieser Aufstellung ein genaueres Bild über die ganze Palette möglicher Ausgaben machen kann. Aufgrund dieser Vorkalkulation – also auf der Basis realistischer Daten – kann man sich dann für einen repräsentativen oder einen etwas bescheideneren Stil der Veranstaltung entscheiden.

Sofern man Einsparmöglichkeiten ins Auge fassen will, so ergeben sie sich dadurch, dass man entweder den *Umfang* – das heißt auch die Teilnehmerzahl – oder den *Anspruch* der gesamten Veranstaltung reduziert. Keinesfalls sollte man vorgeben, eine anspruchsvolle Veranstaltung durchzuführen, dann aber diesem Anspruch in vielen Details nicht gerecht werden.

Es ist zum Beispiel durchaus möglich, ein Firmenjubiläum „zünftig" in einem Festzelt mit deftigen Speisen und Bier zu begehen. Stillos wäre es dagegen, seine Gäste in ein erstklassiges Restaurant zu bitten, um ihnen dann – mit einem Glas Sekt als Aperitif – Suppe, Wiener Schnitzel und ein Mousse au chocolat kredenzen zu lassen. Das hinterließe dann einen eher schofeligen Eindruck.

Kosten sparen ist völlig in Ordnung – wenn der Stil einheitlich ist.

Organisation offizieller Veranstaltungen

Bevor auf die Besonderheiten einzelner Veranstaltungen eingegangen wird, hier zunächst noch ein paar allgemeine Hinweise:

Schon die *Unterbringung auswärtiger Gäste* erfordert besondere Sorgfalt. Man muss nämlich damit rechnen, dass der Einladende, beziehungsweise der Veranstalter auch für solche Pannen verantwortlich gemacht wird, die gar nicht in seinem unmittelbaren Zuständigkeitsbereich entstanden sind. Klassische Beispiele dafür sind: das zu laute Hotelzimmer, die überfüllte Hotelgarage, fehlender Parkraum und andere mehr. Deshalb sollte man auf jeden Fall die Hotelzimmer in eigenen Augenschein nehmen, sofern es hier Anlass zu Zweifeln geben könnte, und für eine Parkplatzgarantie Sorge tragen. Generell sollte man alle nur möglichen Reklamationen im Voraus auszuschalten suchen.

Ein oft auftretendes Ärgernis verbirgt sich auch hinter der *Hotelrechnung*, falls sie nicht vom Gast selbst übernommen werden soll. Es ist ratsam, die Frage der Bezahlung sofort bei der Buchung festzulegen (bezahlt der Gast oder der Gastgeber?) und sich vom Hotel bestätigen zu lassen. Leider macht man oft die peinliche Erfahrung, dass die Rechnung vom Hotel aus dann doch dem Gast übergeben oder sogar hinterhergeschickt wird, obwohl der Gastgeber das/die Hotelzimmer auf jeden Fall selbst bezahlen wollte.

Falls möglich, sollte man sich in genügender Zahl *Prospekte des Hotels* besorgen, in denen man seine Gäste unterzubringen plant. Der Gast wird es als eine besondere Aufmerksamkeit empfinden, wenn er rechtzeitig vom Gastgeber einen Hotelprospekt – der gewöhnlich auch einen Lageplan enthält – mit einer Wegbeschreibung zum Veranstaltungsort zugeschickt erhält. Dazu kann man eine Karte beilegen, mit etwa folgendem Text:

> „Wir freuen uns über Ihre Zusage zum … und haben im Hotel „…“ für Sie ein Zimmer reservieren lassen. Wir hoffen, dass Sie sich dort wohlfühlen werden. Wir werden uns erlauben, Sie um … Uhr von dort abzuholen.“ (Und was sonst noch als eine erste Information des Gastes notwendig sein mag.)

Sofern sich die Angelegenheit der *Wegbeschreibung* nicht auf diese Weise erledigen lässt, ist es in heutiger Zeit unerlässlich, einen Lageplan mit Wegbeschreibung bereits mit der Einladung mitzuschicken oder rechtzeitig zuzufaxen.

Einige Beispiele für Veranstaltungen in der Reihenfolge des Alphabets

(Auf die jeweilige Bekleidungsvorschrift wurde in diesem Kapitel bereits ausführlich eingegangen.)

After-Business-Cocktail

Teilnehmerzahl: prinzipiell unbegrenzt
Beginn: zwischen 17.30 Uhr und 18.00 Uhr
Dauer: ca. 2 Stunden

Durch seinen grundsätzlich unkonventionellen Stil ist der After-Business-Drink oder -Cocktail ein außerordentlich beliebtes Intermezzo zwischen Arbeitstag und Abendverpflichtungen. Teilnehmer/innen sind in der Regel Führungskräfte aus unterschiedlichen –

häufig auch benachbarten – Unternehmen. In einer ganzen Reihe von Städten haben sich diese After-Business-Drinks bereits als regelmäßige Treffen einmal pro Woche institutionalisiert und erfreuen sich wachsender Beliebtheit. Oft sind der Anlass zu einem „After-Business-Cocktail" auch ausländische Geschäftspartner, die man auf diese unkonventionelle Art mit weiteren Führungskräften des Unternehmens bekannt machen kann. Gleichzeitig hilft man ihnen natürlich, sich die Zeit bis zur Abendveranstaltung auf angenehme Art und Weise zu vertreiben.

Diese „Cocktailparty" ist eine reine *Stehparty*, Stühle gibt es nur für stehbehinderte oder betagte Teilnehmer/innen. Der große Vorteil dieser Veranstaltung liegt in ihrer uneuropäischen Unkonventionalität, denn es gibt weder eine Tischordnung noch Tischreden. Die Getränke werden auf Tabletts gereicht, dazu gibt es in der Regel Kanapees, die man, wegen ihrer mundgerechten Größe, ohne die Zuhilfenahme von Besteck gut verzehren kann.

Akademische Feier

Teilnehmerzahl: Ab 100 Personen
Beginn: 11.00 Uhr (auch 10.00 Uhr möglich)
Dauer: 1 bis 2 Stunden

Diese Art von Veranstaltung ist zum Beispiel bei einem großen Firmenjubiläum angebracht, oder anlässlich der Verleihung eines von dem Unternehmen gestifteten Preises und ähnlichem. Die Akademische Feier hat den Vorzug eines besonders feierlichen Rahmens – wie man auch der Bekleidungsvorschrift entnehmen kann. Gewöhnlich wird die Festansprache von Orchestervorträgen umrahmt.

Die Anordnung der Stühle soll auf das Podium ausgerichtet sein, sofern man sich nicht für einen Theatersaal oder ähnliches entscheidet. Bei dieser Veranstaltung werden weder Essen noch Trinken gereicht.

Arbeitsessen/Business Lunch

Teilnehmerzahl: Je nach betrieblichen Erfordernissen
Beginn: ab 11.30 Uhr
Dauer: ca. 1 ½ Stunden

Arbeitsessen werden aus unterschiedlichsten Anlässen und auf unterschiedlichstem Niveau durchgeführt. Sie dienen entweder dazu, die Zeit der notwendigen Nahrungsaufnahme zur Mittagszeit als Arbeitszeit zu nutzen, um einen Gesprächszusammenhang nicht allzu lange zu unterbrechen. Oder sie dienen dazu, in einer entspannteren Atmosphäre geschäftliche Angelegenheiten zu besprechen, wobei es sich sowohl um interne Gespräche mit leitenden Mitarbeitern handeln kann als auch um Besprechungen mit Gästen oder Geschäftspartnern aus anderen Unternehmen.

Zunächst gibt also der unterschiedliche Anlass des Arbeitsessens den Ausschlag für die Auswahl des Restaurants oder die Entscheidung für das firmeneigene Kasino. Ganz gleich, wo man sich zu einem Arbeitsessen zusammensetzt, es ist streng genommen immer ein offizielles Essen, weil man ja nicht privat daran teilnimmt, sondern als Repräsentant/in des Unternehmens.

Trotz dieser Tatsache spielt hier die offizielle Etikette keine Rolle. Es ist weder eine Tischordnung zu bedenken noch sonstige Vorgaben der offiziellen Etikette. Aus diesem Grund brauchen solche Arbeitsessen in der Regel keinerlei Vorbereitung. Der/die Gastgeber/in überlässt es normalerweise den Gästen beziehungsweise den Mitarbeiter/innen, das Menü selbst auszuwählen. Unternehmensfremden Gästen sollte man jedoch stets einen Wink geben, in welcher Preiskategorie sie sich bewegen sollten (siehe „Geschäftsessen“ weiter unten).

Bei aller informellen Art des Arbeitsessens steht jedoch eines außer Frage:

Die guten Tischmanieren und die Essenskultur jeder oder jedes Einzelnen stehen auch bei einem Arbeitsessen auf dem Prüfstand.

Ausstellungseröffnung

Teilnehmerzahl: je nach Zweck und Größe der Räume
Beginn: 11.00 Uhr oder 17.00 Uhr oder 20.00 Uhr
Dauer: ca. 1 Stunde

Diese Art von Veranstaltung eignet sich vorzüglich als ein etwas unkonventionelles Medium für Öffentlichkeitsarbeit, sowohl für Ausstellungen im Zusammenhang mit einem Firmenjubiläum als auch für Kultursponsoring oder das Sponsoring von Nachwuchskünstlern etc. Wichtig ist hierbei, dass für das Vorstellungsreferat ein kompetenter, möglichst prominenter Kunstsachverständiger zur Verfügung steht.

Ball

Teilnehmerzahl: ab 100 Personen
Beginn: 20.00 Uhr
Dauer: mindestens 5 Stunden

Zur Organisation eines Balles kann die oben skizzierte Checkliste sehr dienlich sein. Es ist nicht nur – rechtzeitig – für angemessene Räume zu sorgen, eine oder zwei Bands und gegebenenfalls das Beiprogramm müssen ebenfalls rechtzeitig gebucht werden. Man sollte dabei auf jeden Fall bedenken, dass die Musiker mehrere Pausen einzulegen pflegen, aus diesem Grund ist es ratsam, entweder zwei Bands zu engagieren, oder aber man plant die Pausen durch ein Programm zu füllen, zum Beispiel mit Artisten, Varieté-Künstlern, Tanzpaaren und anderen mehr.

Üblicherweise versammeln sich die Ballgäste in einem Vorraum zum Ballsaal, wo sie mit einem Glas Champagner oder Sekt begrüßt werden – und dies hat mehrere Gründe. Denn zum einen wirkt die Atmosphäre eines leeren oder auch nur halbleeren Ballsaales „tödlich" auf die Stimmung der Gäste, zum anderen soll man sich anhand eines entsprechenden Aushangs darüber informieren, an welchem Tisch und mit wem man zusammensitzen wird.

Dieser *Aushang* (Näheres dazu im Abschnitt „Tischordnung") muss also anhand der Gästeliste vorbereitet werden, wobei bei einem Ball die Tischordnung etwas flexibler gehandhabt werden kann als bei einem Bankett.

Die Tische sollten nach Möglichkeit nicht in parallelen Linien in Richtung auf das Podium oder die Tanzfläche ausgerichtet sein, weil das sehr steril wirken kann. Es versteht sich von selbst, dass man als Tisch 1 nicht ausgerechnet den Tisch vor der Kapelle vorsieht. Man sollte nicht mehr als 8 bis 10 Personen pro Tisch vorsehen, da sonst die Herren zu viele Pflichttänze zu absolvieren haben.

Zur Erinnerung: Nach der Etikette hat jeder Herr mit jeder Dame seines Tisches einen „Pflichttanz" zu absolvieren.

Besonders viel Aufmerksamkeit sollte man der *Raumdekoration* widmen, da sie entscheidenden Einfluss auf die gesamte Ballatmosphäre hat.

Nun wird während eines Balles nicht ausschließlich getanzt, sondern auch gern etwas gegessen. Grundsätzlich kann man das Essen für die Ballgäste in zwei Bewirtungsarten servieren lassen, ausschlaggebend für diese Entscheidung ist der Stil des Balles.

Bei einem Ball, bei dem die Unterhaltung und die fröhliche Atmosphäre im Vordergrund stehen, wird man es vorziehen, die Gäste am Tisch à la carte essen zu lassen, wann immer sie es wünschen. Das hat den Vorteil, dass das Fest keinerlei Unterbrechung durch das Essen erfährt.

Die Alternative dazu ist das *Souper*, die klassisch-festliche Bewirtung mit einem „gesetzten" Essen. Ein solches Ball-Souper setzt eine lange Nacht voraus, aus diesem Grund werden solche Soupers meist im Zusammenhang mit einem Silvesterball ausgerichtet.

Als ein wichtiger Punkt der Organisationsplanung erscheint mancherorts die Empfehlung, dem örtlichen Taxiunternehmen im Voraus Bescheid zu sagen, dass in der Nacht überdurchschnittlich viele Taxis gebraucht werden. Es entspricht nämlich einer alten, leidvollen Erfahrung, dass die Erinnerung der Gäste an das äußerst gelungene Fest durch den Umstand völlig überschattet werden kann, dass sie „stundenlang" auf ein Taxi warten mussten – und genau dieses wird es sein, was sie dann als erstes anderen Leuten zu berichten haben.

Bankett

Teilnehmerzahl: ab 40 Personen
Beginn: 19.00 Uhr oder 20.00 Uhr (s. t.)
Dauer: 4 bis 5 Stunden

Unter Bankett versteht man ein hochoffizielles, gesetztes Essen, bei dem die *Regeln des Protokolls* uneingeschränkt zum Tragen kommen (siehe unten), und zwar sowohl in Bezug auf die Begrüßungsrede als auch auf die Tischordnung (siehe weiter unten). Das besondere Augenmerk gilt hier den Tischreden, die nicht nur inhaltlich, sondern auch in ihrer zeitlichen Abfolge sorgfältiger Vorbereitung und Planung bedürfen. In der Regel veranstaltet man ein Bankett zu Ehren eines ausländischen oder besonders hochgestellten Gastes.

(Zur weiteren Organisation: siehe „Dinner/Diner")

Brunch/Déjeuner

Teilnehmerzahl: 20 bis 50 Personen
Beginn: 11.00 Uhr/11.30 Uhr/12.00 Uhr c. t. oder s. t.
Dauer: 2 Stunden

Brunch ist sowohl sprachlich als auch inhaltlich eine Kombination von *Breakfast* und *Lunch*, die französische Bezeichnung dafür ist Déjeuner. Es besteht aus einem leichten Mittagessen oder auch Kalten Büfett, oder aus einer Mischung aus beidem. Zum Brunch kann man beispielsweise einladen, wenn man in einer etwas ungezwungeneren Atmosphäre Geschäftspartner oder ausländische Gäste mit den Führungskräften des Unternehmens bekannt machen will. Da der organisatorische Aufwand für die Vorbereitung eines Brunchs relativ gering ist, kann man auch kurzfristig dazu einladen.

Büfett

Teilnehmerzahl: ab 30 Personen
Beginn: ab 11.30 Uhr zu jedem beliebigen Zeitpunkt (c. t.)
Dauer: ca. 2 bis 2 1/2 Stunden

Unter Büfett versteht man quasi alle Formen eines *Essens mit Selbstbedienung*. Und so gibt es auch im Hinblick auf den Stil und das kulinarische Niveau unendlich große Unterschiede. Das bedeutet andererseits, dass der Fantasie der Gastgeber keine Grenzen gesetzt sind. (Näheres dazu im 8. Kapitel)

Es ist nicht von der Hand zu weisen, dass ein Büfett eine der preiswertesten Arten der Gästebewirtung darstellt. Aus Sicht der Gastgeber beziehungsweise Veranstalter hat es natürlich einen nicht zu übersehenden Vorteil: es kommt mit einem minimalen Aufwand an Fachpersonal aus. Das erforderliche aufmerksame Abräumen benutzter Teller und benutzten Bestecks – einer der entscheidenden Unterschiede zwischen einem stilvollen Büfett und einem Mensa-Essen – kann auch von angelernten Aushilfen vorgenommen werden. Allerdings sollte für das Auflegen der Speisen genügend Servicepersonal beziehungsweise Köche zur Verfügung stehen, die dem Gast die gewünschte Portion des warmen Hauptgerichts auf den Teller legen.

Auf Seiten der Gäste hält sich die Beliebtheit von Büfetts durchaus in Grenzen. Man ist als Gast andauernd unterwegs, und so kann eine angeregte Konversation – der eigentliche Zweck eines stilvollen Essens in Gesellschaft – gar nicht erst aufkommen.

Ein Büfett muss stets „*eröffnet*“ werden, in der Regel übernehmen das der Gastgeber und/oder die Gastgeberin.

Cocktailparty/Stehempfang

Teilnehmerzahl: prinzipiell unbegrenzt
Beginn: 17.30 Uhr oder 18.00 Uhr
Dauer: maximal 2 Stunden

Die Cocktailparty ist mit dem Wort aus dem Amerikanischen übernommen und entspricht überseeischen Umgangsformen. Auch bei uns versteht man die Vorteile ihrer uneuropäischen Unkonventionalität durchaus zu nutzen. Es gibt keine Tischordnung, allein schon deswegen, weil es auch nur kleine Tischchen mit wenig Sitzgelegenheiten gibt. Ein paar Stühle oder Sessel an den Wänden oder in Nischen genügen. Es gibt keine offiziellen Tischreden, die Getränke werden auf Tabletts gereicht, dazu gibt es in der Regel Kanapees, die man ohne die Zuhilfenahme von Besteck isst.

Eine Cocktailparty kann in ihrem Stil extrem unterschiedlich ausgerichtet werden. Sie kann ein kurzfristig anberaumtes Treffen mit Kollegen und Freunden sein, sie kann aber auch offizielleren Charakter haben. Während man zu der informellen Party durchaus telefonisch einladen kann, sollte die Einladung zu einer offiziellen Cocktailparty generell schriftlich erfolgen.

Dinner/Diner

Teilnehmerzahl: ab 30 Personen
Beginn: 19.00 Uhr oder 20.00 Uhr
Dauer: 4 bis 5 Stunden

Ob man es nun als Dinner oder Diner bezeichnet, bleibt dem persönlichen Geschmack überlassen; der einzige Unterschied besteht in einem „n", das der französischen Schreibweise fehlt. Welche Bezeichnung man für diese gesellschaftliche Veranstaltung auch wählt, beiden gemeinsam ist, dass sich die fremdsprachlichen Wörter zweifellos besser anhören als das deutsche Wort „Abendessen".

Zur Organisation eines Dinners empfiehlt es sich, die oben aufgeführte Checkliste zu erstellen und danach vorzugehen, denn es sind eine Unmenge von Dingen zu beachten. Insbesondere soll hier darauf hingewiesen werden, dass sowohl die *Tischordnung* als auch die *Tischkarten* und das *Placement* (der Sitzplan) besonderer Aufmerksamkeit hinsichtlich der Fragen der Etikette bedürfen, so dass es sicherlich anzuraten ist, die Vorschläge im Abschnitt „Tischordnung" (weiter unten) zu beachten. Es ist selbstverständlich nicht nur für Essen und Trinken Sorge zu tragen, in gleicher Weise wichtig ist das Ambiente.

Ein Dinner hat nicht notwendigerweise in der klassischen Form des Essens stattzufinden, bei der man am Tisch bedient wird; man kann auch zu einem *Dinnerbüfett* einladen. Allerdings sollte es sich dabei um ein warmes Büfett handeln, bei dem genügend Personal für das Auflegen der Speisen vorzusehen ist. Das reine *Kalte Büfett* mit Selbstbedienung hat heutzutage sehr an Attraktivität eingebüßt.

*Empfänge (*siehe *Vormittagsempfang)*

Festvortrag

Im Allgemeinen entspricht der Rahmen für einen Festvortrag dem der *Akademischen Feier*, nur alles „eine Nummer kleiner". Es entfällt zum Beispiel eine protokollgerechte Begrüßung der Gäste, man wird sich hier auf eine kurze, allgemeingehaltene Begrüßung beschränken. Auch das Ambiente und der Stil der Veranstaltung können etwas bescheidener ausfallen, und das spiegelt sich auch in der Bekleidungsvorschrift wider.

Geschäftsessen

Teilnehmerzahl: je nach Erfordernissen des Unternehmens
Beginn: zwischen 12.00 Uhr und 13.00 Uhr
Dauer: ca. 1½ bis 3 Stunden

Ein Geschäftsessen dient normalerweise dazu, in einer anderen als der sachlichen Büro-Atmosphäre geschäftliche Angelegenheiten zu besprechen. In der Regel handelt es sich um ein Treffen zwischen leitenden Mitarbeitern mit Gästen oder Geschäftspartnern des Unternehmens. Man kann also davon ausgehen, dass es Geschäftsessen mit sehr unterschiedlicher Gewichtung gibt, und diese Unterschiede werden sich bereits in der *Auswahl des Restaurants* niederschlagen.

Im Falle eines wichtigen Geschäftsessens muss man sorgfältige Vorbereitungen treffen und nichts dem Zufall überlassen. Gleich mit der Tischreservierung sollte man mit dem Restaurant einige Details vorbesprechen:

- Menü-Auswahl, eventuell Spezialitäten des Hauses,
- Auswahl des Weines/der Weine,
- Anordnung der Tische,
- genauer Zeitplan.

Eine Besonderheit des Geschäftsessens ist in jedem Fall, dass die traditionellen Rollen von *Gastgeber und Gastgeberin von einer Person* allein übernommen werden müssen. Das bedeutet, dass der Gastgeber gleichzeitig für das Menü zu sorgen und das Zeichen zum Essensbeginn zu geben hat. Im umgekehrten Fall, wenn es sich um die Gastgeberin eines Geschäftsessens handelt, hat sie auch für die Getränke zu sorgen, und sie muss als erste das Glas erheben. Ansonsten unterliegen Geschäftsessen in der Regel nicht der offiziellen Etikette noch dem Protokoll.

Wird bei einem Geschäftsessen à la carte gegessen, so sollte der/die Gastgeber/in den Gästen die Menüauswahl überlassen. Allerdings kann man auf jeden Fall den Gästen *einen Wink geben*, in welchem Preisrahmen sie sich bewegen können. Selbstverständlich wird man das nicht direkt aussprechen, sondern zum Beispiel dadurch,

- dass man das eine oder andere Gericht empfiehlt, das man dann vielleicht zur „Spezialität des Hauses" erhebt; oder
- dass man eine hörbare Bemerkung darüber macht, was man für sich selbst – nach den Gästen natürlich – zu bestellen gedenkt.

Das ist keine Unhöflichkeit, sondern wird in der Regel von den Gästen als taktvoller Wink verstanden und dankbar zur Kenntnis genommen. Unterlässt man einen solchen Hinweis, werden die Gäste die Speisekarte eher stundenlang studieren, um nicht mit einer richtungsweisenden Bestellung vorzupreschen. Bis dann endlich einer der Anwesenden den Mut aufbringt, mit der Bestellung den Anfang zu machen. Sollte man als Gastgeber besondere Gründe haben, sich etwas Bescheideneres zum Essen zu bestellen, so sollte man das als Ausnahme ansprechen, nach der sich die Gäste nicht richten müssen.

Die *Getränke* sollten dagegen die Gastgeber selbst auswählen – natürlich nach Verständigung mit den Gästen. Während des Tages ist man heutzutage mit alkoholischen Getränken äußerst vorsichtig.

Es ist keinesfalls unhöflich oder gar ein Verstoß gegen die guten Manieren, wenn man für sich selbst ein *alkoholfreies Getränk* bestellt.

Die alte Faust-Regel: „Weißer Wein zu weißem Fleisch und roter Wein zu rotem Fleisch" ist praktisch aufgehoben und gilt keineswegs mehr automatisch.

Für das *Probieren des Weins* hat sich eine ganz pragmatische Regel gefunden: *wer bestellt*, bekommt den Probierschluck eingeschenkt.

Beim Probierschluck geht es um die Beantwortung zweier Fragen:

- „Korkt" der Wein – also hat er Korkgeschmack?
- Hat der Wein die richtige Temperatur? (Näheres im 8. Kapitel)

Sollten Gastgeber das Menü für ein Geschäftsessen bereits im Voraus auswählen wollen, sollte man auf einige *kritische Punkte* bei der Menüauswahl achten und sie rechtzeitig bedenken:

- Menschen mit *Lebensmittelallergien* vertragen etliche Speisen nicht – man sollte sich also nach möglichen Besonderheiten vorher erkundigen.
- Strenge *Vegetarier* werden weder Fleisch noch Fisch essen, und viele essen auch keine Eier.
- *Muslime, Juden* und Mitglieder einiger christlicher Religionsgemeinschaften, wie die Siebenten-Tags-Adventisten, dürfen kein Schweinefleisch, Juden nur „koscheres" Fleisch essen.
- Es gibt Religionen, deren Angehörige keine Innereien essen dürfen.

Bei der Bewirtung von *ausländischen Besuchern* sollte man auf deren nationale Besonderheiten und religiöse Tabus achten, über die man sich vorher erkundigt.

Mit besonderer Aufmerksamkeit sollte der/die Gastgeber/in darauf achten, dass die Gäste zu ihrer vollen Zufriedenheit bewirtet werden. Eventuell notwendige *Reklamationen* gegenüber dem Wirt sollten Gastgeber nie dem betroffenen Gast überlassen, sondern selbst erledigen.

Es entspricht den Regeln der gehobenen europäischen Kultur, die geschäftlichen Dinge *nicht während* des Essens selbst zu besprechen, sondern davor oder dann erst zu einer Tasse Espresso oder Kaffee nach dem Essen. Diese Regel wird, zum Leidwesen von Managern anderer Länder, von deutschen Führungskräften allzu oft verletzt. Man hält das im Ausland für unkultiviert!

Die Kultur von Küche und Ambiente spielt bei einem Arbeitsessen kaum eine Rolle, die persönliche Kultur jedes/jeder Einzelnen am Tisch umso mehr.

Kongress

Sicherlich sind die wichtigsten Voraussetzungen für den Erfolg eines Kongresses die inhaltliche Programmgestaltung und die Kompetenz der Referenten. Aber fast ebenso wichtig sind die Teilnehmer, und zwar nicht nur hinsichtlich ihrer Anzahl, sondern insbesondere wegen des „Namens", den sie in der Fachwelt haben. Es gehört deshalb zu einer erfolgversprechenden Veranstaltungsplanung, diejenigen Persönlichkeiten, auf deren Teilnahme man besonderen Wert legt, einige Zeit nach dem Verschicken der schriftlichen Einladung auch noch persönlich anzusprechen, um sich ihrer Zusage zu vergewissern. Als besonders aufmerksam empfinden es Kongressteilnehmer/innen, wenn sie einen Willkommensgruß mit der genauen Zeitplanung und letzten Einzelheiten über den Kongressverlauf bereits in ihrem Hotelzimmer vorfinden. Sollte die Einladung nicht schon das vollständige Programm und die *Wegbeschreibung* zum Kongressort enthalten haben, so ist das am besten auf diesem Weg nachzuholen. Der Hotelportier kann hierbei hilfreich sein.

Ansonsten ist auch diese Veranstaltung nach der *Checkliste* gut durchzuplanen.

Lunch

Teilnehmerzahl: eher klein
Beginn: 11.30 Uhr/12.00 Uhr oder 12.30 Uhr
Dauer: ca. $1^1/_2$ Stunden

Unter Lunch versteht man bei uns ein kleines Mittagessen, das aus zwei, maximal drei Gängen besteht. Als Lunch kann man auch ein warmes oder kaltes Büfett vorsehen. Eine Einladung zum Lunch passt in fast jeden typischen Arbeitstag, bei dem man nicht allzu viel Zeit für das Mittagessen abzweigen will.

Presse-Konferenz/Presse-Empfang

Pressekonferenzen sind ein wichtiger Bestandteil der Öffentlichkeitsarbeit und bedürfen daher besonders sorgfältiger Vorbereitung. Für das Interesse der Medien an solchen Pressekonferenzen ist es unabdingbare Voraussetzung, dass man sehr sparsam damit umgeht und auf keinen Fall allzu häufig dazu einlädt. Angebracht sind Pressekonferenzen zum Beispiel bei Firmenfusionen, beim Abschluss von Kooperationsverträgen oder auch zur Vorstellung eines innovativen Produkts. Unentbehrlich ist eine Pressekonferenz bei Unternehmensentscheidungen, die Auswirkungen auf die Arbeitsplätze haben werden – seien es positive oder negative.

Sollte man noch nicht über Erfahrungen mit Pressekonferenzen verfügen, kann man zur Vorbereitung einen Profi hinzuziehen, entweder Journalisten oder PR-Fachleute oder ein entsprechendes Unternehmen beauftragen.

Bei Beteiligung ausländischer Presse und anderer Medien ist es ratsam, Simultanübersetzer/innen zu engagieren (die Installierung einer Simultanübersetzungsanlage nicht vergessen), falls der/die Firmensprecher/in nicht selbst die Pressekonferenz mehrsprachig führen können.

Unerlässlich ist es, den Text des Hauptreferats in schriftlicher Form für jeden Pressevertreter auszulegen, dazu noch Informationsmappen des Unternehmens.

Zur Pressekonferenz selbst werden nur Getränke auf den Tischen bereitgestellt. Im Anschluss an die Pressekonferenz werden die Medienvertreter zu einem Imbiss oder Kalten Büfett gebeten, zu dem auch genügend Firmenangehörige anwesend sein sollten, um für die sich anschließenden, vertiefenden Gespräche zur Verfügung zu stehen. Bei diesen *informellen* Gesprächen geht es um die nicht für die Veröffentlichung bestimmten „Hintergrundinformationen", die in ihrer Bedeutung nicht unterschätzt werden sollten. Diese Informationen sind für die Presse und für das Unternehmen gleichermaßen wichtig und bei der Vorbereitung der Pressekonferenz mitzubedenken.

Souper/Supper

Teilnehmerzahl: 2 bis 12 Personen
Beginn: spätabends
Dauer: nicht festgelegt

Im eigentlichen Sinn sind das eine der französische und das andere der englische Ausdruck für Abendessen. Unstrittig ist auch, dass es sich in unserem Verständnis bei beiden Begriffen um ein *sehr spätes Abendessen* handelt, das meist erlesene Speisen erwarten lässt.

Das ist dann aber auch schon das Ende der allgemeinen Definition. Ansonsten kann jede/r Gastgeber/in ein Souper nach seinem persönlichen Geschmack gestalten.

Vormittagsempfang

Teilnehmerzahl: 50 bis 100 Personen
Beginn: 11.00 Uhr (im Sommer auch 10.00 Uhr möglich)
Dauer: ca. 2 Stunden

Der Anlass zu diesem Empfang ist entscheidend dafür, in welchem Stil und Umfang diese Veranstaltung durchgeführt werden soll. Besonders zu beachten ist hierbei die Rednerliste (etwa bei einem Geburtstagsempfang), die man, in Absprache mit den Gästen, die das Wort zu ergreifen gedenken – oder von denen man es wünscht –, bereits im Voraus erstellen sollte. Dabei ist es vorteilhaft, wenn man sich mit diesen Gästen einige Tage vor dem Termin in Verbindung setzen kann; sollte das nicht möglich sein, kann man sich mit ihnen auch noch kurz vor Beginn der Veranstaltung absprechen. Der Grund dafür liegt darin, dass auch die *Reihenfolge der Redner nach der Rangfolge des Protokolls* festzulegen ist. Sollte es sich um einen Empfang aus Anlass eines Geburtstags oder Jubiläums handeln, sollte man nicht vergessen, einen Tisch für das Aufstellen der Geschenke vorzusehen.

Auf einem Empfang werden Getränke gereicht – heutzutage muss man auf jeden Fall auch an ausreichend nichtalkoholische Getränke denken – und kleine Häppchen oder Kanapees. Sitzgelegenheiten braucht man nur für wenige Gäste vorzusehen, man sollte aber nicht gänzlich darauf verzichten. Erfahrungsgemäß gibt es unter den Gästen immer jemanden, der sich zu setzen wünscht.

Zusammenkunft im kleinen Kreis

Bei Gelegenheiten dieser Art fallen die eigentlichen und wirklich wichtigen Entscheidungen eines Unternehmens oder werden zumindest vorbereitet. Dabei kann es sich um ein Treffen der Führungskräfte eines Unternehmens handeln, oder auch um vertrauliche Gespräche mit Vertretern der Politik oder der Wirtschaft. Wegen der kleinen Zahl der Beteiligten und deren *Exklusivität* ist es naheliegend, dass man sich auch im Hinblick auf deren Bewirtung an den etwas exklusiveren Genüssen orientiert. Hierbei sind der Fantasie der Gastgeber eigentlich keine Grenzen gesetzt, es sei denn die des guten Geschmacks. Solche Zusammenkünfte werden – nicht zuletzt wegen der vorauszusetzenden kultivierten Atmosphäre – gern auch im Privathaus des Gastgebers abgehalten.

Das offizielle Protokoll

Unleugbar können wir an der Bedeutung der protokollarischen Rangfolge erkennen, dass unsere heutige Kultur auf die höfische Tradition früherer Adelsgesellschaften zurückzuführen ist. An der

Tafel des Königs bestimmte in der Regel der Rang des Adels, wer in der Nähe des Königs sitzen durfte und wer seinen Platz weiter entfernt einzunehmen hatte. Und es wäre weit gefehlt, würde man davon ausgehen wollen, dass es in unserer bürgerlichen Gesellschaft völlig gleichgültig wäre, wo jemand seinen Platz an einer Tafel findet. Die Plazierung eines Gastes bei Tisch hat auch heute einen unmittelbaren Bezug zu seinem Rang, sie spiegelt seine *gesellschaftliche Stellung* wider.

Im Allgemeinverständnis verbinden wir heutzutage den Begriff „Protokoll" mit dem diplomatischen Zeremoniell, wie es auf internationalem Parkett gepflegt wird. Und es erscheint uns als ein Buch mit sieben Siegeln, wie die Protokollabteilungen des Bundespräsidenten oder des Auswärtigen Amtes diese Vielzahl von Problemen, die sich allein schon aus der Rangfolge der Staaten ergeben, bei Staatsempfängen „auf die Reihe" kriegen. Es ist in der Tat so schwierig wie es aussieht: Das diplomatische Protokoll ist nicht nur minutiöse Generalstabsarbeit, sondern auch mit außerordentlicher Verantwortung behaftet; ein Fehler in der protokollarischen Rangfolge kann zu internationalen Verstimmungen führen, die nur schwer wieder gutzumachen sind.

Nun könnte man ja denken, diese Regeln zu beachten gehörte zu den selbstverständlichen Aufgaben der Leute, die in ihrer diplomatischen Ausbildung besonders dafür geschult wurden, von uns Normalsterblichen könnte das aber niemand verlangen. Weit gefehlt! Nicht umsonst hat heute jeder weltweit operierende Wirtschafts- oder Industriekonzern seine Protokollabteilung.

Bei allen Veranstaltungen mit *offiziellem Charakter* ist die Einhaltung der protokollarischen Rangfolge unerlässlich. Sie bestimmt sowohl die *Reihenfolge der Begrüßung* der Gäste als auch die *Platzordnung*. Diese Rangfolge ist das – allgemein auch als solche interpretierte – sichtbare Zeichen für die gesellschaftliche Bedeutung einer Person oder der von ihr vertretenen Institution und ist deswegen sehr genau zu beachten. Machte man damit einen Fehler und ordnete jemanden nicht seinem Status gemäß in die Rangfolge der anderen Gäste ein, so könnte das peinliche Folgen haben. Denn jemanden falsch einzuordnen wird für ihn/sie im eigentlichen Sinne des Wortes eine „Herabsetzung“ bedeuten; und darin versteht niemand Spaß. Was also sollte man tun?

Es bleiben nur zwei Möglichkeiten, um bei einer offiziellen Veranstaltung der Gefahr zu entgehen, jemanden zu beleidigen oder zumindest nachhaltig zu verstimmen: Man kann vor der Mühe und dem abzusehenden Arbeitsaufwand kapitulieren und bei der Gästebegrüßung verkünden: „Setzen Sie sich einfach irgendwo hin, wo Platz ist.“ In diesem Fall hätte man zwar seine eigene Unkenntnis eingestanden – was etwas blamabel wäre –, aber man hätte niemanden beleidigt.

Die korrekte Alternative ist: sich eingehend damit zu beschäftigen. Man muss die Liste der Gäste in eine vertretbare Rangfolge bringen und dafür alle verfügbaren Hilfen in Anspruch nehmen. Eine solche Hilfe bietet sicherlich das protokollarische Ordnungsprinzip, wie es vom offiziellen Protokoll der Bundesrepublik Deutschland festgelegt wird. Damit wäre dann folgendermaßen zu verfahren:

Man setzt seine Gäste in Relation zu dieser offiziellen Rangliste und legt deren Reihenfolge entsprechend fest.

Das mag auf den ersten Blick etwas befremdlich anmuten, es ist aber durchaus korrekt und darüber hinaus nicht so schwierig, wie es auf den ersten Blick erscheint. Dieser Rangliste liegt nämlich ein Ordnungsprinzip zugrunde, das auf allen Ebenen – sei es die Landesebene, die einer Stadt oder die einer kleineren Gemeinde – in gleicher Weise Gültigkeit besitzt, also bis in die kleinste Einheit übertragbar ist.

Das *Ordnungsprinzip der protokollarischen Rangfolge* lautet:

- Ausländische Gäste vor deutschen Gästen gleichen Ranges;
- Der höchste Repräsentant der jeweiligen Versammlung (Bundespräsident/Ministerpräsident/Landrat/Oberbürgermeister und Bürgermeister etc.);
- Mandatsträger (gewählte Abgeordnete) vor Amtsträgern;
- Regierung vor Richtern;

- Hohe Militärs vor Kirchenvertretern;
- Damen vor Herren (*nicht* bezogen auf *Ehefrauen*);
- Ältere Gäste vor jüngeren Gästen (bezogen sowohl auf Lebensalter als auch auf Anciennität);
- Angehörige einer fremden Institution vor denen der eigenen gleichen Ranges;
- Ehegatten werden protokollarisch *gleichgestellt*.

Man ordnet also seine Gäste in eine Reihenfolge analog zu der Rangordnung des offiziellen Protokolls. Dabei wird dann der Oberbürgermeister, als höchster Repräsentant der Bürgerschaft der Stadt, an der ersten Stelle erscheinen (analog zum Bundespräsidenten), der Landgerichtspräsident an zweiter (analog zum Präsidenten des Bundesverfassungsgerichtes), der evangelische und der katholische Pfarrer vor dem Sparkassendirektor usw. Selbstverständlich bleiben auch dann noch einige Fragen offen, weil man nicht ohne weiteres entscheiden kann, ob nun der bekannte Schriftsteller oder die Bundestagsabgeordnete höherrangig einzustufen ist (im Zweifelsfall zugunsten der Kunst!). Und wo platziert man die prominente Sportlerin oder den anerkannten Wissenschaftler? In jedem Fall sollte man versuchen, eine wohlüberlegte Entscheidung zu treffen, die das *gesellschaftliche Ansehen* der Betroffenen widerspiegelt.

Die *Rangordnung des offiziellen Protokolls* der Bundesrepublik Deutschland:

1. Bundespräsident
2. Ehrengast (zum Beispiel Souveräne und Staatsoberhäupter fremder Staaten, Veranstalter, Hausherr)
3. Präsident des Deutschen Bundestages
4. Bundeskanzler
5. Präsident des Bundesrates
6. Präsident des Bundesverfassungsgerichtes
7. Ehemalige Amtsinhaber der Verfassungsorgane (Reihenfolge wie oben)
8. Präsident des Rates der Europäischen Union
9. Generalsekretär der Vereinten Nationen
10. Präsident der Europäischen Kommission

11. Präsident des Europäischen Parlaments
12. Generalsekretär der NATO
13. Präsident des Gerichtshofes der Europäischen Union
14. Doyen und die Chefs der Diplomatischen Missionen
15. Mitglieder der Bundesregierung (in der amtlichen Reihenfolge der Ressorts)
16. Ministerpräsidenten der Bundesländer (nach Dauer ihrer Amtszeit) [rangieren in den Bundesländern vor Bundesministern]
17. Vorsitzende der Deutschen Bischofskonferenz und Vorsitzende des Rates der Evangelischen Kirche in Deutschland, der Präsident des Zentralrates der Juden in Deutschland
18. Kardinäle, Patriarchen
19. Mitglieder der Europäischen Kommission
20. Generalsekretär des Europarates
21. Vorsitzende der im Deutschen Bundestag vertretenen Parteien (in der Reihenfolge des Stimmanteils bei der letzten Bundestagswahl)
22. Fraktionsvorsitzende des Deutschen Bundestages (in der Reihenfolge der Stärke der Fraktionen)
23. Vizepräsidenten des Deutschen Bundestages
24. Vizepräsidenten des Bundesverfassungsgerichts
25. Präsidenten der Landtage/Bürgerschaften (in alphabetischer Reihenfolge der Bundesländer)
26. Vizepräsidenten des Europäischen Parlaments
27. Erzbischöfe, Landesbischöfe, Bischöfe, Landessuperintendenten, Landesrabbiner (in alternierender Reihenfolge der Glaubensgemeinschaften)
28. Mitglieder der Landesregierungen (in alphabetischer Reihenfolge der Bundesländer)
29. Stellvertretende Fraktionsvorsitzende des Deutschen Bundestages
30. Vorsitzende der Ausschüsse des Deutschen Bundestages

Wie bereits erwähnt, ist die protokollarische Rangfolge maßgebend für die Reihenfolge, in der die *(Ehren-)Gäste zu begrüßen* sind. Allerdings gibt es hier eine *Zumutbarkeitsgrenze* für die Länge der Begrüßungsliste, die man tunlichst beachten sollte. In solchen Fällen ist es eher angebracht, einige Gruppen zu bilden und diese kollektiv zu begrüßen, als der Versuchung zu erliegen, alle prominenten Gäste öffentlich zu begrüßen – die Schmerzgrenze liegt bei etwa fünf Personen (bei sehr großen Veranstaltungen können es auch ein paar mehr sein).

Ein Beispiel:

„Ich begrüße den Herrn Oberbürgermeister, die Damen und Herren Abgeordneten des Deutschen Bundestages, des Landtages, des Kreistages und der Stadtverordnetenversammlung, die Damen und Herren Stadträtinnen und Stadträte, den Herrn Landgerichtspräsidenten, die Herren Standortkommandanten der befreundeten und der deutschen Streitkräfte, die Vertreter beider Kirchen und der Jüdischen Gemeinde, die Damen und Herren Vertreter von Verbänden und Vereinen, und (*nie vergessen!*) die Damen und Herren Vertreter der Medien."

Die Platzordnung

Bei einem offiziellen Essen erlauben es die guten Manieren dem Gastgeber in keinem Fall, sich aus der Verantwortung für die Tischordnung zu schleichen. So mühevoll es manches Mal auch sein mag, es lohnt sich immer, der Tischordnung größte Aufmerksamkeit zu schenken. Selbst wenn man es heute nicht mehr einsehen sollte, dass ausgerechnet bei Tisch eine Hierarchie der Gäste zu beachten und einzuhalten ist, wäre es ein zu großes Risiko, dieselbe großzügige Einstellung auch bei jedem seiner Gäste zu vermuten.

Denn falls auch nur einer der Gäste sich falsch platziert – sich „herabgesetzt" – fühlte, könnte dies unangenehme Folgen haben, die nicht so leicht zu überschauen sind. Es wird nämlich niemand nach einer solchen Erfahrung hinterher zum seinem Gastgeber gehen und sagen: „Ich bin eigentlich ganz schön verärgert darüber, dass Sie mich hinter den Herrn Soundso platziert haben, obwohl der zwei Hierarchie-Ebenen unter mir steht, was Sie eigentlich wissen sollten." In so einem Fall könnte man ja noch einiges wiedergutmachen. Nein, das wird man auf eine ganz andere, weit weniger greifbare Weise zu spüren bekommen – und auch noch nach Jahren. Aber selbst die großzügigste Art und Weise, mit der jemand auf einen groben Fehler in der Tischordnung reagieren könnte, wäre auch nicht so angenehm: er würde den Gastgebern immerhin keine Absicht unterstellen, sondern sich mit der Feststellung begnügen, sie wüssten eben nicht „was sich gehört". Es ist also schon besser, man macht sich die Mühe und erstellt eine Platzordnung im Einklang mit den Vorschriften der Etikette, wie oben beschrieben.

Darüber hinaus sind weitere Regeln für die Tischordnung zu beachten:

- Der *Ehrenplatz* ist für den ranghöchsten Herrn – in Deutschland! – stets an der *linken Seite* der Gastgeberin, das heißt, der Ehrengast oder der ranghöchste Herr ist der Tischherr der Gastgeberin. Der Ehrenplatz für einen weiblichen Ehrengast ist an der rechten Seite des Gastgebers, das heißt, der Gastgeber ist ihr Tischherr. Nach internationalem Protokoll sitzt der ranghöchste Herr stets rechts von der Gastgeberin.

- *Ehefrauen* und *Lebensgefährtinnen* nehmen generell den Rang ihres Mannes ein, wenn sie als seine Begleitung mit eingeladen worden sind. Im gesellschaftlichen Umgang wird zwischen Ehefrauen und Lebensgefährtinnen kein Unterschied gemacht, und das ist keineswegs neu, sondern entspricht alter Tradition. Hinsichtlich der Form seiner privaten Beziehung wird dem Gast hier volle Selbstbestimmung zugebilligt. (Näheres hierzu im 6. Kapitel.) Das gleiche gilt für die *Ehemänner* und *Lebensgefährten* derjenigen weiblichen Gäste, denen primär die Einladung gilt. Zum Beispiel wird der Ehemann einer Stadträtin nach *ihrem Rang* eingeordnet, selbst wenn er Staatssekretär in Bonn sein sollte, die Einladung aber ihr, als Vertreterin der örtlichen Exekutive, gegolten hat.

- *Ehe und -ähnliche Paare* sind an der Tafel stets *getrennt* zu setzen (das gilt auch für private Einladungen). Jedoch pflegt man Paare auch nicht allzu weit voneinander zu entfernen, so dass sie noch miteinander sprechen können. An einem langen Tisch sitzen sie sich meist schräg gegenüber; bei runden Tischen werden Paare stets zusammen, aber *nicht nebeneinander* platziert.

- Der Tischherr sitzt stets links von seiner Tischdame.

Tischkarten sind bei allen größeren Gesellschaften unerlässlich. Die stilvolle Tischkarte trägt nur Vor- und Zunamen des Gastes, allerdings vorausgesetzt, dass der korrekte Titel des Gastes auf dem Placement, dem Aushang der Tischordnung, bereits genannt worden ist. Nur in den Fällen, bei denen es kein Placement geben sollte, müssen die Titel auf der Tischkarte erscheinen (das ist dann aber eine Nuance unfeiner). Anstelle der gesonderten Tischkarten kann man den Namen des Gastes selbstverständlich auch auf seine Menü-Karte drucken lassen.

Wie bereits erwähnt, ist der Aushang mit der Platzordnung, der nach traditioneller Etikette mit dem französischen Wort *Placement* bezeichnet wird, für größere Gesellschaften ebenso notwendig wie die Tischkarten. Denn nur mit Hilfe dieses „Sitzplans" kann man vermeiden, dass die Gäste, mit ihrer Lesehilfe in der Hand, von Tisch zu Tisch gehen müssen, um sich ihren Platz zu suchen – und den ihres Partners sich gegenseitig zuzurufen.

Heute bereitet man das Placement gleich in *zwei Versionen* vor:

- Aus einer Liste, die in herkömmlicher Weise die Namen der Gäste den jeweiligen Tischen zuordnet, soll für jeden ersichtlich werden, wer an welchem Tisch mit wem zusammensitzen wird. Dieses Placement ist *nach Tisch-Nummern geordnet* und enthält *Titel und Namen der Gäste* zusammen mit der entsprechenden Nummer des Tisches.

- Eine zweite Liste enthält alle Namen der Gäste – mit Titeln – in *alphabetischer Reihenfolge*, zusammen mit der Nummer des jeweils zugeordneten Tisches.

Diese Listen werden im Foyer des Speiseraums gut sichtbar angebracht. Am besten befestigt man dieses Placement neben der Tür zum Speiseraum. Man kann es aber auch in der Nähe der Tür auf einem Tisch auslegen. Das dient nicht nur zur Orientierung, wo man sitzen wird und mit wem man den Abend verbringen wird; vor allen Dingen ersehen die Herren aus dem Placement, wer ihre *Tischdame* ist, die sie zu Tisch zu führen haben.

Diesem Zweck dienen bei großen, offiziellen Essen sogenannte *Führungskarten*, die das Placement noch ergänzen. Das sind Klappkärtchen, die neben dem Placement aufgestellt werden. Jedes dieser Kärtchen enthält auf der Vorderseite den Namen eines Herrn, und auf der Innenseite steht: zum Beispiel: „ … hat die Ehre, Frau … zu Tisch zu führen“. In der Praxis wird diese Etiketteregel allerdings leider nur noch selten so korrekt gehandhabt. Heute wird meist die Dame von ihrem eigenen Partner zunächst zu ihrem Tisch begleitet, ehe er sich dann zu seinem Platz begibt.

Die Anordnung der Tische

Einen wichtigen Bestandteil der Tischordnung bildet die Anordnung von Tischen und Stühlen, und da gibt es eine ganze Palette von Möglichkeiten, unter denen man sich die passendste aussuchen kann. Allerdings sollte man auch hierbei einige Gesichtspunkte beachten, ehe man sich für diese oder jene Form entscheidet.

- Man sollte sich zuallererst die vorgesehenen *Räumlichkeiten* genau ansehen, ehe man zu planen beginnt. Es wäre ärgerlich, wenn man nach fertiggestellter Planung feststellen müsste, dass die vorgesehene Anordnung der Tische in dem zur Verfügung stehenden Raum sehr ungeschickt aussehen würde. Zum Beispiel können eine nicht bedachte Fensterreihe, Heizkörper oder Nebenraumtüren die mühevoll ausgetüftelte Anordnung zunichte machen.

- Als zweites ist die Frage nach *Anlass oder Zweck* der Veranstaltung von Bedeutung, denn mit dem Arrangement der Tische nimmt man ganz entscheidenden Einfluss auf die *Kommunikationsbedingungen*. Es ist daher zu beachten, ob es sich um ein reines Geschäftsessen ohne gesellschaftlichen Anspruch oder um ein Essen mit (Ehe-)Partnerinnen beziehungsweise Partnern handelt – eine Veranstaltungsart also, die früher unter der Bezeichnung „mit Damen" firmierte. Ebenso ist die Frage wichtig, ob es einen Ehrengast gibt, so dass das allgemeine Interesse der Tischgesellschaft auf ihn „zentriert" werden muss.

Hier zunächst einige *Beispiele für kleinere Gesellschaften:*

- Die *große Tafel in Hufeisenform* eignet sich am besten für Veranstaltungen mit einem Ehrengast oder einem Gastgeber – wie zum Beispiel dem Unternehmenschef –, dem das allgemeine Interesse gelten wird. Bei mehr Platzbedarf kann man in der Mitte der Stirnseite noch eine Tischreihe ansetzen, so dass eine *E-Form* entsteht.
- Ebenfalls auf den Ehrengast und den Gastgeber zentriert ist die *Kamm-Form* der Tafel, wobei man an die Stirnseite mehrere Tischreihen ansetzt.
- Eine einzige *lange Tafel* sollte man nach Möglichkeit vermeiden, denn sie ist ausgesprochen kommunikationsfeindlich und deshalb nur für kleine Gesellschaften geeignet.

Für alle *größeren oder großen Veranstaltungen,* die vor allem dem geschäftlichen wie auch dem gesellschaftlichen Kontakt dienen sollen, haben sich heute *runde Tische* durchgesetzt. Allerdings liegt die ideale Personenzahl pro Tisch bei 6 bis 8 Personen; bei 10 und mehr Personen hat der runde Tisch seine Vorzüge bereits eingebüßt. Diese Vorteile liegen hauptsächlich in zwei Punkten:

- Runde Tische sind äußerst kommunikationsfreundlich, man ist bei der Konversation nicht auf ein Gegenüber und zwei Nachbarn/Nachbarinnen angewiesen, sondern kann sich mit allen Gästen am Tisch unterhalten.
- Runde Tische haben *kein Oben und kein Unten,* was für die Klippen der protokollarischen Platzordnung von unschätzbarem Vorteil ist: Die angenommene Rangfolge lässt sich nicht mehr von oben nach unten überblicken und niemand kann sich „herabgesetzt" fühlen. Man braucht in diesem Fall also nicht so streng wie bei anderen Tischformen auf die Rangordnung zu achten und kann eher nach anderen Gesichtspunkten platzieren – zum Beispiel nach Interessengruppen oder danach, welche Zusammensetzung für die Gäste einen unterhaltsamen Abend bedeuten könnte.

- Ein weiterer Vorteil einer Gesellschaft an runden Tischen liegt darin, dass man auf diese Weise den Führungskräften des Unternehmens an jedem der Tische eine Art *Gastgeberrolle* übertragen kann, indem man diese Damen und Herren (mit ihren Partnern/Partnerinnen) an die einzelnen Tische platziert.

Die *Tische* selbst sind allerdings in jedem Fall in eine *Rangfolge* zu setzen und entsprechend durchzunummerieren. Das bedeutet also auch, dass die Rangfolge der Gäste dergestalt zu beachten ist, dass man die Höherrangigen an die Tische mit den niedrigeren Nummern platziert und die unteren Ränge an die Tische mit den höheren Nummern. Der Gastgeber, die Gastgeberin und der höchste Ehrengast sitzen stets an Tisch Nummer 1.

Ob man die einzelnen Tische wie an einer Kette aneinander reiht und durchnummeriert, oder die übrigen Tische um Tisch Nummer 1 in einem Kreis arrangiert, ist eher eine Frage des Raumes als der Etikette. Entscheidend für die korrekte Rangfolge ist nur die Nähe beziehungsweise Ferne zu Tisch 1.

Will man jegliche Rangfolgen vermeiden, kann man die einzelnen Tische neutral kennzeichnen, zum Beispiel mit unterschiedlichen Farben oder mit Städte- oder Blumennamen und ähnliches mehr.

Die Tischreden

Die Reihenfolge der *Tischreden* ist vom Gastgeber so festzulegen, dass nach dem Gastgeber die Erwiderung durch den *Ehrengast* erfolgen kann. Danach sind entweder die *Rangfolge* für die weitere Rednerliste maßgebend, möglich sind aber auch andere Vorgaben, wie zum Beispiel das *„Gewicht" der Ansprachen*. In der Regel sollte man versuchen, die Reden von anfänglich ernst und grundsätzlich bis zu heiter und humorig in einer Art Gefälle einzuordnen. Dazu ist es notwendig, dass man am besten bereits bei der Vorbereitung zu einer wichtigen Veranstaltung, spätestens aber gleich zu deren Beginn folgende Punkte abklärt:

- Wer will/soll eine Tischrede halten?
- Wie lange gedenkt derjenige zu reden?
- In welchem Stil ist die Tischrede gehalten?

Man sollte nicht vergessen, dem jeweiligen Redner oder der jeweiligen Rednerin – auch Frauen können heute öffentlich reden(!) – mitzuteilen, *nach wem* er/sie das Wort ergreifen soll. Dabei ist es oftmals durchaus angebracht, dem potenziellen Redner seinen Vorredner richtig zu zeigen, falls die Persönlichkeit nicht ohnehin jedem bekannt ist.

Da die sogenannten „*Damenreden*" heutzutage mehr Peinlichkeit als Heiterkeit erregen, sollte man sie nach Möglichkeit lieber vermeiden, wenn immer es ohne die Verletzung von Eitelkeiten oder Empfindlichkeiten möglich ist – was zugegebenermaßen nicht immer gelingt. Diese Damenreden stammen noch aus einer Zeit, als Frauen in der Öffentlichkeit nicht selber sprechen durften. Um sie trotzdem bei Laune zu halten, wurden sie bei festlichen Gelegenheiten mit Lobeshymnen überschüttet, wobei Eigenschaften wie „bescheidenes Wirken im Hintergrund", „Duldsamkeit gegenüber den Selbstverwirklichungseskapaden des Mannes" und „liebevolle, selbstlose Aufopferung für den Mann und die Kinder" als besonders erstrebenswerte Eigenschaften der Frau beispielgebend hervorgehoben wurden. Solche Damenreden wirken heute, wenn nicht gar peinlich, so doch äußerst antiquiert.

Falls jedoch ein begnadeter Redner die „Damenrede" nur als Anlass für eine humorvolle, witzige Conférence zur Unterhaltung der Gäste nimmt, dann ist dagegen natürlich nichts einzuwenden.

Die Einladung

Es bleibt einem leider nicht erspart: bereits die Einladung zu einer offiziellen Veranstaltung *erfordert die Beachtung der Etikette.*

Eine *formgerechte Einladung* sollte Folgendes enthalten:

- Name/n des/der Einladenden
- Anrede (gegebenenfalls Titel) und Namen der/des Eingeladenen

- Anlass der Einladung beziehungsweise Art der Veranstaltung,
- Datum und Zeitpunkt der Veranstaltung
- Veranstaltungsort
- Bekleidungsvermerk
- „U.A.w.g. bis …“
- Lageplan oder Fahrtroutenbeschreibung
- Parkmöglichkeiten
- ggf. Info über Erreichbarkeit durch öffentliche Verkehrsmittel.

⊕ Wegen der grassierenden Unsitte, selbst persönliche Einladungen an andere Personen weiterzugeben oder sich einfach „vertreten“ zu lassen, ist es heute oftmals angebracht, Einladungen mit dem Vermerk „Diese Einladung gilt nur für den/die Adressaten *persönlich*“ oder einem ähnlichen Text zu versehen.

Zweifellos ist bei einer Einladung nicht nur deren Inhalt von Bedeutung, ganz gewiss ist es auch der *Stil ihrer äußeren Form*, der den Gesamteindruck prägt. Selbstverständlich können bei der äußeren Gestaltung der Einladung der individuelle Geschmack und die Fantasie noch zur Geltung kommen, ohne von der Etikette allzu sehr eingeschränkt zu werden. Allerdings sollte die äußere Aufmachung der Einladung bereits einen ungefähren Hinweis auf das Niveau der Veranstaltung geben.

Das *Schriftbild* sollte dem gesamten Stil der Einladung entsprechen und gut lesbar sein. Es gibt Einladungen, deren Schicksal sich schon dadurch entscheidet, dass sie gleich dem Papierkorb zugeführt werden, weil sie auf den ersten Blick nicht von einem Reklamebrief zu unterscheiden sind. Auch die Frage, ob Schnörkelschrift oder nicht, ist wiederum Sache des persönlichen Geschmacks; es gibt sehr hübsche und hübsch hässliche Schnörkelschrifttypen.

Die eigentliche Exklusivität drückt sich erst in der *handgeschriebenen Einladung* aus, und sie passt auch nur zu einer wirklich exklusiven Einladung, das heißt zu einem kleinen Kreis von „handverlesenen“ Gästen. Dabei wäre es ein Stilbruch, eine solche Einladung mit einem Kugel- oder Filzschreiber zu schreiben, dazu bedient man sich nach wie vor des guten alten Füllfederhalters.

Bei offiziellen und größeren geschäftlichen Einladungen ist es heute üblich, der Einladung eine *vorgedruckte Antwortkarte* beizufügen. Hierbei sollte man unbedingt auf Folgendes achten:

- Falls der einzuladende *Gast eine Dame* ist, sollte man tunlichst nicht übersehen, die entsprechende sprachliche Form als anzukreuzende Alternative vorsehen.

Es wirkt nämlich auf Geschäftsfrauen, Managerinnen oder Politikerinnen nicht gerade „einladend“, wenn sie auf einer Antwortkarte nur ankreuzen können, ob sie „allein“ oder „mit Partnerin“ kommen möchten. Es wird heutzutage auch immer schwieriger, Männer dazu zu bewegen, als begleitende „Gattin“ aufzutreten.

- Eine aussagekräftige Rückantwort lautet zum Beispiel:

  - ☐ „Ich komme allein“;
  - ☐ „Ich komme in Begleitung von … Person/en;
  - ☐ „Ich komme in Begleitung von Herrn/Frau …“;
  - ☐ „Ich komme nicht“.

- Zusätzliche, hilfreiche Information erhält der Gastgeber zum Beispiel durch folgende *Zusätze*:

  - ☐ „Ich werde vertreten von …“;
  - ☐ „Ich komme mit Fahrer“;
  - ☐ „Ich komme mit eigenem PKW“.

- Die Möglichkeit, an nur einer von mehreren angebotenen Veranstaltungen teilzunehmen, sollte ebenfalls gleich auf der Antwortkarte vermerkt werden können, zum Beispiel:

  - ☐ „Ich nehme am Empfang teil“;
  - ☐ „Ich nehme am Vortrag teil“;
  - ☐ „Ich nehme am Brunch teil“;
  - ☐ „Ich nehme am Bankett teil“ usw.

Wenn diese Alternativen von vornherein angeboten werden, enthebt es den Gast der Peinlichkeit, gegebenenfalls selbst formulieren zu müssen, dass er/sie nur zum Essen kommen möchte.

Tabus:

- *Missverständliche Formulierungen* für die anzukreuzende Antwort sollte man strickt vermeiden, wie zum Beispiel:

  ☐ „Ich komme mit … Personen".

Ganz gleich, welche Zahl die Eingeladenen hineinsetzten, keiner weiß letzten Endes mit Sicherheit zu sagen, wie viel Leute tatsächlich zugesagt haben.

- *Taktlose Formulierungen* wirken ausgesprochen stillos, wie zum Beispiel:

  ☐ „Ich kann *leider* nicht kommen".

Diese dokumentierte Selbsteinschätzung ist ziemlich geschmacklos. Sollte es jemand wirklich bedauern, nicht kommen zu können, kann er/sie das jederzeit handschriftlich hinzufügen.

Zur Anschrift

Heute wird normalerweise der- oder diejenige zuerst benannt, dem in erster Linie das Schreiben oder die Einladung gilt. Wenn also eine Einladung zunächst an eine Dame des öffentlichen Lebens gerichtet ist, wird sie auf der Anschrift als erste genannt und an zweiter Stelle erst der Ehemann oder Partner.

Für Ehepaare sind nur noch folgende Formen der Anschrift korrekt:

- Herrn Rolf Schmidt und Frau Ute Schmidt
  oder
  Herrn Rolf Schmidt, Frau Ute Lehmann

Bei Ehepaaren – ganz gleich ob nur einer oder beide ihren geerbten Familiennamen behalten haben – ist stets nur die Anschrift korrekt, bei der *beide* mit ihrem *Vor- und Zunamen* genannt werden.

- Herrn Rolf Schmidt und Frau Gemahlin

Das ist noch in solchen Fällen eine angemessene Form, wenn der Vorname der Frau Schmidt nicht bekannt ist. Ansonsten ist dies eher eine *antiquierte* Form, die bei älteren Herrschaften hier und da noch angebracht sein kann.

- Herrn und Frau Rolf Schmidt

Das ist die internationale Businessform, die sich für *Geschäftskorrespondenz* heute weitgehend durchgesetzt hat.

Zusammenlebende Paare schreibt man gegenwärtig in folgender Weise an:

Herrn Georg Meyer Frau Beate Müller	oder	Frau Beate Müller Herrn Georg Meyer

Tabu:

Nicht mehr korrekt sind folgende Anschriften:

- Herrn Rolf Schmidt und Frau

das gilt als diskriminierend für die „Frau", die offensichtlich jederzeit auswechselbar ist;

- Herrn Rolf Schmidt und Frau Ute

erwachsene Frauen nur mit ihrem Vornamen anzuschreiben, ist nicht nur unzeitgemäß sondern einfach albern.

Vorhandene *akademische Titel und Ehrentitel* werden in der Anschrift selbstverständlich genannt, jedoch nur dem Titelträger/der Titelträgerin selbst zugeordnet.

Amts-, Funktions- oder Berufsbezeichnungen werden in der Regel nur noch im Geschäftsverkehr in der Anschrift genannt, im privaten Bereich dagegen immer seltener. Hierin gilt es jedoch heute noch *regionale Unterschiede* zu beachten: je nördlicher in der Bundesrepublik, um so sparsamer geht man mit diesen „Titeln" um, je südlicher, um so titelfreudiger ist man.

Bei weiblichen Persönlichkeiten des öffentlichen Lebens ist in jedem Fall auf die *weibliche Form* des Titels, des Amtes oder der Funktion zu achten. In aufgeklärten Regionen der Republik wirkt es peinlich, Amtsträgerinnen wie einen Mann zu titulieren.

Beispiele: Frau Präsidentin, Frau Staatsministerin,
Frau Ministerialdirektorin, Frau Direktorin etc.

(Näheres zu weiblichen Berufsbezeichnungen im 7. Kapitel)

Bei Behördenanschriften bleibt die männliche Form erhalten. Schreibt man den Behördenleiter/die Behördenleiterin allerdings persönlich an, wählt man für die persönliche Anschrift die geschlechtsadäquate Form.

Zum Beispiel:

- Oberbürgermeister der Stadt Frankfurt
  Frau Oberbürgermeisterin …

oder

- Präsident des Deutschen Bundestages
  Frau Präsidentin …

Zur schriftlichen Anrede

In der Anrede eines Briefes ist bei Ehe- und zusammenlebenden Paaren zu beachten, dass zuerst die „Sehr geehrte Frau …" und dann der „Sehr geehrte Herr …" anzusprechen ist. Als Zeichen besonderer Wertschätzung kann man für Damen auch die Formel „Sehr verehrte Frau …" verwenden.

In den meisten Regionen ist dies auch die korrekte schriftliche Anrede für alle denkbaren Amts- und Funktionsträger, deren Amt oder Funktion nur in der Anschrift, nicht aber in der Anrede dem Namen vorangestellt wird.

In der *Anrede dem Namen vorangestellt* werden dagegen stets folgende Titel:

- Professor- und Doktortitel

Der Volksmund sagt, sie seien Bestandteil des Namens. Das ist juristisch zwar nicht korrekt (weil diese Titel in Einzelfällen wieder aberkannt werden können, was bei einem Namen nicht denkbar ist), es gilt aber allemal für die höflichen Umgangsformen. Diese Titel werden im Zusammenhang mit dem Namen auch für Frauen in der männlichen Form gebraucht (während als Berufsbezeichnung die personengebunde korrekte Form – männlich oder weiblich – verwendet wird).

Zu beachten ist ebenfalls, dass in der Anrede zu Anfang eines Briefes sowohl der Professor- als auch der Doktortitel *ausgeschrieben* werden, zum Beispiel: „Sehr geehrte Frau Doktor Schmidt", „Sehr geehrter Herr Professor Brecht".

- Adelstitel

Bei „Graf …" und „Gräfin …" entfällt das „Herr" beziehungsweise „Frau" in der Anrede; es heißt zum Beispiel: „Sehr geehrte Gräfin Schulenburg" etc.

Bei Freiherren und Freifrauen, Baronen und Baroninnen, Edlen von …, Rittern von … schreibt man: „Sehr geehrte Frau von …, sehr geehrter Herr von …"

Jedes „*von*" ist in der Tat *Bestandteil des Namens* und muss stets mit genannt werden.

Zweifellos ist sowohl der korrekten Anschrift als auch der für manche Amts- und Würdenträger üblichen Anrede besonderes Augenmerk zu widmen. Daher sollte man sich bei allen offiziellen Einladungen stets der etikettegerechten Anschrift und Anrede vergewissern. Hierzu empfiehlt sich die kompetente Broschüre von Alexander Freiherr von Fircks, dem langjährigen Chef des Protokolls der Deutschen Bundesregierung: „*Anschriften & Anreden*" (nähere Angaben siehe Literaturliste).

(Zum Einladungspunkt *Anlass*: siehe Abschnitt „Veranstaltungsplanung")

Zum Datum und Zeitpunkt der Veranstaltung

Normalerweise ist es Brauch, Wochentag und Datum anzugeben, zum Beispiel

- am Samstag, dem 17. Oktober 1998, um 19.30 Uhr.

Es ist ratsam, bei langfristigen Einladungen besonders darauf zu achten, dass der angegebene *Wochentag* mit dem Datum übereinstimmt. Es ist wirklich schon häufig vorgekommen, dass sich dabei ein Fehler eingeschlichen hatte, und der Wochentag nicht mit dem

Datum übereinstimmte. Dann war der ganze Aufwand umsonst, denn kein Mensch würde sich auf eine 50-prozentige Chance hin zu einer Veranstaltung begeben.

Handelt es sich um eine Veranstaltung, die zu einem bestimmten Zeitpunkt *pünktlich* anfangen muss, so sollte man das besonders vermerken. Früher bediente man sich der lateinischen Abkürzungen, *s. t.* (sine tempore) das heißt: ohne jegliche Zeitverzögerung – also *auf die Minute* pünktlich. Das Kürzel *c. t.* (cum tempore) bedeutet, dass man mit ca. einer Viertelstunde Zeitpuffer rechnen kann.

Heute kann man leider nicht mehr voraussetzen, dass alle Gäste c. t. und s. t. richtig zu interpretieren wissen. Deswegen sollte man den gleichen Hinweis etwas allgemeinverständlicher ausdrücken.

Bei offiziellen Veranstaltungen, zum Beispiel bei einem Festakt oder einer akademischen Feier, muss man heute deutlich darauf hinweisen, dass die Gäste nicht nur pünktlich zu erscheinen haben, sondern bereits Platz genommen haben sollten.

Beispiele:

- Beginn des Festaktes: 11.00 Uhr (s. t.);
- Beginn der Veranstaltung: pünktlich um 11.00 Uhr;
- Beginn 11.00 Uhr – wir bitten um pünktliches Erscheinen.

Bei Veranstaltungen oder Einladungen, zu denen die Gäste *nicht auf die Minute* pünktlich zu erscheinen brauchen, kann man ebenfalls mehrere Formulierungen verwenden.

Beispiele:

- am Samstag, dem 17. Oktober 1998, um 19.30 Uhr;
- am 17. Oktober 1998, 19.30 Uhr c. t.;
- am Samstag, dem 17. Oktober 1998, Beginn 19.30 Uhr;
- am Samstag, dem 17. Oktober 1998, Beginn 19.30 Uhr, Begrüßung durch den Vorsitzenden … um 20.00 Uhr.

Das Ende einer offiziellen Veranstaltung sollte man nur dann angeben, wenn *besondere Gründe* dafür sprechen. Ohne Frage wäre es schlechter Stil, das Ende einer Feier oder eines privaten Empfangs schon in der Einladung anzugeben.

Zum Veranstaltungsort

Selbst wenn eine Veranstaltung in einem bekannten Hotel stattfindet, sollte man, außer dem Namen des Hotels, stets Straße und Hausnummer angeben, um Ortsunkundigen die Orientierung zu erleichtern.

Zum Bekleidungsvermerk

Eine Einladung zu jedweder gesellschaftlichen Veranstaltung sollte einen Bekleidungsvermerk enthalten. Hierin ist nicht eine unbillige Einschränkung der Individualität der Gäste zu sehen, sondern eine wichtige Voraussetzung dafür, dass jede/r sich wohlfühlen kann. Die Gäste erhalten auf diese Weise den Hinweis darauf, in welchem *Rahmen* die Veranstaltung stattfinden wird und welchen Stil die Gastgeber dafür gewählt haben. Denn einerseits ist es Obliegenheit der Gastgeber, für den entsprechenden Stil Sorge zu tragen, andererseits ist es ein Anliegen der Gäste, nicht „aus dem Rahmen zu fallen", das heißt, dem vorgesehenen Stil auch zu entsprechen. Und da eine „eiserne" Regel der guten Manieren fordert, nicht aufzufallen, möchte jeder Gast gern vermeiden, im eigentlichen Sinn des Wortes „Aufsehen zu erregen". Deswegen sieht man in dem Bekleidungsvermerk eher eine höfliche Geste den Gästen gegenüber als eine Einschränkung.

Es ist nach wie vor üblich, dass der Bekleidungsvermerk nur Bezug auf die *Bekleidung der Herren* nimmt; man geht dabei wohl davon aus, dass die Damen dann schon das „Entsprechende" anziehen.

Anhand den im Abschnitt „Veranstaltungsarten" angeführten Beispielen kann man sich an den dort angeführten Bekleidungsvorschriften der *Gesellschaftlichen Veranstaltungen* orientieren.

(Einzelheiten zu den angegebenen Bekleidungsvorschriften im 4. Kapitel.)

Zu U.A.w.g.

Diese Abkürzung für „Um Antwort wird gebeten" ist ein äußerst wichtiger Bestandteil der Veranstaltungsorganisation und sollte deshalb nie vergessen werden. Denn das angegebene *End-Datum* für die Antwort ermöglicht eine sinnvolle Planung. Das Datum sollte erfahrungsgemäß möglichst so festgesetzt werden, dass man noch ca. eine Woche Zeit für Nachzügler hat.

Nach dem Datum folgt die *Anschrift* für die Rückantwort. Die Art und Vollständigkeit, in der die Anschrift angegeben wird, bestimmt auch die *Form, in der die Antworten* geschickt werden sollen.

- *Anschrift und Fax-Nummer* heißt, dass nur schriftliche Antworten erbeten sind;
- *E-Mail-Adresse* und/oder *Faxnummer* gelten als erbetene schriftliche Antwort;
- *Telefonnummer* bedeutet, dass die Gastgeber angerufen werden möchten.

Und noch ein paar *wichtige Hinweise*:

Bevor man die Einladung zur Vervielfältigung freigibt, sollte man folgende Punkte überprüfen:

- Stimmen *Wochentag* und *Datum* überein?
- Ist der *Veranstaltungsort* korrekt angegeben?
- Ist der Text so eindeutig formuliert, dass *Irrtümer beim Adressaten* auszuschließen sind?
- Sind die *Namen korrekt* geschrieben? Seinen Namen falsch geschrieben zu sehen, wäre ein Fauxpas, den niemand übersehen kann.

Bei langfristig ergangenen Einladungen, oder aber in den Fällen, in denen Einladung und Zusage bereits mündlich vorausgegangen sind, ist es üblich, eine schriftliche Einladung mit dem Vermerk „*p. m.*" (das heißt: „*pour mémoire*" = „zur Erinnerung") den Gästen zu schicken beziehungsweise erneut zu schicken.

Es gibt durchaus auch Fälle, in denen man eine Einladung erst sehr kurzfristig aussprechen kann, weil dieser Termin nicht vorhersehbar oder planbar war. Diesen Umstand sollte man mit einer kleinen Entschuldigung für die kurzfristige Einladung zum Ausdruck bringen. Selbstverständlich wird man dann auf eine schriftliche Antwort verzichten und hinter dem „U.A.w.g." nur Telefon- und Faxnummer sowie E-Mail-Adresse angeben.

Zu Lageplan oder Fahrtroutenbeschreibung

Das betrifft natürlich hauptsächlich die auswärtigen Gäste.

- Man kopiert für diesen Zweck den entsprechenden Ausschnitt aus einer guten Generalkarte und/oder dem Stadtplan und markiert eventuell noch den besten Weg zum Veranstaltungsort mit einem Highlighter.

Zu Parkmöglichkeiten

Dazu sind genaue – und möglichst realistische – Angaben sehr willkommen.

Zu Informationen über öffentliche Verkehrsmittel

Dieser zeitgemäße Zusatz auf der Einladung erfreut sich wachsender Beliebtheit. Denn die bekannten Gründe sprechen immer mehr dafür, ohne eigenen Wagen zu einer Einladung zu fahren: Alkoholgenuss, unberechenbare Fahrtzeiten auf bestimmten Autobahnen, Parkprobleme, Rücksicht auf die Umwelt etc.

Ausländische Gäste

Was immer auch der Anlass für den Besuch ausländischer Gäste sein mag – ob es sich um Kunden oder Geschäftspartner handelt –, man sollte sich ihnen gegenüber stets zu einem „special service" verpflichtet fühlen. Diese Sonderbehandlung geht über die allgemein übliche Besucherbetreuung insofern hinaus, als man sich im Voraus nach den besonderen Interessen und Vorlieben der Gäste erkundigt und nach Möglichkeit diesen Wünschen nachkommt (sofern sie sich im vorgesehenen finanziellen Rahmen bewegen und gegen die ortsüblichen Gepflogenheiten nicht allzu sehr verstoßen). Dieses „Special handling" kann sich allerdings auch auf die abwegigsten Wünsche beziehen, die an Gastgeber heute mehr oder weniger unverblümt herangetragen werden. Hierfür sind die Kenntnis von branchenüblichen Gepflogenheiten, nationaler Eigenheiten des Gastes, und der Marktsituation unverzichtbar.

Selbstverständlich sollte man dafür Sorge tragen, dass jemand zur Verfügung steht, der die Landessprache der jeweiligen Gäste spricht oder zumindest die Fremdsprache beherrscht, auf deren Basis auch die Geschäftskontakte laufen.

Ein wichtiger Tipp ist für den ausländischen Gast/die Gäste Spielmöglichkeit auf einem nahegelegenen Golfplatz zu organisieren – das wird in den USA als völlig normal angesehen, in Japan wird es als besondere Aufmerksamkeit gewertet. In der Regel wird das jeden Vertragsabschluss mit einem *Golfer* unglaublich beflügeln, und bei Gästen aus Großbritannien, Skandinavien, den USA, vor allem aus Japan sollte man sich auf jeden Fall erkundigen, ob sie Golf spielen möchten.

Um eine Gastspielerlaubnis auf dem Platz eines Golfclubs zu erhalten, muss der Spieler Mitglied irgendeines Golfclubs auf der Welt sein. Darüber hinaus ist es auf den guten Plätzen ebenfalls Bedingung, dass der Gastspieler ein „Handicap" (Spielvorgabe) hat, also schon über eine gewisse Spielstärke verfügt. Man sollte seinen Gast deshalb auch nach seinem „Handicap" fragen, bevor man sich bei den umliegenden Golfclubs nach Spielmöglichkeiten für Gäste erkundigt. Sollte der golfspielende Gast nicht Mitglied eines Golfclubs oder noch Anfänger sein, verbleiben als Möglichkeit nur die (bisher erst zwei) öffentlichen Golfplätze oder die Golfanlagen einiger Hotels. Auch in diesen Fällen wird das Clubsekretariat des nächstgelegenen Golfclubs mit einer Auskunft weiterhelfen können.

6. Kapitel

Repräsentationspflichten

Zu den meist angenehmen, aber doch Pflicht-„Übungen" von Unternehmern, Managern und Managerinnen zählen die so genannten gesellschaftlichen Verpflichtungen. Sobald man einer geschäftlichen Einladung folgt, werden Verhalten, Umgangsformen und Kleidung im Zusammenhang zur Kultur des Unternehmens gesehen, das er/sie repräsentiert. Sie können sich unweigerlich der kritischen Aufmerksamkeit jener anderen Gäste sicher sein, die vom persönlichen Auftreten auf das Geschäftsgebaren schließen. Je sicherer jemand auf der Klaviatur der jeweils erforderlichen Etikette zu spielen versteht, desto mehr kann er/sie die Rolle eines Gastes genießen.

Repräsentationspflichten – dieser Begriff für die *Rolle des Gastes* ist mit Bedacht gewählt, denn er lässt gar nicht erst die Mutmaßung aufkommen, man könne als geladener Gast irgendwo hingehen und seine sprichwörtlichen Gastrechte genießen, indem man einfach alles das tut, was einem Spaß macht – denn dem ist nicht so. Ebenso wie an die Gastgeberrolle haben sich an die Rolle des Gastes im Laufe unserer Zivilisation viele Vorschriften und Einschränkungen geheftet. Die Kenntnis oder Unkenntnis dieser Ge- und Verbote hat schon über manche Karriere entschieden.

Korrektes Verhalten als Gast

Man erhält in dem Moment den Status eines potenziellen Gastes, in dem man eine Einladung erhält – ganz gleich, ob man sich darüber freut oder nicht. Deswegen gilt es, bereits mit dem Erhalt einer *persönlichen Einladung* folgendes zu beachten:

- Persönliche Einladungen müssen *stets beantwortet* werden, es sei denn, man möchte von dieser Person oder Institution nicht mehr eingeladen werden. Denn eine Einladung nicht zu beantworten, ist ein klarer Ausdruck von *Missachtung*.
- Die Einladung sollte *in der gleichen Form* beantwortet werden, in der sie an einen gerichtet wurde. Das heißt, eine telefonische Einladung kann man ruhig telefonisch beantworten, eine schriftliche Einladung sollte jedoch ebenfalls schriftlich beantwortet werden – es sei denn, auf der schriftlichen Einladung ist ausdrücklich (etwa durch die Angabe einer Telefonnummer) eine telefonische Antwort erbeten.
- Man sollte sich mit der Zusage oder Absage *nicht allzu viel Zeit* lassen, denn Gastgeber sind froh, zu einem möglichst frühen Zeitpunkt einen Überblick über ihre Gästeliste zu erhalten. Der mit „U.A.w.g. (= Um Antwort wird gebeten) bis zum …" angegebenen Tag ist als der *letzte Termin* anzusehen und sollte nicht überschritten werden.

- ⊕ *Persönliche* Einladungen müssen auch *persönlich beantwortet* werden; man sollte sie also nicht von seiner Sekretärin „im Auftrag" erledigen lassen.

  - Sollte man eine *handgeschriebene* Einladung erhalten – das gilt heute als höchste Form persönlicher Aufmerksamkeit –, so ist diese ebenfalls handschriftlich zu beantworten.

- ⊕ *Wichtig: Persönliche* Einladungen müssen *persönlich wahrgenommen* werden. Es gehört zu den grassierenden Unarten unserer Tage, persönliche Einladungen einfach an andere weiterzugeben, ohne die Gastgeber vorher um ihr Einverständnis dazu gebeten zu haben.

- ⊖ Es bedeutet einen schlimmen Eingriff in die Gastgeberrechte, wenn man als Gast die Privilegien der Gastgeber missachtet, nämlich selbst darüber zu bestimmen, wen sie gern einladen möchten.

- ⊕ Wenn man einer Einladung nicht nachkommen will, ist es ein Erfordernis der Höflichkeit, abzusagen und seine Absage *plausibel* zu *begründen*.

Hat man sich dazu entschlossen, eine Einladung anzunehmen und freundlich zugesagt, wird man sicherlich gut daran tun, diesen Termin sofort in seinem Terminkalender festzuhalten. Darüber hinaus sollte man aber auch gleich sicherstellen, dass man die Einladungskarte zu dem Zeitpunkt der Veranstaltung griffbereit hat, denn man wird sie noch brauchen. Nicht nur Ort und Zeit der Veranstaltung will man kurz vor dem Termin nochmals überprüfen, vor allen Dingen hat man in der Zwischenzeit vielleicht vergessen, was man denn zu diesem Anlass anziehen sollte.

Pünktlichkeit als relativer Begriff

Für viele Menschen ist Pünktlichkeit ein Begriff von hoher Wertigkeit, oft auch Selbstzweck. Dabei ist Pünktlichkeit ein sehr relativer Begriff, wie sich gleich zeigen wird. Fest steht allerdings, dass sowohl die Pünktlichkeit als auch die Unpünktlichkeit eines Menschen eine *Signalfunktion* erfüllen und uns die Einordnung des Anderen erleichtern.

Es gilt als *dokumentierte Respektlosigkeit* – wenn nicht gar als arroganter Ausdruck von Missachtung – zu einer Essenseinladung zu spät zu kommen. Das gleiche gilt ebenfalls für den Fall, wenn Leute zu einer Trauerfeier erst nach deren Beginn eintreffen.

Was aber bedeutet „pünktlich"?

Mit den akademischen Bezeichnungen „*s. t.*" und „*c. t.*" als Zusatz hinter der angegebenen Uhrzeit gibt ein Veranstalter vor, wie „pünktlich" er seine Gäste erwartet.

- Das Kürzel „*s. t.*" (= lateinisch: sine tempore) bedeutet: ohne Zeitspanne, das heißt, *auf die Minute pünktlich.*

Mit „s. t." versieht man Einladungen, bei denen die Gäste nicht persönlich begrüßt werden, sondern bereits von sich aus *Platz nehmen* sollen, wie zum Beispiel bei Festakten – auch Trauerfeiern – und bei Veranstaltungen mit Festreden. Weil man nicht mehr überall die Kenntnis dieser Abkürzungen aus dem Lateinischen voraussetzen kann, wird heutzutage der gleiche Wunsch auch vollständig ausgeschrieben. Das heißt dann

- „Um pünktliches Erscheinen wird gebeten"; oder
- „Wir bitten unsere Gäste, zum angegebenen Zeitpunkt bereits Platz genommen zu haben".

- Mit „*c. t.*" (= lateinisch: cum tempore) ist das sogenannte „Akademische Viertel" gemeint; es *kann* in der Regel ca. *15 Minuten* bedeuten, in manchen Zusammenhängen aber auch bis zu einer Stunde.

Als Maßgabe gilt hier die erwartete Anzahl der Gäste. Wegen der persönlichen Begrüßung der Gäste durch die Gastgeber, die für eine Reihe von Veranstaltungen unerlässlich ist, gelten folgende Faustregeln:

- Je kleiner der Kreis der erwarteten Gäste, desto kleiner ist die Zeitspanne, die man zwischen der angegebenen Uhrzeit und dem eigenen Eintreffen verstreichen lassen darf.
- Je größer der Kreis der Eingeladenen, desto größer ist die Zeitspanne, die man noch zur Verfügung hat.
- Wenn weder „s. t.“ noch „c. t.“ hinter der Uhrzeit steht, sollten die Gäste ebenfalls von letzterer Faustregel ausgehen.

Pünktlichkeit ist also auch eine *Stilfrage.*

Bei Einladungen zum Essen auch nur eine Minute vor dem angegebenen Zeitpunkt einzutreffen, ist tabu. Das gilt auch – und vor allem – für alle Privateinladungen!

Das „Gastrecht“ – ein Bündel aus Pflichten und Tabus

Wie oben bereits angedeutet, kann sich ein Gast keinesfalls ungehemmt seinem Amüsement widmen, er ist vielmehr an eine Reihe von Vorschriften gebunden, die ihm die Etikette auferlegt. Das fängt bereits mit der Begrüßung an und begleitet den Gast bis zur Verabschiedung.

Hierzu einige Hinweise zur Erinnerung:

- Der Gast begrüßt stets *zuerst die Gastgeberin*, dann den Gastgeber – und dann erst anwesende Freunde und Bekannte.

- Fremde Gäste werden im Allgemeinen erst nach Vorstellung durch die Gastgeber begrüßt.

- Bei größeren Gesellschaften kann man sich durchaus auch selbst vorstellen und sollte es sogar tun, wenn man mit anderen Gästen ins Gespräch kommt oder kommen möchte. Dieses gilt selbstverständlich auch für Damen.

- Bei Paaren stellt der Herr seinem/n Gesprächspartner/n erst sich und dann seine Frau/Partnerin vor. (Näheres über Vorstellen im 3. Kapitel)

- Ein Gast verabschiedet sich von den Gastgebern in der gleichen Reihenfolge wie die Begrüßung erfolgte – also zuerst bei der Gastgeberin, dann beim Gastgeber – vorausgesetzt, man verabschiedet sich überhaupt offiziell.
- Dabei bedankt man sich kurz für den anregenden oder den wunderschönen Abend und die Mühe, die sich die Gastgeber ihren Gästen zuliebe gemacht haben.
- Von Freunden und Bekannten, die man auf dem Fest getroffen hat, kann man sich entweder vor der Tür verabschieden, wenn man gemeinsam geht, oder bereits vorher auf eine *unauffällige* Art und Weise.
- Es ist allein das *Privileg eines Ehrengastes*, sich von den Gastgebern „bemerkbar" zu verabschieden; oftmals geschieht das sogar unter Beteiligung der Gäste.
- Wenn ein ganz normaler Gast sich vorzeitig verabschiedet, sollte er so wenig Aufsehen erregen wie irgend möglich, um andere nicht dazu zu veranlassen, ebenfalls zu gehen.
- Sollte ein Gast aus *besonderen* Gründen früher aufbrechen müssen, so ist es seine Höflichkeitspflicht, die Gastgeber vor Beginn der Veranstaltung davon zu informieren.
- Sonst muss man schon sehr gute, *akut eingetretene* Gründe haben, die es entschuldigen würden, dass man eine Veranstaltung vorzeitig verlässt, ohne vorher Bescheid gesagt zu haben (zum Beispiel das Einsetzen von Wehen oder ähnliches).
- Der beste Zeitpunkt, an dem man zu gehen hat, lässt sich nur für *hochoffizielle* Banketts festlegen: hier liegt er nach mindestens drei, höchstens vier Stunden.
- Für alle anderen Abendessen, für Bälle und Feste gibt es keine offizielle Verweildauer – außer der, die unsere Eltern uns schon früher mit auf den Weg gegeben haben: man bleibt nicht bis zuletzt.

Tabus:

- ⊖ Es wäre eine grobe Unhöflichkeit gegenüber den Gastgebern, andere Gäste dadurch zum Gehen zu veranlassen, dass man „zum Aufbruch bläst".
- ⊖ Eine Gesellschaft frühzeitig zu verlassen, wird als Unhöflichkeit verstanden. Gründe wie: Hund/Oma kann nicht länger allein bleiben, werden als Ausrede identifiziert und wirken frustrierend. Ganz schlecht: die Parkuhr ist abgelaufen.

Nun gibt es noch ein ganzes Bündel von *Etiketteregeln,* die hier in zwei Kategorien zusammengefasst sind:

Als Gast sollte man stets

- dem Bekleidungsvermerk auf der Einladung folgen, denn er hat das Gewicht einer absolut bindenden Vorschrift (Erläuterungen dazu weiter unten);
- nach den oben beschriebenen Regeln pünktlich erscheinen;
- dem Gastgeber vorher mitteilen, wenn man vorhaben sollte, eine – wenn auch nur kurze – Tischrede zu halten; (der Gastgeber hat die Aufgabe, die Reihenfolge der Reden festzulegen und ist deshalb auch für den Hinweis dankbar, ob es sich um eine ernste oder eher humorige Rede handeln wird.)
- sich unauffällig verhalten;
- Zurückhaltung gegenüber anderen Gästen üben – selbst wenn man nun die Gelegenheit zu haben glaubt, diesen oder jenen Prominenten endlich einmal näher kennen zu lernen;
- höflich zuhören – selbst wenn die Geschichte, die man gerade in aller Ausführlichkeit erzählt bekommt, weder interessant ist noch spannend erzählt wird;
- ein Trinkgeld hinterlassen, wenn die Veranstaltung unter Mithilfe von Personal durchgeführt worden ist.

Als Gast sollte man nie

- in „unpassender" Kleidung erscheinen, das heißt, weder overdressed noch underdressed (Näheres dazu weiter unten);

- von sich aus einen weiteren Gast mitbringen, ohne von den Gastgebern ausdrücklich dazu aufgefordert worden zu sein;
- unaufgefordert Platz nehmen;
- an der Tafel sich als Erster setzen – ausgenommen man ist der weibliche Ehrengast (die Gastgeberin nimmt stets als erste Platz);
- als Erster trinken (der Gastgeber erhebt stets als erster sein Glas);
- als Erster essen (die Gastgeberin gibt stets das Zeichen zum Essensbeginn);
- als Erster das Wort an die Gäste richten (das ist dem Gastgeber vorbehalten);
- als Erster rauchen – es sei denn, es werden nach dem Dessert Aschenbecher hingestellt; (Näheres über Rauchen im 3. Kapitel.)
- einen oder die Gastgeber „mit Beschlag belegen", das heißt, sie nicht in allzu lange Gespräche verwickeln (weil die Gastgeber sich um alle Anwesenden in gleicher Weise zu kümmern haben);
- sogenannte „Tabu-Themen" anschneiden, wie zum Beispiel Politik oder Krankheiten;
- die Gelegenheit dazu ausnutzen, anwesende *Fachleute* zu *konsultieren*, um dadurch Geld zu sparen;
- zu laut werden;
- so viel trinken, dass die strenge Selbstkontrolle, die manche Veranstaltungen erfordern, nachzulassen droht.

Smalltalk

Die Frage, worüber man sich mit völlig fremden Tischnachbarn oder anderen Party-Gästen unterhalten solle, ist zunehmend ein Problem für den modernen Menschen. Möglicherweise hat das damit zu tun, dass sich immer weniger unserer Mitmenschen für andere interessieren, ausgenommen für diejenigen, die ihnen nützen könnten. Wenn es aber von vornherein als ziemlich unwahrscheinlich erscheint, dass die neben dem Geschäftsmann sitzende Dame seinem beruflichen Erfolg in irgendeiner Weise förderlich sein könnte, sieht er sich an einer Unterhaltung mit ihr auch nicht sonderlich interessiert.

Dies kann, muss aber nicht zwangsläufig der Grund für die weitverbreitete Langeweile auf Partys und Dinners sein. Es kann auch eine mangelnde Übung im Umgang mit Menschen dahinter stehen. Denn eigentlich ist jeder, der sich für andere Menschen interessiert, selbst potenziell ein angenehmer, wenn nicht gar ein interessanter Unterhalter. Dazu bedarf es in einer solchen gesellschaftlichen Situation eigentlich nur eines eher allgemeinen Interesses dafür, was denn hinter dieser Person stecken möge, die da neben einem sitzt. Und so kann man mit ein paar taktvollen Fragen normalerweise ein anregendes Gespräch in Gang bringen.

⊕ Folgende Themen können ein anregendes Gespräch in Gang bringen:

- Hobbys
- Sport
- Reisen
- Kino/Theater/Konzerte
- Beruf
- aktuelle Themen.

⊕ Die wichtigste Grundlage für ein gutes Gespräch ist: *zuhören.*

Tabu:

⊖ Folgende Themen sollte man gegenüber Fremden *nicht* anschneiden:

- Betriebsinterna
- Politik
- Religion
- Krankheiten
- Klatsch
- sehr persönliche Probleme
- gesellschaftspolitische „Reiz"-Themen.

Gegenwärtig hat es sich fast schon zur Gesellschaftsplage entwickelt, auf Veranstaltungen, bei denen man selbst Gast ist, von anderen Gästen um fachlichen Rat angegangen zu werden. Das Peinliche daran ist, dass diese Personen die Gelegenheit einer Einladung ganz offensichtlich ausnutzen, um Honorare zu sparen.

Tabu:

⊖ Es gilt als Zeichen völliger Stillosigkeit, Rechtsanwälte, Ärzte, Bankiers, Steuerberater und andere Fachleute auf einer Party zu konsultieren, das heißt, um fachlichen Rat anzugehen, für den man normalerweise Honorar bezahlen muss.

Anmerkungen zur Bekleidung

Auf der schriftlichen Einladung zu einer offiziellen Veranstaltung findet man in der Regel einen sogenannten Bekleidungsvermerk. Dieser Bekleidungshinweis bezieht sich zwar ausschließlich auf den Anzug des Herrn, denn diese Gepflogenheit stammt noch aus den Zeiten, als Damen nur als Begleitung von Herren miteingeladen wurden und sich ganz selbstverständlich nach dem vorgegebenen Anzugstil zu richten hatten. Prinzipiell gilt diese Richtschnur auch heute noch für die Damen, seien sie nun als Begleitung oder als eigenständige Persönlichkeiten selbst eingeladen worden.

Diesen Bekleidungsvermerk auf der Einladung sollte man/frau nicht als unverbindlichen Vorschlag missverstehen; er hat einen absolut *bindenden* Charakter. Mit anderen Worten: wenn auf der Einladung zum Beispiel „Bekleidung: Abendanzug" steht, bedeutet das, dass für diese Veranstaltung der Smoking vorgeschrieben ist. Sollte jemand also keinen Smoking besitzen, gibt es nur eine Alternative: entweder er kauft (oder leiht) sich einen oder er sagt höflich ab.

Solche Bekleidungsvorgaben stellen keinen unzulässigen Eingriff in die Individualität der Gäste dar, sondern sind eine wichtige Voraussetzung für das stilgerechte Gelingen jeder Veranstaltung:

- Zum einen ist es das gute Recht der Gastgeber, den Stil der Veranstaltung festzulegen, und die Gäste erwarten von ihnen, dass sie sich darum bemühen, diesen Stil auch durchgängig wirksam werden zu lassen.

- Zum anderen gehört es zu den guten Manieren, sich als Gast dem vorgegebenen Stil der Gastgeber anzupassen; denn sowohl „overdressed" als auch „underdressed" zu erscheinen, gilt in gleicher Weise als „unschicklich".

Deshalb ist ein solcher Hinweis auf die gewünschte Bekleidung eine wichtige Orientierungshilfe für die Gäste, den Stil der Veranstaltung richtig einzuschätzen. Fehlt ein solcher Bekleidungsvermerk auf der Einladung, oder geht die erforderliche Bekleidung nicht schon aus der Art der Veranstaltung eindeutig hervor, bleibt einem gar nichts anderes übrig, als sich bei den Gastgebern selbst, oder „hintenherum“, das heißt bei anderen Gästen, zu erkundigen, was „man“ an dem Abend oder zu dieser Veranstaltung trägt. (Näheres hierzu im 4. Kapitel.)

Inwiefern die *Kleidung der Gäste* für die Gastgeber von Festen oder Veranstaltungen als stilprägend wichtig ist, wurde im 4. Kapitel bereits dargelegt. Gewiss gibt es Persönlichkeiten, die sich diesem Konsens entziehen dürfen, und die es sich leisten können, sich um den korrekten Anzug für diese oder jene Veranstaltung überhaupt nicht zu kümmern. Das sind zum Beispiel Menschen mit anerkannt großen beruflichen oder gesellschaftlichen Verdiensten, wie Nobelpreisträger oder Astronauten, natürlich ebenso Künstler. Aber auch deutsche Professoren zählen schon seit jeher zur Kategorie derjenigen, von denen man diese Anpassungsleistung an die jeweils geltenden Bekleidungsstandards nicht unbedingt erwartet.

Gastgeschenke

Das Überbringen von Gastgeschenken gehört zwar zu den ältesten Traditionen der Welt, und doch haben Etikette und Tabus der ungezügelten Fantasie und den spontanen Ideen viele Einschränkungen auferlegt. Trotzdem sind Fantasie und Fingerspitzengefühl die wichtigsten Voraussetzungen dafür, dass ein Geschenk ein Erfolg wird. Fest steht allerdings schon immer, dass es nicht nur der materielle Wert ist, der den Wert eines Geschenkes ausmacht.

Geschenke sind weder überall angebracht, noch kann man sie beliebig auswählen. Damit sie aber den eigentlichen Sinn und Zweck erfüllen, nämlich dem Beschenkten uneingeschränkte Freude bereiten, sollten drei Faktoren bei der Auswahl eines Geschenks stets gut bedacht werden:

- Geschenke *sollten stets*
  - dem *Anlass* angepasst sein;
  - der *Persönlichkeit* der/des Beschenkten entsprechen;
  - der *persönlichen Beziehung* zu der/dem Beschenkten angemessen sein.

⊖ Ein Geschenk *sollte nie*

- *zu üppig* sein – es könnte als Anbiederung verstanden werden;
- *zu persönlich* sein – es könnte peinlich wirken;
- *zu intime* Kenntnisse der Vorlieben und Schwächen des Beschenkten verraten – das würde noch peinlicher werden;
- *zu verpflichtend* sein – jedermann würde sich sofort fragen, was es den Beschenkten „kosten" wird;
- ein *Werbegeschenk* sein – womöglich noch mit Firmenaufdruck!

Die Bandbreite möglicher *Anlässe*, Gastgeschenke mitzubringen, ist fast unendlich. Sie reicht von einer ganz gewöhnlichen Einladung zum Essen bis zu großen Anlässen, wie runde Geburtstage, Hochzeiten, Geschäftsjubiläen. Selbstverständlich macht man zu einem „runden" Geburtstag ein etwas größeres Geschenk als zu einem gewöhnlichen Geburtstag.

Ein *bescheideneres*, mit Bedacht ausgewähltes Geschenk wirkt in aller Regel viel positiver als ein zu aufwendiges. Zu üppige Geschenke können peinlich wirken, weil sie bei den Beschenkten das unangenehme Gefühl aufkommen lassen, im Gegenzug zu einem unüblichen Gefallen „verpflichtet" zu werden.

Der Grundsatz, dass das Geschenk der *Persönlichkeit der/des Beschenkten angemessen* sein soll, ist gewiss der schwierigste Punkt, da er voraussetzt, dass man sich zu folgenden Fragen Klarheit verschafft:

- Alter und (Aus-)Bildung
- Welches sind die besonderen *Interessen*, wie zum Beispiel:
  - Bildende Kunst
  - Literatur
  - Musik (welche Art?)
  - alte Geschichte
  - alte beziehungsweise andere Völker
  - fremde Religionen und andere mehr.

- Gibt es ein ausgeprägtes *Hobby*, wie zum Beispiel:
  - Modelleisenbahn
  - Golf
  - Gartenbau
  - Angeln und andere mehr.

Allerdings Vorsicht bei echten Sammlern! Hier kann man eher alles falsch als etwas richtig machen!

Die Forderung, dass das Präsent der *persönlichen Beziehung* zu der/dem Beschenkten *angemessen* sein soll, verursacht oftmals die sensibelsten Probleme. Denn es besteht die Möglichkeit unterschiedlicher Sehweisen auf eine Beziehung: Der eine kann sich mit jemandem für „gut befreundet" halten – oftmals ist dabei auch nur der Wunsch der Vater des Gedankens –, während der andere die Beziehung zu dieser Person als eher beiläufig ansieht. Das ist gar nicht selten so der Fall. Wenn man sich nicht absolut sicher ist, dass der/diejenige, für den/die ein Geschenk gedacht ist, die Nähe der freundschaftlichen oder kollegialen Beziehung in gleicher Weise sieht, sollte man sein Präsent vorsichtigerweise *eine Nummer kleiner* wählen.

Im Geschäftsleben geht oftmals die Idee verloren, dass der Sinn und eigentliche Zweck allen Schenkens ist, den *Beschenkten eine Freude* zu machen – und nicht nur eine gelungene Werbung für das eigene Haus anzubringen. Weil bei uns die geschäftsmäßige Schenkerei immer wieder überhand zu nehmen scheint, hat sich auch die Geschenkpraxis in vielen Unternehmen nahezu professionalisiert. So verfügt manch ein Chefsekretariat über eine *Geschenkkartei* oder gar -datei. Darin können zum Beispiel folgende Informationen – selbstverständlich unter Bedingungen absoluter Vertraulichkeit! – festgehalten werden:

- Namen des Geschenkempfängers
- Geburtsdatum
- Beruf und Position/Gesellschaftliche Stellung/Ehrenämter
- verheiratet?/Single mit oder ohne Partner?/Hetero oder nicht?
- Verbindung zum Chef/in, zum Beispiel durch:
  - Geschäftsbeziehung?
  - bestimmten Freundeskreis?

- Herrenclub beziehungsweise Damenclub?
- Sportclub oder -verein?

- persönliche und /oder geschäftliche Beziehung?
- Hobbys?
- Kunstliebhaber – wenn ja, welche Richtung?
- praktizierte Religionszugehörigkeit?
- Parteienzugehörigkeit? – offiziell .../insgeheim ...?
- persönliche Vorlieben/offen bekannte skurrile Interessen?
- in welchem Kostenrahmen bewegte sich das letztjährige Geschenk?
- Welche Geschenke hat er/sie bereits erhalten?

⊕ Nicht nur der gesetzlichen Datenschutzbestimmungen wegen sollte eine solche Liste auf jeden Fall stets *unter Verschluss* gehalten werden.

Tabus:

⊖ Es wäre kein guter Stil, den Empfänger eines Geschenks selbst nach seinen Wünschen zu fragen; man muss sich also stets „hintenherum“ erkundigen.

⊖ Es wäre eine pure Entgleisung, ein Präsent mit einem eigenen Werbeaufdruck zu überreichen. Der Zweck, dem Beschenkten eine Freude zu machen, sollte nicht zur Selbstdarstellung verkommen.

⊖ Es könnte peinlich werden, wenn ein Geschenk zu intime Kenntnisse über Schwächen des Beschenkten verriete.

⊕ Bei *offiziellen Präsenten* sollte man die *Verpackung* ebenfalls *repräsentativ* gestalten.

Gastgeschenke sollten nach Möglichkeit *in Gegenwart der Gäste ausgepackt* werden, denn die Schenkenden möchten gern mit eigenen Augen sehen, ob ihr Präsent Freude bereitet hat. Bei dieser Gelegenheit kann man sich spontan für das Geschenk bedanken, bei großen Präsenten enthebt das jedoch niemanden der Verpflichtung, dies auch noch einmal schriftlich zu tun.

Bei Privateinladungen, bei denen zum Haushalt der Gastgeber auch kleinere Kinder gehören, sind kleine *Mitbringsel für die Kinder* durchaus angebracht und gern gesehen. Heutzutage empfiehlt es sich jedoch, sich vorher zu erkundigen, ob man Süßigkeiten mitbringen darf, ehe man sich damit bei den Gastgebern in die Nesseln setzt. Problemloser ist es in jedem Fall, *altersgemäße Bücher* mitzubringen, die es heute in sehr guter Qualität und auch schon für die Kleinen gibt. Für noch kleinere Kinder gibt es gutes Holzspielzeug, das sich ebenfalls als kleine Aufmerksamkeit eignet.

Wann schenkt man Blumen?

Das schönste und unproblematischste aller Gastgeschenke ist ein Strauß frischer *Schnittblumen*. Doch auch hierzu gibt es einige Regeln:

- Schnittblumen – als Strauß oder als Gesteck – kann man zu jeder Essenseinladung mitbringen, die in einem *Privathaus* stattfindet.
- Heute bekommt die/derjenige die Blumen überreicht, der für das Essen verantwortlich zeichnet, das kann also durchaus auch der Hausherr sein; im Normalfall ist dies jedoch immer noch die Dame des Hauses.
- Kommen Gäste als Paar, überreicht der Herr der Gastgeberin die Blumen.
- Über *Zahl, Sorte und Farbe* entscheidet – bis auf geringe Ausnahmen (siehe weiter unten) – allein der *persönliche Geschmack* des Schenkers/der Schenkerin. Keine Dame mit Stil wird die ihr überreichten Blumen nachzählen.
- Blumentöpfe oder Topfpflanzen dürfen nur *auf besonderen Wunsch* überbracht werden.
- Einfaches Einwickelpapier muss vor dem Überreichen *entfernt* werden. Man knüllt es zusammen, und einer der Gastgeber oder ein dienstbarer Geist wird einem das Papierknäuel sofort aus der Hand nehmen.

- In transparenter Folie verpackte Blumen oder Sträuße, die mit einer schönen Papiermanschette versehen sind, werden vor dem Überreichen *nicht ausgepackt*.
- Man kann die Blumen auch bereits *am Vormittag* des Einladungstages in das Haus der Gastgeber bringen lassen, manche Hausfrau verwendet sie gern schon als Tischdekoration. In diesem Fall sollte aus den beigefügten Zeilen *eindeutig* zu verstehen sein, ob es sich dabei um Vorfreude oder um eine Absage handelt.
- Sollte man zu einer kurzfristigen *Absage* gezwungen sein, kann man diese Nachricht ebenfalls zusammen mit einem Blumenstrauß ins Haus der Gastgeber schicken lassen.
- Falls man keine Möglichkeit gefunden hat, Blumen vorher zu schicken oder selbst mitzubringen, kann man sie auch noch am *nächsten Tag* (aber keinesfalls später!) – zusammen mit einem kurzen, handgeschriebenen Dankeschön auf der Visitenkarte oder einer Briefkarte – der Gastgeberin zustellen lassen.

Welche Blumen sollte man nicht zu einer Essenseinladung mitbringen?

- Rote Rosen gelten immer noch als eine Art Liebeserklärung und sollten deswegen nicht unabsichtlich verschenkt werden.
- Problematischer können manche Menschen auf weiße Lilien oder auch weiße Nelken reagieren, die regional als *Totenblumen* gelten.

Wann bringt man keine Blumen?

- Zu Einladungen in ein Restaurant – in diesem Fall sollte man die Blumen der Gastgeberin vor der Veranstaltung *ins Haus* schicken;
- bei Kondolenzbesuchen;
- als Ehrengast.

Wie man sich bedankt

Für Menschen mit guten Manieren ist es unerlässlich, sich nach *jeder privaten* Einladung bei den Gastgebern für deren Gastfreundschaft zu bedanken. In seiner Form richtet sich dieser Dank nach der Form der vorangegangenen Veranstaltung. So kann ein kurzer Anruf am nächsten Tag richtig sein, oder es können auch ein paar Zeilen des Dankes sein, die man den Gastgebern schickt. Ein solches, auf jeden Fall kurzes Schreiben nennt man auf englisch „Bread and Butter Letter", und es ist – zumindest auf den Britischen Inseln und in Skandinavien – die obligatorische *Voraussetzung* dafür, jemals wieder in den gleichen Kreisen eingeladen zu werden. Bei uns wird diese Regel zwar nicht so streng eingehalten, und doch entspricht sie auch hier nach wie vor einem *Gebot der guten Manieren.*

Der gute Stil verlangt von jedem Gast, sich nach einer privaten Einladung bei der Gastgeberin oder dem Gastgeber für die gebotenen Genüsse und die aufmerksame Gastfreundschaft zu bedanken.

Wie entrichtet man diesen Dank?

- Nach einem *kleinen Abendessen* unter Freunden genügt ein kurzer Anruf am nächsten Tag. Dieses Telefongespräch sollte aber nur kurz sein, – man bedankt sich für den netten Abend, man ist gut nach Hause gekommen ... Es wäre unschicklich, die Gastgeber in allzu lange Gespräche zu verwickeln; sie erwartet ja noch eine ganze Reihe solcher Anrufe. (Nicht vergessen, die korrekten Anrufzeiten zu beachten!)
- Zu diesen Gelegenheiten kann man selbstverständlich auch eine Briefkarte schicken; erforderlich ist ein solches Briefchen dann, wenn man die Gastgeber telefonisch nicht erreichen konnte.
- Nach einer *größeren, privaten Einladung* muss man sich auf jeden Fall schriftlich bedanken. Dazu schreibt man einige kurze Zeilen des Dankes auf eine Briefkarte oder auf seine Visitenkarte, die man dann in einem Kuvert an die Gastgeber schickt.

- Eine Postkarte sollte man dafür nicht verwenden.

+ Sollte man keine Möglichkeit gefunden haben, zur Einladung Blumen für die Gastgeberin aufzutreiben, kann man sie durchaus – zusammen mit dem Dankeschön auf einer Briefkarte – *am nächsten Tag* der Gastgeberin zustellen lassen.

+ Nicht vergessen, sich auch im Namen seiner Frau/Partnerin beziehungsweise seines Mannes/Partners zu bedanken!

7. Kapitel

Zeitgemäße Etikette für Businessfrauen

Frauen, die heute traditionelle Männerberufe ausüben, müssen sich nicht selten mit den häufig dominierenden männlichen Denkmustern auseinander setzen. Das gilt für alle Managementaufgaben in Wirtschaft, Bildung und Verwaltung und bezieht sich nicht nur auf die Unternehmensphilosophie oder das Geschäftsgebaren, sondern auch auf Kleidung und Verhalten. Die moderne Businessfrau muss hier ihren eigenen Stil zwischen Anpassung und der Entwicklung neuer Standards finden.

Immer noch ist die Unsicherheit auf beiden Seiten allgegenwärtig: Frauen in traditionell von Männern ausgeübten Berufen sind sich in Bezug auf ihr Verhalten und Auftreten oftmals unsicher. Und Männer sind sich in ihrem Verhalten gegenüber Führungsfrauen ebenfalls unsicher, weil die traditionelle Etikette hier nicht mehr greift – Fettnäpfchen lauern flächendeckend.

Frauen in traditionellen Männerberufen

Sicherlich kostet es Zeit, bis sich jahrhundertelang tradierte Rollenbilder in den Köpfen der Menschen geändert haben. Aber es ist auch festzustellen, dass nicht nur bei uns im modernen Europa der Gesellschaft eine solche Leistung abgefordert wird; auf anderen Erdteilen sind die Sprünge über ganze Entwicklungsphasen der Zivilisation hinweg noch viel, viel rasanter zu vollziehen gewesen.

Wie sieht also heute das Frauenbild in den Köpfen vieler männlicher Führungskräfte aus, mit denen es die Frauen im Erwerbsleben täglich zu tun haben? Repräsentative Umfragen unter leitenden Herren unseres Landes haben auch noch in jüngster Zeit ergeben, dass die überwiegende Mehrheit von ihnen klare Vorstellungen von der Frau im Beruf hat: Ihr *natürlicher* Platz sei der im Vorzimmer des Chefs in einer möglichst dienenden Funktion – eben als *seine* Sekretärin …

Wenn es aber um Führungspositionen geht, zieht die Männergesellschaft es in allen Fällen, bei denen es zu einer Frau auch eine männliche Alternative gibt, uneingeschränkt vor, unter sich zu bleiben. Sachgerechte Begründungen hierfür gibt es nicht. Auch das oft hervorgeholte Argument, Frauen seien für Spitzenjobs ein zu großes finanzielles Risiko, weil sie eventuell schwanger werden und für Wochen oder Monate ausfallen könnten, ist statistisch längst widerlegt: Managerinnen bleiben im Durchschnitt 4,5 Jahre in derselben Firma, Männer im Aufsteigeralter wechseln bereits nach 3,3 Jahren zu einem anderen Unternehmen.

Frauen werden in der Regel nicht zu den prestigeträchtigen General-Management-Seminaren geschickt, sondern dürfen Kommunikations-, Rhetorik- und Anti-Stress-Seminare besuchen. Und so gibt es noch reihenweise ähnliche Beispiele, die die Annahme widerlegen, es wäre das erklärte Ziel der Wirtschaftslenker, Frauen in verantwortungsvolle Positionen zu befördern.

Eine kurze Zeit lang – während der achtziger Jahre – hatte es den Anschein, als würden die Unternehmen beginnen, auch weibliche Führungsressourcen auszuschöpfen. Jedoch hatten bereits die ersten Anzeichen einer Rezession ganz schnell wieder andere Realitäten geschaffen: Der Konkurrenzkampf um die knappen Positionen geht in Zeiten von Personalabbau ganz offensichtlich zuallererst zu Lasten der Frauen.

Zum jetzigen Zeitpunkt ist es für Frauen mit Karriereambitionen einerseits noch unerlässlich, sich dem „männlichen" Berufsbereich *anzupassen*, andererseits erfordert es von Frauen eine äußerst *differenzierte Vorgehensweise*. Denn es wäre fatal, wenn Frauen sich durch die reine Imitation männlicher Verhaltensweisen den beruflichen Anforderungen zu stellen suchten, wie es bei den Pionierinnen mancher Wirtschafts- und Industriebereiche durchaus noch der Fall war. Das hatte diesen Frauen oftmals die hämische Bezeichnung „Mannweiber" eingetragen.

Wohlgemerkt, es sind damit nicht etwa Anforderungen an Kenntnisse und Leistungsbereitschaft der Frauen gemeint. Die stehen heutzutage wohl nicht mehr infrage. Hier geht es um die *Verhaltensweisen*, die auf Erfolg zielen.

„Typisch Frau!" Was heißt denn das?

Heute wird von weiblichen Führungskräften erwartet, dass sie sich als *Frauen* einbringen *und* sich trotzdem den Berufsanforderungen *anpassen,* die eben nach wie vor männlich geprägt sind. Da also der gesamte gut bezahlte Berufsbereich nach wie vor männlich orientiert und dominiert ist, ist es vielleicht ganz interessant, sich zunächst einmal die *„typisch männlichen“* Eigenschaften näher anzusehen, zumal sie bislang als besonders erfolgversprechend galten – und zum großen Teil auch heute noch gelten.

Traditionell gelten folgende Eigenschaften als *„typisch männlich“*:

- Durchsetzungsvermögen
- hohe physische und psychische Belastbarkeit
- „natürliche“ Autorität
- Sachlichkeit usw.
- körperliche Stärke.

So wenig wahrscheinlich es ist, einem Mann in Führungsposition zu begegnen, der ausschließlich männliche Eigenschaften auf sich vereinigt, so wenig treffen alle „typischen“ Eigenschaften auf alle Frauen zu.

Traditionell gelten folgende Eigenschaften als *„typisch weiblich“*:

- Anpassungsfähigkeit
- Emotionalität
- Kompromissbereitschaft
- geringe psychische Belastbarkeit (eine Frau weint schnell!)
- geringe körperliche Belastbarkeit.

Die Wahrscheinlichkeit, eine Frau mit allen ihr traditionell als „typisch weiblich“ zugeteilten – oder angedichteten – Eigenschaften im Erwerbsleben anzutreffen, geht gegen Null.

Selbstverständlich gibt es geschlechtsspezifische Eigenschaften. Das, was gegenwärtig als Resultat einer Unzahl wissenschaftlicher Untersuchungen als „gesicherte Erkenntnis“ gelten darf, sieht aber etwas anders aus als die oben aufgeführten Klischees.

Aber auch hierbei ist zu beachten, dass diese Kriterien nicht auf jeden einzelnen Mann oder auf die einzelne Frau direkt bezogen werden dürfen. Sie können nur als *idealtypische Eigenschaften* definiert werden, wobei es dann noch völlig offen bleibt, *wie viel* von diesen männlichen Eigenschaften und wie viel der weiblichen Eigenschaften ein Mann besitzt. Und *wie viel* von jenen weiblichen Eigenschaften und wie viel der so definierten männlichen Eigenschaften eine Frau in sich vereinigt.

Der gegenwärtige wissenschaftliche Konsens geht davon aus, dass einige der wesentlichsten Unterschiede in den Führungseigenschaften und der Zugänge zu Führungskriterien sich folgendermaßen gegenüberstellen lassen:

Männliche Führungskriterien	*Weibliche Führungskriterien*
♂ Regelorientiert	♀ Beziehungsorientiert
♂ Prinzipienorientiert	
♂ Sich an Regeln halten	♀ Annahme von Abweichungen von der Regel
	♀ Berücksichtigen der konkreten Situation
	♀ Kompromissbereitschaft
	♀ Harmoniebedürfnis
♂ Konflikte werden ausgetragen	♀ Konflikte werden vermieden, anders angesprochen, im Sinne von sowohl als auch zu lösen
♂ Übernahme von Verantwortung für Ergebnisse	♀ Übernahme von Verantwortung für Personen
♂ Sich selbst und die eigenen Ziele wichtig nehmen	
♂ Sich abgrenzen gegen andere	♀ Rücksicht nehmen auf andere
♂ Einsetzen für Ideale	♀ Einsetzen für Personen
♂ Zielorientiert	♀ Prozessorientiert
♂ Durchsetzungswille/ Durchsetzungsstärke	♀ Einbeziehen anderer in Entscheidungsfindung/überzeugen
♂ Entwickeln von allgemeinen verbindlichen Regeln	♀ Integration

Die heutige Führungsarbeit ist vor allem anderen *Kommunikationsarbeit*. Die hierzu erforderlichen Fähigkeiten werden allgemein folgendermaßen beschrieben:

- erhöhte Sensibilität nach außen und nach innen
- die Bereitschaft zuzuhören, Kompromissbereitschaft
- die Bereitschaft zu einem offenen Umgang mit Informationen, ohne jeweils Machtüberlegungen vorzuschalten
- die Bereitschaft, Erfolge zu teilen.

Das sind nun offenbar eher die „*weiblichen*" *Führungskriterien*. Hinzu kommt noch die „weibliche" Fähigkeit zu „*kaleidoskopischem Denken*". Das soll heißen, dass Frauen tendenziell die Fähigkeit besitzen, eine ganze Reihe von Informationen gleichzeitig aufzunehmen und in mehreren Richtungen zu durchdenken, um dann zu mehreren Perspektiven möglicher Ergebnisse zu kommen. Unbestritten ist ebenfalls, dass Frauen eine größere Fähigkeit zu Teamwork besitzen.

Trotzdem hat eine Frau nach wie vor mit wesentlich größeren Vorbehalten gegenüber ihren Führungseigenschaften zu rechnen, *weil sie eine Frau ist*. Ihr Erfolg wird also davon bestimmt sein, ob es ihr gelingt, möglichst *hohe Sachkompetenz zu signalisieren* ohne dadurch Männer zu imitieren. Wie aber stellt sie das am besten an?

Ein Schlüsselbegriff dazu heißt *Selbstsicherheit gepaart mit Höflichkeit*. Schon allein durch selbstsicheres Auftreten signalisieren Frauen sowohl Sachkompetenz als auch Souveränität im Umgang mit Menschen. Für viele Frauen liegt aber genau hier das Problem.

Einige Tipps zur Stärkung der Selbstsicherheit

- Für ein sicheres Auftreten ist es unerlässlich, dass Frauen sich ihre *fachliche Kompetenz bewusst machen*. Sie müssen es sich selbst quasi einreden, dass sie sich in jedem Fall auf ihr Wissen verlassen können.

- Der Stellenwert, den *gute Manieren* für ein sicheres Auftreten haben, ist nicht hoch genug einzuschätzen. Insbesondere Frauen sollten darauf achten, dass sie „ausnehmend" höflich zu jedermann/-frau sind, denn das wird ihnen – übrigens zu Recht – als *persönliche Souveränität* angerechnet.

- Dass das *gepflegte Äußere* und die *richtige Kleidung* wesentliche Rollen für die Selbstsicherheit spielen, darüber sollten natürlich keine Zweifel aufkommen. Führungsfrauen sollten sich stets attraktiv, aber *nicht zu feminin* kleiden. Der persönliche Stil ihres Erscheinungsbilds im Büro sollte möglichst mit ihrer Persönlichkeit im Einklang stehen. Wenn frau bei einem wichtigen beruflichen Termin plötzlich von dem entsetzlichen Gefühl beschlichen wird, total falsch angezogen zu sein, ist schon sehr, sehr viel an Selbstbewusstsein nötig, um sich darüber hinwegsetzen zu können.

- In allen offiziellen Kommunikationszusammenhängen spielt die korrekte Haltung sowohl für Männer als auch für Frauen eine wichtige Rolle. Jedoch unterliegt die *Körperhaltung* von Frauen noch wesentlich mehr Beschränkungen. Deshalb ist es unabdingbar notwendig, darauf vertrauen zu können, ihre Körperhaltung jederzeit „im Griff" zu haben.

- Wenn also ein beruflicher „Auftritt" bevorsteht, bei dem eine Frau sachbedingt im Mittelpunkt des Interesses stehen wird, sollte sie bereits zu Hause diese *Situation vor einem großen Spiegel simulieren.* Dann wird sie feststellen, *wie* sie dasteht, und sie kann, falls notwendig, noch dieses oder jenes Detail an ihrer Haltung ändern. Auf diese Weise kann sie sich ihrer korrekten Körperhaltung in dem Moment sicher sein, wenn es „darauf ankommt".

- Es gibt – nach den Erkenntnissen der Psychologie – so etwas wie eine *„kompetente" Stimmlage.* Selbstverständlich ist es das männliche Vorbild, dessen Stimmlage Kompetenz und Durchsetzungsvermögen signalisiert. Für Frauen in traditionellen „Männerberufen" wäre es also vorteilhaft, ihre Stimme möglichst tief erscheinen zu lassen. Allerdings müssen sie damit rechnen, dass das leider auf Kosten ihrer – weiblichen – Stimmbänder geht!

Weibliche Führungskräfte, die auch innerhalb eines Unternehmens eine höhere Rangstufe einnehmen, werden in den Verhaltensformen dieser Hierarchieebene keine wesentlichen Unterschiede zu den gesellschaftlich üblichen zu beachten haben. Ihnen wird beispielsweise hier wie dort die Tür aufgehalten, sie können erwarten, dass man ihnen den Vortritt gewährt und anderes mehr. Das heißt, dass sie nicht wesentlich zwischen beruflich und privat zu unterscheiden haben.

Anders ist das bei *Frauen der unteren Ebenen*. Für sie gilt, dass sie sich, wie ihre männlichen Kollegen auch, ganz normal in die betriebliche Rangordnung einreihen und sich entsprechend verhalten. Das kann beispielsweise für Sekretärinnen wie für Sachbearbeiterinnen bedeuten, dass sie

- zu einer Begrüßung mit Handschlag aufstehen;
- warten sollten, bis der Höherrangige ihnen die Hand reicht;
- gegebenenfalls ihrem Vorgesetzten die Tür aufhalten – falls er es sich von ihnen gefallen lässt.

Oftmals fehlt es männlichen Kollegen an der nötigen Sensibilität, die *erheblichen Unterschiede der Verhaltensstandards* zwischen Frauen, die in *traditionellen Frauenberufen* tätig sind – wie zum Beispiel Sekretärinnen – und jenen Frauen, die in *traditionellen Männerberufen* arbeiten – wie zum Beispiel die Steuerberaterin, die Anwältin, die Projektleiterin – zu erkennen und zu beachten.

Korrekte Berufsbezeichnungen und der weibliche Plural

Ohne Frage ist es ein Gebot der Höflichkeit, *Frauen als Frauen* zu bezeichnen und nicht als Männer.

Eine Sprecherin bezeichnet niemals sich selbst mit einem Maskulinum.

Selbstverständlich haben Frauen Anspruch darauf, *im Plural* ebenfalls benannt zu werden, wobei die „*Spar*"-*Schreibung* für das stets *additiv gesprochene* „Mitarbeiter und Mitarbeiterinnen" noch im Wandel begriffen ist. Gegenwärtig gibt es dafür folgende Schreibweisen:

- Mitarbeiter/innen
- MitarbeiterInnen

Die radikalfeministische Schreibweise, bei der von der Tatsache ausgegangen wird, dass die männliche Form mit enthalten ist, lautet: *Mitarbeiterinnen.*

⊖ Die frühere Schreibweise „Mitarbeiter(innen)" gilt heute *nicht* mehr als höflich (in Klammern setzt man Unwichtiges).

Als *Formulierungen der Mehrzahl* sind folgende sowohl richtig als auch erforderlich

- Bürger und Bürger*innen*,
- Mitarbeiter und Mitarbeiter*innen*,
- Ingenieur*innen*, Hausbesitzer*innen*, Unternehmer*innen* usw.

Es ist höflich und korrekt, Frauen mit der *weiblichen Berufsbezeichnung* zu benennen und mit der *weiblichen Form der Anrede* anzusprechen. Beispiele:

- Industriekauffrau,
- Bankkauffrau,
- Fachfrau,
- Amtfrau,
- Expertin,
- Diplomingenieurin,
- Ressortleiterin,
- Betriebsrätin,
- Amtsrätin etc.

Tabus:

⊖ Sprachlich und sachlich falsch sind alle Versuche mit der Endung „*... männin*"

  - falsch: „Landsmännin"
  - richtig: Landsfrau

- Bei weiblichen Persönlichkeiten des öffentlichen Lebens ist auf jeden Fall darauf zu achten, die weibliche Form des Titels beziehungsweise des Amtes oder der Funktion zu verwenden.
  - Frau Präsidentin,
  - Frau Staatsministerin,
  - Frau Direktorin,
  - Frau Rechtsanwältin.
- Korrekterweise werden alle erwachsenen Frauen heute mit „*Frauen*" bezeichnet und mit „*Frau …*" angesprochen. Die sprachliche Unterscheidung in der Anrede zwischen einer verheirateten und einer unverheirateten Frau gilt als antiquiert.
- Frauen mit der *Verkleinerungsform von „Frau"* – also mit Fräulein („Frau-lein") – anzusprechen, wird allgemein als Diskriminierung empfunden.
- Amtsträgerinnen wie einen Mann zu titulieren, wirkt schon recht peinlich.

Die „Dame" und die „Frau"

Die *Bezeichnung Frau* – früher nur auf den weiblichen Teil der Unterschichtbevölkerung bezogen – hat durch die Emanzipationsbewegung eine enorme Aufwertung erfahren und gilt vielen berufstätigen und den meisten intellektuellen Frauen als eine Art Ehrenbezeichnung. Diesen Frauen gegenüber wäre es heutzutage unhöflich, die *Bezeichnung „Dame"* zu verwenden – hier ist nicht die Anrede gemeint –, weil sich damit nicht eine Anerkenntnis von beruflicher Leistung verbinden lässt, sondern eher deren Minderung. So ist auch aus unseren Universitäten die Bezeichnung der Studentinnen als „Damen" schon lange verschwunden – es sind die „Frauen des Fachbereichs …", es gibt „Frauenseminare" etc.

Der *Begriff „Dame"* ist – außer als Anrede – nur noch in besonderen Situationszusammenhängen in seiner ursprünglichen Form zu verwenden, ohne missverständlich zu wirken, das sind die des gesellschaftlich-privaten Umgangs. In allen anderen Zusammenhängen kann er als Herabsetzung verstanden werden – und zum Teil wird er als Herabsetzung gebraucht.

Hierzu einige Beispiele:

Korrekterweise werden Frauen heute als *Dame/n* bezeichnet

- in allen Zusammenhängen, in denen diese Formulierung *eindeutig als Zeichen des Respekts* verstanden werden kann. Das heißt, im gesellschaftlichen Verkehr und auf Veranstaltungen aller Art, bei denen Frauen in ihrer traditionellen Rolle als die *gesellschaftlich Höherrangigen* in Erscheinung treten;
- in der unpersönlichen *Anrede im Plural* zum Beispiel mündlich: „Meine Damen und Herren", mit allen Variationen der Höflichkeitsformeln und schriftlich: „Sehr geehrte Damen und Herren";
- als *unpersönlicher Plural* bei der Anrede mehrerer Frauen gleichzeitig, zum Beispiel „Ich begrüße die Damen (und Herren) Abgeordneten des Deutschen Bundestages" usw.

Unkorrekt ist die Bezeichnung „Dame/n"

- in allen Situationen, die *nicht eindeutig* auf den *gesellschaftlichen Rang* der Dame/n Bezug nehmen; das ist in vielen *beruflichen Zusammenhängen*, wie zum Beispiel in allen technisch-naturwissenschaftlichen Bereichen der Fall.

8. Kapitel

Europäische Esskultur

Bei Tisch endet leider jede Toleranz gegenüber diesen oder jenen kleinen Unebenheiten in Bezug auf die perfekten Umgangsformen. Beim kleinen Geschäftsessen wie an der großen Tafel sind die Tischmanieren nicht nur der Ausweis der persönlichen Kultur des Einzelnen. Hier erhält die Kenntnis der heutigen Tisch-Etikette noch zusätzliches Gewicht dadurch, dass sie in unmittelbarem Zusammenhang mit der Unternehmenskultur des Hauses gesehen wird. Deswegen kann Führungskräften der souveräne Umgang mit den strengen Regeln der Tischmanieren schon aus Unternehmensinteresse nicht erlassen werden. Und das gilt an nationaler wie an internationaler Tafel.

Nirgendwo lässt sich der Wandel unserer Zivilisation eindrucksvoller belegen, als wenn wir einen Blick auf die Geschichte der Tischsitten und Tafelgebräuche werfen. Seit Menschen Aufzeichnungen über sich machen, war die Esskultur nie mehr nur auf die reine Nahrungsaufnahme beschränkt, sondern stand stets in einem engen Zusammenhang mit dem gesellschaftlichen Umgang unter Menschengruppen und mit ihrer Geselligkeit. Spätestens von dieser Zeit an maß man denjenigen, die sich bei Tisch und in der Art zu essen mehr Formen auferlegten, ein höheres Ansehen zu als denjenigen, die sich auf natürliche Weise vollstopften.

König Ludwig XIV. nutzte dann als erster Herrscher der Neuzeit die Gelegenheit des gemeinsamen Essens dazu, an seiner Tafel die Vergabe beziehungsweise den Entzug von Privilegien öffentlich zu demonstrieren. Er führte die Rangordnung an seiner Tafel ein und begründete damit eine Tradition, mit der wir es heute noch zu tun haben. Darüber hinaus institutionalisierte er die Grundlagen für eine „dynamische" Verfeinerung der Tischsitten, indem er den ästhetischen Anblick als ein wichtiges Gebot des Eßverhaltens einem jeden Teilnehmer an seiner Tafelrunde auferlegte. Verstöße gegen die verfeinerten Normen der Ästhetik wurden fortan als „baurisch" deklariert und kurz darauf als peinlich empfunden. Damit bekamen auch die Tischmanieren eine karriereentscheidende Schubkraft: Jeder, der dazu gehören wollte, hatte sich den gerade herrschenden Normen anzupassen. Ganz klar, dass diese Formen dann als beispielgebend für aufstiegsinteressierte Gesellschaftskreise wirkten, bis dadurch ihre Exklusivität verloren ging – und dann ließen die „feinen" Leute sich noch mehr Raffinesse einfallen, um sich erneut von der unteren Schicht abzusetzen.

Die Kulturgeschichte der Tischmanieren macht deutlich, dass einzig und allein die *Ästhetik* als Kriterium der Verfeinerung diente und keineswegs irgend eine Zweckmäßigkeit, sei es aus praktischer oder gar hygienischer Sicht. Es ist allein die Veränderung der ästhetischen Maßstäbe, die in immer stärker einschränkender Weise unsere Tischmanieren bestimmte und immer weiter bestimmt. Parallel dazu haben sich – gewissermaßen als Sanktionsinstrumente – die Maßstäbe dafür verschärft, was als Peinlichkeit zu gelten habe.

Was heute nicht mehr „in“ ist, weil es der tonangebenden Gesellschaft als nicht mehr vornehm erscheint, ist morgen „out“ … und übermorgen „peinlich“.

Heute ist die *Ästhetik* nicht nur Maßstab für den *Anblick*, den jemand während des Essens bietet, sondern auch für die *Geräusche*, die dabei entstehen könnten. Wir müssen feststellen, dass sich nahezu alle Geräusche bei Tisch „wegentwickelt“ haben. Damit sind nicht nur, wie schon seit mehreren hundert Jahren, sämtliche Körpergeräusche tabuisiert, sondern auch alle anderen Eßgeräusche, vom Schmatzen und Schlürfen (mit wenigen Ausnahmen) angefangen, bis zu dem Verbot, mit Besteck und Geschirr zu klappern.

Wir müssen heute von *zwei strikten Grundforderungen* ausgehen, denen alle anderen Etikettevorschriften unterworfen sind: Der *ästhetische Anblick* des Essens und eine fast *völlige Geräuschlosigkeit.*

Die korrekte Haltung

Das auffälligste Kriterium guter oder miserabler Tischmanieren liegt bereits in der Körperhaltung, mit der man zu Tisch sitzt. Man kennt den unangenehmen Anblick, den jemand bietet, der „auf dem Tisch liegt“, die Unterarme fest mit der Tischplatte verbunden. Auf diese Weise bleibt ihm gar keine Bewegungsmöglichkeit mehr, und deswegen muss der Kopf ja auch zum Teller gehen. Auf welche Weise dieser Esser dann noch sein Besteck benutzt, ist für den Anblick fast schon unerheblich. Es ist gut möglich, dass manch eine/r sich solcher Eßgewohnheiten gar nicht bewusst ist; und von anderen wird man aus Höflichkeit nicht darauf aufmerksam gemacht. Deshalb soll hier noch einmal in Erinnerung gerufen werden, was vielleicht im Berufsleben etwas in Vergessenheit geraten ist.

Das gehört zur korrekten Körperhaltung:

- Die richtige *Sitzhaltung* ist aufrecht mit etwa einer Handbreite Abstand zum Tisch.

- Dazu gehört die korrekte *Armhaltung*: Die Hände dürfen nur bis zur (oder einer gedachten) Manschette auf dem Tisch liegen.
- Die Richtung, in der die *Arme* während des Essens in den Schultergelenken bewegt werden dürfen, geht nur leicht nach vorn und dann wieder zurück, das heißt, stets *parallel zum Körper* – und dies so eng wie möglich.
- Alles zum Essen vorgesehene wird mit Hilfe einer Gabel oder eines Löffels *zum Mund transportiert*. Der Kopf kommt dabei nur minimal dem Bissen entgegen.
- In einer etwas aufgelockerteren Runde ist es heute erlaubt, in den Pausen zwischen den einzelnen Gängen – während sich kein Speiseteller mehr auf dem Platzteller befindet – eine etwas gelockertere Haltung einzunehmen.

Tabus:

- Die Unterarme dürfen während des Speisens nie auf dem Tisch liegen, weder längs noch quer.
- Nie dürfen die Arme seitlich vom Körper weggeführt werden. Seitliche Armbewegungen wirken bei Tisch nie fröhlich, sondern nur peinlich.
- Ebenso ist es nicht erlaubt, während des Essens die Ellenbogen aufzustützen.
- Man darf sich grundsätzlich nicht vor seinem Teller „verbeugen". Ein größeres „Entgegenkommen" des Kopfes – nach vorn oder nach seitlich unten – ist sehr schlechter Stil.

Weitere Tabus:

Selbstverständlich – das sei hier zur Information von Kultur-Anfängern und Kultur-Ausländern festgehalten – darf man bei uns nicht

- mit offenem Mund kauen;
- zuviel auf einmal in den Mund stopfen;

- schmatzen, schlürfen (ersteres ist nur bei der Weinprobe und letzteres nur bei Austern erlaubt);
- mit vollem Mund sprechen;
- an den Zähnen ziehen;
- ein Messer in den Mund stecken oder abschlecken.

Der Gebrauch der Serviette – oder der „heruntergekommene" Kulturgegenstand

Über den Gebrauch der Serviette scheinen noch einige grundsätzliche Anmerkungen angebracht, weil es gerade hierüber oft Unsicherheiten oder gar Missverständnisse gibt. Es ist nämlich keineswegs so, dass nur diejenigen eine Serviette benutzen, die generell dazu neigen, beim Essen hemmungslos herumzukleckern – ganz im Gegenteil. Die Serviette ist ein *Kulturgegenstand* mit einer langen Entwicklungsgeschichte.

Sie bestand ursprünglich aus einem größeren Tuch, das man sich über die Schulter legte, um die fettigen Hände von Zeit zu Zeit daran abzuwischen, denn man aß ja noch mit den Fingern. Im Laufe ihrer Geschichte wanderte sie dann als Kleiderschutz an den Hals und wurde dort gebunden oder in den Kragen gesteckt. Dabei hatte sie – noch bis zum Anfang dieses Jahrhunderts – das Format einer mittleren Tischdecke. Mit der Zeit wurde die Serviette immer kleiner und kam nun gänzlich herunter – nämlich auf den Schoß, und da liegt sie heute noch. Die Maße unserer normalen Serviette haben sich bei einer Größe von ungefähr 50 x 50 cm eingependelt. Nebenbei gibt es dann noch die kleine Kaffeeserviette, die halb so groß ist.

Dass es auch noch Papierservietten gibt – oder auch welche aus Vlies –, soll hier der Vollständigkeit halber erwähnt werden. Papier- und ähnliche Servietten sind nur Ersatz für die korrekten Servietten, denn diese sind nach wie vor aus *Stoff*. In Restaurants ist dieser Unterschied ein eindeutiges Merkmal dafür, ob man sich in einem besseren oder einem zweitklassigen Restaurant befindet. Die Stoff-Serviette ist auch heute noch ein *obligatorisch* zu jedem Essen gehörender Kulturgegenstand. Der *„automatische“ Griff* danach gilt als untrügliches Zeichen dafür, ob jemand den Umgang damit gewöhnt ist oder nicht.

Regeln zum korrekten Gebrauch der Serviette:

- Die Serviette wird, auf ihre Hälfte entfaltet, auf den Schoß gelegt.
- Man tupft sich mit der Serviette die Lippen ab, jedesmal bevor man sein Trinkglas an die Lippen führt; jedoch ist damit keine „Grundreinigung“ zu verbinden, es geht allein darum, unästhetische Fett- oder Speiseränder am Glas zu vermeiden.
- Damen mit Lippenstift sollten darauf achten, dass nicht zu viel davon an der Serviette bleibt – ganz zu vermeiden sind Lippenstiftflecken nicht.
- Nach dem Essen wird die (Stoff-)Serviette etwas gerafft zusammengenommen und dann links neben den Teller gelegt. Ebenso kann man mit Vlies-Servietten verfahren.
- Papierservietten werden zerknüllt und auf den Teller gelegt.

Tabus:

- Die Serviette gleich neben den Teller zu legen und von dort zu gebrauchen, ist sehr schlechter Stil.
- Nach dem Essen sollte man nicht versuchen, die Serviette in die ursprünglichen Falten zu legen, sie sollte einen gebrauchten Eindruck machen.

Die richtige Handhabung des Gedecks

Die international geltende Anordnung des Gedecks ist traditionell nur auf Rechtshänder eingestellt und daher für Linkshänder etwas komplizierter. Das gilt sowohl für die Platzierung von Brotteller und Salatteller als auch für das Besteck und die Gläser. Selbstverständlich können *Linkshänder* entweder den Kellner bitten, „andersherum" einzudecken, oder sie legen selbst Hand an und tauschen das Besteck links und rechts aus und setzen den Beiteller auf die andere Seite um.

Ansonsten steht in der Mitte des Gedecks der *Platzteller*. Das ist ein großer flacher Teller, der sich in seinem Material von dem restlichen Porzellan unterscheiden kann und oftmals aus Glas oder versilbertem oder – seltener – vergoldetem Edelmetall besteht. Der Platzteller dient den anderen Tellern als Unterteller und wird meist nach der Hauptmahlzeit abgeräumt.

Links neben dem Platzteller steht der kleine *Brotteller*, auf dem sich normalerweise noch ein kleines Messer zum Handhaben der Butter befindet.

Der Brotteller wird in Deutschland in der Regel nach den Vorspeisen entfernt, um dem *Salatteller* an dieser Stelle Platz zu machen. Nach französischer Küche bleibt der Brotteller bis zum Dessert, weil man das Brot bis zum Ende des Menüs braucht, zum Beispiel auch zum Aufnehmen von Soßen.

Der *Suppenteller* darf weder nach vorn noch nach hinten geneigt werden, um den Rest besser auslöffeln zu können. Auch wenn es einem oftmals in der Seele weh tut: es gibt keinen „feinen" Weg, den letzten Rest aus einem Suppenteller zu bekommen.

Suppentassen mit Henkeln dürfen – nur für den letzten Rest, und nicht von Anfang an – an den „Ohren" gefasst und zum Mund geführt werden. Da aber jedwedes beidhändige Essen einen etwas vorzivilisatorischen Anblick bietet, ist es feiner, wenn man die Suppentasse nur an einem Henkel hebt, falls es das Gewicht der Tasse zuläßt.

Zu allen Gerichten, die man nur mit den Fingern essen kann, wird eine *Fingerschale* gereicht. Das ist eine kleine Schale in beliebiger Form mit warmem Wasser und einer Zitronenscheibe darin. Diese Zitronenscheibe ist weniger zur Verbesserung des Geschmacks der Finger als zum Neutralisieren des Fetts gedacht.

- Die Fingerschale wird rechts oberhalb des Gedecks platziert. Dazu gehört eine *zweite Stoffserviette*.

- In die Fingerschale werden nur die Fingerspitzen getaucht, anschließend werden sie mit Hilfe der zweiten Serviette getrocknet.

Achtung: Alle Speisen, zu denen keine Fingerschale gereicht wird, müssen mit Besteck gegessen werden!

Das *Besteck* für Vor- und Hauptspeisen wird jeweils rechts und links neben dem Hauptteller angeordnet; das Dessert-Besteck liegt zunächst über dem Teller.

Die einzelnen Besteckteile sind stets in der Reihenfolge entsprechend der Speisenfolge angeordnet, und zwar *von außen nach innen*. Das Dessertbesteck wird vom Servicepersonal vor dem Auftragen des Desserts ebenfalls rechts und links neben dem Teller angeordnet.

Der korrekte Gebrauch des Bestecks

Wie bei 45 Prozent der Weltbevölkerung wird auch bei uns mit Messer, Gabel und Löffel gegessen. (36 Prozent der Menschheit essen mit Stäbchen, 11 Prozent mit einer Hand und einer Gabel und 8 Prozent benutzen nur die Hände.)

- Vor allem anderen: Der Gebrauch des Bestecks erfolgt *geräuschlos*; es ist weder erlaubt mit dem Löffel in dem Suppenteller zu klappern noch mit dem Löffel oder der Gabel an die Zähne zu stoßen.

- Löffel und Gabel werden *zum Mund geführt*, während die Ellenbogen möglichst eng am Körper bleiben. Der Kopf bleibt oben und gerade, er geht weder dem Teller entgegen noch wird er seitlich gedreht.

- Der *Löffel* dient zum Essen von Suppen oder besonderen Nachspeisen. Der Suppenlöffel wird nach internationaler Etikette mit der Spitze in den Mund geschoben. In Großbritannien und in den vormaligen Commonwealth-Staaten wird die Suppe seitlich vom Löffel gesogen.

- Gabel und Messer werden zwischen Daumen und Zeigefinger gefasst (keine Bleistift- oder Fäustchenhaltung!), die übrigen Finger liegen ebenfalls auf dem Besteck.

- Die *Gabel* darf man bei uns als „Schaufel" benutzen – also mit Hilfe des Messers Speisen auf die Gabel schieben und dann zum Mund führen – oder auch, mit dem Gabelrücken nach oben, zum Aufspießen festerer Speisestücke verwenden.

- Das *Messer* wird hauptsächlich zum Schneiden der festen Speisen benutzt, oder um Beilagen auf die Gabel zu schieben. Man schneidet nur *feste Speisen*, nicht aber solche, die man auch mit der Gabel zerteilen kann, wie zum Beispiel Fleischklopse. Früher galt es als Tabu, einige bestimmte Speisen mit dem Messer zu schneiden, weil die Schneide des nicht-rostfreien Messers dem Geschmack schadete. *Dieses Tabu ist völlig aufgehoben.*

- In allen Ländern der Welt ist es absolut tabu, ein Messer in den Mund zu stecken. Ausnahmen gibt es nur in bestimmten Enklaven, wie zum Beispiel beim Frühstück auf Baustellen.

- Ebenfalls international ist die *Zeichensprache* mittels des Bestecks; es dient überall der nonverbalen Verständigung darüber, ob man noch etwas essen möchte oder nicht:

  - *offenes Besteck* – Messer und Gabel kreuzen sich mit den Spitzen – bedeutet: „Bitte nachlegen" oder „ich esse noch";
  - *geschlossenes Besteck* – Messer und Gabel liegen parallel, das Messer zeigt mit der Schneide zur Gabel – heißt: „Ich bin fertig". Nach dieser Zeichensprache richtet sich auch das Servicepersonal.

- Sogar Stäbchen werden in gleicher Weise auf dem Teller abgelegt, um dasselbe auszudrücken: über Kreuz = ich esse noch; parallel = ich bin fertig.

- Benutztes Besteck darf *nicht auf das Tischtuch* gelegt werden, es muss stets auf dem Teller abgelegt werden – auch nach Beendigung der Mahlzeit.

- ⊕ Falls Messerbänkchen vorhanden sind, legt man benutztes Besteck dort ab.
- ⊕ Wird der Teller zum Nachlegen weggenommen, kann man das Besteck entweder auf dem Messerbänkchen oder am Rand des kleinen Brot- oder Salattellers ablegen, oder man behält es zwischenzeitlich, möglichst flach über dem Tisch, in *einer* Hand.
- ⊖ Besteck ist *nicht* zur gestenreichen Unterstützung eigener Argumente vorgesehen oder als Instrument, um Skizzen, Lagepläne und ähnliches auf das Tischtuch zu zeichnen.

Der korrekte Gebrauch der Gläser

Die *Gläser* werden so angeordnet, dass man sie von rechts nach links gebraucht, das Glas für das Getränk des Hauptgerichts steht dabei oberhalb des Mitteltellers.

Allgemein gilt stets der Grundsatz, dass auch ein benutztes Glas einen möglichst ästhetischen Anblick bieten soll, das heißt, dass es weder deutliche Spuren von Fingern noch der Lippen tragen darf.

- ⊕ Aus diesem Grund werden die Lippen jedesmal *mit der Serviette abgetupft*, bevor man während eines Essens das Glas zum Mund führt.
- ⊕ *Langstielige* Gläser werden grundsätzlich *am Stiel* angefasst, das gilt für alle Champagner-/Sekt- und Weingläser. Alle Finger der Hand berühren dabei den Stiel.
- ⊖ Ein abgespreizter kleiner Finger zeugt *nicht* von besonderer Vornehmheit, sondern eher von Sinn für Humor.
- ⊖ Der frühere Usus, den Rotweinkelch zum Wärmen des Weins mit der Handfläche anzufassen, ist heute absolut „out" – Rotwein wird längst nicht mehr so warm getrunken wie früher.

Kleingedecke

Zu einem *Kaffeegedeck* gehören: Tasse, Untertasse, Kuchenteller; dazu Kaffeelöffel und Kuchengabel, außerdem eine kleine „Kaffee"-Serviette aus Stoff oder eine hübsche, dünne Papier- oder Vlies-Serviette.

Zu einem *Teegedeck* gehören Teetasse und Untertasse nebst Teelöffel, eventuell auch noch kleine Gebäck-Schälchen.

Eine Tasse besteht aus zwei Teilen – *Ober*tasse *und Unter*tasse.

- Da die Untertasse ein Bestandteil sowohl der Kaffeetasse wie auch der Teetasse ist, wird die Tasse stets *zusammen* mit der Untertasse zum Ein- oder Nachschenken angereicht.
- Ebenfalls wird eine Tasse stets zusammen mit der Untertasse vom Tisch genommen, wenn man etwas entfernt von seinem Gedeck sitzt – zum Beispiel an einem Couchtisch.
- Der *Kaffee- beziehungsweise Teelöffel* wird nur zum Umrühren benutzt und dann sofort wieder auf die Untertasse zurückgelegt.
- Der Löffel bleibt keinesfalls in der Tasse, während man trinkt.
- Es gilt als kein guter Stil, Tee aus Kaffeetassen zu trinken oder umgekehrt.

Weitere Etikette-Regeln bei Tisch

- Zum Platznehmen öffnen Herren den Knopf oder die Knöpfe des Jacketts und schließen sie bei jedem Aufstehen wieder.
- Ein Herr rückt seiner Begleiterin oder seiner Tischdame den Stuhl zurecht und setzt sich selbst erst danach.
- Steht eine Dame von der Tafel auf, so erhebt sich der links neben ihr sitzende Herr, also ihr „Tischherr"; die gleiche Geste wiederholt sich, wenn die Dame wieder an den Tisch zurückkehrt.

- Es ist eine alte internationale Tradition, dass der *Gastgeber* oder der ranghöchste Herr als Erster das Glas erhebt und mit einem kurzen Begrüßungswort das *Zeichen zum Trinken* gibt.
- Die *Gastgeberin* beziehungsweise die ranghöchste Dame am Tisch ist für das *Zeichen zum Essensbeginn* zuständig. Nachdem sie sich vergewissert hat, dass alle Gäste ihr Essen vor sich haben, kann sie dies mit einem kurzen Kopfnicken tun: sie wird dabei zum Besteck greifen und selbst zu essen anfangen.
- Nur unter Freunden, im Kollegenkreis und ähnlichen inoffiziellen Runden ist „Guten Appetit“ zu sagen nach wie vor freundlich.
- Der *geschlossene Mund* während des Essens ist eine Grundforderung der guten Manieren, außerdem sollte der Mund nie zu voll sein.
- Sollte man Gewürze oder Brot nicht vor sich stehen haben, so lässt man sich das Gewünschte von einem Nachbarn reichen.
- Sämtliche *Teller* werden von rechts gereicht und auch abgeräumt, von links bekommt man nachgelegt und die Platten angereicht, von denen man sich selbst bedienen soll.
- Getränke werden von rechts eingeschenkt und nachgeschenkt.
- Nach dem Essen soll man seinen *Teller stehen lassen* und ihn nicht von sich abrücken, weder zur Tischmitte noch zur Seite.
- *Zahnstocher* kann man diskret und kurzzeitig hinter der davor gehaltenen Hand benutzen.
- *Lippenstift* darf nach der Mahlzeit am Tisch diskret nachgezogen werden; gründlichere Restaurationsarbeiten sollten jedoch nur im Waschraum vorgenommen werden.
- *Geraucht* werden darf grundsätzlich erst *nach dem Dessert*. Zwischen den einzelnen Gängen des Menüs zu rauchen galt schon immer als sehr unfeines Benehmen.

- Heute ist es erforderlich, seine Umgebung *vorher zu fragen*, ob das Rauchen nicht stört; sollte dies der Fall sein, so bleibt einem nur übrig, kurz nach draußen zu gehen. (Näheres zum Rauchen im 3. Kapitel.)

Tabus:

- Ein Herr setzt sich in Begleitung einer Dame nie zuerst, und er darf auch *nie im Sitzen* einer Dame den Stuhl zurechtrücken.
- Bei allen *offiziellen* Anlässen und gegenüber Fremden ist „Guten Appetit“ zu sagen tabu, weil es als zu familiär und deshalb als unpassend empfunden wird. Offiziell hat der Appetit fremder Leute einen nicht zu interessieren.
- Völlig indiskutabel und schlechter Stil ist es, „Mahlzeit!“ zu sagen.
- Sehr peinlich wäre es, wenn ein Rangniederer/Jüngerer als Erster zu essen beginnt.
- Ebenfalls tabu ist, mit dem Essen zu beginnen, obwohl noch nicht alle am gleichen Tisch Sitzenden ihr Essen vor sich haben.
- Selbstverständlich spricht man nicht, während der Mund noch mit Kauen beschäftigt ist.
- Es gibt absolut keinen Grund, der es erlaubte, über den Tisch greifen – eventuell auch noch vor der Nase des Nachbarn.
- Die noch bis vor kurzer Zeit akzeptierte Ausnahme, bei sehr ausgedehnten Diners nach dem Sorbet, beziehungsweise nach dem ersten Hauptgang zu rauchen, wurde kassiert; das heißt, sämtliches Rauchen vor dem Dessert ist tabu.
- Es ist gar kein guter Stil, als Gast Teller zusammenzustellen oder seinen Teller unaufgefordert dem Servicepersonal anzureichen. Sollte man auf einem für den Service ungünstigen Platz sitzen – zum Beispiel auf einer Bank –, so lässt man sich vom Kellner/der Kellnerin bitten, den Teller herüberzureichen.

Trinksitten

Es ist ein altes Gebot der Etikette, dass der *Gastgeber* als Erster sein Glas erhebt und – normalerweise mit einem kurzen Begrüßungswort – das *Zeichen zum Trinken* gibt. Bei allen offiziellen Veranstaltungen sowie privaten Einladungen, die sich nach den korrekten Formen richten, sind folgende Regeln zu beachten:

- Sofern es einen Haus*herrn* beziehungsweise Gastgeber gibt, sind alle *offiziellen* Trinkrituale auf ihn zugeschnitten. Falls eine Gastgeberin allein die Gäste empfängt, fällt ihr auch diese Rolle zu.
- In der Regel begrüßt der Hausherr mit dem *ersten Schluck* seine Gäste. Die günstigste Gelegenheit dazu ist der Aperitif – zum Beispiel Sekt oder Champagner –, den man im Stehen einnimmt.
- Bei größeren Gesellschaften erhalten die Gäste ihr erstes Glas im Foyer gereicht und dürfen auch schon daran nippen, während sie auf die nach und nach eintreffenden Gäste warten. Das zählt noch nicht als offizielles Antrinken, wodurch man das Privileg des Hausherrn berührte.
- An der Tafel erhebt der Gastgeber als Erster sein Glas und trinkt auf das Wohl der Gäste, den Ehrengast, auf sonstige besondere Anlässe oder auch nur auf das Gelingen des Abends.
- Bei einem offiziellen Empfang oder vor einem offiziellen Essen darf kein Gast an der Tafel etwas Alkoholisches trinken, bevor der Hausherr nicht sein Glas erhoben hat.
- Beim allgemeinen Toast erhebt man sein Glas, das man stets *am Stiel* anfasst, und hebt es bis etwas unterhalb der Kinnhöhe; dabei blickt man erst sein Gegenüber und dann seine Nachbarn an. Nachdem man getrunken hat, wiederholt sich die ganze Prozedur noch einmal: man nickt – noch mit dem erhobenen Glas in der Hand – den anderen zu.

- Auf dem europäischen Kontinent und international – mit Ausnahme der angelsächsischen Länder – gilt es als äußerst schlechter Stil, Wein- oder Champagnergläser am Kelch zu umfassen.

⊕ Das persönliche „*Zutrinken*“ oder „*Zuprosten*“ kann von einem gedämpften „*Zum Wohl*“ begleitet werden. Nachdem man einen Schluck getrunken hat, soll man mit dem Glas in der Hand nochmals dem anderen zunicken und ihm dabei in die Augen schauen.

⊖ Es ist ein Fauxpas, nach dem Zutrinken das Glas sofort abzustellen, ohne dem anderen mit dem erhobenen Glas nochmals zuzunicken.

⊕ Falls derjenige, dem man zutrinkt, einige Plätze entfernt sitzt, nickt man nur freundlich und stumm mit dem erhobenen Glas in der Hand.

⊖ Weder das aktive noch das erwiderte „Zum Wohl!“ darf man über mehrere Gäste hinweg durch den Raum rufen.

⊕ Bei hochoffiziellen Gelegenheiten muss ein Herr der rechts und der links neben ihm sitzenden Dame jeweils einmal zugetrunken haben – nach beschriebenem Verfahren.

⊕ Diese traditionelle Zuprost-Zeremonie war bis vor kurzem an die Bedingung geknüpft, dass man ein alkoholisches Getränk zur Verfügung hatte. Das ist heute auf die hochoffiziellen Veranstaltungen beschränkt.

⊕ Gegenüber *nicht-alkoholischen Getränken* hat sich das Trinkverhalten geradezu revolutioniert. Heute kann man nicht nur Wasser statt Wein verlangen, man darf jedem und jeder auch *mit einem alkoholfreien Getränk zuprosten*, und niemand nimmt ernsthaft Anstoß daran.

⊕ *Bier* ist jedoch in diesem offiziellen Zusammenhang nach wie vor „*nicht gesellschaftsfähig*“. Das bedeutet: man trinkt sich gegenseitig nicht mit Bier zu, und man erhebt auch keinesfalls ein Glas Bier anlässlich eines ausgebrachten Toasts.

▸ In Deutschland gibt es kaum eine Veranstaltung, auf der man nicht „inoffiziell“ ein Glas Bier serviert bekommt. Solange man damit diskret verfährt, hat gewiss niemand etwas dagegen.

⊕ Das „*Anstoßen*" mit den Gläsern ist heute nur noch besonderen Gelegenheiten vorbehalten. Man kann mit einem Staatsbesuch „anstoßen", aber auch mit einem Geburtstagskind oder an Silvester mit allen Gästen. Floskeln wie „Prost" oder „Prosit" gelten als *sehr privat*.

⊖ Mit jovial ausgestrecktem Arm sein Glas zu erheben ist eine Geste für sehr späte, bierselige Stunden, aber keineswegs für offizielle Gesellschaften geeignet.

Zu einigen Spezialitäten und Zweifelsfragen

- *Abendbrot* – das bei uns üblicherweise aus kalter Platte mit Schinken, eingelegtem beziehungsweise geräuchertem Fisch, Wurst- und Käseauswahl mit etlichen Unter- und Beilagen besteht, wird mit Messer und Gabel gegessen. Korrekterweise darf man eigentlich *nichts mit den Fingern* anfassen oder gar zum Mund transportieren. Allerdings gehört es zu den „lässlichen Sünden", beim Bestreichen mit Butter oder ähnlichem das Brot etwas festzuhalten.

  ▸ Genauso isst man *Kalte Platte*.

- *Artischocken* – die Blätter werden einzeln mit den Fingern abgezupft, in Sauce gestippt und dann mit der fleischigen Seite durch die Zähne gezogen, so dass man nur noch das Blatt mit einigen trockenen Fasern in den Fingern hält; dieses legt man dann am Tellerrand ab. Von dem nun übriggebliebenen Artischockenboden hebt man das „Heu" ab, legt es ebenfalls beiseite und isst dann den Boden mit Messer und Gabel. (*Fingerschale!*)

- *Austern* – werden gleich nach dem Öffnen mit einem beliebigen Besteck von der Muschel etwas gelöst, mit Zitrone beträufelt und dann mit der Schale (vorsichtig, damit das Seewasser nicht überschwappt!) zum Mund geführt und ausgeschlürft. Das Austernessen ist übrigens eine der wenigen Gelegenheiten, bei denen man Schlürfgeräusche produzieren darf.

- *Avocados* – bilden normalerweise die Behältnisse für unendliche Variationen an Salatfüllungen, die als Vorspeise kredenzt werden. Man isst den Inhalt mit einem kleinen Löffel aus der Avocado-Hälfte und dann das Avocadofleisch bis auf die äußere Haut; die Avocado wird dabei mit einer Hand festgehalten.

- *Brot* – das zu einem Menü der gehobenen Kategorie gereicht wird, repräsentiert in allen Fällen das *Stück Baguette*, das unverzichtbar zur französischen Küche gehört – in welcher Art und Form das Brot auch immer serviert werden mag. Dieses Brot oder auch Brötchen darf *nur in mundgerechte Stücke gebrochen* werden. Auf das jeweils abgebrochene Brotstückchen kann man dann etwas Butter geben, anschließend wird der Bissen sofort in den Mund geschoben. Es ist „sehr französisch", mit Brotstückchen Soße aufzunehmen; das heißt: man darf Brotstückchen *in die Soße tunken.* Allerdings sollte man nicht des Guten zuviel tun und den Teller mit Brot dann auch noch sauberwischen.

  ⛔ Es bedeutet einen bemerkenswerten *Fauxpas,* eine ganze Scheibe Brot oder eine Brötchenhälfte zu bestreichen und dann davon abzubeißen. Das ist ausschließlich beim Frühstück erlaubt – und bei der guten alten Stulle.

- *Dekoration* – wie zum Beispiel Salatblätter, Tomaten- und Gurkenscheiben, Petersilie, alle Arten von Kräutern – kurzum alles, was auf dem Teller dekorativ arrangiert wurde, kann grundsätzlich gegessen werden – und zwar ratzeputz, wenn man will! Auch die Blumen sind essbar – natürlich nicht die auf dem Tisch, sondern jene auf dem Teller.

- *Ei* – wird im gekochten Zustand aus einem Eierbecher gegessen. Man kann die Schale mit dem Eierlöffel aufklopfen und abpellen oder das Ei mit dem Messer „köpfen", den oberen Teil dann abheben und auslöffeln. Das Ei wird zum Essen nicht aus dem Becher genommen.

  - *Rührei* – wird nur mit der Gabel gegessen, Rührei mit Schinken dagegen mit Gabel und Messer.

- *Fisch* – wird bei uns „in der Regel" mit dem Fischbesteck gegessen. Wenn es kein Fischbesteck gibt, ist heute dagegen nichts einzuwenden, Fisch ganz normal mit Messer und Gabel zu essen. Das frühere Verwenden von zwei Gabeln ist heute „out".

  - Alle *marinierten* Fische – zum Beispiel alle Arten eingelegter Heringe – und alle *geräucherten* Fische, wie Aal, Lachs usw., werden mit normalem Messer und Gabel gegessen.

- *Geflügel* – wird ab einer praktikablen Größe (etwa ab Schnepfen) grundsätzlich mit Messer und Gabel gegessen, auf jeden Fall gilt das für alles was größer ist als eine Wachtel, natürlich auch Hähnchen und Hühnchen. (Diese Regel gilt nicht für das Verspeisen von Brathendln in Festzelten und bei ähnlichen volkstümlichen Gelegenheiten.)

  - Zum *Miniatur-Geflügel* wird eine *Fingerschale* gereicht.

- *Hummer* – als Vorspeise wird meist ein halbierter Hummerschwanz gereicht, dessen Fleisch man problemlos mit Messer und Gabel aus dem Panzer essen kann. Als Hauptgericht erfordert er schon etwas mehr Mühe: Er wird als „ganze" Hälfte serviert, der man mit einigen besonderen Instrumenten zu Leibe rücken muss – das sind Hummergabel, Hummerzange und – unvermeidlich – die Finger (Fingerschale!). Mit der Zange werden die Scheren geknackt, die Beinchen an den Gelenken gebrochen, das Fleisch wird dann mit der Hummergabel herausgeholt. Man darf auch an den Beinchen saugen und das Fleisch herauszuzeln – und dadurch (wiederum erlaubte) Geräusche machen.

  Die gute Nachricht: Heute wird der Hummer in der Regel bereits von der Küche so vorbereitet, dass man das Hummerfleisch problemlos mit der Gabel essen kann. Sollte man also nicht „arbeiten" wollen, kann man sich den Hummer ganz selbstverständlich vom Oberkellner aus dem Panzer lösen lassen.

- *Kartoffeln* – dürfen heute mit dem Messer geschnitten werden – weil das heutige Material der Messerschneiden dies problemlos zuläßt –, allerdings nur, sofern es nötig ist. Hier und da gibt es dagegen noch Vorbehalte, die jedoch ausschließlich traditionsbedingt sind: früher hätte man mit der Stahlschneide den Geschmack der Kartoffel völlig verdorben. Problemloser ist es auf jeden Fall, Kartoffeln mit der Gabel zu zerteilen.

- *Folienkartoffeln* – werden mit einem kleinen Löffel aus der Schale gegessen.
- *Pellkartoffeln* – hält man mit der Gabel in der Hand und schält sie mit dem Tischmesser; das ist zwar etwas mühsam, aber es geht.
- *Kartoffelknödel* – werden nur noch von ganz alten Herrschaften mit der Gabel auseinander gezupft. (Das ist die Art, wie man Topfenknödel oder ähnliche Süßspeisen isst.) Für eine ästhetische Handhabung von Knödeln empfiehlt sich zum mindesten ein erster Anschnitt mit dem Messer, damit der mit einer Gabel angedrückte Knödel nicht durch die Soße rutscht und dem Gegenüber auf den Schoß flitzt.

- *Kaviar* – wird mit normalem Besteck gegessen. Man bricht von dem dazu gereichten Toast jeweils ein Stückchen ab, bestreicht es mit etwas Butter und legt sich mit dem Messer etwas Kaviar drauf, den man mit Zitronensaft beträufelt und dann in den Mund schiebt. Man kann auch jeweils ein Toaststückchen und eine Gabel voll Kaviar nacheinander essen.

  Keineswegs sollte man sich eine „Kaviarstulle" machen; das heißt also: man darf *nicht* die ganze Scheibe Brot mit Butter bestreichen, mit Kaviar belegen und dann abbeißen. Das ist barbarisch!!

- *Krabben* – (= Scampi) sollten – korrekterweise – mit Messer und Gabel gegessen werden. Dazu wird zuerst der Kopf abgetrennt und dann, ganz vorsichtig, mit dem Messer der Panzer seitlich weggehoben. Um nun das Krabbenfleisch aus dem Panzer herauslösen zu können, macht man zunächst an der Unterseite einen Schnitt längs des Panzers. Da das nicht so ganz einfach ist, ist heutzutage der Schnitt an der Unterseite der Krabben meist schon „küchenseitig vorgesehen". Man kann sich allerdings auch vom Kellner eine *Fingerschale* und eine zweite Serviette bringen lassen und sich mit den Fingern an das „Krabbenpulen" begeben. So hat man eine gute Chance, die Krabben auch noch warm verspeisen zu können.

- *Krabbencocktail* – ist unkompliziert zu essen: man löffelt ihn mit einem kleinen Löffel oder einer Kuchengabel aus der Schale. Selbstverständlich haben diese Krabben ihren Panzer bereits vorher in der Küche ablegen müssen.

- *Krebse* – sind als Vorspeise bereits aus den Schalen gelöst und werden mit den verschiedensten Saucen gereicht, so dass man sie nur mit einer kleinen Gabel zu essen braucht. Als Hauptgericht ist das „Krebsessen" jedoch ein etwas aufwendigeres Unternehmen. Zuerst wird man mit einem *Lätzchen* oder einer in den Hals gesteckten Serviette vor dem stark färbenden Krebssaft geschützt. Dann muss man sich selbst mit den Fingern, mit Krebsmesser und Gabel an die Arbeit machen: Man bricht den Krebsen zuerst den gekrümmten Schwanz ab, und dabei kann das Fleisch schon zum Vorschein kommen; tut es das nicht, muss man mit dem Krebsmesser die Unterseite des Schwanzes aufschneiden, um an das Fleisch zu gelangen. Mit dem Loch in der Schneide des Krebsmessers knackt man die Beinchen auf und zuzelt sie aus. Mit den Krebsscheren verfährt man in gleicher Weise wie mit den Hummerscheren. Obligatorisch: *Fingerschale*, eine Schale für die Abfälle und eine zusätzliche Serviette.

- *Langusten* – werden heutzutage schon von der Küche vorbereitet, ehe man sie serviert bekommt. Von der Languste kann man nur das Schwanzfleisch essen, Scheren sucht man bei diesem Tier vergeblich. Im Hinblick auf die Beilagen werden sie wie Hummer gegessen.

- *Muscheln* – werden in der Regel mit einem Schalenpaar, das wie eine Zange gehandhabt wird, aus der Schale gegessen. Für die erste Muschel benutzt man die Gabel und den Löffel für den Sud, der wie Suppe gegessen werden kann. Auch hierfür: *Fingerschale* und Extra-Serviette.

- *Obst* – wird mit einem kleinen Obstbesteck gegessen, oder aber mit Messer und Gabel. Sollte es sich um Obst handeln, das man nur unter Zuhilfenahme der Finger essen kann, wie zum Beispiel Weintrauben, ist eine *Fingerschale* mit zusätzlicher Serviette erforderlich.

- *Salat* – wird heutzutage ganz normal mit Messer und Gabel gegessen. Große Salatblätter, südländische Salate, Tomatenscheiben und was sonst noch zu zerkleinern ist, kann man getrost mit dem Messer schneiden, wenn es nötig ist. Es gibt keinerlei Grund mehr für die althergebrachte Vorschrift, große Salatblätter um die Gabel zu winden; darunter leidet stets die Kleidung, nicht zuletzt wegen unseres üppigen Umgangs mit dem Salatdressing.

- *Schnecken* – benötigen wieder ein besonderes Besteck: Schneckenzange und die kleine Schneckengabel. Mit der bauchigen Zange wird das Schneckenhaus festgehalten, während man mit der kleinen Gabel das Fleisch herausholt. Dazu werden kleine Stückchen Brot oder Toast gegessen, die man in die flüssige Butter oder den Sud eintauchen kann, bevor man sie isst.

- *Spaghetti* – werden *nur mit der Gabel* gegessen, auf die man jeweils drei bis vier Nudeln am Tellerrand aufwickelt. Man sollte dabei darauf achten, dass die Nudeln vollständig aufgewickelt sind, um einen tropffreien Transport zum Mund zu gewährleisten. Der zusätzliche Gebrauch eines Löffels entspricht nicht der Etikette und macht einen spießigen Eindruck; ebenso sollte man Spaghetti keinesfalls mit dem Messer kleinschneiden. Falls man zu viel Nudeln auf die Gabel bekommen hat, sollte man die „Wicklung" lieber noch einmal zurücklegen und von vorn anfangen, als mit zu vollem Mund dazusitzen.

- *Spargel* – werden mit dem Messer geschnitten, das entspricht heute der Etikette. Die ältere Art, den Spargel mit zwei Fingern zum Mund zu führen, ist nur noch vereinzelt – so als folkloristische Spezialität – anzutreffen (in dem Fall: *Fingerschale*).

⊖ Es ist nicht *erlaubt*,

- irgend etwas auf dem Teller auf Vorrat zu zerkleinern;
- Kartoffeln bis zur Unkenntlichkeit zu zermanschen;
- mit Kartoffeln und Soße eine Pampe herzustellen;
- mit dem Dessert eine Spachtelmasse zu produzieren.

Leider ist hierbei nicht die Frage entscheidend, ob jemandem die Speisen in derart veränderter Konsistenz besser schmecken, entscheidend ist vielmehr die Frage, ob es den mit am Tisch Sitzenden dann auch noch schmeckt; das heißt, die entscheidende Frage ist wieder die nach der *Ästhetik des Anblicks*.

Büfetts und ihre Tücken

Zunächst gibt es bemerkenswerte Unterschiede zwischen einem einfachen Büfett und einem aufwendigen Dinner-Büfett, das normalerweise eine reichhaltige Auswahl an Vorspeisen, warmen Speisen und Desserts bietet. Gegenwärtig gibt es eine Büfett-„Schwemme". Es lässt sich vermuten, dass der Hauptgrund für diese Büfett-Mode weniger in einem Entgegenkommen den Gästen gegenüber besteht, sondern eher in der Tatsache zu suchen ist, dass dieses eine der preiswertesten Arten der Gästebewirtung darstellt; Büfetts brauchen wenig Servicepersonal, das noch nicht einmal geschult zu sein braucht. Im Hinblick auf ein stilvolles Essen, bei dem man nicht nur sein Menü, sondern auch noch eine gepflegte Konversation genießen kann, ist das Büfett ein gesellschaftlicher Missgriff.

Es gibt also einen *grundsätzlichen Qualitätsunterschied* zwischen einem Büfett und einem gesetzten Dinner. Andererseits gibt es selbstverständlich ebenfalls erhebliche Unterschiede zwischen einem Dinner-Büfett und einem Kantinen-Büfett oder dem in einer Mensa.

Einige Regeln für Dinner-Büfetts

- Das offizielle Dinner-Büfett muss immer von jemandem *eröffnet* werden. In der Regel sind das der Gastgeber oder die Gastgeberin.
  - Man darf als Gast also keinesfalls gleich auf ein Büfett losstürzen, nur weil man hungrig ist.
- Ein Büfett stellt enorme Anforderungen an die Selbstbeherrschung des Einzelnen; denn man muss sich irgendwann einmal in der Schlange *hinten* anstellen. Nur Gebrechliche und Behinderte haben das Privileg, vorzugehen – keinesfalls „Prominente“.
- Gewöhnlich nimmt man zuerst einen – meist einen kleinen – Teller für die Vorspeisen, mit denen man sich in der Regel selbst bedienen muss.
- Selbstverständlich kann man sich vor oder nach der Vorspeise auch eine Suppe nehmen, für die Suppentassen mit Untertassen vorgesehen sind.
- Nun kommt der sprichwörtliche „zweite Gang“. Das heißt wirklich: man geht ein zweites Mal, nimmt sich einen neuen Teller, um sich das Hauptgericht zu holen.
- Falls es sich um ein warmes Hauptgericht handelt – meist mit mehreren Möglichkeiten –, ist oft auch Personal da, das einem die gewünschte Portion auf den Teller legt.
- Für den Nachtisch muss man sich dann schon ein drittes Mal hinbemühen – mit einem frischen Teller, versteht sich.
- Als Gast lässt man seinen benutzten Teller am Platz stehen und nimmt sich *stets einen neuen Teller* für jeden Gang.
- Sollte der gebrauchte Teller und das benutzte Besteck vom letzten Gang nicht in der Zwischenzeit abgeräumt worden sein, während man sich erneut ans Büfett begeben hat, stellt man seinen Teller auf dem Tisch zur Seite.
- In der Betriebskantine und überall dort, wo kein Personal zur Verfügung steht, trägt man seinen abgegessenen Teller natürlich

selbst weg – zum Beispiel in Jugendherbergen, in der Mensa und bei McBratklops.

Tabus:

⊖ Es verstößt gegen die Regeln des guten Benehmens, wenn man

- sich zwei Gänge gleichzeitig auf den Teller lädt, zum Beispiel Vorspeise und Hauptgericht;
- seinen Teller zu voll lädt;
- zu viel auf seinem Teller übrig lässt, das dann weggeworfen werden muss;
- im Gehen oder Stehen noch oder schon wieder kaut;
- im Stehen oder Gehen trinkt;
- benutztes Besteck für den nächsten Gang erneut verwendet;
- mit benutzten Tellern herumläuft.

⊖ Uneingeschränkt peinlich wirkt es auf andere, wenn jemand sich vordrängt.

Gutes Auftreten im Restaurant

Das Verhalten wohlerzogener Gäste richtet sich überall auf der Welt stets nach dem Stil des Restaurants, das sie zu einem kultivierten Essen besuchen. Menschen mit einem gewissen Sinn für Stil signalisieren bereits durch die Wahl ihrer Kleidung, dass sie sich auf ein kultiviertes Essen vorbereitet haben und den Stil eines Restaurants erkennen und respektieren.

Hier noch ein paar Details zum Thema Restaurant:

⊕ *Nur in Deutschland(!)* betritt der *Herr vor der Dame* eine Gaststätte oder ein Restaurant; überall sonst lässt der Herr der Dame auch beim Betreten eines Lokals den Vortritt.

⊕ Beim Verlassen eines Lokals geht *sie vor ihm* heraus, wobei der Herr der Dame die Tür aufhält. Das ist die Regel. Falls es sich aber, wie in der Praxis üblich, um eine Gaststättentür handelt, die nur nach außen aufgeht, sollte der Herr beim Verlassen des Lokals lieber vor der Dame durch die Tür gehen und sie ihr dann aufhalten.

- Vor dem Betreten eines Restaurants wird ein Herr sein Jackett schließen, weil man *niemals mit offenem Jackett* ein Lokal betreten sollte.
- Selbstverständlich hat man die Hände frei und keine in einer Hosentasche.
- Man betritt ein Restaurant etwas zögerlich, um jemandem vom Servicepersonal die Chance zu geben, die Gäste zu einem Tisch zu geleiten.
- Selbstverständlich braucht man nicht sofort jeden Tisch zu akzeptieren, der einem nicht gefällt. Nur sollte man *höflich* fragen, ob man nicht auch an einem anderen als dem angebotenen Tisch sitzen könne. Wird das verneint, bleibt einem nur übrig, entweder den angebotenen Tisch zu akzeptieren – oder zu gehen.
- Ein *Herr hilft seiner Begleiterin stets selbst* aus dem Mantel und beim Weggehen auch wieder hinein. Sollte sich ein hilfsbereiter Kellner darum bemühen, nimmt der Begleiter – mit einem freundlichen Dank – diesem den Mantel der Dame aus der Hand.
- Ein männlicher Gast nimmt das Angebot eines aufmerksamen Kellners gern an, beim Ablegen oder Anziehen des Mantels behilflich zu sein.
- Ein Herr mit Stil wird sich jedesmal *erheben*, wenn seine Begleiterin oder eine Tischnachbarin vom Tisch aufsteht oder sich zu setzen anschickt.
- Seiner Tischdame rückt er auch den Stuhl zurecht, das heißt, er zieht ihn beim Aufstehen etwas weg, und er schiebt ihn für sie heran, wenn sie sich setzt (nicht umgekehrt!).
- Die *Bestellung des Menüs* erfolgt bei Paaren in traditionellen Restaurants gern noch durch den Herrn – allerdings wird diese Regel heute sehr flexibel gehandhabt.

- ➕ Selbstverständlich kann die moderne Frau auch in Begleitung eines Mannes selbst bestellen. Ein geschulter Kellner in einem exklusiven Restaurant wendet sich zunächst immer noch an den Herrn, es sei denn, die Dame redet ihn zuerst an.
- ➕ Falls jedoch einer modernen Frau eine sogenannte „*Damenkarte*“ geboten wird, sollte sie diese entmündigende Karte ohne Preise auf jeden Fall zurückweisen.

Tabus:

- ➖ Mit Händen in den Hosentaschen ein Lokal zu betreten, gilt überall auf der Welt als ein Zeichen besonders schlechter Manieren.
- ➖ Auch mit einem geöffneten Jackett drückt man unmissverständlich seine Geringschätzung sowohl gegenüber den anwesenden Gästen als auch gegenüber dem Stil des Restaurants aus.
- ➖ Heute geht man nicht mehr auf einen freien Tisch los und setzt sich gar, ohne sich zu vergewissern, ob dieser Tisch nicht vorbestellt wurde.
- ➖ Ganz schlechter Stil wäre es, sich mit dem Servicepersonal in eine Debatte über die Tischreservierungen einzulassen oder deswegen den Geschäftsführer kommen zu lassen.
- ➖ Einer modernen Frau – ganz gleich ob sie nun erwerbstätig oder familientätig ist – *eine Speisekarte ohne Preise* in die Hand drücken zu lassen, bedeutet einen zweifelsfrei *diskriminierenden Missgriff*. Dieser Usus stammt aus der Zeit, als „Damen“ von Herren ins Séparée eingeladenen wurden – und der „Kavalier“ zahlte diskret. Einer modernen Frau gegenüber ist das ungezogen, weil es sie entmündigt.
- ➖ Reklamationen in Gegenwart anderer Gäste unhöflich und/oder laut anzubringen, wirkt auf andere stets peinlich.
- ➖ Hunde, Ratten, Frettchen und andere „Lieblinge“ der Deutschen gehören nicht in ein Speiselokal.

⊖ Auch ein *Hund*, der still unter einem Tisch oder Stuhl liegt, kann für andere Gäste aus hygienischen Gründen eine *Zumutung* bedeuten. In den meisten europäischen Ländern und in den anderen Erdteilen sind Hunde im Lokal aus hygienischen Gründen verboten. Kinder sind dagegen in anderen Ländern wesentlich lieber gesehen als bei uns.

Das *Bezahlen der Rechnung*

verläuft heute auf recht unterschiedliche Weise, je nachdem, ob es sich um ein privates oder ein geschäftliches Essen handelt. Und dann spielen auch noch der Stil des Restaurants und die persönlichen Gewohnheiten der Gäste eine Rolle.

⊕ In guten Häusern, in denen Gäste wie Personal auf die traditionelle Etikette Wert legen, bekommt derjenige die *Gesamtrechnung* gereicht, der dem Oberkellner oder der Oberkellnerin einen entsprechenden Wink gegeben oder die Rechnung verlangt hat.

⊕ Ist eine Dame die Einladende, sollte sie in der gleichen Weise verfahren und dem Servicepersonal rechtzeitig sagen: „Die Rechnung bringen Sie bitte mir."

⊕ Wenn man mit einer Gruppe von Leuten gemeinsam isst, für die mit zu bezahlen man keine Veranlassung hat, sollte man am besten gleich *bei der Bestellung* den/die Kellner/in darauf hinweisen, dass von dieser Gruppe jeder für sich bezahlt. Das erspart eine langwierige, nervende Auseinander-Rechnerei am Ende eines Essens.

⊕ Wenn allerdings mehrere Freunde miteinander essen gehen, dann sollte man dem Servicepersonal diese aufwendige Rechnerei nicht zumuten, wenn es nicht unbedingt notwendig erscheint. Sollten sich die Verzehrrechnungen in etwa die Waage halten, ist es stets angebracht, die Gesamtrechnung von einem/r übernehmen zu lassen und dann unter sich aufzuteilen, indem man sie einfach durch die Personenzahl teilt.

Das *Auswählen des Weins*

ist für immer mehr Mitbürger zu einer Art Kulthandlung geworden, die einige Kenntnisse voraussetzt. Zählt sich jemand allerdings nicht – oder noch nicht – zu den Weinkennern, ist es ohne Zweifel zu empfehlen, sich den Rat einer Fachkraft einzuholen. Das eigentliche Problem entsteht erst dann, wenn der/die Kellner/in auch keine Ahnung hat.

Gegenwärtig kann man bei uns in allen guten Restaurants geschultes Personal erwarten. In der exklusiven Gastronomie kümmert sich ein *Sommelier* (den gibt es auch schon weiblich) um die alkoholischen Wünsche der Gäste. Ein Sommelier/eine Sommelière hat eine langjährige Spezialausbildung genossen; man erkennt die Sommeliers an unterschiedlichen „Accessoires". Je nach Region oder Land tragen sie den silbernen, stiellosen Probierlöffel an einer dicken Silberkette um ihren Hals (zum Beispiel in der Schweiz) oder eine Anstecknadel in Form einer Weintraube am Revers (wie in Frankreich). Da ist man natürlich in besten Händen. In vielen anderen Lokalen ist man oft besser dran, wenn man die Weinkarte selbst studiert, die in der Regel nach Weiß- und Rotweinen und nach Regionen geordnet ist.

Zu allen Fragen des Weins – auch zu der, welcher Wein am besten zu welchem Menü passt – gibt es eine wachsende Zahl guter, informativer Bücher. Hier müssen ein paar Hinweise genügen.

- Die alte „Faust"-Regel: „Weißer Wein zu weißem Fleisch und roter Wein zu rotem Fleisch" gilt heute keineswegs mehr dogmatisch.

- Die Auswahl der Weine, die entsprechend zu allen Gängen des Menüs zu treffen ist, hat sich bis heute ungemein verfeinert; man kann auf ein enorm verbreitertes Angebot von Weinen aus aller Welt zurückgreifen.

- Für das *Probieren des Weins* hat die Gastronomie gegenwärtig eine ganz pragmatische Regel gefunden: *wer bestellt*, bekommt auch den Probierschluck eingeschenkt. In einem guten Lokal wird natürlich vorher gefragt, ehe eingeschenkt wird.

- Es ist also keinesfalls ein Verstoß gegen den guten Ton, wenn ein Herr den/die Kellner/in bittet, seiner Begleiterin den Probierschluck einzuschenken. Noch vor wenigen Jahren wäre ein Oberkellner oder ein Sommelier bei einem solchen Ansinnen glatt in Ohnmacht gefallen.
- Beim *Probieren des Weins* geht es hauptsächlich um die Beantwortung zweier Fragen:
  - „Korkt" der Wein? – Das heißt, hat der Korken einen bitteren Geschmack an den Wein abgegeben?
  - Hat der Wein die richtige Temperatur?
- Falls jemand sich nicht ganz sicher ist, ob der Wein nach Kork oder immer „so komisch" schmeckt, bittet man den Weinkellner, diesen Wein ebenfalls zu kosten. Der/die Weinkellner/in wird daraufhin in *Gegenwart des Gastes* einen Schluck probieren. Wie auch immer die Antwort ausfällt – im Normalfall akzeptiert man diese Expertise.

Wer bekommt Trinkgeld?

Im Allgemeinen gibt man für jede direkte Dienstleistung ein Trinkgeld, zum Beispiel Taxifahrern, Friseuren, Garderobenpersonal, Hotelpersonal usw. In Deutschland hat das Trinkgeld insbesondere bei zwei Berufsgruppen – nämlich den Friseur/innen und den Kellner/innen – die Bedeutung einer persönlich zu bemessenden und angemessenen Lohnzahlung. Denn sowohl in der Gastronomie als auch beim Friseurhandwerk wird das von den Kunden erwartete Trinkgeld hochgerecht und als Verdienst in den Tariflohn miteinbezogen (und versteuert). Somit hat es der Kunde/die Kundin selbst in der Hand, mit Hilfe des Trinkgelds den Lohn von Friseur/innen und Kellner/innen nach deren Leistung zu steigern beziehungsweise zu schmälern.

Gegenwärtig gelten bei uns folgende „*Faustregeln*":

- Wurde man zu seiner Zufriedenheit bedient, dann gibt man gegenwärtig im *Restaurant* ca. 7 bis 10 Prozent der Rechnung – je höher die Rechnung, umso geringer der Prozentsatz; das rechnet sich stets *zusätzlich* zu dem bereits in der Verzehrrechnung enthaltenen Trinkgeld.

- Bei einer Übernachtung im Business-Hotel ist das Trinkgeld für die Zimmerfrauen im Großen und Ganzen aus der Mode gekommen.
- Das gleiche gilt für die Bedienung im Frühstücksraum; falls ich allerdings sehr aufmerksam mit Kaffee versorgt wurde, lasse ich gern ein kleines Trinkgeld bei meinem Gedeck liegen.
- Dem/r Taxifahrer/in ca. 10 Prozent der Rechnung – mal ein bisschen mehr, mal ein bisschen weniger, je nach der Höflichkeit des Fahrers in Bezug auf Tür-aufmachen, Gepäck-verstauen usw.
- Für Haare waschen gibt man immer ungefähr so viel wie für das Tragen eines Koffers; bei mehr Dienstleistung verdoppelt sich jeweils das Trinkgeld.
- Bei Privateinladungen sollte man nicht vergessen, für das Personal ein angemessenes Trinkgeld hinzulegen.
- Das gleiche gilt bei Privatübernachtungen: der „Logierbesuch" hinterlässt ein Trinkgeld für die Haushaltshilfe.
- Das alljährliche Trinkgeld zu Weihnachten oder Neujahr erhalten bei uns – mit regionalen Unterschieden von Land zu Land und zwischen Stadt und Land
  - der Postbote/die Postbotin,
  - die Zeitungszusteller,
  - die Müllmänner,
  - der Friseur/die Friseurin, bei denen man Stammkunde ist.
- *Kein* Trinkgeld gibt man
  - Geschäftsinhabern, Gastwirten usw.,
  - Stewards und Stewardessen der Airlines (Schiffstewards dagegen erhalten Trinkgelder),
  - Leuten, die uns einmal einen Gefallen tun.

Im Zweifelsfall ist das persönliche Dankeschön sympathischer als jedes Trinkgeld.

9. Kapitel

Geschäftsreisende mit Stil

Viele Manager/innen und Unternehmensrepräsentanten sind ständig unterwegs und auf Reisen. Im Flugzeug oder in internationalen Hotels wird man Fremde zunächst allein anhand ihres Outfits und auf Grund ihres Auftretens einordnen. Selbstverständlich erfolgt die Einordnung um so höher, je souveräner sich der Passagier oder der Hotelgast mit den jeweiligen korrekten Gepflogenheiten auskennt. – Hoffentlich ist man dem möglicherweise zukünftigen Geschäftspartner nicht gerade im Frühstücksraum unangenehm aufgefallen. – Unterwegs gelten als nicht zu ignorierende Maßstäbe die internationalen Standards für Höflichkeit und Rücksicht.

Es gehört zu den rätselhaften Phänomenen des täglichen Lebens, dass so viele Menschen ihre persönliche Einstellung zu guten Manieren abrupt zu ändern scheinen, sobald sie ihre Autotür von innen zugemacht haben. Auf unerklärliche Art und Weise verwandeln sich sonst höfliche Menschen plötzlich in Berserker, und kultiviert aussehende Damen und Herren verhalten sich wie Steinzeitmenschen, für die das Recht des Stärkeren noch Durchsetzungskraft besaß. Auch ist die These, dass Männer hinter einem Lenkrad plötzlich einen wilden Jagdtrieb entwickeln, nie überzeugend belegt noch widerlegt worden. Und welcher Trieb sollte dann bei den Frauen wirksam werden, die sich im Straßenverkehr schlecht benehmen? Mag also an dieser Stelle die Begründung für ein Verhalten – ausnahmsweise – offen bleiben, das Phänomen jedoch ist allseits bekannt.

Höflichkeit unterwegs

Zweifellos ist die Höflichkeit eines autofahrenden Menschen keineswegs anders definiert als die eines Teilnehmers an anderen Begegnungssituationen – es gelten die gleichen Regeln für gute Manieren. Man kann es auch anders ausdrücken: Das Verhalten als Autofahrer/in ist ein sicheres Indiz dafür, ob es sich um einen wirklich höflichen Menschen handelt, oder ob dessen Manieren nur dort eingesetzt werden, wo es ihm/ihr vorteilhaft erscheint. Zweifelsfrei erfordert es die Höflichkeit, anderen bei „Reißverschlussverfahren" auch einmal Vorfahrt zu gewähren, oder mal jemanden bei Aus- oder Einfahrten einfädeln zu lassen, wenn es die Verkehrssituation zuläßt.

Zu jenen Lebenssituationen, in denen man mit absoluter Sicherheit Menschen mit guten Manieren von denen mit schlechten unterscheiden kann, gehört das Fliegen. Bei der Fliegerei ist es ein Gebot guten Benehmens, die sicherheitsbedingten Vorschriften zu respektieren. Und dann gibt es Menschen, die die eigene Bequemlichkeit auf Kosten der Gefährdung anderer durchsetzen möchten und deswegen durchaus eine Kontroverse mit dem Kabinenpersonal in Kauf nehmen. Zum Beispiel weiß jeder Vielflieger, dass es Sicherheitsgründe sind, weswegen man schweres oder großes Gepäck nicht in die Kabine mitnehmen soll.

Einige Regeln für Flugpassagiere

- Es ist sowohl sicherheitsbedingt als auch rücksichtsvoll gegenüber Mitreisenden, nur weiche Taschen, Mäntel und Jacken im Gepäckfach über den Köpfen zu verstauen.
- Die normale Reisekleidung sind das Business-Outfit oder eine sportlich-elegante Kleidung mit Poloshirt und Lederjacke.
- Für längere Flüge ist es empfehlenswert, sich einen Pullover griffbereit ins Handgepäck zu nehmen, den man dann gegen das Jackett, den Blazer beziehungsweise die Kostümjacke austauscht.
- Wenn man einen langen Flug vor sich hat, ist ein frisches Hemd/eine frische Bluse im Handgepäck meist unerlässlich. Der Wechsel geht ganz schnell auf der Toilette vonstatten, und dann bietet man bei der Ankunft wieder einen gepflegten Anblick.
- Die Spucktüte in der Sitztasche kann man – außer für ihre namentliche Aufgabe – auch dazu verwenden, kleinen Abfall reinzutun, damit der Fußboden seinen ansehnlichen Anblick behält.

Tabus:

- Sich beim Einsteigen gleich mit mehreren Zeitungen zu bedienen macht einen ausgesprochen rücksichtslosen und kleinbürgerlichen Eindruck.
- Es ist schlechter Stil, im extremen Freizeitlook oder bereits in Sportkleidung in einer Linienmaschine zu reisen. Tabu sind zum Beispiel: Shorts, Sandalen, Tops, Sweatshirts, Jogginghosen, usw.
- Mehr Stauraum, als unmittelbar für einen Sitzplatz berechnet wurde, für sich in Anspruch zu nehmen, ist ebenfalls schlechtes Benehmen, da die anderen Passagiere für ihre Mäntel, Taschen und Aktenkoffer keinen Platz mehr finden.

Als Gast im internationalen Hotel

Selbstverständlich gibt es erhebliche Unterschiede im Hinblick auf den Standard der Hotels. Diese Unterschiede ergeben sich im Großen und Ganzen durch objektive Fakten, die man feststellen und miteinander vergleichen kann.

Nach solchen objektiven Kriterien werden international der Standard beziehungsweise die Klasse eines Hotels ermittelt – nur noch nicht in Deutschland. Anders als in den meisten Ländern Europas gibt es für die deutschen Hotels keine durch staatliche Institutionen erstellte Einteilungen nach Kategorien, wie sie in anderen Ländern durch „Sterne" ausgedrückt werden.

In Deutschland soll die Schwierigkeit, dass wir es im Hinblick auf das Hotel- und Gaststättengewerbe mit den *Kompetenzen der Bundesländer* und nicht mit bundeseinheitlichem Recht zu tun haben, demnächst durch verbindliche EU-Kriterien überwunden werden. Zwischenzeitlich ist man bei uns noch darauf angewiesen, entweder die einzelnen Hotelprospekte zu vergleichen und aus dem Angebot an Fitness-, Freizeit- oder sonstigen Gesundheitseinrichtungen seine eigenen Prioritäten zu setzen. Oder man verlässt sich auf die *Hotelführer privater Unternehmen* aus der Automobilbranche oder von Batterieherstellern. Vergleicht man die Übernachtungspreise der einzelnen Hotels, hat man zwar einen *örtlichen Vergleich*, die Preise sagen jedoch nicht sehr viel über den internationalen Standard eines Hotels aus.

Beim Empfang

Es macht von Anfang an einen sehr guten Eindruck, wenn man sich bereits beim Betreten eines Hotels ein wenig umschaut, um den *Stil und die „Spielregeln" des Hauses* zu erfassen.

Zum Beispiel hängt es bereits von der Hotelkategorie ab, ob man bei der Ankunft sein Gepäck selbst bis zum Empfang tragen sollte oder ob dafür ein Boy zur Verfügung steht. Die freundliche Aufforderung, sich zunächst einzutragen, ist eigentlich eine Zumutung, der man sich überall zu fügen hat. In den erstklassigen Hotels ist es dann gleichzeitig aber auch das letzte, was man selbst erledigen muss. Hotels der obersten Kategorie legen nämlich Wert darauf, dem Gast jeden auch nur erdenklichen Handgriff abzunehmen. Und für den Gast gehört es sich, dass er sich diese Dienste erweisen lässt – und sich dafür mit einem Trinkgeld bedankt.

Selbstverständlich kann man in erstklassigen Hotels davon ausgehen, dass man sein Gepäck auch nicht einen Meter selbst tragen muss. Dann sollte man es auch gar nicht erst versuchen.

Hier noch einige weitere Tipps:

- Kommt man mit dem eigenen Wagen, fährt man – nach Möglichkeit – direkt vor den Hoteleingang, steigt aus und überlässt das Gepäckausladen dem Hotel-Boy beziehungsweise Hausdiener. Der sorgt auch dafür, dass das Gepäck „automatisch" aufs Zimmer gebracht wird.
- Ebenfalls wird der „Doorman" dafür Sorge tragen, dass der Wagen in der Hotelgarage oder dem hoteleigenen Parkplatz geparkt wird. Dafür gibt es dann Trinkgeld.
- Für den Koffertransport bekommt der Hotel-Boy ein Trinkgeld. Die Höhe dieses Trinkgeldes hängt von der Anzahl der Gepäckstücke und von ein paar weiteren Umständen ab (zum Beispiel Länge des Weges, wie schnell man über sein Gepäck wieder verfügen kann, oder ob man warten musste usw.).
- Bei vielen großen internationalen Geschäftshotels wird man von Wegweisern zuerst in die Hotelgarage geführt. Von dort muss man in der Regel sein Gepäck selbst bis zum Empfang „schleppen". In modernen Business-Hotels stehen dem Gast dafür kleine Gepäcktransportwagen zur Verfügung.
- Der allerwichtigste Tipp ist, dass sich ein Gast schon von vornherein darüber Klarheit verschafft, welchen Komfort und welchen Umfang an Service er für den geforderten Zimmerpreis erwarten darf.

- Je höher die Klasse des Hotels, um so mehr wird vom Gast erwartet, dass er sich unauffällig benimmt und sich mit seiner Kleidung dem Stil des Hauses anpasst. Vielgereiste Damen und Herren mit souveränem Auftreten vermeiden auch das geringste Aufsehen. Auffallen gilt in der vornehmen Welt als äußerst „unschicklich".

- Eine der wichtigsten „Institutionen" großer internationaler Hotels ist der *Concierge oder Portier*, und in den erstklassigen Hotels ist er der Mann – diese Position ist nach wie vor eine Männerdomäne – mit den höchsten Trinkgeldeinnahmen: der Portier weiß alles, kennt alles und jeden und kann im übrigen alles organisieren und besorgen. Außerdem ist er für die Beauftragung der Hausdiener beziehungsweise der Hotelboys zuständig.

  An den Portier wendet man sich, wenn man
  - Theaterkarten braucht;
  - jemandem etwas bestellen lassen muss;
  - eine persönliche Auskunft über Einrichtungen der jeweiligen Stadt möchte;
  - ein Taxi braucht;
  - Bridge-, Doppelkopf- oder Pokerpartner sucht;
  - sich über irgend etwas beschweren möchte und so weiter.

- Für jede *extra erbetene* Dienstleistung bekommt der Portier ein Trinkgeld.

- Es ist empfehlenswert, sich anhand der hotelinternen Telefonliste erst einmal schlau zu machen, welchen Service man unter welcher Nummer erhalten kann.

- Ein souveräner Gast wird sich gegenüber dem Hotelpersonal jederzeit höflich und in gewisser Weise auch rücksichtsvoll verhalten. Sowohl unhöfliches Erteilen von Befehlen als auch distanzloses Anbiedern sind *verpönt*.

Es ist immer ein Zeichen von Souveränität und niemals ein Zeichen von Schwäche, wenn man die Interessen anderer respektiert. Und selbstverständlich wird der höfliche Gast seinerseits wesentlich mehr geachtet als der rücksichtslose – übrigens nicht nur vom Personal.

Tabus:

- Für alle Seiten unangenehm ist es, wenn ein Gast entweder zu viel oder auch zu wenig an Service erwartet, weil er sich nicht über die zu erwartenden Dienstleistungen im Klaren ist, die mit dem Standard des Hotels unmittelbar zusammenhängen. Daraus folgen oftmals eine ganze Reihe von Peinlichkeiten.
- Besonders unangenehm wirken Gäste, die sich unangemessen gekleidet im Hotel bewegen und damit in auffälliger Weise den Stil des Hauses missachten.
- Als äußerst stillos werden Leute angesehen, die
  - im Jogginganzug oder ähnlich legerer Sportkleidung zum Frühstück erscheinen;
  - ohne Krawatte und Jackett zum Dinner auch in solchen Hotelrestaurants Platz nehmen, deren Stil eine formelle Bekleidung eindeutig erfordert;
  - im First-Class-Hotel im Sauna-Bademantel und mit Badelatschen an den Füßen durch die Hotelhalle schlendern.

Natürlich gibt es Sporthotels und Hotels für Badekurgäste, die für die Bequemlichkeit ihrer Gäste besondere Regelungen treffen. Man sollte also darauf achten, ob für den Besuch der Fitness- oder Gesundheitszonen ein *separater Fahrstuhl* vorgesehen ist, der dazu dient, leichtbekleidete Hotelgäste im Aufzug nicht mit offiziell gekleideten zusammentreffen zu lassen.

Zum Stichwort *Abreise des Gastes* gibt es ebenfalls einige „Spielregeln“ zu beachten:

- In allen Hotels der Welt ist es eine Herausforderung an die Organisation, einerseits dem abreisenden Gast genügend Zeit zum Ausschlafen, Frühstücken und Kofferpacken zu lassen, und andererseits dem ankommenden Gast ein gelüftetes, sauberes, mit aller erforderlichen Wäsche neu ausgestattetes Zimmer so früh wie möglich überlassen zu können. Das geht nur, wenn der Gast die *allgemein üblichen Regeln* respektiert:
  - bis *12.00 Uhr* (Ausnahmen bis 13.00 Uhr) ist das Zimmer zu räumen;

- vor 14.00 Uhr ist ein Zimmer im Normalfall nicht zu beziehen.

- Selbstverständlich gibt es von Hotel zu Hotel kleinere Abweichungen von dieser Faustregel. Deswegen erkundigt sich der reiseerfahrene Gast schon bei der Ankunft, um wie viel Uhr er/sie das Zimmer am Abreisetag freizumachen habe.

- Falls der Gast sein Gepäck noch nicht mitnehmen kann – etwa, weil er in dem Hotel ein Seminar besucht oder noch Geschäftliches in der Stadt zu erledigen hat –, gibt er sein Gepäck ins *Hotel-Depot*. Jedes Hotel nimmt das Gepäck gern in Verwahrung, wenn der Gast sein Zimmer rechtzeitig dem Hotel wieder zur Verfügung gestellt hat. Zuständig dafür ist in der Regel ebenfalls der Portier.

Hotelzimmer-Etikette

Wenn man an Horrorgeschichten aus dem wirklichen Leben interessiert ist, lasse man sich einmal von einem Hotelier etwas über das Benehmen einzelner Hotelgäste erzählen. Es ist oftmals schier unglaublich, zu welchen Unarten sich Gäste selbst in Hotels der Luxusklasse hinreißen lassen. Es besteht offenbar aller Anlass, noch einmal ganz unmissverständlich eine Grundregel der guten Erziehung festzuhalten:

> Ein Gast, der glaubt, durch einen hohen Zimmerpreis oder ein überzogenes Trinkgeld das Recht erkauft zu haben, sich schlecht benehmen zu dürfen, hat den Anspruch aufgegeben, als gut erzogen zu gelten.

Wie in allen anderen Lebenszusammenhängen ist es für Menschen mit etwas Fingerspitzengefühl eine Selbstverständlichkeit, auch das Hotelpersonal höflich und korrekt zu behandeln. Zu diesem korrekten Behandeln gehört nicht nur, dass man seine Wünsche höflich äußert und eventuell notwendige Reklamationen in gleicher Weise höflich vorbringt. Dazu gehört natürlich auch, dass sich der Gast in seinem Verhalten der Kultur des Hauses anpasst. Beispiele:

- Ein kultivierter Mensch respektiert selbstverständlich das *Ruhebedürfnis* anderer Gäste – ganz gleich zu welcher Tageszeit. Sich gegenseitig nicht zu stören ist eine eiserne Regel viel gereister Menschen.

- Wer länger als eine Nacht in einem Hotel logiert, räumt die benötigte Kleidung und Wäsche in den Schrank.

- Ein Gast mit Kultur überlässt das Hotelzimmer dem Personal in einem Zustand, in dem die persönlichen Dinge halbwegs aufgeräumt sind. Aufgabe des Zimmerpersonals ist nur das Bettenmachen und das Saubermachen von Zimmer und Bad. Außer der Nachtkleidung dürfen Zimmerfrauen keine persönlichen Dinge anfassen oder gar wegräumen.

- Mit dem Schildchen: „Bitte nicht stören" beziehungsweise „Bitte Zimmer aufräumen" kann man sich mit dem Zimmerpersonal darüber verständigen, *wann* sie das Zimmer in Ordnung bringen können und wann nicht. Normalerweise hängt man die „Nichtstören"-Seite bereits abends nach außen, damit man am Morgen vom Reinigungspersonal oder dem Menschen, der die Minibar kontrolliert, nicht zu früh geweckt wird.

- Die Minibar enthält ein günstiges Getränkeangebot – *günstig für das Hotel!* Ehe man sich ausgiebig daraus bedient, sollte man sich zuerst einmal die Preisliste ansehen. Normalerweise schreibt man die entnommenen Getränke und Knuspersachen in die dafür vorgesehene Getränkeliste und legt sie beim Bezahlen der Rechnung vor. Auch in den Hotels, die den Vordruck für die Minibar völlig durch die Kontrolle ersetzt haben, ist es zu empfehlen, sich seine Minibar-Entnahme zu notieren.

- Bad und Toilette sind selbstverständlich dem Personal in einem zumutbaren Zustand zu hinterlassen.

- *Sämtliche* Hotelwäsche und *alle* Gegenstände, die zum Inventar gehören – auch ein deutlich als *Leihgabe* bezeichneter Hotel-Regenschirm – dürfen nicht mitgenommen werden; das wäre Diebstahl – ohne wenn und aber!

Ein unangenehmes aber realistisches Thema betrifft den „*Diebstahl* aus Versehen“, also das „Stehlen aus Unwissenheit“. Es ist offenbar nicht immer allen Hotelgästen klar, was für sie zur Mitnahme gedacht ist – also als ein Geschenk des Hauses anzusehen ist – und was zum Inventar des Hotels gehört, dessen Mitnahme ohne Umschweife unter die Kategorie strafbarer Diebstahl fällt. Hier einige Klarstellungen:

⊕ Grundsätzlich sind alle zur Verfügung gestellten, *wiederverwendbaren* Dinge nur für den Gebrauch durch den Gast bestimmt und *dürfen nicht* aus dem Zimmer beziehungsweise dem Bad oder anderen Hoteleinrichtungen entfernt werden.

⊕ Die im *Bad* für den Gast bereitgestellten Kosmetikartikel, die für den persönlichen Gebrauch bestimmt sind und, wenn sie *benutzt* wurden, in der Regel nicht nachgefüllt werden, können bei der Abreise *mitgenommen* werden.

Das sind

- die kleinen Fläschchen mit Dusch- und Bade-Gel, Körperlotion und Shampoo sowie andere Kosmetikartikel;
- die kleine Seife, Schuhputzschwamm oder -handschuh;
- Nagelfeile, Duschhaube, Mini-Nähzeug;
- benutzte Sauna-Pantoffeln.

⊖ *Nicht aus dem Bad mitgenommen* werden dürfen

- Handtücher, Waschlappen, Bademantel, Föhn;
- Kleenex-Kasten, Seifenspender.

⊕ Aus dem *Zimmer* ist grundsätzlich nichts zum Mitnehmen gedacht, wenn es nicht offenbar und unmissverständlich dem Gast übereignet worden ist. In manchen erstklassigen Hotels findet der Gast ein kleines Geschenk mit einem Begrüßungskärtchen auf dem Tisch und dem entsprechend klaren Hinweis, dass es sich um ein Geschenk des Hauses handelt – zum Beispiel: „Mit freundlicher Empfehlung …“ Das kann man natürlich an sich nehmen.

⊕ Sollte man einen Obstkorb mit Früchten als Begrüßungsgeschenk auf seinem Zimmer finden, so ist selbstverständlich nur der Inhalt des Korbs, nicht aber das Besteck, der Obstkorb selbst, der Teller und die Stoffserviette als Gastgebergeschenk zu betrachten.

⊕ Eindeutige Werbegeschenke des Hotels darf man natürlich auch mitnehmen, zum Beispiel

- den Kugelschreiber mit dem Hotelaufdruck;
- das Nähzeug und die Streichhölzer.

⊖ *Nicht aus dem Zimmer mitgenommen* werden dürfen:

- sämtliche Wäsche, Gläser, Geschirr
- Aschenbecher, Kleiderbürste, Schuhlöffel
- Radio- und Fernsehgeräte, sämtliches Zimmerinventar wie Möbel, die Bibel, Dekorationsgegenstände und Bilder
- auch die Schreibmappen gehören zum Inventar, der Gast kann nur über den Inhalt dieser Mappen verfügen.

(Diese Liste entspricht leider in etwa den Verlustlisten von Hoteliers nach der Abreise mancher internationaler Gäste – denen neuerdings die Rechnung über die entwendeten Gegenstände nachgeschickt wird.)

Im Hotelrestaurant

Generell gelten für ein Hotelrestaurant natürlich die gleichen Regeln wie für ein ganz normales Restaurant gleicher Kategorie (siehe 8. Kapitel). Allerdings gibt es doch einige erwähnenswerte Besonderheiten:

⊕ Sollte man seine Verzehrrechnung auf die Zimmerrechnung setzen lassen, ist es ratsam, die Rechnung nach dem Essen stets zu *unterschreiben* und das entsprechende *Trinkgeld* gleich dazu zulegen. Eventuelle Unstimmigkeiten sind später kaum mehr nachvollziehbar.

⊕ Das Hotelrestaurant betritt man jederzeit *korrekt gekleidet*, sei es zum Frühstück, am Mittag oder am Abend.

- Die Kleidung entspricht den Erfordernissen der Tageszeit und ist dem Stil des Hauses angepasst. Das heißt: je gehobener die Klasse des Hotels, desto formeller ist die Kleidung auch während des Tages.
- In guten Hotels geht man zum Frühstück in Businesskleidung oder korrekter sportlicher Kleidung (das heißt *nicht Sportkleidung!*). Selbstverständlich behält ein Herr mit guten Manieren sein Jackett an!
- Herren, die beim Frühstück im Restaurant ihr Jackett ablegen, obwohl Damen im Raum sind, provozieren ungünstige Mutmaßungen über ihre Herkunft.
- Auf einer Terrasse ist die Kleiderordnung am Morgen und am Mittag legerer und nicht formell.
- Beim Betreten eines Hotelrestaurants verhält man sich in der gleichen Weise korrekt wie bei anderen Restaurants. Geht man jedoch zum Frühstück, kann man sich oftmals selbst einen Platz suchen. Bei einem stark besuchten Frühstücksraum ist es durchaus angebracht, sich vom Servicepersonal an einen Tisch geleiten oder sich einen Tisch zeigen zu lassen – je nach dem Stil des Hauses.
- In den meisten First-Class und gehobenen Business-Hotels gibt es heutzutage für Raucher separate Frühstücksräume.
- Gegenwärtig wird es immer mehr üblich, Frühstücksräume als *Handy-freie Zonen* auszuweisen, damit man wenigstens noch in Ruhe frühstücken kann.
- Der Gast sollte stets zuerst den Platz und dann erst den Orangensaft usw. einnehmen.
- Nach der gegenwärtigen Gepflogenheit wird dem Gast das warme Getränk an seinen Platz gebracht. Säfte und kalte Milch holt er sich selbst vom Büfett.

Tabus:

- Der Frühstücksgast sollte *nie* etwas Essbares am Büfett *mit der Hand anfassen*. Für Brot, Brötchen und andere Backwaren liegen Kuchenzangen bereit, und zum Brotabschneiden bedient man sich des vorgesehen Tuchs, um den Brotlaib zu halten.
- Weder Brot, Brötchen noch anderes Essbares werden in der Hand vom Büfett zum Tisch getragen – man legt sie auf einen Teller, ein Körbchen, oder eine andere dafür vorgesehene Unterlage.
- Es ist kein gutes Benehmen, wenn jemand sich über andere hinweg oder gleichzeitig mit anderen von der gleichen Platte am Büfett bedient.
- Ungemein *ungebildet* wirken Leute,
  - die am Büfett stehend *bereits* etwas essen oder trinken,
  - im Stehen oder Gehen *noch oder schon wieder* kauen,
  - die Kellnerinnen mit „Fräulein!" rufen.

Reklamationen und Beschwerden

Selbstverständlich kann es selbst im nobelsten Hotel immer mal wieder einen Grund zu einer Reklamation oder einer Beschwerde geben. Das ist gar keine Frage. Die einzigen Fragen, die an eine solche Situation anzulegen sind, können also nur lauten:

- *Wie* verfährt der Gast mit solchen Situationen?
- *An wen* wendet man sich?

Bei technischen Defekten, wie zum Beispiel einer durchgebrannten Birne, einem defekten TV-Gerät oder ähnlichem, wendet man sich mit einem freundlichen Hinweis an den Hausmeister. Meist gibt die interne Telefonliste Auskunft darüber, wer wofür zuständig ist. In jedem guten Hotel wird man sich umgehend bemühen, den Fehler zu beheben.

Wenn es sich allerdings um gravierende Mängel handelt, sei es in Bezug auf das Hotel oder das Personal, dann kann und sollte man höflich von seinem Recht Gebrauch machen, sich bei dem/der verantwortlichen Hotelmanager/in zu beschweren.

Natürlich ist es eine nicht zu leugnende Tatsache, dass so eine unangenehme Angelegenheit wie Reklamation oder Beschwerde, eine Sache des Fingerspitzengefühls und – vor allem – der Erfahrung ist. Die hier angeführten Beispiele sollen deshalb nur einen Hinweis darauf geben, wie man sich in Standardsituationen verhalten könnte. Aber jede Konstellation ist ein bisschen anders, deswegen kann dem Gast seine persönliche Entscheidung nicht abgenommen oder gar standardisiert werden.

- Ein feiner und erfahrener Gast wird eine Reklamation oder Beschwerde niemals so anbringen, dass andere Gäste etwas davon bemerken, sondern ruhig, höflich und *unter vier Augen.*

- Bei Beschwerden über andere Gäste kann man sich zunächst an den Portier wenden. Wenn er selbst keine Befugnis hat, sich einer solchen Beschwerde anzunehmen, wird er den Gast an die richtige Stelle weiterleiten. Keinesfalls sollte ein Gast sich auf den Vorschlag einlassen, gegenüber störenden Gästen selbst um Ruhe zu bitten. Es ist ganz unzweifelhaft eine Angelegenheit des Hotels, den Gästen eine ungestörte Ruhe zu verschaffen.

- Sollte einer solchen Bitte um Ruhe – trotz der geäußerten Beschwerde – nicht nachgegangen werden, wäre dies ein Grund, den Manager zu sprechen. Das trifft natürlich auch dann zu, wenn man vom Portier eine unzumutbare Antwort erhielte.

- Der Hotelmanager ist eigentlich nur bei zwei Arten von Beschwerden anzusprechen:

  - wenn man Grund hat, sich über das *Personal* zu beschweren;
  - wenn die Beschwerde so gravierend ist, dass sie nur von der Hotelleitung zu beheben ist.

- Hat man zu viele Mißhelligkeiten in einem Hotel, oder der ganze Stil des Hotels entspricht nicht den eigenen, berechtigten

Erwartungen, gibt es nur eine feine Art, die Angelegenheit zu erledigen: *man wechselt das Hotel.*

- Ob man/frau eine Begründung für die vorzeitige Abreise abgibt oder nicht, liegt allein in der Entscheidung des Gastes. Auf keinen Fall wird sich ein wohlerzogener Gast mit Hotelpersonal in Diskussionen darüber einlassen, ob er auch nach deren Ansicht Grund zur Beschwerde hat oder nicht.

Tabus:

- Sich wegen absolut verzichtbarer Kleinigkeiten oder „aus Prinzip" zu beschweren ist sehr unfein.
- Bei Reklamationen gleich nach dem Hotelmanager zu verlangen, obwohl die Ursache dieser Beschwerde auch von anderen Angestellten behoben werden könnte, ist kleinkariert.

Sympathisches Auftreten im Ausland

Für Geschäftsreisende ist es nicht nur eine Frage der persönlichen Kultur, sich vor Auslandsreisen über Kulturtraditionen, religiöse Sitten und Tabus sowie die aktuellen politischen Verhältnisse zu informieren, bevor sie sich ins Ausland begeben. In beruflichem Zusammenhang ist es ein unverzichtbares Erfordernis. Allein schon aus der Notwendigkeit heraus, einen geschäftlich zu nutzenden persönlichen Kontakt herzustellen, muss man sich auf die andere Kultur gründlich vorbereiten.

Die Fälle, in denen gerade deutschen Managern wichtige Geschäfte durch die Lappen gingen, einzig und allein deswegen, weil ihr Auftreten nicht den Erwartungen der Gastgeber entsprach, sind Legion. Langsam, sehr langsam beginnt man auch in deutschen Unternehmen zu begreifen, dass es nicht ausreicht, seine Mitarbeiter/innen allein auf fachspezifischem Gebiet zu qualifizieren, sondern dass zum geschäftlichen Erfolg auch die kommunikativen Fähigkeiten und damit die Umgangsformen eine entscheidende Rolle spielen.

Die wettbewerbsentscheidende Wirkung der unterschiedlichen Qualität von Kommunikation und deren Zusammenhang mit Information, wurde im 1. Kapitel bereits zusammenhängend erläutert. Diese Feststellungen treffen in ungleich stärkerem Maße auf internationale Beziehungen zu. Während man in anderen Ländern schon seit vielen Jahren – aus Geschäftsinteresse – in die Vorbereitung der Mitarbeiter auf einen Auslandsaufenthalt auch eine Schulung in Kultur, Sprache und gehobenen Umgangsformen mit einbezieht, wurde dieser Faktor bei unseren Exportfirmen bisher zum Teil sträflich vernachlässigt. Daher ist es nicht verwunderlich, dass das Auftreten unserer Unternehmensrepräsentanten im Ausland oftmals als taktlos, unsensibel und deswegen als unangenehm eingestuft wird.

Es liegt also nicht nur im persönlichen, sondern auch und vor allem anderen im geschäftlichen Interesse, sich über einige Besonderheiten zu informieren, die das öffentliche Leben des Landes bestimmen, in das man geschickt wird oder aus eigenem wirtschaftlichen Interesse reisen möchte. Das sind grundlegende Voraussetzungen dafür, um nicht von vornherein einen unangenehmen Eindruck zu hinterlassen.

Nun wäre allerdings die Vorstellung, dass man sich als ausländischer Geschäftsreisender den jeweiligen Landessitten weitestgehend anzupassen habe, *absurd und falsch*. Ein solches Gehabe würde in den meisten Ländern als Überanpassung verstanden und wäre genau so schädlich – wenn nicht gar schlimmer – als wenn man keine Ahnung hätte.

Von allen gebildeten Menschen auf der ganzen Welt wird die jeweils *eigene nationale Identität* eines Menschen akzeptiert. Das ist gar keine Frage. Allerdings unter zwei Bedingungen:

- erstens muss man die guten *Manieren der eigenen Kultur glaubwürdig beherrschen*, und
- zweitens darf man durch sein Verhalten nicht gegen *Tabus des Gastlandes* verstoßen – also gegen Gebote, deren Verletzung eine Brüskierung bedeuten würde.

So ist es zum Beispiel in China oder Japan keinesfalls erforderlich, auf seine eigene Esskultur zu verzichten und sich mit Stäbchen abzumühen. Ganz anders als beabsichtigt, wird – zumindest in Japan – darin meist eine plumpe Anbiederung an die Gastgeber gesehen, die eher peinlich als angenehm berührt. Auch gilt es zu berücksichtigen, dass ein Gast aus einem anderen Teil der Erde, der mit der Esskultur Asiens nicht von klein auf vertraut ist, bei dem Versuch, mit Stäbchen zu essen, das Risiko eingeht, gegen Nuancen der dortigen guten Erziehung zu verstoßen. Wenn man also auf die asiatische Essensweise verzichtet, wird das keinesfalls als Missachtung anderer Kulturen interpretiert, sondern zeugt von eigenem Kulturbewusstsein – genau das ist es, was überall akzeptiert wird. Ein höflicher Gastgeber wird dem europäischen Gast stets eine Gabel oder einen Löffel reichen.

So selbstverständlich es bei uns ein Gebot der Höflichkeit ist, andere Menschen zu respektieren, so selbstverständlich ist es auch, die Sitten und Normen anderer Völker zu achten. Man sollte dabei aber gar nicht erst den Anspruch an sich selbst erheben wollen, alles richtig zu machen, und sich wie die Landesbewohner zu verhalten. Das wäre erstens gar nicht möglich, ohne nicht mindestens ein halbes Leben lang in jenem Land gelebt zu haben. Und zweitens erwartet das auch kein Mensch auf der Welt. Worum es eigentlich nur gehen kann, ist dies:

Die Sitten, Moralgesetze und Gesellschaftsnormen zu respektieren heißt, sich nicht in verletzender Weise gegen sie zu verhalten.

Und das erfordert natürlich einige Kenntnisse und sehr viel Taktgefühl – das ist eigentlich schon alles. Deswegen ist es für einen höflichen Menschen auch nirgendwo auf der Welt ein Problem, sich korrekt zu verhalten. Anders gesagt: wer sich hier nicht rücksichtslos verhält, wird es im Ausland auch nicht tun.

10. Kapitel

Standards und Tabus im Ausland

Die Verhaltenserwartungen bei heimischen Zusammentreffen zu kennen gelingt schon nicht immer perfekt. Um wie viel schwieriger ist deren Einschätzung auf dem internationalen Markt in anderen Kulturkreisen. Dabei zählt Europa noch nicht einmal zu fremden Märkten oder zu anderen Kulturkreisen; selbst die herrschende Religion bietet – wenigstens von anderen Religionen aus betrachtet – im Großen und Ganzen eine kulturelle Basis. Aber kennen wir die entscheidenden Nuancen der Verhaltensstandards unserer europäischen Nachbarn? Dazu kommen auf die Mitarbeiter von weltweit operierenden Unternehmen noch Anforderungen an die Kenntnis uns sehr ferner und fremder Kulturen und an Wissen über deren Geschäftspraktiken hinzu.

Bedauerlicherweise bringt es die berufliche Anspannung des gestressten Managers oder der Managerin mit sich, dass er/sie sich nicht in der Weise ausführlich auf Auslandreisen vorbereiten kann, wie es ein Oberstudienratspaar in der Regel tut, das in den Sommerferien zu fernen Gestaden aufbrechen möchte. Selbstverständlich sollte man sich auch als Geschäftsreisende/r vor Auslandsreisen nicht nur über die dort herrschenden Verkehrsregeln informieren, sondern gleichermaßen über die *politischen Machtverhältnisse, Kulturtraditionen* und *religiöse Vorschriften*, die das öffentliche Leben dieses Landes bestimmen. Das sind alles grundlegende Voraussetzungen dafür, dass man im Ausland nicht sofort in alle Fettnäpfchen tritt. Um das zeitlich leisten zu können, müssen die notwendigen Informationen etwas konzentrierter aufbereitet sein, als es Reiseführer und ausführliche Berichte zu bieten haben. Eben diesem Zweck soll dieses Kapitel dienen.

Kommt man also aus geschäftlichem Anlass in ein fremdes Land, kann und soll es gar nicht darum gehen, sich in seinem Verhalten überall auf der Welt den dort geltenden Verhaltensnormen und religiösen Gesetzen anzupassen. Man sollte sich nur darum bemühen, die Sitten, Moralen und Gesellschaftsnormen anderer Völker zu respektieren, das heißt, sich nicht in verletzender Weise gegen sie zu verhalten. Sicherlich erfordert das einige Kenntnisse und sehr viel Einfühlungsvermögen – das ist eigentlich schon alles.

Dazu ist es jedoch erforderlich, die *Verhaltenserwartungen* zu kennen, die *an Ausländer/innen* – hier und da auch besonders an Deutsche – in diesem Land gerichtet werden. Diese Verhaltenserwartungen sind durchaus nicht die gleichen, wie jene, die man an eigene Landsleute stellt. Ausländer/innen werden überall auf der Welt zunächst einmal danach beurteilt, welcher Nationalität sie angehören – das ist auch bei uns so. Zuerst erscheint es doch auch uns wichtig, woher jemand kommt, und dann sehen wir erst genauer hin, was das eigentlich persönlich für ein Mensch ist. Es ist also keineswegs überflüssig, sich auch über die dort vorherrschende Einstellung zu unserem Land im Klaren zu sein.

Wie aber sollte dieses Buch das leisten können, ohne nicht den Umfang von mindestens zwanzig Bänden zu erreichen? Das geht nur durch Beschränkung auf ein Mindestmaß dessen, was einem als das Wichtigste erscheint. Und als wichtig erscheinen mir im Interesse meiner Leser und Leserinnen knappe Informationen über die *politischen Verhältnisse* eines Landes weiterzugeben und dann die Frage: „*Wer hat das Sagen* in diesem Land und mit wem hat man es beruflich aller Wahrscheinlichkeit dort zu tun?" zu beantworten suchen. Bei einigen Ländern dieser Welt ist diese Frage entweder gegenwärtig nicht zu übersehen oder aber sekundär; dort habe ich anstelle nach der Führungsschicht zu fragen, einige Informationen zur dortigen *Wirtschaft* festgehalten. In allen Fällen sind *geschichtliche Fakten* für das Verständnis gegenüber fremden Ländern wichtig – und für das Verhältnis der Völker zu uns. In fast allen unserer Nachbarländer ist das kollektive Gedächtnis nach wie vor von der jüngeren Geschichte beeinflusst. Selbstverständlich ist es wichtig, auf welche *Sprache* man sich einzustellen hat und wie die *Währung* jenes Landes heißt.

Internationale Verhaltensnormen für Frauen

Ein sehr schwieriges Problem stellen die enorm großen Unterschiede zwischen den Verhaltensstandards für Frauen dar, die weltweit einige Jahrhunderte an Zivilisationsstufen ausmachen können. Generelle Aussagen über Frauen in der Öffentlichkeit des Auslandes kann man schon gar keine treffen, und ebenso kann man nirgendwo auf der Welt davon ausgehen, dass sich an eine Deutsche – oder auch Europäerin weltweit gesehen – auch nur annähernd die gleichen Verhaltenserwartungen richten wie an einen deutschen beziehungsweise europäischen Mann.

Zudem sind, wie auch bei uns, die Verhaltensnormen für Frauen in fast allen Ländern der Erde in Bewegung geraten. Es kann also morgen schon überholt sein, was heute noch ein ehernes Gesetz zu sein scheint. Auch sind die Unterschiede in der Bewertung von Status und Rolle der Frau zum Teil von Land zu Land gravierend. In Europa haben wir es heute mit einer Entwicklung zu tun, die ein deutliches Nord-Süd-Gefälle aufweist. Am selbstverständlichsten kann sich die Skandinavierin in der Öffentlichkeit bewegen, und am meisten eingeschränkt ist die Frau in Süd-Europa. Und in den islamischen Ländern finden Frauen in der Öffentlichkeit am besten gar nicht statt. Sie sind von Verboten und Tabus eingeschränkt, die uns mittelalterlich erscheinen.

Sicherlich hat sich eine deutsche Frau nicht allen diesen Einschränkungen zu unterwerfen, wenn sie aus beruflichen Gründen in diese Länder reist. Genauso selbstverständlich wird sie es unterlassen, sich offensichtlich provozierend zu verhalten. Das soll heißen, dass sich die europäische Geschäftsfrau in den islamischen Ländern nun wirklich nicht mit einem Kopftuch zu bewaffnen und bodenlange Kleider zu tragen braucht. Andererseits sollte sie jedoch auf das Tragen von Miniröcken und engen Hosen verzichten – aus Respekt vor den Moral- und Sittengesetzen des Gastlandes. Schon in einigen Ländern südlich von uns ist die mehr oder minder spärliche Bekleidung der neuralgische Punkt der Standards und Tabus für Frauen. Ein stetig wiederkehrendes Ärgernis bildet das starke Ausziehbedürfnis, von dem Nordeuropäerinnen in südlichen Ländern regelmäßig ergriffen werden.

Es ist also eine unabweisbare Tatsache, dass für Businessfrauen einerseits weltweit gravierend unterschiedliche Verhaltensstandards für Frauen zu beachten sind. Diese unterscheiden sich jedoch nochmals enorm von den für Männer geltenden Verhaltenserwartungen in den verschiedenen Kulturen. Deswegen sind die in den allgemeinen Hinweisen enthaltenen Ratschläge – die sich grundsätzlich zunächst an die Businessmen richten – für die weiblichen Pendants nur sehr beschränkt nützlich.

Aus diesem Grund enthalten jene unten erwähnten Länder, in denen sich die Standards für Frauen von den uns geläufigen bemerkenswert unterscheiden, einen gesonderten Abschnitt mit „*Verhaltensnormen für Frauen*".

Grundsätzlich können die nachfolgenden, länderbezogenen Hinweise nur Anhaltspunkte dazu geben, worauf man jeweils sein besonderes Augenmerk richten sollte. Keineswegs wollen oder könnten diese Anmerkungen den Anspruch auf Vollständigkeit erheben, weder in Bezug auf alle Länder dieser Welt noch im Hinblick auf alle denkbaren oder möglichen Fettnäpfe dort. Die im nachfolgenden Kapitel aufgeführten Daten und Hinweise von fünf Kontinenten sollen für mitteleuropäische Geschäftreisende diese oder jene Frage schnell klären helfen und andere Fragen, die hier nicht behandelt werden können, beim Leser/der Leserin aufwerfen, um die man/frau sich in Vorbereitung auf eine Auslandsreise besonders kümmern sollte.

Aus Gründen unausweichlich notwendiger Beschränkung können hier nur die Länder detaillierter angesprochen werden, die uns geographisch „nahestehen" – wie alle europäischen Staaten – und solche, zu denen wirtschaftliche Beziehungen bestehen oder von uns aus zumindest angestrebt werden. Dazu kommen dann noch einige Länder, zu denen wir traditionelle Beziehungen haben. Vieles wird leider zweckrational zusammengefasst werden müssen, wie zum Beispiel der gesamte afrikanische Kontinent, mit Ausnahme Marokkos.

Sowohl die Hinweise auf Verhaltenstandards als auch die Kommentare zu den meisten Ländern beruhen auf meinen eigenen Erfahrungen. Das hat Vor- und Nachteile. Der Nachteil ist, dass sie *subjektiv* sind und nicht auf weltweit anerkannten wissenschaftlichen Studien beruhen. Ihr Vorteil ist, dass diese Anmerkungen *authentisch* sind. In einigen Fällen habe ich mich jedoch gern von einem Diplomaten oder einer Diplomatin des entsprechenden Staates in meinem ursprünglichen Urteil korrigieren lassen, wenn deren Argumente überzeugend waren.

Zur Aktualisierung meiner Kenntnisse und Informationen für die vorige – dritte – Auflage hatte ich mich mit der Bitte an die entsprechenden Botschaften gewandt, die Daten zu überprüfen, gegebenenfalls zu aktualisieren und meine eigenen Erkenntnisse über das Land zu kommentieren. Die Reaktionen waren überwältigend positiv, und viele angesprochenen Botschaften hatten sich mit ihrer Antwort große Mühe gemacht.

Insgesamt galt mein Dank den Botschaften von:

Afghanistan – Argentinien – Australien – Belgien – Bolivien – Brasilien – Chile – Dänemark – Frankreich – Griechenland – Großbritannien – Iran – Israel – Italien – Jordanien – Kanada – Katar – Luxemburg – Mexiko – Neuseeland – Niederlande – Oman – Peru – Philippinen – Polen – Rumänien – Russland – Schweden – Schweiz – Slowakei – Slowenien – Spanien – Tschechische Republik – Türkei – Ukraine – Uruguay – Usbekistan – Venezuela – Vereinigte Arabische Emirate – Volksrepublik China – Zypern.

Um die wichtigsten Basisinformationen übersichtlich und vergleichbar zu gestalten, werden die für Europa angeführten Länder nach folgenden *Schwerpunkten* strukturiert:

1. Politisches System mit Hauptstadt, Einwohnerzahlen, internationalen Mitgliedschaften und Währung
2. Wirtschaft oder Führungsschicht
3. Geschichte/Religion
4. Sprache
5. Bekleidungsvorschriften/Tischmanieren
6. Besonderheiten, Nationalfeiertage.

Europa

Bereits bei näherer Betrachtung unserer Nachbarn könnte man vor der Vielfalt unterschiedlicher Kulturen und Verhaltensnormen kapitulieren. Das liegt auch daran, dass man durch die größere Nähe viel mehr Details erkennt, als es bei ferneren Ländern der Fall ist. Andererseits stellen Nachbarn selbstverständlich höhere Ansprüche an die gegenseitige Kenntnis der Landesnormen. Jede Seite denkt: „Das sollte man als Nachbar eigentlich wissen."

Selbstverständlich kann dieses Buch nicht alles dafür Erforderliche leisten, nolens volens muss ich mich auch hier auf die wichtigsten Unterschiede zu unseren Standards beschränken.

Häufig haben ganze Regionen eine ähnliche Geschichte, die teils aus der Zeit der Feudalherrschaft herrührt, teils aus gemeinsamer

Vergangenheit innerhalb eines politischen Systems. Aus diesem Grund habe ich die Länder Europas ihren *geographischen Regionen* zugeordnet (nicht alphabetisch sortiert).

Die Staaten Europas findet man also unter geographischen Gesichtspunkten in folgender Reihenfolge:

- Nord-Europa
- Nordost-Europa
- Mittel-Europa
- West-Europa
- Ost-Europa
- Süd-Europa
- Südost-Europa
- Südost-Europa/Vorderasien.

Nord-Europa

Die Skandinavischen Länder haben in ihrer gesamten Gesellschaftsstruktur tatsächlich am weitesten eine gelebte Demokratie etabliert. Wir haben es dort mit weitaus weniger hierarchischen Strukturen zu tun als bei uns – obwohl drei dieser Länder Monarchien sind. Das wirkt sich nicht nur darin aus, dass man auf Titel genauso verzichtet wie auch auf die bei uns so beliebten Insignien von Macht und Reichtum, sondern auch darin, dass die Etikette bei privaten Geselligkeiten nicht so streng gehandhabt wird wie bei uns in Deutschland. Allerdings zählt es in ganz Skandinavien als *Fauxpas,* sich nach einer Dinner-Einladung nicht gleich am nächsten Tag nochmals zu bedanken.

Eher unvermutet erlebt man in Skandinavien, dass sich die Bevölkerung der einzelnen Länder untereinander gar nicht so „grün“ ist, wie man es wegen der starken wirtschaftlichen Verflechtung erwarten würde. Erstaunlicherweise prägen hierbei nicht Einflüsse aus einer überschaubaren Vergangenheit das Klima, sondern archaische Vorurteile gegeneinander: Den Dänen nimmt man immer noch die Raubzüge der Wikinger übel und den Schweden ihre Sünden aus den Kriegszügen des Königs Gustav II. Adolf – immerhin Geschehnisse, die mehr als 350 Jahre zurückliegen. Als Mitteleuropäer sollte man also bei Äußerungen über ein skandinavisches Nachbarland Fingerspitzengefühl walten lassen.

In allen nordeuropäischen Ländern spricht man sehr gut Englisch.

Norwegen

Königreich Norwegen

1. Politisches System:

Konstitutionelle Monarchie. Hauptstadt: Oslo.
Einwohnerzahl: 4,4 Millionen.
Mitgliedschaften: UN, WTO, EFTA, Europarat, OSZE, Nordischer Rat, OECD, NATO.
Währung: Norwegische Krone (nkr) = 100 Øre.

2. Führungsschicht:

Die Gesellschaft Norwegens ist demokratischer als unsere, die Führungsschicht tritt dort also weniger in den Vordergrund. Die norwegischen Frauen können heute als gleichberechtigt gegenüber den Männern betrachtet werden. Und so ist der Frauenanteil an den Führungspositionen in Wirtschaft und Politik von allen europäischen Ländern hier am höchsten; insofern sollte man sich darauf einstellen, dass die Gesprächspartner auf der Führungsebene durchaus Frauen sein können.

3. Geschichte/Religion:

Für uns relevant ist eigentlich nur die jüngere Geschichte: Norwegen war in der Zeit von 1940 bis 1945 von deutschen Truppen besetzt, und daran hat man nicht die besten Erinnerungen.
Die Religion ist evangelisch-lutherisch.

4. Sprache:

Amtssprache: Norwegisch; die norwegische Schriftsprache kennt zwei Möglichkeiten: das Bokmål, das aus dem Dänischen stammt, und das Nynorsk (Neu-Norwegisch), das seinen Ursprung im Alt-Norwegischen hat und dem Schwedischen verwandt ist.
Internationale Sprache: Englisch.

5. Bekleidungsvorschriften/Tischmanieren:

Bekleidungsvorschriften sind im Business international, im privaten Bereich deutlich unkonventioneller als bei uns. Jedoch sollte man als männlicher Gast zum Abendessen auch in Oslo nicht ohne Krawatte erscheinen. Nicht vergessen, sich am nächsten Tag für die Einladung zu bedanken.
Gastgeschenke: ja (nicht zu protzig), Blumen: ja.

6. Besonderheiten:

Wegen seiner Ölquellen ist Norwegen ein reiches Land. Ungewöhnlich ist aber, dass ein Staat – mit bemerkenswerter Konsequenz – einen Großteil seiner Öl-Milliarden für die Zukunft anlegt. Allerdings ist diese Sparpolitik der Regierung gegenwärtig nicht mehr unumstritten.
Nationalfeiertag: 17. Mai.

Finnland

Republik Finnland

1. Politisches System:

Präsidiale Republik. Neutraler Staat. Hauptstadt: Helsinki.
Einwohnerzahl: 5,2 Millionen, davon 93,5 Prozent Finnen, 5,9 Prozent Schweden und etwa 17 000 Samen (Lappen).
Mitgliedschaften: UN, WTO, EU, Europarat, OSZE, Nordischer Rat, OECD.
Währung: Finnmark (Fmk) = 100 Penniä; seit 1999 Euro.

2. Wirtschaft:

Für Finnland ist Deutschland der wichtigste Wirtschaftspartner, dann erst kommt – mit einigem Abstand – Schweden. In wenigen Jahren ist es gelungen, eine erfolgreiche Industrie für elektronische und optische Ausrüstungen aufzubauen. Diese Branche bildet heute den Löwenanteil des finnischen Exports, gefolgt von den traditionellen Exportgütern: Papierprodukte, Maschinen, Transportausrüstungen u. a. m.

3. Geschichte/Religion:

Finnland kämpfte im Zweiten Weltkrieg an der Seite Deutschlands gegen die UdSSR und verlor an sie etwa ein Zehntel seines Gebietes. Durch eine geschickte Politik konnte Finnland zur Zeit des Kalten Kriegs seine Neutralität als echte Brücke zwischen den ehemaligen Blöcken ausbauen.
Religion: über 90 Prozent evangelisch-lutherisch.

4. Sprache:

Zwei Amtssprachen: Finnisch und Schwedisch.
Internationale Sprache: Englisch.

5. Bekleidungsvorschriften/Tischmanieren:

Die Bekleidungsvorschriften für offizielle Gelegenheiten entsprechen denen unserer formellen Bekleidung – inklusive Smoking – sind also keineswegs leger. Bei offiziellen Einladungen gilt das internationale Protokoll. Die Tischmanieren sind international.
Gastgeschenke: nein; Blumen: ja.

6. Besonderheiten:

Der finnische Hang zu gediegener Konservativität beeinflusst möglicherweise das Image: Man legt Wert auf die vormals „preußischen" Tugenden, wie Zuverlässigkeit und Pünktlichkeit.
Nationalfeiertag: 6. Dezember.

Schweden

Königreich Schweden

1. Politisches System:

Parlamentarisch-demokratische Monarchie. Neutraler Staat.
Hauptstadt: Stockholm.
Einwohnerzahl: 8,9 Millionen.
Mitgliedschaften: UN, WTO, EU, Europarat, OSZE, Nordischer Rat, OECD.

Schweden ist ein offenes Land für politisch Verfolgte aus aller Welt. Aktive Friedenspolitik bei internationalen Konflikten.
Währung: Schwedische Krone (SEK) = 100 Öre.

2. Führungsschicht:

Die schwedische Führungsschicht ist in der Regel konservativ, jedoch weltoffen und unkompliziert. Im allgemeinen Umgang braucht man sich nicht auf mehr Höflichkeit einzustellen als bei uns. Das Duzen ist in Schweden allgemein üblich, gesiezt werden meist nur ältere Menschen.

3. Geschichte/Religion:

Seit 1834 ist Schweden ein neutraler Staat, was man allein schon als ein Kunststück im Angesicht der europäischen Geschichte bezeichnen kann. Die traditionell sozialdemokratischen Regierungen (seit 1932, mit Unterbrechungen von insgesamt 7 Jahren) haben Schweden zu einem sehr hohen Lebensstandard geführt mit der europaweit höchsten durchschnittlichen Lebenserwartung von 76 Jahren bei Männern und 81 Jahren bei Frauen.
Religion: 87 Prozent evangelisch-lutherisch.

4. Sprache:

Landessprache: Schwedisch. Internationale Sprache: Englisch.

5. Bekleidungsvorschriften/Tischmanieren:

In Stockholm ist die Business-Kleidung nicht anders als bei uns. Bei Einladungen sollte man sich grundsätzlich vorher erkundigen, welches Outfit von den Gästen erwartet wird.
Außerhalb Stockholms gilt zur Lunch-Zeit in fast allen Restaurants Selbstbedienung – und die Schweden bringen auch in Lokalen der gehobenen Gastronomie nach dem Essen ihr Tablett selbst weg, wie in einer Kantine. Zum Abend darf man dann mit Bedienung rechnen. Die Tischmanieren entsprechen weitgehend den unseren. Nie sollte man vergessen, sich als Gast nach einem Essen bei den Gastgebern zu bedanken.
Gastgeschenke: ja (klein und persönlich); Blumen: ja.

6. Besonderheiten:

Einem Fremden begegnet die konsequente Demokratisierung der schwedischen Gesellschaft sowie die Sparpolitik der Regierung sofort im Dienstleistungssektor. So wirkt die Allgegenwart von Nummernausgaben für jegliche Art von Kunden erst einmal verblüffend: Zunächst muss man sich nach einem entsprechenden Automaten umsehen und dort eine Nummer ziehen, sobald man sich irgendwo als potenzieller Kunde einfindet – sei es an der Käsetheke, beim Arzt, im Juweliergeschäft oder bei der *Information* – ohne die angezeigte Nummer in der Hand, keine Auskunft – außer der, dass man ohne Nummer keine Auskunft erhält.
Nationalfeiertag: 6. Juni.

Dänemark
Königreich Dänemark

1. Politisches System:

Konstitutionelle Monarchie. Hauptstadt: Kopenhagen.
Einwohnerzahl: 5,3 Millionen; Bevölkerungsminderheiten:
1,6 Prozent Deutsche, 1,3 Prozent andere.
Mitgliedschaften: UN, WTO, EU, Europarat, OSZE, Nordischer Rat, OECD, NATO.
Währung: Dänische Krone (dkr) = 100 Øre.

2. Führungsschicht:

Hoher Bildungsstand, vergleichbar mit unserer Führungsschicht. In Dänenmark ist man geradezu „allergisch" gegen Protz und „teutonisches Prestige-Gehabe"; das bezieht sich sowohl auf die äußeren Zeichen des Wohlstands, die bei uns meist für unverzichtbar gehalten werden, als auch auf wertvolle Gastgeschenke, die man für zu verpflichtend ansieht.

3. Geschichte/Religion:

Dänemark ist das älteste Königreich Europas mit einer mehr als 1000-jährigen Geschichte. Trotz Neutralität und Nichtangriffspakt wurde Dänemark 1940 von deutschen Truppen besetzt und blieb es bis 1945. Sowohl Island als auch die Färöer und Grönland waren bis dahin dänische Provinzen. Während Island bereits 1944 seine volle Autonomie erhielt, sind die Färöer seit 1948 und Grönland seit 1979 selbstverwaltete – also teilautonome – Gebiete der dänischen Krone.
Religion: evangelisch-lutherisch.

4. Sprache:

Landessprache: Dänisch. Internationale Sprache: Englisch

5. Bekleidungsvorschriften/Tischmanieren:

Sowohl Businesskleidung als auch Etikettevorschriften bei offiziellen Gelegenheiten sind die international üblichen.
Gastgeschenke: Mitbringsel ja; Blumen: ja.

6. Besonderheiten:

In Dänemark ist man im Allgemeinen recht höflich und gibt sich bescheiden, und es geht wesentlich weniger hektisch zu; die Grünanlagen rund um ihre Schulen sind viel größer – und die Autos sind kleiner als bei uns.
Zum individuellen Übernachten und gutem Essen sollte man sich nach einer „Kro“ umsehen, darunter findet man zwar sehr unterschiedliche, bestimmt aber vorzügliche gastronomische Betriebe.
Nationalfeiertag: 16. April.

Nordost-Europa

Die drei baltischen Staaten Estland, Lettland und Litauen hatten bis 1939 sowohl ethnisch als auch im Hinblick auf die dort herrschenden Fürstenhäuser stets wesentlich mehr geschichtliche Unterschiede als Verbindendes. Die gravierenden Gemeinsamkeiten dieser drei Länder beginnen erst im August 1939 mit dem Hitler-Stalin-Pakt, der den baltischen Raum der sowjetischen Einflusssphäre zuordnete. Wenngleich die neueste Epoche der Selbständigkeit dieser drei Länder fast zeitgleich beginnt, war der Weg der Loslösung von der Sowjetunion doch sehr unterschiedlich.

Estland
Republik Estland

1. Politisches System:

Parlamentarische Republik. Hauptstadt: Tallinn (Reval).
Einwohnerzahl:1,5 Millionen; davon 28 Prozent Russen.
Mitgliedschaften: UN, WTO, Europarat, OSZE, EU-Beitritt beantragt.
Währung: Estnische Krone (ekr) = 100 Senti.

2. Wirtschaft:

Die Haupterwerbszweige Estlands sind Dienstleistungen, gefolgt von Industrie und an dritter Stelle kommt die Landwirtschaft mit ca. 10 Prozent der Beschäftigten. Hauptexportgüter: Maschinen und Ausrüstungen, Holz und Holzprodukte, Textilien und Bekleidung; Hauptabnehmerländer sind: Finnland, Schweden, Lettland und Deutschland.

3. Geschichte/Religion:

Nach einer wechselvollen Geschichte, die von einem Hin und Her von fremder Herrschaft bestimmt war, erlangte das nördlichste der drei baltischen Länder erst 1918 seine Selbständigkeit, um sie gleich wieder – erst an Deutschland, dann an die Sowjetunion – loszuwerden. Nach dem Auseinander-fallen des Ostblocks bekam Estland seine Selbständigkeit von Russland 1991 zurück. Jedoch hat es bisher mit einem vernünftigen Grenzvertrag zwischen beiden Staaten noch nicht so recht geklappt.
Religion: über 60 Prozent Lutheraner; katholische, russisch-orthodoxe und muslimische Minderheiten.

4. Sprache:

Amtssprache: Estnisch. Landessprachen: Estnisch und Russisch. Internationale Sprache: Englisch.

6. Besonderheiten:

Nationalfeiertag: 24. Februar.

Lettland
Republik Lettland

1. Politisches System:

Parlamentarische Republik. Hauptstadt: Ríga (Riga).

Einwohnerzahl: 2,5 Millionen; davon 55 Prozent Letten, 32,5 Prozent Russen, 4 Prozent Weißrussen, 3 Prozent Ukrainer, 2 Prozent Polen und andere Minderheiten.
Mitgliedschaften: UN, WTO, Europarat, OSZE; EU-Beitritt beantragt.
Währung: Lats (Ls) = 100 Santims.

2. Wirtschaft:

In Lettland ist die Beschäftigungsstruktur vergleichbar mit Estland, allerdings arbeiten hier noch ca. 18 Prozent der Erwerbstätigen in der Landwirtschaft. Hauptexportgüter: Holz und Holzprodukte, Textilien, Basismetalle; Hauptabnehmerländer sind Deutschland, Lettland und Russland.

3. Geschichte/Religion:

Die Geschichte des Staates Lettland beginnt erst 1918, als erstmals die Republik Lettland ausgerufen wurde. Mit der Selbständigkeit hatte es dreißig Jahre später schon wieder ein Ende, als die UdSSR sich Lettland einverleibte. Seit 1991 ist Lettland nun auch formell wieder ein unabhängiger Staat.
Religion: 55 Prozent Lutheraner, 24 Prozent Katholiken, 9 Prozent Russisch-Orthodoxe.

4. Sprache:

Amtssprache: Lettisch. Landessprachen: Russisch und Lettisch. Internationale Sprache: Englisch.

6. Besonderheiten:

Nationalfeiertag: 18. November.

Litauen
Republik Litauen

1. Politisches System:

Parlamentarische Republik. Hauptstadt: Vilnius (Wilna).
Einwohnerzahl: 3,7 Millionen; davon 81,1 Prozent Litauer, 8,5 Prozent Russen, 7 Prozent Polen sowie weißrussische und ukrainische Minderheiten.
Mitgliedschaften: UN, Europarat, OSZE; EU- Beitritt beantragt.
Währung: Litas (LTL) = 100 Centas.

2. Wirtschaft:

Litauen hat mit einem hohen Defizit des Staatshaushalts zu kämpfen und erhielt zu dessen Konsolidierung ein Strukturanpassungsdarlehen der Weltbank in Höhe von 100 Mio. US-$. Hauptexportgüter: Textilerzeugnisse, Mineralprodukte, Maschinen; Hauptabnehmerländer sind Deutschland, Lettland und Russland.

3. Geschichte/Religion:

Litauens nationalstaatliche Geschichte beginnt 1917, als sich eine bäuerlich-bürgerliche Nationalbewegung erfolgreich gegen den polnischen Adel und die russische Beamtenschaft formierte. Bis heute hat sich in dem kollektiven Gedächtnis der Litauer eine herzliche Feindschaft zu Polen erhalten. Wie die anderen baltischen Staaten konnte sich Litauen erst 1991 für unabhängig von Russland erklären. Religion: 81 Prozent Katholiken, Minderheiten von Orthodoxen, Protestanten und anderen.

4. Sprache:

Amtssprache. Litauisch; Landessprachen: Litauisch, Russisch und Sprachen der Minderheiten. Internationale Sprache: Englisch.

6. Besonderheiten:

Nationalfeiertag: 16. Februar.

Mittel-Europa

Österreich
Republik Österreich

1. Politisches System:

Parlamentarische Bundesrepublik. Neutraler Staat.
Hauptstadt: Wien. Einwohnerzahl: 8,1 Millionen.
Mitgliedschaften: UN, WTO, EU, Europarat, OSZE, OECD.
Währung: Schilling (ÖS) = 100 Groschen; seit 1999 Euro.

2. Führungsschicht:

Ähnlich der unseren, was den allgemeinen Bildungsstand angeht. Die Gesellschaft ist in ihrer hierarchischen Ordnung noch stark in Traditionen verhaftet.

3. Geschichte/Religion:

Nachdem Hitler 1938 sein Heimatland – unter tatkräftiger Mithilfe österreichischer Nationalsozialisten – dem „Großdeutschen Reich“ einverleibt hatte, wurde 1945 auch Österreich von den Alliierten besetzt und geteilt. Es erlangte allerdings bereits 1955 seine volle Souveränität zurück und beschloss noch im selben Jahr seine „immerwährende“ Neutralität. Heute ist Österreich eine hochmoderne Industrienation auf der Basis der freien und sozialen Marktwirtschaft.
Religion: 78 Prozent Katholiken, 5 Prozent Protestanten, 2 Prozent Muslime.

4. Sprache:

Amtssprache: Deutsch.

5. Bekleidungsvorschriften/Tischmanieren:

Hier gibt es im täglichen Leben keine bemerkenswerten Unterschiede zu uns. Zu besonderen Gelegenheiten kann es dagegen nicht festlich genug sein.
Gastgeschenke: ja (nicht zu protzig); Blumen: ja.

6. Besonderheiten:

Die protokollarische Rangordnung hat in Österreich einen noch wesentlich höheren Stellenwert als bei uns, darauf sollte man auch bei geschäftlichen Kontakten besonders achten. Das Tragen von Adelstiteln wurde 1919 verboten. Dafür halten sich die Österreicher mit einem schier unerschöpflichen Erfindungsreichtum für Titel schadlos, mit dem eigentlich jeder bedacht wird. Die Ehefrauen werden hier auch noch mit dem Titel des Mannes angeredet. Männlichen Geschäftsreisenden ist zu raten, sich insbesondere um die Etikettevorschriften für einen korrekten Handkuss zu bemühen, ehe sie das Nachbarland betreten. Der Handkuss gehört in Österreich nach wie vor zum Guten Ton.

Eine Wiener Besonderheit: Das „Kaffeehaus“, durchaus auch als Ort für geschäftliche Besprechungen.

Nationalfeiertag: 26. Oktober.

Schweiz

Schweizerische Eidgenossenschaft

1. Politisches System:

Parlamentarischer Bundesstaat mit direktdemokratischen Mitwirkungsmöglichkeiten. Die Gliedstaaten (Kantone) haben weitgehende Kompetenzen. Neutraler Staat. Hauptstadt: Bern.
Einwohnerzahl: 7,1 Millionen; davon sind 20 Prozent Ausländer.
Mitgliedschaften: WTO, EFTA, Europarat, OSZE, OECD.
Währung: Schweizer Franken (Sfr) = 100 Rappen/Centimes.

2. Führungsschicht:

Die schweizerische Führungsschicht ist bis heute – mit Verlaub – „erzkonservativ“ und fast ausschließlich männlich. Erst seit 1971 haben die Schweizerinnen das allgemeine Stimm- und Wahlrecht. Inzwischen ist die Gleichberechtigung in der Bundesverfassung verankert und durch ein Antidiskriminierungsgesetz abgestützt. In den letzten Jahren haben die Schweizerinnen gegenüber anderen Europäerinnen bemerkenswert aufgeholt und das traditionelle Rollenbild auch hier rasant verändert. Sie sind in allen Kantonsregierungen vertreten und in einigen bilden sie sogar die Mehrheit. In den Führungspositionen der Wirtschaft sind die Herren allerdings – wie im übrigen Europa auch – nach wie vor unter sich. In der Wirtschaft gibt es eine Dominanz der Ost-Schweizer.

3. Geschichte/Religion:

Die Schweiz liegt nicht nur geographisch, sondern auch kulturell im Schnittpunkt Europas. Der Schweizerische Bundesstaat entstand im

Gefolge der napoleonischen Besetzung aus einem losen Staatenbund. Zusammengesetzt aus 26 Kantonen mit weitreichenden Zuständigkeiten hat der Bund in den letzten Jahren stetig an Bedeutung zugenommen. Der Umgang mit der Neutralität und die damit in Zusammenhang stehende Entscheidung, nicht der UN beizutreten, wird in der Schweiz immer mal wieder in Frage gestellt. Auch ist die Volksbefragung darüber, ob die Eidgenossen einen Beitritt zur EU beantragen sollen oder nicht, erneut zugunsten der Beitrittsgegner ausgefallen.

Religion: ca. 44 Prozent protestantisch (calvinistisch in der französisch sprechenden Schweiz, zwinglianisch in der deutschsprachigen Schweiz), 47 Prozent römisch-katholisch; jüdische und andere religiöse Minderheiten.

4. Sprache:

Amtssprachen sind: Deutsch, Französisch, Italienisch. Landessprachen: Deutsch wird von 66 Prozent der Bevölkerung gesprochen, Französisch von 20 Prozent, Italienisch von 7 Prozent, und Rätoromanisch spricht 1 Prozent; viele Schweizer beherrschen mindestens zwei dieser Sprachen. Internationale Sprache: Englisch.

5. Bekleidungsvorschriften/Tischmanieren:

Die Herrenbekleidung der Geschäftswelt ist förmlich, wenngleich branchenabhängig wie bei uns. Generell kann man sagen, dass die gesellschaftlichen Normen denen des jeweiligen Sprach-„Mutterlandes" sehr ähneln. Die Bekleidungsvorschriften sind in der „deutschen" Schweiz vergleichbar den unseren, wenn auch nicht ganz so streng. In der „französischen" Schweiz ist man etwas „schweizerischer" als in Frankreich, das gleiche gilt für das Tessin im Vergleich zu Italien. Die gleichen Differenzierungen treffen auch auf die Tischmanieren zu.
Gastgeschenke: nur zu besonderem Anlass; Blumen: ja.

6. Besonderheiten:

Im geschäftlichen Umgang sind die Schweizer sehr „preußisch": pünktlich, präzise und partnerschaftlich.
Nationalfeiertag: 1. August.

Slowenien

Republik Slowenien

1. Politisches System:

Parlamentarische Republik. Hauptstadt: Ljubljana.
Einwohnerzahl: knapp 2 Millionen; davon: 88 Prozent Slowenen, 2,8 Prozent Kroaten, 2,4 Prozent Serben und andere.
Mitgliedschaften: UN, WTO, Europarat, OSZE; EU-Beitritt beantragt.
Währung: Tolar (SIT) = 100 Stotin.

2. Wirtschaft:

Hauptimport- sowie Hauptexportgüter sind Zwischenprodukte; Slowenien importiert wesentlich mehr Konsumgüter als Investitionsgüter, wobei Deutschland sowohl bei den importierten Waren als auch als Exportland an erster Stelle steht. Haupteinnahmequelle ist allerdings der Tourismus.

3. Geschichte/Religion:

Früher zum Habsburger Reich gehörend, wurde Slowenien 1918 Teil des „Staates der Serben, Kroaten und Slowenen“, dann 1929 Teil des „Königreichs Jugoslawien“ und danach Teil der „Föderativen sozialistischen Republik Jugoslawien“. Nach jahrelangen Konflikten mit den Serben, denen schon in den siebziger und achtziger Jahren eine Liberalisierung des Landes und eigene Reformen vorangegangen waren, löste sich Slowenien im Juni 1991 als autonomer Staat aus dem Vielvölkerstaat.
Religion: mehrheitlich katholisch.

4. Sprache:

Landessprache: Slowenisch (lateinische Schrift); in den Minderheitsgebieten sind Italienisch und Ungarisch ebenfalls Amtssprachen. Internationale Sprachen: Englisch, Deutsch, Französisch.

5. Bekleidungsvorschriften/Tischmanieren:

Zu allen offiziellen Gelegenheiten trägt man formelle Kleidung. In der Mode wird italienischer Einfluss sichtbar.
Gastgeschenke: ja; Blumen: ja.

6. Besonderheiten:

Slowenien hat nicht zuletzt durch seine sportlichen Akzente, wie zum Beispiel attraktive Wintersportgebiete sowie etablierte Austragungsorte internationaler Segelflug- und Rudermeisterschaften – den schönen, alten Golfplatz in Bled nicht zu vergessen – schon zu sozialistischen Zeiten eine eigene Identität gewonnen, auf die es nach der Wende aufbauen konnte.
Nationalfeiertage: 25. Juni und 26. Dezember.

Polen

Republik Polen

1. Politisches System:

Parlamentarische Republik. Hauptstadt: Warszawa (Warschau).
Einwohnerzahl: 38,7 Millionen.
Mitgliedschaften: UN, WTO, Europarat, OSZE, OECD, NATO; EU-Beitritt beantragt.
Währung: Zloty (Zl) = 100 Groszy.

2. Wirtschaft:

Anders als bei den großen Nachbarn Ukraine und Weißrussland hat Polen die Umstellung des Wirtschaftssystems ohne nachhaltige Instabilität geschafft. Offensichtlich hat es sich positiv ausgewirkt, dass Polen durch die Solidarność-Bewegung und durch Lech Walensa über eine Übergangsautorität verfügte, die kein Machtvakuum entstehen ließ, wie es in den anderen Staaten des ehemaligen Ostblocks der Fall war. Dazu kommt, dass hier eine gebildete Bürgerschicht den Sozialismus überlebte; eine Tatsache, die – zusammen mit der starken katholischen Kirche – diesem osteuropäischen Land seine kulturelle Identität bewahrte. Bemerkenswert ist das in Polen herrschende Patriarchat, das auch in den Unternehmen unübersehbar ist: Ohne das Einverständnis des Senior-Chefs gibt es keinen Vertrag.

Polen gehört zu den EU-Beitrittskandidaten, die einer Aufnahme wohl am nächsten sind, als Beitritts-Datum ist der 1. Januar 2003 vorgesehen. Bisher standen dem Wunsch eines EU-Beitritts allerdings noch eine ganze Reihe ökonomischer Probleme sowie Sicherheitsbedenken der EU-Mitglieder entgegen.

3. Geschichte/Religion:

Die Geschichte Polens ist gekennzeichnet von ständiger Bedrohung aus dem Osten wie aus dem Westen. Zeitweilig war Polen schon völlig von der Landkarte verschwunden. Während des Zweiten Weltkriegs war das Land von Anfang bis Ende Kriegsschauplatz, 10 Millionen seiner Einwohner wurden getötet, und die berüchtigsten deutschen Konzentrationslager befanden sich ebenfalls auf polnischem Boden. Sicherlich sind hier einige der Gründe zu suchen, weswegen Polen nun mit geradezu beängstigendem Nachdruck die NATO-Osterweiterung vorantreibt, die den NATO-Beitritt von Polen, Ungarn und der Tschechischen Republik zum Ziel hat. Ebenfalls haben alle Parteien Polens – bis auf die Kommunisten – die Rückführung des Landes nach Westeuropa in letzter Zeit energisch betrieben.
Religion: römisch-katholisch.

4. Sprache:

Die Amtssprache ist Polnisch; Minderheitensprachen: Deutsch und Ukrainisch. Internationale Sprache: Englisch.

5. Bekleidungsvorschriften/Tischmanieren:

Trotz 45-jähriger kommunistischer Vergangenheit wurden viele traditionelle Formen aufrechterhalten, wie zum Beispiel die Rangfolgen, die Vorliebe für Titel, der höfliche Respekt gegenüber Damen, inklusive Handkuss und Verbeugung.
Gastgeschenke: ja; Blumen: ja.

6. Besonderheiten:

Polnische Restaurateure genießen weltweite Anerkennung und gelten als *die* Experten nicht nur für die Wiederherstellung zerstörter Kirchen und Kunstdenkmäler, sondern auch ganzer Städte, wofür die Stadt Danzig ein Musterbeispiel ist. Als problematisch werden dagegen die vielen mobilen Arbeitskräfte angesehen, die aus Polen bzw. über Polen kommen und für sehr geringe Entlohnung in den EU-Ländern arbeiten.
Nationalfeiertage: 3. Mai und 11. November.

Tschechien

Tschechische Republik

1. Politisches System:

Parlamentarische Republik. Hauptstadt: Praha (Prag).
Einwohnerzahl: 10,3 Millionen; davon 81,2 Prozent Böhmen, 13,2 Prozent Mährer, sowie deutsche und osteuropäische Minderheiten.
Mitgliedschaften: UN, WTO, Europarat, OSZE, OECD, NATO; EU-Beitritt beantragt.
Währung: Tschechische Krone (Kč) = 100 Heller.

2. Wirtschaft:

Tschechien ist ein hoch entwickeltes Industrieland mit Schwerpunkten auf Maschinen- und Fahrzeugbau (Pkw, Lkw, Flugzeuge, Motorräder, Trams) und der Energie- und Textilwirtschaft; nicht zu vergessen Bier aus der Stadt Pilsen. Deutschland ist mit 34,6 Prozent des Exportvolumens wichtigstes Abnehmerland. Günstiges Investitionsklima, nicht zuletzt wegen des hohen Bildungsstandes der Tschechen.

Im Geschäftsleben legt man Wert auf Pünktlichkeit und auf förmliche Begrüßungs- und Vorstellungsetikette. Dabei werden Titel durchaus wichtig genommen, sowohl als Anrede – zusammen mit dem Namen – als auch bei der Vorstellung durch Dritte; als Titel gelten dabei alle akademischen und Firmen-Titel, die auf der Visitenkarte stehen.

3. Geschichte/Religion:

Die Tschechische Republik hat – gemeinsam mit der Slovakei – die jüngste Geschichte aller europäischer Staaten: sie erschien erst am 1. Januar 1993 auf der Landkarte. Dabei war der vorhergehende Staat auch noch nicht alt, denn die Tschechoslowakei wurde erst 1918 aus Resten der Habsburger Monarchie zusammen gebastelt. Deren Innenpolitik war lange Zeit von Problemen zwischen den verschiedenen Volksgruppen gekennzeichnet, insbesondere zwischen Tschechen und den deutschen Minderheiten, die (in Böhmen und Mähren) vor dem Zweiten Weltkrieg rund ein Viertel der Gesamtbevölkerung ausmachten. Im Gegensatz zu der jungen Geschichte des Staates ist die Geschichte der Hauptstadt sehr alt. Prag war lange Zeit das kulturelle Zentrum Europas und beherbergt die älteste deutsche Universität (gegründet 1348). Emotional ist das deutsch-tschechische Verhältnis zum Teil noch stark belastet von den gegenseitigen Erfahrungen aus und nach dem Zweiten Weltkrieg.
Religion: 39 Prozent römisch-katholisch, 2,4 Prozent evangelisch; 39,9 Prozent sind nach eigenen Angaben konfessionslos.

4. Sprache:

Amtssprachen: gleichberechtigt Tschechisch und Slowakisch.
Internationale Sprache: Englisch. Viele ältere Menschen sprechen auch Deutsch.

5. Bekleidungsvorschriften/Tischmanieren:

Konservativ-formelle Bekleidung zu allen offiziellen und geschäftlichen Gelegenheiten.
Die Tischmanieren entsprechen der internationalen Etikette.
Gastgeschenke: ja; Blumen: ja.

6. Besonderheiten:

Tschechen werden auch als die „germanischen Slaven" bezeichnet. Die jungen Business-Leute sind enorm karriereorientiert und verfügen daher auch über geschliffene Umgangsformen. Sie sind von

allen ehemaligen Ostblock-Staaten am meisten an westliche Standards angepasst, und das betrifft nicht nur die Profis im Hightech-Business.
Geschäftsgespräche werden ähnlich unmittelbar in Gang gesetzt wie es in Deutschland üblich ist. Ein Sinn für Smalltalk oder auch für südländische Herzlichkeit ist nicht besonders verbreitet. Jedoch tritt bei Verhandlungen der kulturbedingte Respekt vor Älteren zu Tage: Ältere werden in der Regel für glaubwürdiger gehalten als Jüngere.
Das Verhältnis zu Deutschen ist grundsätzlich freundlich, wenngleich der tschechische Humor – sofern er Deutsche aufs Korn nimmt – ein wenig verräterisch ist.
Nationalfeiertag: 28. Oktober.

Slowakei
Slowakische Republik

1. Politisches System:

Parlamentarische Republik. Hauptstadt: Bratislava.
Einwohnerzahl: 5,4 Millionen; davon 85,7 Prozent Slowaken, 10,6 Prozent Ungarn und andere Minderheiten.
Mitgliedschaften: UN, WTO, Europarat, OSZE; EU-Beitritt beantragt.
Währung: Slowakische Krone (Sk) = 100 Heller.

2. Wirtschaft:

Die slowakische Freie Marktwirtschaft bedarf noch erheblicher Anstrengungen um auf EU-Norm zu kommen. Das Land bietet sehr gut qualifizierte Arbeitskräfte mit einem hohen Prozentanteil an Fachleuten mit Hochschulbildung. Der traditionelle Schwerpunkt des Landes liegt in der Entwicklung und Produktion von Präzisionstechnologien.

3. Geschichte/Religion:

Immer wieder gab es in der Geschichte dieses Jahrhunderts Autonomiebestrebungen der Slowaken, und immer wieder wurden sie mit den Tschechen zwangsvereinigt. Die letzte Selbständigkeit dauerte genauso lange wie der Zweite Weltkrieg; sie wurde 1945 von den sowjetischen Besatzungstruppen wieder aufgehoben. 1993 erfolgte die erneute Trennung: Tschechien und die Slowakei wurden selbständige Staaten.
Religion: 65 Prozent römisch-katholisch, sowie protestantische, griechisch-orthodoxe und jüdische Minderheiten.

4. Sprache:

Amtssprache: Slowakisch. Internationale Sprache: Englisch und Deutsch.

5. Bekleidungsvorschriften/Tischmanieren:

Keine Unterschiede zu den übrigen europäischen Ländern.
Gastgeschenke: ja; Blumen: ja.

6. Besonderheiten:

Nationalfeiertage: 1. Januar und 1. September.

Ungarn

Republik Ungarn

1. Politisches System:

Parlamentarische Republik. Hauptstadt: Budapest.
Einwohnerzahl: 10,1 Millionen.
Mitgliedschaften: UN, WTO, Europarat, OSZE, OECD, NATO; EU-Beitritt beantragt.
Währung: Forint (Ft) = 100 Filler.

2. Wirtschaft:

Ungarn strebt – an der Spitze aller Reformstaaten – mit Siebenmeilenschritten der EU-Mitgliedschaft entgegen. Das hohe Ausbildungsniveau der Ungarn ermöglicht diesen beispielhaften Aufschwung und sorgt gleichzeitig für eine große Zahl von Beschäftigten im IT-Business. Und der Bedarf wächst stetig: Auf einem riesigen Areal südlich von Budapest entsteht gegenwärtig ein Info-Park, der zu einer hocheffizienten Hightech-Schmiede werden soll. Dabei mangelt es nicht an Weltfirmen, die sich hier bereits engagiert haben – oder es noch wollen – sondern nur an genügend Universitätsabsolventen. Daher ist es nicht erstaunlich, dass die Hälfte der Doktoranden in Informatik bereits von der Industrie gefördert werden. Mittlerweile arbeitet hier eine zunehmende Zahl rumänischer Fachleute aus Siebenbürgen.

3. Geschichte/Religion:

Seit dem 18. Jahrhundert war die Geschichte Ungarns mit der österreichischen Monarchie verknüpft, mit der Ungarn 1867 eine Doppelmonarchie bildete: die legendäre *k*aiserliche *u*nd *k*önigliche Donaumonarchie des Hauses Habsburg. Ungarn trat 1942 mit Deutschland in den Krieg gegen Russland ein und wurde dann ab 1949 bis zum Umbruch 1989 Teil des sozialistischen „Ostblocks". Trotz der blutigen Niederschlagung ihres Aufstandes gegen die sowjetischen Besatzungstruppen im Jahre 1956 fanden die Ungarn, schneller als alle anderen sozialistischen „Bruderstaaten", wieder zu einer relativen Unabhängigkeit zu Moskau.
Religion: 62,9 Prozent römisch-katholisch, 19 Prozent Calvinisten, 4,1 Prozent Lutheraner, orthodoxe und jüdische Minderheiten.

4. Sprache:

Landessprache: Ungarisch. Internationale Sprache: Englisch.

5. Bekleidungsvorschriften/Tischmanieren:

Die Bekleidungsvorschriften sind konservativ-formell.
Die Tischmanieren entsprechen weitgehend den unseren.
Gastgeschenke: ja; Blumen: ja.

6. Besonderheiten:

In Ungarn war schon immer alles ein wenig anders, weil liebenswürdiger. Man könnte es vielleicht so erklären: Ungarn hat in seiner Geschichte seine Würde nie aufs Spiel gesetzt. Und so wird heute das Nebeneinander von Kaffeehaus-Charme und Lokalen für die Cyberspace-Generation unterschiedlich genossen, aber von allen respektiert.

Das traditionell gute Verhältnis zwischen unseren Völkern reicht bis in unsere Tage. Geschäftsreisende Herren sollten sich vor ihrer Reise nach Ungarn mit dem korrekten(!) Handkuss vertraut machen, das kann auf keinen Fall schaden. Wichtig ist, dass ein Herr stets abzuwarten hat, bis ihm die Dame die Hand reicht; nie darf er sich erkühnen, einer Dame zuerst die Hand entgegen zu strecken, das würde als sehr unhöflich empfunden (bei uns übrigens auch!).
Nationalfeiertag: 20. August.

West-Europa

Frankreich

Französische Republik

1. Politisches System:

Republik. Folgende Außengebiete gelten als Teile des Mutterlandes: die „Departements d'outre-mer" (D.O.M.) Franz.- Guyana, Guadeloupe, Martinique und Réunion; dazu die „Collectivités Territoriales" (C.T.) Mayotte und Saint-Pierre und Miquelon, sowie die „Territoires d'outre-mer" (T.O.M.) Franz.- Polynesien, Neukaledonien, Wallis und Futuna, sowie „Terres australes et antarctique françaises" (T.A.A.F.). Korsika hat einen Sonderstatus. Hauptstadt: Paris.
Einwohnerzahl: 58,9 Millionen; mit Überseegebieten: 61,1 Millionen.
Mitgliedschaften: UN, WTO, EU, Europarat, OSZE, G7, WEU, OECD, NATO.
Währung: Franz. Franc (FF) = 100 Centimes; seit 1999 Euro.

2. Führungsschicht:

Die französische Elite könnte man als eine einmalige Mischung aus traditioneller, reicher Oberschicht der Großgrundbesitzer und Intellektuellen bezeichnen. Die Angehörigen der wirtschaftlichen Führungsschicht sind in der Regel Absolventen der „Grandes Ecoles", der Eliteschulen für den Führungskräftenachwuchs, zum Beispiel der „Ecole nationale d'administration" (ENA), der „Ecole des hautes études des commerciales", oder der „Ecole Polytechnique". Frauen dringen zwar schwer, aber doch immer unübersehbarer in die wirtschaftlichen Machtzentren ein.
Die französische Führungsschicht ist sehr kultiviert und bleibt gern unter sich, ist aber nicht als überheblich zu bezeichnen.

3. Geschichte/Religion:

Von Anbeginn an war die gemeinsame Geschichte Frankreichs und Deutschlands eine Geschichte von Kriegen und kurzen Zwischenkriegszeiten. Die letzten fünfzig Jahre haben letztere Epoche derart verlängert, dass man sie getrost als Epoche nach dem endgültig letzten Krieg betrachten kann. Endlich haben beide Nationen die gleichen, beziehungsweise sich ergänzenden Interessen entdeckt und daraus eine europäische Stärke gebaut. Bedauerlicherweise hapert es in weiten Kreisen noch mit der sprachlichen Verständigung, es hat jedoch den Anschein, als würde nun beidseitig des Rheins in den Schulen kräftig die Sprache des Nachbarn gelernt.

4. Sprache:

Landessprache: Französisch. Internationale Sprache: Französisch (wenig Englisch).

5. Bekleidungsvorschriften/Tischmanieren:

Die Kleidung des Geschäftsmannes entspricht dem internationalen Standard und ist daher formell mit Jackett und Krawatte – wenn auch alles um einen Hauch lässiger. Sobald er aber abends privat ausgeht, legt er seine Krawatte sofort ab. Selbst in sehr guten Restaurants sitzen die Herren oft mit offenem Hemdkragen, und ihr

Jackett hängt über der Stuhllehne. Selbstverständlich gilt das nicht für offizielle Einladungen und in exklusiven Restaurants.

Sollte man in ein Privathaus eingeladen werden, so ist dies als eine besondere und seltene Auszeichnung zu betrachten. In so einem Fall sollte man sich formell in Abendgarderobe kleiden, selbst wenn es sich um eine Gartengesellschaft handelt; hier wäre dann das helle Dinnerjacket angebracht – es sei denn, man würde vorher mitgeteilt bekommen, man sei „entre nous", das heißt dann für die Herren: chic, aber ohne Krawatte, und für Damen: nicht so streng elegant. Die Französin kleidet sich für Gäste stets elegant, wenn auch mit sehr vielen Abstufungen zum Abend hin: je früher, umso „duftiger", je später um so konventioneller.

In Bezug auf die korrekte Etikette sind einige Unterschiede zu unseren Gepflogenheiten zu beachten. So ist der Ehrenplatz bei Tisch nicht die linke, sondern die rechte Seite der Gastgeberin. Der Ehrenplatz für eine Dame ist an der rechten Seite des Gastgebers. Wie bei uns hat jeder Herr der Dame an seiner rechten Seite – seiner Tischdame – beim Platznehmen behilflich zu sein.

Franzosen benutzen nie eine Gabel zum Käse noch darf man jemals sein Brot schneiden oder die Gänseleberpastete mit dem Messer zerteilen. Das allgegenwärtige Weißbrot brauchen Franzosen während des ganzen Essens, zum Beispiel auch zum Aufnehmen von Saucen, zum Käsedessert usw. Die unvermeidliche Krümelei – man darf das Brot nur stückchenweise abbrechen und *nie abbeißen oder schneiden* – stört niemanden; von Zeit zu Zeit werden die Krümel von einem dienstbaren Geist vom Tisch gefegt.

Gastgeschenke: ja, aber nicht zu protzig; Blumen: ja, aber stets morgens ins Haus schicken lassen.

6. Besonderheiten:

Der Nationalfeiertag ist der 14. Juli.

Luxemburg
Großherzogtum Luxemburg

1. Politisches System:

Konstitutionelle Monarchie. Hauptstadt: Luxembourg/Lützelburg (Luxemburg).
Einwohnerzahl: 427 000.
Mitgliedschaften: UN, WTO, EU, Europarat, OSZE, WEU, OECD, NATO.
Währung: Luxemb. Franc (lfr) = 100 Centimes; in Währungsunion mit Belgien. Das heißt, beide Geldarten sind gleichberechtigt in Luxemburg in Umlauf; seit 1999 Euro.

2. Führungsschicht:

Die Führungsschicht Luxemburgs bilden einige der alteingesessenen, katholischen Familien, die jedoch eher der Mittelschicht angehören als der kleinen Elite. Anders als im benachbarten Frankreich ist diese Führungsschicht grundsätzlich sehr offen. Je nach beruflichem Schwerpunkt hat man entweder in Frankreich studiert, das für alle kulturellen Fächer, Jura und Medizin als maßgebend gilt, oder in Deutschland, das für eine naturwissenschaftlich-technische Berufsausbildung bevorzugt wird.

3. Geschichte/Religion:

Bereits im 1. Jahrtausend selbständige Grafschaft, hat sich das Großherzogtum Luxemburg seit 1354 bis heute seine Souveränität bewahrt. Angesichts der Geschichte dieses Stadtstaates ist das umso erstaunlicher. Denn eigentlich gibt es kaum eines der europäischen Königshäuser, die sich als Nachbarn abwechselten, das Luxemburg nicht eingenommen und eine Zeitlang annektiert hätte. Die letzten beiden Akte dieses Dramas schrieb Deutschland, das – trotz dessen Neutralität – das Großherzogtum in den beiden letzten Kriegen mit seinen Truppen besetzte.
Religion: römisch-katholisch.

4. Sprache:

Luxemburg hat drei gleichberechtigte Amtssprachen: Französisch, Deutsch und Letzebuergesch. Internationale Sprache: Englisch.

5. Bekleidungsvorschriften/Tischmanieren:

International.

6. Besonderheiten:

Die Stadt Luxemburg ist Sitz der Montanunion, des Europäischen Gerichtshofs und vieler europäischer Dachverbände.
Nationalfeiertag: 23. Juni.

Belgien
Königreich Belgien

1. Politisches System:

Konstitutionelle Monarchie. Föderalstaat aus vier Sprachgebieten: das deutsche Sprachgebiet, das französische Sprachgebiet, das niederländische Sprachgebiet und das zweisprachige Gebiet Brüssel-Hauptstadt. Hauptstadt: Brussel/Bruxelles (Brüssel).
Einwohnerzahl: 10,2 Millionen, davon 57 Prozent Flamen, 33 Prozent Wallonen, 1 Prozent deutschsprachige Belgier und 9 Prozent andere Minderheiten.
Mitgliedschaften: UN, WTO, EU, Europarat, OSZE, WEU, OECD, NATO.
Währung: Belg. Franc (bfr) = 100 Centimes; seit 1999 Euro.

2. Führungsschicht:

Das Land ist einerseits getrennt durch die unterschiedlichen Kulturen von Wallonen und Flamen, andererseits aber geprägt durch die Internationalität Brüssels. Deutliche Dominanz der Flamen.

3. Geschichte/Religion:

Belgien war bis 1960 Kolonialmacht (Kongo). In seiner wechselvollen Geschichte konnten die Volkstumsgegensätze zwischen den französischsprechenden Wallonen und den Flamen nie recht beseitigt werden. Seit der vierten Staatsreform von 1993 ist Belgien ein Föderalstaat, der sich aus drei Gemeinschaften (die Deutschsprachige, die Flämische und die Französische Gemeinschaft) und drei Regionen (die Wallonische, die Flämische und die Brüsseler Region) zusammensetzt.
Religion: 81 Prozent Katholiken, 2,5 Prozent Muslime, 0,35 Prozent Juden sowie Protestanten.

4. Sprache:

Amtssprachen: Flämisch, Französisch, regional auch Deutsch.
Internationale Sprachen: alle europäischen Sprachen.

5. Bekleidungsvorschriften/Tischmanieren:

International; allgemein keine gravierenden Unterschiede zu uns.

6. Besonderheiten:

Belgien beherbergt die „Hauptstadt" Europas: Brüssel. Die Animositäten zwischen Wallonen und Flamen sollte man berücksichtigen, aber nicht ansprechen.
Nationalfeiertag: 21. Juli.

Niederlande

Königreich der Niederlande

1. Politisches System:

Konstitutionelle Monarchie. Hauptstadt: Amsterdam.
Regierungssitz: Den Haag.
Einwohnerzahl: 15,7 Millionen.

Mitgliedschaften: UN, WTO, EU, Europarat, OSZE, WEU, OECD, NATO.
Währung: Hol. Gulden (hfl) = 100 Cent; seit 1999 Euro.

2. Führungsschicht:

Weltoffen und national zugleich; sehr wohlhabend. Die Umgangsformen der Führungsschicht kann man als unkompliziert oder auch ein bisschen leger bezeichnen. Man findet schneller zum „Du" („je") als bei uns, weil das „Sie" („u") sehr förmlich und distanzierend wirkt. Innerhalb von Unternehmen ist das „Sie" zwischen Vorgesetzten und Mitarbeiter/innen jedenfalls korrekt und üblich.

3. Geschichte/Religion:

Die Niederlande hatten bis 1949 umfangreiche Kolonien auf heute indonesischem Gebiet. Die Niederländischen Antillen und Aruba sind teilautonome Gebiete, die außenpolitisch von Den Haag vertreten werden; auch dort ist Königin Beatrix Staatsoberhaupt.
Religion: 36 Prozent katholisch, 26 Prozent protestantisch, 3 Prozent Muslime sowie sonstige Glaubensgemeinschaften.

4. Sprache:

Amtssprache: Niederländisch; Minderheitensprache: Friesisch.
Internationale Sprache: Englisch.

5. Bekleidungsvorschriften/Tischmanieren:

Entsprechen den unseren.

6. Besonderheiten:

Hergeleitet aus der deutschen Besatzungszeit sind in der älteren Bevölkerung anti-deutsche Ressentiments noch stark verbreitet. Weder die offiziellen Beziehungen noch die der jüngeren Generation sind dadurch erwähnenswert belastet.
Nationalfeiertage: 30. April und 5. Mai.

Großbritannien und Nordirland

Vereinigtes Königreich Großbritannien und Nordirland

1. Politisches System:

Konstitutionelle Monarchie im Commonwealth of Nations. Großbritannien vereinigt England, Schottland, Wales und Nord-Irland. Das Commonwealth, ein freiwilliger Zusammenschluss von 50 unabhängigen Staaten mit einer Gesamtbevölkerung von 1,3 Milliarden Menschen, erkennt Königin Elisabeth II. als „Oberhaupt" und Englisch als gemeinsame Sprache an. In 17 dieser Mitgliedstaaten ist Königin Elisabeth II. zugleich auch Staatsoberhaupt.
Hauptstadt: London.
Einwohnerzahl: 59,1 Millionen, davon 80 Prozent Engländer, 10 Prozent Schotten, 4 Prozent Iren, 2 Prozent Waliser, außerdem 1 Prozent Inder und 3 Prozent Sonstige.
Mitgliedschaften: UN, WTO, EU, Europarat, OSZE, G7, WEU, OECD, NATO.
Währung: Pfund Sterling (£) = 100 Pence.

2. Führungsschicht:

Hier muss man differenzieren: Die traditionelle Oberschicht Großbritanniens bildet immer noch der Adel. „Within the framework of a democratic form of government the United Kingdom has retained its monarchy, its peerage and its orders of knighthood and chivalry." (Dem vollen Verständnis dieser offiziellen britischen Definition von 1992 würde eine Übersetzung nur schaden.)

Die wirtschaftliche Führungsschicht der Industrienation muss man jedoch in den Führungsetagen der Londoner City suchen. Das Bindeglied zwischen beiden bilden die Elite-Colleges von Cambridge, Oxford und London, die sie seit Generationen gemeinsam besuchen. Nach wie vor besteht eine große Kluft zwischen der Führungsschicht und den breiten Bevölkerungsschichten.

3. Geschichte/Religion:

Die Briten identifizieren sich sehr mit ihrer Tradition und Geschichte. Das gilt für die ehemalige Größe des Commonwealth wie für die „Glorious Revolution", die zum ersten parlamentarischen System der Neuzeit führte. Großbritannien hat bis zur Gegenwart größten Wert auf nationale Eigenständigkeit gelegt, was sich auch in der Verweigerung gegenüber dem Euro ausdrückt, hinter dem man Fremdbestimmung mutmaßt.

Religion: 56,8 Prozent anglikanisch (Oberhäupter: die Königin und der Erzbischof von Canterbury), ca. 13,1 Prozent römisch-katholisch, 1,4 Prozent muslimisch, 2 Prozent presbyterianisch (= Staatskirche in Schottland), zahlreiche protestantische Freikirchen, Sikhs, Hindus und Juden.

4. Sprache:

Landessprache: Englisch; regionale Minderheitensprachen: Walisisch und Gälisch (in Schottland und Nordirland).

5. Bekleidungsvorschriften/Tischmanieren:

Der englische Geschäftsmann trägt stets konservativ-formelle Kleidung, das heißt für Herren: Anzug oder kombinierter Anzug mit Krawatte. Der schwarze Anzug mit „bowler hat" ist eine Marotte der Londoner City und war früher auf „banker" und „broker" beschränkt. Diese Art der Bekleidung sollte man als Fremder nicht imitieren. Für alle offiziellen Essen ist der Smoking Vorschrift, auf den Bekleidungsvermerken angegeben mit: „Black tie".

Die Tischmanieren haben in England große Bedeutung und dienen als Unterscheidungskriterium zwischen „upper class" und „common people". Die englische Art des Essens unterscheidet sich im wesentlichen durch die Handhabung von Löffel und Gabel. Dort muss man die Suppe seitlich vom Löffel nehmen, der Löffel darf nicht ganz in den Mund geschoben werden. Die Gabel wird nur umgedreht benutzt; alles was man vom Teller in den Mund zu transportieren hat, wird auf den Gabelrücken und in die Zinken gequetscht. – Aber: Engländer akzeptieren durchaus die kontinentale

Weise des Umgangs mit dem Besteck, so dass man sich nicht notwendigerweise anzupassen braucht.
Gastgeschenke: unüblich; Blumen: ja.

6. Besonderheiten:

In England ist alles etwas anders:

- Die „tea time", die Vorrang vor und bei allen Geschäftsterminen hat;
- das disziplinierte *Schlangestehen*, das auch von jedem Fremden *erwartet* wird; das bedeutet, sich überall dort in einer Schlange hintereinander aufstellen, wo auch immer mehr als zwei Leute auf etwas warten;
- die Clubs mit Zutrittsverbot für Frauen;
- die Pubs, deren Öffnungszeiten mit den Lebensgewohnheiten der Briten nie in Einklang zu bringen sind;
- das „Kricket"-Spiel, bei dem von keinem Fremden erwartet wird, dass er es begreift.

Alle diese – und noch eine Menge weitere – britischen Besonderheiten sollte man als Ausländer/in taktvoll respektieren und nie kritisieren – auch nicht im Spaß –, denn dann berührte man die Grenzen des sprichwörtlichen englischen Humors.

Wichtig: Britische Höflichkeit erfordert immer etwas Distanz zum Nächsten, daher ziehen Briten den Körperabstand dem Händedruck vor. Also *nie von sich aus* einem Briten die Hand reichen!

Nationalfeiertag: der „offizielle" Geburtstag der Königin, der an einem, jeweils jährlich festgelegten Tag im Juni gefeiert wird.

Irland
Republic of Ireland

1. Politisches System:

Parlamentarische Republik. Neutraler Staat. Hauptstadt: Dublin.
Einwohnerzahl: 3,7 Millionen.

Mitgliedschaften: UN, WTO, EU, Europarat, OSZE, OECD.
Währung: Irisches Pfund (Ir£) = 100 Pence; seit 1999 Euro.

2. Führungsschicht:

Auf irischer Seite in jedem Fall Katholiken, viele mit Studium in den USA. Seit 1960 siedelten sich viele ausländische Unternehmen in Irland an, so dass auch einige ausländische Manager der wirtschaftlichen Führungsschicht des Landes zuzurechnen sind.

3. Geschichte/Religion:

Die Geschichte Irlands reicht insofern bis in die Gegenwart, als sie geprägt ist von jahrhundertelangen Religionskonflikten mit England. Das katholische Irland erlangte erst 1948 seine volle Souveränität gegenüber Großbritannien, wenngleich unter Preisgabe des überwiegend protestantischen Landesteils Ulster (= Nord-Irland). In dem bislang ungelösten Konflikt zwischen Nord-Irland und Großbritannien verhält sich das offizielle Irland neutral, wenngleich nicht gleichgültig.
Religion: 87,8 Prozent katholisch, 3,2 Prozent anglikanische Protestanten, sowie presbyterianische, methodistische und jüdische Minderheiten.

4. Sprache:

Amtssprachen: Irisch und Englisch.

5. Bekleidungsvorschriften/Tischmanieren:

Die Bekleidungsvorschriften unterscheiden sich kaum von den englischen; die Kleidung für Businessleute ist formell. Der Smoking und das lange Abendkleid sind bei offiziellen Essen auch in Irland üblich. Die Tischmanieren sind englisch.
Gastgeschenke: höchstens taktvoll bescheiden; Blumen: ungewöhnlich aber nicht verkehrt.

6. Besonderheiten:

Die Iren zeichnen sich durch eine herzliche Freundlichkeit aus, die sie besonders auch Deutschen entgegenbringen. Das Land hat einen exorbitanten wirtschaftlichen Aufschwung geleistet und die zuvor hohe Arbeitslosenzahl – eine vormals „irische Krankheit" – drastisch gesengt. Nicht zuletzt deswegen, weil es Irland gelang, viele ausländische Investoren ins Land zu holen, die nicht nur Geld brachten, sondern sich in diesem Land auch noch wohlfühlen.
Nationalfeiertag: 17. März.

Ost-Europa

Für unsere schnelllebige Zeit typisch ist, selbst „Jahrhundert-Ereignisse" schnell in den Regelkreis der Normalität aufzunehmen und vorangegangene Systeme, Probleme und Konfrontationen ad acta zu legen und fast zu vergessen. Man sollte es sich jedoch noch einmal bewusst machen, dass die osteuropäischen Staaten – von uns unter dem Begriff „Ostblock" geführt – und der „Westen" sich noch bis vor kurzem, mit einer mehrfachen Übertötungskapazität bewaffnet, gegenüber standen. Heute dagegen dient es unserem eigenen Interesse, mit diesen Ländern wirtschaftliche Beziehungen aufzunehmen.

In den letzten Jahren haben wir gelernt, die Vielfalt osteuropäischer Kulturen und die Unterschiede nationaler Identitäten zu erkennen. Und nun empfinden wir die mangelnde Erfahrung im freien Umgang mit den Menschen dieser Region als Defizit und als Manko, insbesondere im Hinblick auf die wirtschaftlichen Beziehungen.

Sicherlich sollte man die nachfolgenden Angaben und Hinweise unter der Einschränkung sehen, dass erst rund zehn Jahre seit der Auflösung der Sowjetunion bzw. des Ostblocks vergangen sind. Auch ist ihre längerfristige Gültigkeit von der politischen Kontinuität der gegenwärtig zu überschauenden Strukturen abhängig. Ich hoffe – trotz dieser Einschränkungen – einige Hinweise vermitteln zu können, die für diejenigen von Nutzen sind, die geschäftlich in den osteuropäischen Ländern zu tun haben.

Einige Dos und Don'ts zum geschäftlichen Umgang in Ost-Europa

- Im bemerkenswerten Gegensatz zur „Coolness" des Umgangs im westlichen Business ist für Erfolg versprechende Geschäftsbeziehungen in Osteuropa *Emotionalität* gefragt – jedoch nicht unüberlegte, sondern möglichst einfühlsame. Man sollte nicht nur in der Lage sein, im Umgang mit seinen Geschäftspartnern die einnehmende Herzlichkeit und freundschaftliche Nähe zu erwidern, sondern auch deren Tücken zu erkennen und ihre Grenzen zu beachten.
- Pünktlichkeit und korrekte Kleidung werden bei allen Terminen vorausgesetzt.
- Bei einer Begrüßung gilt die gleiche Rangfolge wie bei uns: Der/die Ranghöhere reicht die Hand zuerst.
- Zusagen werden stets als verbindlich angesehen und sind unbedingt einzuhalten.
- Der Handschlag gilt oftmals als Vertrag; der schriftliche Vertrag wird häufig nicht so ernst genommen wie der Handschlag.
- Es gehört zur Kultur Osteuropas – wie auch Asiens – Geschäftsverhandlungen durch vertrauensbildende „Umwege" einzuleiten, z. B. mit Geschichten aus dem eigenen Erleben des Landes oder auch durch privaten Smalltalk.
- In einigen Ländern im Osten Europas – in Teilen Russlands und im asiatischen Teil der GUS-Staaten – gibt es den Brauch des „Tischvorsitzenden" an der Tafel. Er eröffnet den Reigen der Trinksprüche.
- Sehr wichtig ist, die Rituale der Trinksprüche zu kennen und sich anzupassen. (Näheres dazu im Abschnitt „Russland".)
- Zusagen gegenüber Tischnachbarn in „gemütlicher Runde", die bei uns als unverbindlich gelten, werden in diesen Ländern für verbindlich gehalten.
- Beim Smalltalk kann man schnell ungewollt Verbindlichkeiten schaffen, wenn man sich nicht ein „Hintertürchen" offen hält.

- ⊕ Es ist in der Tat wichtig, einen unmissverständlichen Abstand zu Frauen zu halten, weil Freundlichkeiten, die bei uns als völlig „harmlos“ gelten, in osteuropäischen Ländern – und mehr noch im asiatischen Teil der GUS-Staaten – Erwartungen wecken und als verbindlich angesehen werden könnten.

Tabus:

- ⊖ Zu geschäftlichen Verabredungen nicht pünktlich zu erscheinen, gilt als äußerst unhöflich und herabsetzend.
- ⊖ Bei Geschäftsverhandlungen sollte man *nie unmittelbar* auf sein Ziel zustreben, sondern versuchen, dies in einen weitläufigen Kontext einzubinden.
- ⊖ Es ist sehr davon abzuraten, bereits Alkohol zu trinken, bevor man zu einem Business-Essen oder Dinner geht.

Russland
Russische Föderation

1. Politisches System:

Präsidiale Republik mit 89 Territorialeinheiten („Subjekte der Föderation“): 21 Republiken, ein Autonomes Gebiet, 10 Autonome Bezirke, 6 Regionen, 49 Gebiete, und zwei Städte mit Subjektstatus (Moskau und St. Petersburg). Hauptstadt: Moskau.
Einwohnerzahl: 146,9 Millionen; davon 81,5 Prozent Russen, 3,8 Prozent Tataren und viele andere Minderheiten.
Mitgliedschaften: UN, APEC, Europarat, OSZE.
Währung: Rubel (Rbl) = 100 Kopeken.

2. Wirtschaft:

Gegenwärtig sind Feststellungen über die russische Wirtschaft, die den Anspruch erheben dürften, über den Tag hinaus gültig zu sein, immer noch als kühn einzustufen. Insbesondere gilt das für die spannenden Frage, ob und wann es der neuen politischen Klasse gelingen wird, für internationale Investoren kalkulierbare Perspektiven im Hinblick sowohl auf die wirtschaftliche Entwicklung als auch auf ihr Sicherheitsbedürfnis zu schaffen.

3. Geschichte/Religion:

Die für uns wichtigsten geschichtlichen Ereignisse, die bis heute aus dem kollektiven Gedächtnis unserer beiden Völker nicht wegzudenken sind, beziehen sich auf den Zweiten Weltkrieg. Deutsche Truppen hatten sich bis nach Moskau durch das Land gekämpft und – anders als die fast kampflose Besetzung westlicher Nachbarländer – das Land zerstört. 1945 zählte die Sowjetunion 16 Millionen Tote durch diesen Krieg.

Die Russische Föderation – Republik seit 1991 – umfasst eine Gesamtfläche von 17 Millionen km^2 und ist damit das größte Land der Erde (nahezu doppelt so groß wie die USA). Die Rolle als Führungsmacht der Gemeinschaft Unabhängiger Staaten (GUS) hat Russland zwar nach wie vor inne, jedoch wird diese Rolle durch die wirtschaftlichen Verhältnisse im Inneren des Landes wesentlich eher in Frage gestellt als dies von außen denkbar wäre.

Religionen: Die größte Glaubensgemeinschaft ist die russisch-orthodoxe Kirche, gefolgt vom Islam. Daneben gibt es: armenisch-katholische, georgisch-orthodoxe, römisch-katholische, lutherische, calvinistische, jüdische und buddhistische Glaubensgemeinschaften, dazu viele Freikirchen.

4. Sprache:

Hauptlandessprache und Amtssprache: Russisch; daneben gibt es ca. 100 Landessprachen, die in ihrer jeweiligen Region auch als Amtssprache anerkannt sind. Die Schriftsprache beruht auf dem kyrillischen Alphabet. Internationale Sprache: Englisch.

5. Bekleidungsvorschriften/Tischmanieren:

In Russland trägt man im Geschäftsleben wie zu allen offiziellen Veranstaltungen formelle Kleidung. Im Winter ist es üblich, zu allen Veranstaltungen und Einladungen in Winterstiefeln zu gehen; in einer Tasche bringt man die leichteren Abendschuhe mit, die man dann in der Garderobe anzieht. Dunkler Anzug für den Abend; der Smoking ist unüblich.

Die Tischmanieren entsprechen den unseren, dagegen unterscheiden sich die Trinksitten doch merklich. Sicherlich ist das Essen erheblich schwerer und reichhaltiger als bei uns. Und so kann man die russischen Gepflogenheiten im Umgang mit hochprozentigen Getränken wohl auch als gesundheitsfördernd ansehen. Allerdings gibt es hierfür einige *Riten,* die der Gast unbedingt beachten sollte:

- Häufig gibt es einen „Tischvorsitzenden" an der Tafel; es ist stets dessen Privileg – oder das des Ranghöchsten unter den Gastgebern – mit einem *Trinkspruch* als erster das Glas zu erheben und auf das Wohl der Gäste zu trinken.
- Als Nächster hat der Ranghöchste der Gäste mit einem Trinkspruch sein Glas zu erheben und – die Gastfreundschaft preisend – auf den/die Gastgeber zu trinken.
- Dann werden sich Gastgeber und Gäste – jeweils *im Wechsel* – mit einem Trinkspruch einreihen.
- Die Trinksprüche bedienen sich einer sehr blumigen Sprache und sind mit viel Herzlichkeit auszubringen. Meist werden sie mit einer schönen Geschichte eingeleitet.
- Sollte der Gast des Russischen nicht mächtig sein, kann er seinen Trinkspruch auf Englisch oder auch auf Deutsch ausbringen. Seine Worte werden in der Regel genau so wortreich und phantasievoll übersetzt.
- Man trinkt zum Beispiel auf
  - die Schönheit der Frauen
  - persönliche oder erwünschte Freundschaft
  - die schönen Dinge des Lebens
  - die Weisheit im Alter etc.

- Zur Beachtung: trinkt jemand auf das Wohl der anwesenden „schönen“ Frauen, haben sich dazu alle Herren zu erheben.

Tabus:

- Ohne Trinkspruch einfach zu trinken ist tabu.
- Einen Trinkspruch auf Geschäftliches auszubringen, wird für kulturlos gehalten.
- Während eines Trinkspruchs auf die Damen sitzen zu bleiben, gilt als ungehobelt.
- Um unübersehbare Komplikationen zu vermeiden, sollte Mann auf *Flirts* und auch nur *freundschaftliche Nähe* zu Frauen verzichten.

Gastgeschenke: ja; Blumen: ja.

6. Besonderheiten:

Die Höflichkeit der Russen, ihre Warmherzigkeit und beispiellose Gastfreundschaft erscheint westlichen Geschäftsleuten zunächst gewöhnungsbedürftig, weil es im westlichen Business eher unüblich ist, ein Geschäft emotional anzugehen. Wer aber nicht in der Lage ist, sich dieser Emotionalität zu öffnen und gleichzeitig mögliche „Fußangeln“ zu kennen und zu beachten, der hat in Russland – sowie in den östlicheren GUS-Ländern – bestimmt „ein Problem“. Sicherlich ist es auch hier von Nutzen, vor geschäftsrelevanten Reisen in diese Region sich von „Alten Hasen“ über Fettnäpfchen und ihre Tücken und zu vermeidende Fehler aufklären zu lassen.

- Achtung: Auch Zusagen oder Versprechungen beim Smalltalk werden als *verbindlich* eingestuft.
- Wertvolle Ringe, Uhren und Schmuck sollte man auf jeden Fall zu Hause lassen und auch nicht zu viel Bargeld mitnehmen. Der Sicherheitsstandard in den Großstädten Russlands ist keinesfalls höher als in den anderen Millionenstädten dieser Welt.

Nationalfeiertag: 12. Juni.

Ukraine

1. Politisches System:

Präsidiale Republik; seit 1991 unabhängig. Mit der Verfassung von 1995 wird die autonome Republik Krim als integraler Bestandteil der Ukraine definiert. Hauptstadt: Kyyiv (Kiew); Hauptstadt der Krim: Simferopol'.
Einwohnerzahl: 50,3 Millionen; davon 72,7 Prozent Ukrainer, 22 Prozent Russen, sowie Juden (1 Prozent), Belorussen und andere.
Einwohnerzahl der Krim: 2,6 Millionen; davon 62 Prozent Russen, 23 Prozent Ukrainer, 8 Prozent Krimtataren und andere.
Mitgliedschaften: UN, Europarat, OSZE.
Währung: Griwna (UAH) = 100 Kopeken.

2. Wirtschaft:

Die Ukraine hat ihre potenzielle Wirtschaftskraft bei weitem noch nicht erreicht. Die Ökonomie basiert hauptsächlich auf großen Getreideanbaugebieten, doch ist die Ukraine auch relativ stark industrialisiert, besonders im Bereich der Eisen- und Stahlproduktion, sowie im Raketen-, Schiffs-, und Flugzeugbau. Sie verfügt über reiche Bodenschatzvorkommen (Kohle, Mangan, Eisenerz). Trotzdem haben sich die wirtschaftlichen Probleme politisch bisher nicht bewältigen lassen. Durch internationale Hilfe bahnt sich der Bau eines neuen Reaktors als Ersatz für den Unglücksreaktor des Kernkraftwerks Tschernobyl an.

3. Geschichte/Religion:

In der langen ukrainischen Geschichte gab es unzählige Versuche, einen eigenen Staat zu gründen. Bis auf eine kurze Zeit zwischen 1917 und 1919, in der es eine ukrainische Republik gab – die dann von Stalin kassiert wurde –, scheiterten sie alle, hinterließen aber stets einen ausgeprägten Nationalismus. In den zwanziger und dreißiger Jahren ließ Stalin Millionen von Ukrainern grausam verfolgen, nach Sibirien und Mittelasien deportieren oder verhungern. Viele flohen damals in die USA und nach Kanada, dort leben heute noch ca. 1,5 Millionen Ukrainer. Nach dem zweiten Weltkrieg wurde das Territorium der Ukraine nach Westen hin – auf ursprünglich polnisches Gebiet – vergrößert. (Polen wurde ebenfalls nach Westen „verschoben“, auf Gebiete Ostpreußens, nach Westpreußen, Pommern und Schlesien.) 1954 wurde dann noch die Krim der Ukraine zugeteilt.

Religion: Mehrheitlich orthodoxe Christen, 5,4 Millionen Katholiken, rund 500 000 Juden, sowie muslimische und protestantische Minderheiten.

4. Sprache:

Landes- und Amtssprachen: Ukrainisch und Russisch.

6. Besonderheiten:

Nationalfeiertag: 24. August.

Moldau

Republik Moldau

1. Politisches System:

Präsidiale Republik. Hauptstadt: Chisinau.
Einwohnerzahl: 4,3 Millionen; davon 64,5 Prozent Moldawier, 14 Prozent Ukrainer, 13 Prozent Russen, sowie 3,5 Prozent Gagausen.
Mitgliedschaften: UN, Europarat, OSZE.
Währung: Moldau-Leu (MDL) = 100 Bani.

2. Wirtschaft:

Der Schwerpunkt der moldauischen Wirtschaft liegt im Gemüse-, Obst- und Weinanbau. Rohstoffe sind kaum vorhanden, industriell ist Moldawien wenig entwickelt.

3. Geschichte/Religion:

Die Republik Moldau liegt zwischen dem Pruth und dem Dnjestr und umfasste früher einen Großteil Bessarabiens und die Bukowina.

1812 wurde sie von Russland annektiert und musste 1918 Bessarabien an Rumänien abtreten. Unabhängige Republik seit 1991. Religion: Mehrheitlich orthodoxe Christen.

4. Sprache:

Amts- und Staatssprache: Moldawisch (romanische Sprache, dem Rumänischen sehr ähnlich, jedoch in kyrillischer Schrift). Landessprachen: Moldawisch, Russisch, Ukrainisch und Gagausisch (Turksprache in kyrillischer Schrift).

6. Besonderheiten:

Nationalfeiertag: 27. August.

Weißrussland (Belarus)
Republik Weißrussland

1. Politisches System:

Präsidiale Republik seit 1991. Hauptstadt: Minsk.
Einwohnerzahl: 10,3 Millionen; davon 78 Prozent Belorussen, 13 Prozent Russen, 4 Prozent Polen, 3 Prozent Ukrainer.
Mitgliedschaft: UN, OSZE.
Währung: Belarus-Rubel (BYR) = 100 Kopeken.

2. Wirtschaft:

Weißrusslands Wirtschaft hatte seit 1990 gewaltige Umstrukturierungen zu leisten: von einem agrarischen Schwerpunkt zur Industrie- und Dienstleistungswirtschaft – bei sehr niedriger Arbeitslosenzahl aber horrender Inflationsrate. Schwerpunkte der Industrie liegen im Automobil- und Landmaschinenbau, aber auch in den Bereichen Computerfertigung, Chemie und Textil.

3. Geschichte/Religion:

Die Belorussen standen jahrhundertelang unter polnisch-litauischer Herrschaft und ab dem 18. Jahrhundert unter der des russischen Za-

ren. Nach der Oktoberrevolution errichteten belorussische Nationalrevolutionäre eine unabhängige Volksrepublik, die 1922 Unionsrepublik der UdSSR wurde. Im Zweiten Weltkrieg wurde das Land verwüstet, mehr als zwei Millionen Menschen, vor allem Juden, fielen den Vernichtungsaktionen der Nationalsozialisten zum Opfer. Nach dem Krieg wurde das Territorium Weißrussland nach Westen hin vergrößert – ebenfalls auf Kosten ehemals polnischer Gebiete, die dann durch ostpreußisches, pommersches und schlesisches Land „ausgeglichen" wurden.
Religion: Mehrheitlich orthodoxe Christen.

4. Sprache:

Amtssprachen: Weißrussisch und Russisch.

6. Besonderheiten:

Nationalfeiertag: 27. Juli.

Süd-Europa

Italien
Italienische Republik

1. Politisches System:

Parlamentarische Republik. Hauptstadt: Rom.
Einwohnerzahl: 57,6 Millionen.
Mitgliedschaften: UN, WTO, EU, Europarat, OSZE, G7, WEU, OECD, NATO.
Währung: Ital. Lira (Lit) = 100 Centesimi; seit 1999 Euro.

2. Führungsschicht:

Traditionelle, sehr kultivierte Führungsschicht. Im Wirtschafts- und Finanzbereich klare Dominanz der Nord-Italiener, während in der öffentlichen Verwaltung die Führungskräfte vorwiegend aus dem Süden kommen. Große Kluft zu den nächst unteren Schichten, „man" bleibt deshalb lieber unter sich.

3. Geschichte/Religion:

Die italienische Verfassung räumt den einzelnen Regionen nicht die gleichen Rechte ein, wie sie bei uns die Bundesländer besitzen; mit Ausnahme von fünf Regionen, die Sonderrechte (Regioni di statuto speciale) haben. Diese Regionen – es sind dies Aostatal, Trentino-Südtirol, Sizilien, Sardinien und Friaul-Julisch – bestehen aus mehreren Provinzen und haben jeweils eine eigene Verfassung und eigene Verfassungsorgane, wie Parlament und Regierung. Die restlichen fünfzehn Regionen (Regioni di statuto ordinario) genießen weit weniger Autonomie.
Religion: über 90 Prozent römisch-katholisch.

4. Sprache:

Landessprache: Italienisch; daneben regionale Amtssprachen für ethnische Minderheiten. Internationale Sprache: Englisch.

5. Bekleidungsvorschriften/Tischmanieren:

Die Bekleidungsvorschriften entsprechen unserer Etikette, nur sind im Durchschnitt die Kleider auffallend eleganter. Geschäftsreisende Herren sollten den Smoking einpacken, wenn sie mit offiziellen Einladungen rechnen.
Die Tischkultur im offiziellen Italien entspricht völlig unserer Etikette, jedoch sieht man sie selbst in Restaurants der gehobenen Preisklasse relativ selten; die Ausübung korrekter Tischmanieren ist wohl nur einen kleinen Oberschicht vorbehalten. Eingeladen wird man lieber in das Haus der Gastgeber als in ein Restaurant, auch bei rein geschäftlichen Anlässen.
Gastgeschenke: ja; Blumen: ja – am Vormittag ins Haus schicken.

6. Besonderheiten:

Wie in allen Ländern Süd-Europas hat die Familie in Italien einen sehr hohen Stellenwert. Deutsche Geschäftsleute müssen sich schon sehr umstellen, denn es gehört in Italien zum guten Ton, sich zuerst nach der Familie zu erkundigen und auch selbst von den ei-

genen Kindern zu erzählen (soweit vorhanden, natürlich) und Fotos zu zeigen. Das tut der Tatsache durchaus keinen Abbruch, dass Italiener/innen im Allgemeinen sehr rational handelnde und verhandelnde Geschäftspartner sind.
Nationalfeiertage: 25. April und der erste Sonntag im Juni.

Portugal
Portugiesische Republik

1. Politisches System:

Parlamentarische Republik. Hauptstadt: Lissabon.
Zum Staatsgebiet gehören – außer dem Festland – die Azoren und Madeira im Atlantik sowie (bis zum 20. Dezember 1999) Macau an der südchinesischen Küste.
Einwohnerzahl: 10 Millionen.
Mitgliedschaften: UN, WTO, EU, Europarat, OSZE, WEU, OECD, NATO.
Währung: Escudo (Esc) = 100 Centavos; seit 1999 Euro.

2. Führungsschicht:

Männlich, gebildet und meist Großgrundbesitzer, trotz erlebter Revolution im Jahr 1974. Geschäftsverhandlungen gestalten sich oft „zäh" in unseren Augen – man braucht Geduld.

3. Geschichte/Religion:

Ursprünglich ein Weltreich, geriet Portugal immer mehr an den Rand der Geschichte, und musste – nach kostspieligen Kriegen – 1974/1975 auch seine letzten Kolonien aufgeben: Angola, Mosambik, Kap Verde, Sào Tomé e Pricipe und Guinea.
Religion: 90 Prozent katholisch.

4. Sprache:

Amtssprache: Portugiesisch. Internationale Sprache: Englisch und Französisch.

5. Bekleidungsvorschriften/Tischmanieren:

In Portugal wird Wert auf protokollgerechte Kleidung gelegt. Zum offiziellen Abendessen wird in den meisten Landesteilen durchaus „Black tie“ getragen. Nicht ganz so formell ist die Kleidung im Inneren (Osten) Portugals, aber auch hier wird bei festlichen Anlässen auf korrekte Kleidung Wert gelegt.
Gastgeschenke: ja, aber bescheiden; Blumen: ja.

6. Besonderheiten:

Die Portugiesen sind mindestens so stolz wie die – sprichwörtlich so genannten – Spanier, nur ganz anders. Der Nationalstolz der Portugiesen strahlt eine unaggressive Souveränität aus. Auffallend ist ihre Selbstdisziplin, ihr Respekt auch gegenüber fremden Frauen und ihre Bescheidenheit. In guten portugiesischen Hotels – die durchweg beispielhaft sauber sind – ist Diebstahl nach wie vor außerordentlich selten. (Diese Aussage erfolgt natürlich ohne Gewähr!) Man sollte gegenüber Portugiesen weder Portugal mit Spanien noch jemals Portugiesen mit Spaniern vergleichen, das würde als verletzend empfunden werden.
Nationalfeiertage: 10. Juni und 5. Oktober.

Spanien

Königreich Spanien

1. Politisches System:

Parlamentarische Monarchie. Hauptstadt: Madrid.
Einwohnerzahl: 39,4 Millionen; davon: 16 Prozent Katalanen, 8 Prozent Galizier und 2,3 Prozent Basken.
Mitgliedschaften: UN, WTO, EU, Europarat, OSZE, WEU, OECD, NATO.
Währung: Peseta (Pta) = 100 Céntimos; seit 1999 Euro.

2. Führungsschicht:

Kultiviert und gebildet, vorwiegend männlich, sehr wohlhabend; vorherrschend hierarchisch strukturiert; starkes Gefälle zu den unteren Schichten.

3. Geschichte/Religion:

Spaniens große Geschichte als ehemaliges Weltreich – in jüngerer Zeit durch das faschistische Regime Francos überschattet – hat durch König Juan Carlos wieder eine positive Wendung genommen. Der glückliche Umstand, in diesem König eine große Persönlichkeit gefunden zu haben, der, nahe am Volk, eine wahre Integrationsfigur geworden ist, hat sich als segensreich für das Land erwiesen. Denn die spanische Gesellschaft tat sich oftmals noch schwer, Demokratie auch außerhalb der Politik umzusetzen, zumal Spanien nie eine echte Bürgerbewegung hatte. Gegen den Terror durch eine baskische Separatistengruppe ist bisher in Spanien noch kein Kraut gewachsen, obwohl dagegen selbst die Basken mittlerweile öffentlich protestieren.
Religion: 96 Prozent Katholiken, und Minderheiten von Muslime, Protestanten und Juden.

4. Sprache:

Amtssprache: Spanisch; regionale Landessprachen: Katalanisch, Galicisch und Baskisch. Internationale Sprachen: Englisch und Französisch.

5. Bekleidungsvorschriften/Tischmanieren:

Der Spanier gehört zu den elegantesten Männern Europas. Auch der Geschäftsanzug ist stets dunkel, elegant geschnitten, und das frische, gebügelte Oberhemd – ein spanisches Markenzeichen. Die Tischmanieren der Oberschicht sind wie die unsrigen – vielleicht von etwas mehr Knoblauchdüften umweht.
Gastgeschenke: ja, zum Beispiel Wein; Blumen: ja, aber vormittags ins Haus der Gastgeber schicken.

6. Besonderheiten:

Auffällig ist der nach hinten verschobene Tagesablauf gegenüber den bei uns üblichen Zeiten. Man sollte deshalb nicht auf die Idee kommen, einen geschäftlichen Termin auf 8.00 Uhr oder 9.00 Uhr zu legen, dafür sollte man aber damit rechnen, durchaus noch bis 21.00 Uhr bei einer Besprechung zu sein. Die spanische Siesta liegt „más o menos" (= mehr oder weniger, zu Deutsch: es kann auch ein halbes Stündchen früher oder später sein) zwischen 14.00 Uhr und 16.00 Uhr. In dieser Zeit der Mittagsruhe sind fast alle Geschäfte geschlossen, und da sollte man auch keinen Menschen zu Hause stören. Im Gegensatz zu der sonstigen Gepflogenheit im privaten Bereich, nehmen es die Spanier im Geschäftsleben mit der Pünktlichkeit sehr genau! Zu Abendeinladungen, die meist um 22.00 Uhr beginnen, sollte man keinesfalls zu früh kommen, sondern ca. 30 Minuten später.
Nationalfeiertag: 12. Oktober.

Südost-Europa

In dieser Region finden sich sowohl Länder, zu denen sich Hinweise sicherlich erübrigen, weil sie uns Deutschen traditionell bestens bekannt sind, als auch Länder, über die Informationen festzuhalten sich deswegen nicht lohnt, weil sie, heute gedruckt, morgen schon überholt sein können.

Gegenwärtig ist die Balkan-Region mit den Republiken Jugoslawien, Kroatien, Bosnien-Herzegowina und Mazedonien von politischer Instabilität und zeitweise kriegsähnlichen Auseinandersetzungen beziehungsweise unberechenbaren Flüchtlingsbewegungen geprägt, so dass man weder Daten noch Fakten festhalten könnte, die über den Tag hinaus Gültigkeit besäßen. Auch ist heute nicht von einer wirtschaftlich herausragenden Bedeutung dieser Region auszugehen, die solche Hinweise hier nützlich erscheinen ließen.

Griechenland

Hellenische Republik

1. Politisches System:

Parlamentarisch-demokratische Republik. Hauptstadt: Athínai (Athen).
Einwohnerzahl: 10,5 Millionen.
Mitgliedschaften: UN, WTO, EU, Europarat, OSZE, WEU, OECD, NATO.
Währung: Drachme (Dr) = 100 Lepta; seit 2001 Euro.

2. Wirtschaft:

Griechenland exportiert wesentlich mehr Industrie-Erzeugnisse als es sie importiert, der zweitwichtigste Exportzweig sind Nahrungsmittel und Getränke. Den größten Importanteil haben industrielle Konsumgüter, gefolgt von Kapitalgütern.

3. Geschichte/Religion:

Die griechische Geschichte füllt unsere Lehrbücher und hat Anspruch darauf, als Synonym für einen Teil der Antike des Abendlands zu stehen. In der jüngsten Geschichte erwähnenswert ist der Dauerzwist mit der Türkei um die Insel Zypern, von der die Türkei 40 Prozent besetzt hält. 1974 ist es deswegen fast zu einem Krieg zwischen diesen NATO-Partnern gekommen.
Religion: griechisch-orthodox.

4. Sprache:

Amtssprache: Neugriechisch (Dimotiki), griechische Schriftzeichen und griechische Dialekte. Internationale Sprachen: Englisch und Französisch.

5. Bekleidungsvorschriften/Tischmanieren:

In der Oberschicht sehr förmlich und elegant. Bei Einladungen sollte man sich genauestens erkundigen, welche Bekleidung von den

Gastgebern gewünscht wird. Für offizielle Gelegenheiten sollte der Geschäftsreisende vorsichtshalber das Dinnerjacket mitnehmen.
Mit unseren korrekten Tischmanieren ist man in Griechenland gern gesehen.

6. Besonderheiten:

Die Besonderheiten Griechenlands – zwischen den schönsten und ältesten Baudenkmälern abendländischer Kultur und der giftigsten Luft über seiner Hauptstadt – wären einfach nicht aufzählbar. Für Geschäftsleute ist es wichtig zu wissen, dass die Griechen mit den Türken eine traditionell herzhafte Feindschaft verbindet. Deshalb sollte man Berührungspunkte zur Türkei in Gesprächen meiden, dazu gehört auch das Zypernproblem, das beide miteinander haben.
Nationalfeiertag: 25. März.

Rumänien

1. Politisches System:

Republik. Hauptstadt: Bucureşti (Bukarest).

Einwohnerzahl: 22,5 Millionen; davon 89,5 Prozent Rumänen und 18(!) nationale Minderheiten.
Mitgliedschaften: UN, WTO, Europarat, OSZE; EU-Beitritt beantragt.
Währung: Leu (l) = 100 Bani.

2. Wirtschaft:

Wirtschaftlich strebt Rumänien eine stärkere Bindung an die EG an. Der Hauptwirtschaftszweig ist gegenwärtig der Tourismus.

3. Geschichte/Religion:

Rumänien war noch bis 1947 Monarchie und Verbündeter Deutschlands im Zweiten Weltkrieg. Danach gehörte es zu den Staaten des „Ostblocks“ bis zum Sturz des kommunistischen Diktators Ceausescu im Dezember 1989. Seit 1996 hat Rumänien eine neue Regierung, die der Belebung der Wirtschaft erste Priorität einräumt; zum Beispiel mit einem „Programm zur Rettung der nationalen Wirtschaft“. Religion: überwiegend rumänisch-orthodox.

4. Sprache:

Amtssprache: Rumänisch.

6. Besonderheiten:

Nationalfeiertag: 1. Dezember.

Bulgarien

1. Politisches System:

Parlamentarische Republik. Hauptstadt: Sofija (Sofia).
Einwohnerzahl: 8,3 Millionen; davon 85,7 Prozent Bulgaren, 9,4 Prozent Türken, 3,7 Prozent Roma und andere Minderheiten.
Mitgliedschaften: UN, WTO, Europarat, OSZE; EU-Beitritt beantragt.
Währung: Lew (Lw) = 100 Stótinki.

2. Wirtschaft:

Nennenswerte wirtschaftliche Entwicklungen sind in Bulgarien zur Zeit nicht augenfällig.

3. Geschichte/Religion:

In diesem Jahrhundert war Bulgarien ein Land permanenter Unruhen und politischer Umbrüche. Noch 1996 wurde anlässlich der Präsidentschaftswahlen ein prominenter Rivale des Präsidenten auf offener Straße erschossen. Manche Bulgaren erhoffen sich von einer Rückkehr des 1946 aus dem Land gejagten Zaren einen Ausweg aus dem politischen wie wirtschaftlichen Dilemma.
Religion: überwiegend bulgarisch-orthodoxe Christen, 13 Prozent Muslime, protestantische und katholische Minderheiten.

4. Sprache:

Landessprache: Bulgarisch.

6. Besonderheiten:

Nationalfeiertag: 3. März.

Zypern

seit 1974 zweigeteilt.

Republik Zypern (Südteil)

1. Politisches System:

Präsidiale Republik im Commonwealth of Nations. Hauptstadt: Lefkosia (Nikosia), seit 1974 geteilt.
Einwohnerzahl: 753 000; davon 85,1 Prozent griechische Zyprioten und 12,7 Prozent türkische Zyprier, 1 Prozent christliche Armenier, Maroniten, Latiner und andere.
Mitgliedschaften: UN, WTO, Europarat, OSZE; EU-Beitritt beantragt.
Währung: Zypern-Pfund (Z£) = 100 Cents.

2. Wirtschaft:

Mit einer Inflationsrate und Arbeitslosenzahl von jeweils 2,6 Prozent (1995) weist Zypern Daten auf, von denen manches EU-Land nach wie vor nur träumen kann. Das wirtschaftliche Geheimnis liegt im wesentlichen im Faktor Ausbildung: Zypern hat den dritthöchsten Prozentsatz an Akademikern zur Bevölkerungszahl (17 Prozent) und nutzt diese Ressourcen zum offensiven Aufbau einer modernen Dienstleistungsnation. Zypern ist heute das Finanzzentrum im östlichen Mittelmeerraum und ein internationales Geschäftszentrum, das sehr gut ausgebildete Mitarbeiter in allen Sparten vor Ort zu bieten hat; ein Vorteil – neben dem steuerlichen – den Reedereien, Handel, Schifffahrt (Off-shore-Gesellschaften) aber auch moderne Kommunikations- sowie Versicherungsgesellschaften zu nutzen wissen. Dazu kommt eine moderne Infrastruktur auf dem Transport- und Telekommunikationssektor. Der größte zypriische Arbeitgeber ist allerdings die Touristikbranche.

3. Geschichte/Religion:

Die 9000-jährige Geschichte Zyperns kennt unzählige Invasoren und Okkupanten. Letztlich war es der Widerstand gegen die letzte Kolonialherrschaft der Engländer, die den Nationalismus hervorbrachte, der 1974 zur Invasion durch die Türken und die Zweiteilung der Insel führte. Diese Teilung, die 165 000 griechische Zyprioten zu Heimatvertriebenen oder Flüchtlingen machte, ist nach wie vor ein Stachel im Fleisch der Zyprioten. Auch behindern Kriegsdrohungen und internationale Interventionen der Türkei nicht nur die wirtschaftliche Entwicklung Zyperns, sondern auch den Weg der Insel in eine EU-Mitgliedschaft.
Religion: 80 Prozent griechisch-orthodoxe Christen, 19 Prozent sunnitische Muslime.

4. Sprache:

Amtssprachen: Griechisch und Türkisch. Internationale Sprache: Englisch.

5. Bekleidungsvorschriften/Tischmanieren:

Die offizielle Bekleidung ist sehr korrekt international, der Anzug eher etwas dunkler, das Oberhemd eher etwas weißer als anderswo. In der Bekleidungsetikette für gesellschaftliche Anlässe schlägt sich die Tradition der britischen Kolonialmacht nieder. Also, kein Dinner ohne „Black tie" und die Damen in entsprechend konservativer Aufmachung.

Die Tischmanieren sind ebenfalls nach wie vor britisch, was jedoch einen deutschen Geschäftsreisenden keineswegs zur Nachahmung veranlassen sollte. Wichtig ist, die eigene Etikette zu beherrschen. Die zyprische Mahlzeit besteht aus mehreren Gängen. Es ist höflicher, von jeder Speise nur ein wenig zu nehmen, als einen Gang auszulassen. Auch sollte man sich für die angebotene Tasse Kaffee etwas Zeit nehmen.

6. Besonderheiten:

Die Einreise ist nur über die zugelassenen Flughäfen Larnaka und Pafos sowie über die Häfen von Larnaka, Lemesos und Pafos möglich. Über Häfen oder Flughäfen im türkisch besetzten Teil der Insel kann man nicht in die Republik Zypern einreisen.
Nationalfeiertag: 1. Oktober.

Türkische Republik Nordzypern

1. Politisches System:

Präsidiale Republik (nur von der Türkei anerkannt); 37 Prozent des zyprischen Territoriums, das seit 1974 von türkischen Truppen besetzt gehalten wird.
Einwohnerzahl: 200 000; davon ca. 30 000 türkische Soldaten und 115 000 anatolische Siedler.
Religion: sunnitische Muslime.
Amtssprache: Türkisch.
Nationalfeiertage: 20. Juli und 15. November.

Südost-Europa/Vorderasien

Wegen des hier eingeführten 5. Abschnitts *„Verhaltensnormen für Frauen“* ändert sich die Nummerierung entsprechend.

Türkei

1. Politisches System:

Republik. Hauptstadt: Ankara.
Einwohnerzahl: 63,5 Millionen; davon 70 Prozent Türken, 20 Prozent Kurden, 2 Prozent Araber und andere.
Mitgliedschaften: UN, WTO, Europarat, OSZE, OECD, NATO; EU-Beitritt beantragt.
Währung: Türkisches Pfund/Lira (TL) = 100 Kuruş.

2. Führungsschicht:

Die neue administrative und politische Elite kommt in der Regel vom Fachbereich Politische Wissenschaften der angesehenen Universität Ankara.

3. Geschichte/Religion:

Als einziger Staat der Welt mit 99 Prozent muslimischer Bevölkerung ist die Türkei ein demokratischer Staat mit laizistischer Grundordnung, das heißt ohne den in muslimischen Staaten üblichen Einfluss der Geistlichen auf die Politik. Das ist zwar die historische Leistung von Kemal Paschas (Atatürk) in der Tradition der Jungtürken, jedoch muss dieser betont religionsneutrale Verfassungsgrundsatz gegenwärtig wieder verstärkt gegen fundamentalistische Kräfte verteidigt werden.
Religion: 99 Prozent Muslime; davon 70 Prozent Sunniten, 15 bis 25 Prozent Aleviten, sowie christliche und jüdische Minderheiten.

4. Sprache:

Amtssprache: Türkisch. Internationale Sprache: Englisch.

5. Verhaltensnormen für Frauen

Die Unterschiede zwischen der türkischen Frau auf dem Land und der in der Stadt machen fast ein Jahrhundert Entwicklung aus, die die Stadtbewohnerin ihrer Landsfrau im Dorf voraus ist. Grundsätzlich haben Türkinnen seit 1934 alle politischen Rechte, jedoch nur die Stadtbewohnerinnen nehmen sie auch in Anspruch. Hier allerdings sind Frauen auch in leitenden Funktionen des Staates, insbesondere auch an den Universitäten in einem Prozentsatz vertreten (32,2 Prozent des Lehrkörpers und 20 Prozent der universitären Leitungsfunktionen), den deutsche Wissenschaftlerinnen bisher bei weitem nicht erreichen.

6. Bekleidungsvorschriften/Tischmanieren:

Mit der gewohnten Businesskleidung kann der/die deutsche Geschäftsreisende in der Türkei eigentlich nichts falsch machen. Es ist jedoch stets zu bedenken, dass es die Höflichkeit gebietet, sich beim Betreten eines Privathauses die Schuhe auszuziehen. Herren sollten im Hinblick auf ihre Socken Vorkehrungen für diese Sitte treffen; für Damen empfiehlt es sich, ein weiteres Paar eigene Schuhe mitzubringen, in die sie beim Betreten des Hauses wechseln können – der Anblick von Füßen in dünnen „Nylons" in einer eleganten Gesellschaft ist nicht nur für unseren Geschmack recht gewöhnungsbedürftig.

Geschäftseinladungen können ins Restaurant erfolgen oder auch – bei engeren Geschäftskontakten – ins Privathaus. Beeindruckend ist die uneingeschränkte Gastfreundschaft. Die Rolle der Hausfrau ist dabei unendlich unterschiedlich: vom scheuen Wesen, das nur in der Küche bleibt, bis zur emanzipierten Gastgeberin westlichen Stils. Letzterer kann man als Gast Blumen mitbringen.

Die Tischmanieren entsprechen nicht überall unseren ästhetischen Idealvorstellungen; in der Regel isst man tief über sein Essen gebeugt und tunkt sein Brot in die Gemeinschaftsnäpfe. Nach dem Essen bekommt man nach Landessitte Eau de Cologne in die aufzuhaltenden Hände, wofür man sich artig zu bedanken hat.

Tabu:

In der Türkei wirkt es aufsehenerregend peinlich, sich die Nase laut zu schneuzen; im Bedarfsfall wird sie geräuschlos abgetupft.

7. Besonderheiten:

Wenig internationales Verständnis findet die türkische Haltung im Hinblick auf die Besetzung von Teilen der Insel Zypern. Nicht zuletzt hier liegt die Ursache für die Warteschleife, in der sich die Türkei für die Aufnahme in die EU nach wie vor befindet.
Nationalfeiertag: 29. Oktober.

Amerika

Nord-Amerika

Es ist erstaunlich, wie nachhaltig der nordamerikanische Kontinent die unterschiedlichen kulturellen Wurzeln seiner europäischen „Entdecker" beziehungsweise der Kolonialherren und der ersten Siedler widerspiegelt. Die Kulturen der ureinwohnenden Indianer wurden offenbar so gründlich zerstört, dass sie kein verbindendes Element zwischen dem Norden und dem Süden des Kontinents bilden können. Vielleicht sind die neuen indianischen Bewegungen, die sich vor allem in Kanada zunehmend Gehör verschaffen, in der Lage, längerfristig eine Veränderung zu bewirken. – Noch aber ist der nordamerikanische Kontinent voller „europäischer" Gegensätze.

Wegen der zum Teil beachtlichen Unterschiede zu den Problemen, mit denen Businessfrauen in Europa immer noch konfrontiert werden, sind die Verhaltensstandards des amerikanischen Kontinents wichtig. Deswegen erhält das durchgängig angewandte Raster zusätzlich noch die Rubrik: *„Verhaltensnormen für Frauen"* (Ziffer 5).

Kanada

1. Politisches System:

Demokratisch-parlamentarischer Bundesstaat im Commonwealth of Nations. Hauptstadt: Ottawa.
Einwohnerzahl: 30 Millionen; davon 22,8 Prozent Kanadier französischer, 20,8 Prozent britischer, 3,4 Prozent deutscher, 2,8 Prozent italienischer, 5,4 Prozent anderer europäischer, 2,2 Prozent chinesischer Herkunft; sowie 345 975 Indianer und 27 290 Inuit (Eskimos).
Mitgliedschaften: UN, WTO, OAS, APEC, OSZE, G7, OECD, NATO.
Währung: Kanadischer Dollar (kan$) = 100 Cent.

2. Führungsschicht:

Wie in den USA ist die Führungsschicht in Kanada weiß, christlichen Glaubens und männlich. Jedoch spiegelt sie weit mehr die kulturelle Vielfalt europäischer Traditionen wider und zeichnet sich durch eine wesentlich größere Weltaufgeschlossenheit aus. Der Einfluss der katholischen Kirche auf die Führungsschicht ist erheblich.

3. Geschichte/Religion:

Setzt man den Beginn seiner Geschichte mit der Entdeckung und Besiedlung des Landes durch Europäer vor weniger als 500 Jahren gleich, ist Kanada eine relativ junge Nation. Berücksicht man jedoch, dass bereits 30 000 Jahre zuvor Kanadas Ureinwohner – First Nations (Indianer) und Inuit (Eskimos) – über die Landbrücke Sibirien-Alaska ins Land gekommen waren, so ist die Geschichte des Landes eine sehr alte (die hier natürlich nicht nachgezeichnet werden kann). Wichtig für das Verständnis der bis in diese Tage reichenden Rivalität zwischen den englischsprachigen und den französischsprachigen Kanadiern ist die Zeit des 17. und 18. Jahrhunderts, als die Kolonisatoren im Auftrag der englischen beziehungsweise der französischen Krone sich um die Vorherrschaft im üppigen Pelztierhandel zu streiten begannen. Wirtschaftlich abhängig vom Pelzhandel, politisch und militärisch vom jeweiligen Mutterland, entwickelten sich die nordamerikanischen Kolonien Neufrankreich und Neuengland unvermeidlich zum Brennpunkt bitterer Rivalität. 1759 unterlagen die Franzosen den Engländern in der entscheidenden Schlacht. Seit dieser Zeit haben die Franco-Kanadier nur ein Ziel: ihre Tradition, kulturelle Identität und politische Autonomie zu bewahren. Weil dieses ein fortdauernder Prozess ist, gibt es in Kanada immer mal wieder eine neue Verfassung; die bisher letzte stammt aus dem Jahr 1989.

Religion: 40,0 Prozent Katholiken, 6,8 Prozent United Church; 8,1 Prozent Anglikaner, 2,7 Prozent Presbyterianer, 2,4 Prozent Lutheraner, 2,4 Prozent Baptisten, Minderheiten von Pfingstlern, Mennoniten Hutterer und Zeugen Jehovas; 470 000 Orthodoxe, 350 000 Muslime, 340 000 Juden, 250 000 Sikhs.

4. Sprache:

Amtssprachen: gleichberechtigt Englisch und Französisch. Landessprachen: für 66,7 Prozent der Kanadier ist Englisch die Muttersprache, für 22,3 Prozent Französisch und für 15,7 Prozent sind es andere europäische Sprachen und Sprachen der Indianer.

5. Verhaltensnormen für Frauen:

Frauen sind im öffentlichen Leben gleichberechtigte Mitglieder der kanadischen Gesellschaft. Ihre Standards unterscheiden sich in dem – im Gegensatz zu den USA – sehr europäisch geprägten Land wenig von denen nordeuropäischer Länder. Sie sind in der Wirtschaft als auch in der Politik wesentlich häufiger in Führungsfunktionen anzutreffen als bei uns.

6. Bekleidungsvorschriften/Tischmanieren:

Kanada ist im Hinblick auf die „normalen" Lebensbereiche ein sehr offenes und tolerantes Land, in Fragen der Etikette jedoch eher britisch. Im Hinblick auf den geschäftlichen Umgang gilt hier der gleiche Kodex wie überall sonst auf internationalem Parkett; das betrifft die Verhaltensnormen wie auch die Kleidung. Ebenso ist die formelle Businesskleidung für geschäftliche Termine unerlässlich – mit dem besonderen Augenmerk auf blitzblanke Schuhe! Wie auch in den USA sind in Kanada bei schlechtem Wetter und bei Schnee die Überschuhe unverzichtbar, die man beim Betreten von Büros auf Matten oder Gestellen abstellt.

Kanadier lieben Understatement und sind „allergisch" gegen die bei vielen Deutschen so beliebten Statusinsignien, wie zum Beispiel Firmenlogos von Bekleidungsherstellern der gehobenen Preisklasse. Um nicht sofort in sämtliche Fettnäpfchen zu treten, sollte man schon zu Hause seine Gürtelschnallen, Schuhe, Hemden etc. überprüfen und gegebenenfalls aus dem Reisegepäck aussortieren.

Die Tischmanieren in Kanada sind europäisch, man wird also mit unseren – korrekten – Tischmanieren gut zurecht kommen.

7. Besonderheiten:

Kanada ist immer noch Einwanderungsland mit einer recht hohen Einwanderungsquote.
Nationalfeiertag: 1. Juli.

Vereinigte Staaten von Amerika (USA)

1. Politisches System:

Präsidiale Bundesrepublik. Hauptstadt: Washington, D.C.
Einwohnerzahl: 270,3 Millionen; davon: 74 Prozent Weiße, 13 Prozent Schwarze, 10 Prozent Hispanics, 4 Prozent Asiaten, 1 Prozent Indianer/Eskimos/Aleuten.
Mitgliedschaften: UN, WTO, OAS, APEC, OSZE, G7, OECD, NATO.
Währung: US-Dollar (US-$) = 100 Cent.

2. Wirtschaft:

Die Führungsschicht der USA ist vorzugsweise englischer oder irischer Herkunft und praktizierender, in der Regel protestantischer Christ. Der Besuch eines Elite-Colleges und einer der renommierten Universitäten der USA ist unverzichtbar, und die Herkunft aus einer wohlhabenden Familie der Oberschicht die Regel – trotz aller anders lautender Gerüchte. Einen großen Einfluss üben christliche Sektenführer aus, die in den USA nicht nur über eigene Fernsehsendungen, sondern auch über eigene Fernsehstationen verfügen. Auch jüdische Organisationen sind ein wichtiger Machtfaktor, wenngleich Juden nicht der eigentlichen US-amerikanischen Führungsschicht angehören.

3. Geschichte/Religion:

Die Geschichte der USA beginnt – ebenso wie die Geschichte der südamerikanischen Staaten – mit der Ausrottung der Bewohner, deren Vorfahren schon vor 10 000 Jahren das Land besiedelten. Die einzelnen Indianerstämme hatten eine durchaus unterschiedliche

Kulturtradition und Lebensweise, ehe man ihren Lebensraum minimierte und sie durch Seuchen dezimiert wurden.
Ab 1539 eroberten die Spanier das heutige Florida und südliche Kalifornien bis an das Appalachengebirge. Die englische Besiedlung Nordamerikas begann 1620 mit der Landung puritanischer Pilgerväter aus Plymouth (England), die mit ihrer „Mayflower" bei Cape Cod ankamen, dort wo heute Provincetown (Mass.) liegt.

Religion: Rund 60 Prozent der Bevölkerung bekennen sich zu einer Religionsgemeinschaft; davon sind 55 Prozent Protestanten (es gibt 250 protestantische Kirchen in den USA), 37 Prozent Katholiken, 3 Prozent Juden und 5 Prozent andere Religionen.

4. Sprache:

Amtssprache: Englisch; in New Mexiko ist Spanisch zweite Amtssprache.

5. Verhaltensnormen für Frauen:

Das öffentliche Leben Amerikas ist gekennzeichnet von strengen Formen und öffentlicher Moral. Es gibt in der Tat sehr wenige Länder dieser Erde, in denen gutes Benehmen und höfliche Umgangsformen einen so hohen Stellenwert haben wie in den USA. Da der Verhaltenskodex sehr viktorianisch geprägt und unerwartet prüde ist, muss die europäische Frau mit einer ganzen Reihe von Fettnäpfchen rechnen und sich darauf einstellen. Das ist die eine Seite.

Andererseits tut das Formale der *gleichberechtigten Lebensrealität* von Frauen in allen denkbaren Branchen und Einrichtungen keinen Abbruch. In den USA gibt es gegenwärtig 84 Hochschulen ausschließlich für Frauen, die sich eines stetig wachsenden Zulaufs erfreuen, denn die Karrieren der Absolventinnen der Frauen-Colleges sprechen eine deutliche Sprache: rund ein Viertel der weiblichen Kongressabgeordneten studierte nur unter Frauen, und jede dritte Managerin der erfolgreichsten 1000 Unternehmen in den USA kommt ebenfalls von einer Frauen-Uni – wie auch Hillary R. Clinton, die ehemalige First Lady der Vereinigten Staaten und die frühere Außenministerin Madeleine K. Albright.

Zu den Besonderheiten, die für die europäische Managerin oder Unternehmerin in den USA beachtenswert sind, einige Hinweise.

Dos und Don'ts für die USA-Besucherin:

- ⊕ In Amerika dürfen Frauen mit wesentlich mehr Respekt rechnen als im ruppigen Deutschland.
- ⊕ Beim Betreten eines Restaurants – so wie überall dort, wo es Gelegenheiten zum Vortrittlassen gibt – hat die *Dame den Vortritt*.
- ⊕ Einer Dame wird die Autotür von außen geöffnet wie auch zugemacht, sie braucht sich nicht zu bemühen, sofern sie mit einem oder mehreren Herren unterwegs ist.
- ⊕ Die Kleidung der Geschäftsleute folgt sehr strengen Etikette-Regeln. Business-Frauen tragen Kostüme und immer häufiger Hosenanzüge.
- ⊕ Eine Dame fragt nie nach einer Toilette, sondern nach dem *Restroom* (nicht als Ruheraum gedacht) oder dem Ladies Restroom oder *Powderroom*. Häufig gehen Damen gemeinsam dorthin.
- ⊕ Frauen dürfen nicht nur, sie sollen anderen in die Augen blicken, Augenkontakt beim Gespräch gilt als Mindest-Höflichkeit und darf nicht vermieden werden.
- ⊕ Wie auch bei uns, reicht bei einer Begrüßung mit Handschlag stets die *Dame zuerst* die Hand. Augenkontakt ist auch dabei unerlässlich.
- ⊕ Bei Damen untereinander ist das Wangenküsschen ebenso gebräuchlich wie bei uns.
- ⊕ Besonders in den USA muss die gepflegte Frau permanent auf den Wuchs ihrer *Körperhaare* achten.
- ⊖ Für Nordamerikaner gilt der Anblick von weiblichen Körperhaaren, besonders unter der Achsel, geradezu als vulgär und erregt deswegen Peinlichkeit.

6. Bekleidungsvorschriften/Tischmanieren und weitere Etikettevorschriften:

Die Tatsache, dass das öffentliche Leben wie die öffentliche Moral von äußerst konservativen Formen bestimmt sind, unterschätzen viele Deutsche. Sie lassen sich täuschen von der scheinbar legeren Art und der stets präsenten Freundlichkeit. Dabei gibt es in der Tat wenige Länder dieser Erde, in denen gutes Benehmen, höfliche Umgangsformen und korrekte Kleidung einen so hohen Stellenwert haben wie in den USA.

So wenig wie Deutschlands Bevölkerung mehrheitlich in Dirndl oder Lederhosen herumläuft und sich vorzugsweise von Sauerkraut, Schweinshaxen und Bier ernährt, so wenig sind die Vereinigten Staaten von Amerika ein Land, in dem die Leute immer locker sind, am liebsten Jeans tragen und sich in der Regel von Hamburgern per Hand und Coca-Cola aus der Dose ernähren. Das eine Vorurteil ist genauso falsch wie das andere.

Sicherlich kommt man im Privatleben in der Regel ohne auffallende Förmlichkeiten – aber *nie ohne Höflichkeitsformen* – aus. Im Geschäftsleben ist man Welten von jeder privaten Lockerheit entfernt. Das wird unglücklicherweise zu oft verkannt.

Ein europäischer Geschäftsmann/eine Geschäftsfrau hat im amerikanischen Business aber auch nicht die geringste Chance, an die gewünschten Gesprächspartner überhaupt heranzukommen, wenn er/sie nicht mit dementsprechend korrektem Auftreten und der für diese Führungsebene „vorgeschriebenen" Kleidung erscheint. Die größten Missverständnisse resultieren aus der Tatsache, dass man von hier aus verkennt, dass es in den USA sowohl klar definierte Hierarchien gibt als auch *Formen*, die die *Respektierung dieser Rangfolgen* signalisieren. Dieser Irrtum ist auf die einfache Tatsache zurückzuführen, dass diese Formen, die in Amerika als Zeichen des Respekts und der Distanz verstanden werden, andere sind als die in Europa üblichen. Wie bei uns werden Achtung und Respekt durch Umgangsformen ausgedrückt – nur sind es *andere Formen.*

So spielt auf dem amerikanischen Kontinent beispielsweise die Frage, ob man den *Vornamen* oder den Nachnamen zu gebrauchen habe, eine eher untergeordnete Rolle – in jedem Fall aber eine *völlig andere als bei uns*. Während es bei uns als Ausdruck von Vertrautheit, sogar Freundschaft verstanden wird, wenn Leute sich gegenseitig mit dem Vornamen anreden, ist die Anrede per Vornamen in Amerika eher die Normalität und lässt keineswegs auf Vertrautheit oder gar darauf schließen, dass man auf einen förmlichen Umgangston verzichtet. Genauer gesagt, die Anrede per Nachnamen – selbstverständlich in Verbindung mit Mister, Misses oder Miss – ist den offiziellen Vorstellungssituationen vorbehalten. Und sie dient außerdem der Kommunikation mit Leuten unterer sozialer Schichten, aber *nur von oben nach unten*. Von unten nach oben gibt es ausschließlich „Sir" oder „Madam" beziehungsweise Ms.

Die Gewohnheit der Amerikaner, gleich nach dem Vorstellungsritual zur Anrede mit Vornamen überzugehen, bedeutet keineswegs den Verzicht auf Distanz oder gar auf korrekte Umgangsformen!

Die unterschiedlichen Signale, die aus der Form der Anrede auf Rituale des Respekts schließen lassen, sind nur ein Beispiel für viele Kommunikationscodes, die zu Fehlinterpretationen führen können, eben weil sie bei uns eine andere Bedeutung haben als dort. Es wäre also fatal, deren Signale und Codes zu übersehen. Insbesondere im Business wird auf die *Respektierung bestehender Rangfolgen* und die Einhaltung ganz bestimmter Umgangsformen größter Wert gelegt.

Zu diesen Signalen, die *bestimmte Hierarchieebenen* kennzeichnen, gehört ohne Frage die *Kleidung*. Vieles von dem, was wir in Europa zur Einordnung fremder Menschen der Haltung, dem gesamten Erscheinungsbild, vor allem aber seinen europäischen Umgangsformen entnehmen, vollzieht sich in Amerika sehr viel mehr über eine Kleiderordnung, die präzise einzuhalten ist.

Die Businesskleidung in den USA folgt sehr strengen Etikette-Regeln. Top-Manager tragen Anzüge in gedeckten Farben – die aktuellen Farben sind dunkelblau und dunkelgrau – Hose und Jackett aus dem gleichen Stoff; dazu ein weißes Hemd mit Kragen und *stets Krawatte*. Bei offiziellen Gelegenheiten am Abend ist der Smoking üblich. Es kann darf auch der „Tuxedo“ sein, eine Smokingversion aus dunklem Stoff mit pastellfarbenem oder weißem Rüschenhemd.

Eine Krawatte zu tragen folgt in den USA anderen Regeln als sonst wo auf der Welt. Im beruflichen Zusammenhang ist sie das unverzichtbare äußere Zeichen für Kompetenz und Einfluss – aber nur für den Augenblick des Auftritts oder des offiziellen Teils eines Meetings. In den gehobenen wie auch bei manchen zweitklassigen Restaurants ist für Herren das Tragen einer Krawatte obligatorisch, und viele Hotels und ganze Bürohochhäuser darf man ohne Krawatte gar nicht betreten. Es ist für Herren also sehr ratsam, in den USA *immer eine eigene Krawatte mitzuführen* – sonst könnte man sich gezwungen sehen, sich eine zu leihen.

Die amerikanischen Tischmanieren unterscheiden sich von unseren durch die Handhabung des Bestecks: Das Messer darf nur zum Schneiden der Speisen benutzt werden; jedesmal, nachdem man ein Stückchen abgeschnitten hat, wird das Messer am Tellerrand abgelegt, die gleiche Hand – also bei Rechtshändern die rechte – ergreift dann die Gabel aus der anderen; die Hand, aus der die Gabel kam, wird auf den Schoß gelegt, dann wird das Stückchen Fleisch aufgespießt und in den Mund geschoben. Beim nächsten Bissen wiederholt sich die gleiche Prozedur: Fleisch abschneiden – Messer ablegen – Gabel von linker in die rechte Hand – linke Hand auf den Schoß. So richtig Freude hat man an der amerikanischen Essweise, wenn man das mal in Zeitraffer gesehen hat.

Aber keine Angst: Die Amerikaner finden die korrekte, kontinental-europäische Art zu Essen einfach hinreißend – es besteht also *kein Anlass*, sich als Gast darin *umzustellen*.

Für Manager und Managerinnen ist es ratsam, sich zunächst mit den *Standards der Verhaltensformen und der Höflichkeitsrituale* auf ihrer Ebene vertraut zu machen, ehe sie sich in das Abenteuer „Business in den USA“ stürzen.

Dos und Don'ts für den USA-Besucher:

⊕ Zu einem Geschäftstermin kommt man *pünktlich* – darauf wird äußerster Wert gelegt.

⊕ Wie auch bei uns, reicht bei einer Begrüßung mit Handschlag stets die Dame oder – unter Männern – der Ranghöhere zuerst die Hand. Augenkontakt ist dabei unerlässlich.

⊕ Die für Amerikaner wichtige „*Komfortzone*", die während einer Unterhaltung benötigte Distanz zum nächsten, beträgt mindestens eine Armeslänge.

⊕ Wenn man unabsichtlich oder unvermeidlich diese Distanzzone verletzt, muss man sich unverzüglich entschuldigen.

⊕ Wenn der Name nicht bekannt ist, ist die korrekte Anrede für Personen höheren Ranges: „*Sir*" oder „*Madam*".

⊕ „Mister …", bzw, „Ms …" in Zusammenhang mit dem Familiennamen wird als Anrede unter Fremden gebraucht.

⊕ Es ist ebenso sehr geläufig, „Mister" – ohne den Familiennamen – zusammen mit einem Titel zu verwenden, zum Beispiel „Mister Chairman".

⊕ „Mister President" ist nicht nur die korrekte Anrede für den Präsidenten der Vereinigten Staaten, sondern auch für alle erdenklichen Vorsitzenden von Vorständen und Vereinigungen – darin sind die Amerikaner durchaus titelfreudiger als wir.

⊖ „Miss" als Anrede für erwachsene Frauen ist in den USA *verpönt* – wie das „Fräulein" bei uns.

⊕ Das neutrale Kürzel „*Ms*" wird als schriftliche Anredeform vor dem Familiennamen sowohl für verheiratete als auch für unverheiratete Frauen verwandt.

⊕ Die Anrede „Mister" ohne Namen oder Titel gebraucht man nur gegenüber Personen niederen Ranges.

- ⊕ Nach dem Bekanntmachen spricht man sich meistens mit dem Vornamen an. Als Ausländer/in sollte man/frau damit jedoch nie den Anfang machen.
- ⊕ Ein auffallender Unterschied zu unserem Land ist das gleichberechtigte Auftreten amerikanischer Frauen, die es gewöhnt sind, öffentlich zu reden.
- ⊖ In Amerika wird es als sehr unhöflich angesehen, Frauen nicht zuzuhören.
- ⊕ Die Höflichkeitsgesten der Amerikaner gegenüber Frauen sind in den gehobenen Kreisen wesentlich zuvorkommender als bei uns.
- ⊕ Einer Dame als Beifahrerin muss ein Herr stets die Autotür *von außen öffnen sowie zumachen*, nachdem sie eingestiegen ist – auch wenn es die eigene Frau ist.
- ⊕ In Amerika hat eine Dame überall Vortritt, auch in Restaurants.
- ⊕ Kein wohlerzogener Amerikaner würde sitzen bleiben, wenn eine Dame an den Tisch tritt oder neben ihm aufsteht.
- ⊕ Schnell ausgesprochene Einladungen wie „Come and see me" oder „Give me a call" sind in der Regel genauso wenig ernst gemeint wie die üblichen Komplimente: „You look great" …
- ⊕ Amerikaner werfen gern mit Titulierungen wie „Honey, Darling, Sweety" um sich – und das nicht nur privat. Das hat ebensowenig zu sagen wie die Komplimente – und bedeutet selten eines.

7. Besonderheiten:

Deutsche Manager/innen sollten sich mit wachen Augen und Ohren an das Erkennen und Interpretieren von Signalen herantasten, die aussehen wie unsere, aber eine andere Bedeutung haben. Von uns aus sind sie nicht oder selten ganz genau zu erkennen. Zum Beispiel sollte man als Ausländer/in *nie zuerst seinen Vornamen „anbieten"*.

Nationalfeiertage: Letzter Montag im Mai (Memorial Day), 4. Juli (Unabhängigkeitstag), 1. Montag im September (Labor Day), 2. Montag im Oktober (Kolumbustag).

Mittel-Amerika

Mexiko

Vereinigte Mexikanische Staaten

1. Politisches System:

Präsidiale Bundesrepublik. Hauptstadt: Ciudad de México.
Einwohnerzahl: 96 Millionen, davon: 75 Prozent Mestizen, 10 Prozent Weiße, 14 Prozent Indianer.
Mitgliedschaften: UN, WTO, OAS, APEC, OECD.
Währung: Mexikanischer Peso (mex$) = 100 Centavos.

2. Führungsschicht:

Die Führungsschicht Mexikos entstammt vor allem den begüterten Familien des Landes, zumeist Großgrundbesitzer, und hat heute zum großen Teil Universitätsausbildung. Die Frauen der mexikanischen Oberschicht lassen in Bezug auf ihre Bildung und ihren aufgeschlossenen Lebensstil manche Europäerin hinter sich.

3. Geschichte/Religion:

Die spanische Eroberung des südlichen Kontinents begann 1519 in Veracruz durch Hernán Cortés, der sich von hier aus anschickte, das Azteken-Reich zu zerschlagen. Irrtümlich wurden die Spanier von dem Herrscher Montezuma II. für die geweissagten „Weißen Götter" gehalten und willkommen geheißen. Dafür, dass sie sich nicht so gut benommen haben, rächt sich der Geist des Herrschers hinfort an den Europäern recht individuell. Mexikos ursprüngliche Geschichte ist nach wie vor Forschungsgegenstand, denn die Reichhaltigkeit der Kulturgeschichte der Azteken, der Maya und Tolteken ist noch längst nicht völlig erforscht und erklärt.

Religion: 89,7 Prozent Katholiken, 4,9 Prozent Protestanten sowie Minderheiten von Bahai, Juden und anderen.

4. Sprache:

Amtssprache: Spanisch. Business-Sprache: Englisch.

5. Verhaltensnormen für Frauen:

Auch in Mexiko haben die Verhaltensnormen für Frauen eine rasante Entwicklung in Richtung auf internationale Standards genommen. Die heutige Mexikanerin ist nicht mehr – wie noch ihre Mutter – auf Ehe und Familie reduziert, sondern kann sich durchaus für eine berufliche oder politische Karriere entscheiden. Gegenwärtig leiten Frauen das Außenministerium sowie das Umweltministerium, also politische Schlüsselpositionen.

6. Bekleidungsvorschriften/Tischmanieren:

In der internationalen „Business-Klasse" trägt man korrekte formelle Bekleidung. Tischsitten sind die internationalen bei allen offiziellen Gelegenheiten.

7. Besonderheiten:

Immer wieder erschüttern Korruptionsaffairen das Land, bei denen es um die Verwicklung hoher Vertreter der Exekutive mit der Drogenmaffia geht. Als wenn Mexiko nicht schon genügend Probleme mit der „Zapatistischen Nationalen Befreiungsarmee" (EZLN) hätte, die die Rechte der Indianer immer mal wieder mit Gewalt vertritt.
Nationalfeiertag: 16. September.

Kuba:
Republik Kuba

1. Politisches System:

Sozialistische Republik. Hauptstadt: La Habana (Havanna). Einwohnerzahl: 11,1 Millionen; davon 51 Prozent Mulatten, 37 Prozent Weiße, 11 Prozent Schwarze.
Mitgliedschaften: UN, WTO und andere.
Währung: Kuban. Peso (kub$) = 100 Centavos.

2. Wirtschaft:

Trotz fünfmaliger Verurteilung durch die UN-Vollversammlung haben die USA ihr 1962 gegen Kuba verhängtes Wirtschaftsembargo bisher nicht aufgehoben. Selbstverständlich leidet die letzte Bastion sozialistischer Wirtschaftsordnung auch darunter, ohne dass sie bisher völlig in die Knie gezwungen werden konnte. Haupthandelspartner sind Staaten der ehemaligen UdSSR, die VR China, Japan, Kanada und die EU.

3. Geschichte/Religion:

Die neuere Geschichte der sozialistischen Republik Kuba ist undenkbar ohne die Namen Fidel Castro Ruz und „Che" Guevara, die Anführer der erfolgreichen Revolution von 1959 gegen die Diktatur des General Batista. Jetzt ist Che Guevara tot, Castro alt und die Bevölkerung bitterarm. Hauptexportgüter sind: Zucker, Kaffee und Zigarren (3 Mio. Stück pro Jahr).
Religion: 39 Prozent Katholiken; 56 Prozent gelten als konfessionslos.

4. Sprache:

Amtssprache: Spanisch. Business-Sprache: Englisch.

6. Besonderheiten:

Nationalfeiertag: 1. Januar.

Süd-Amerika

Für Süd- und Mittelamerika sind die europäischen Lebensformen der ehemaligen Kolonisatoren prägend geworden, weil dort die einheimischen, alten Kulturen – wenn nicht ganz und gar ausgerottet – völlig an den Rand gedrängt wurden (wie die Indianer in den USA). Aber anders als dort oder in Kanada, wo wir es mit einer Mischung vieler europäischer Kulturen zu tun haben, ist in den meisten Ländern Lateinamerikas mit der Sprache auch die Lebensform der ursprünglichen Kolonialherren dominant geblieben.

Auch hier muss wieder ganz schrecklich zusammengefasst werden, aus diesem Grund zunächst einige allgemeine Erläuterungen zu Südamerika, unter den in diesem Buch angewandten Rubriken.

Wirtschaft:

Verallgemeinernd kann man von den Führungsschichten Lateinamerikas sagen, dass sie größtenteils aus den reichen Familien der Großgrund- und Plantagenbesitzer stammen, die seit vielen oder mehreren Generationen dort ansässig sind. Das bezieht sich sowohl auf die wirtschaftliche Führungsschicht als auch auf die politische Führungsschicht der meisten Staaten. Da Lateinamerikaner sehr stolz auf ihre Kultur und Geschichte sind, ist es ratsam, als Europäer jegliche überhebliche Attitüde zu vermeiden. Dagegen sind Interesse für das Land und Fußball-Kenntnisse(!) geschäftlich eher hilfreich. Was nicht heißen soll, auf erhöhte Wachsamkeit im Hinblick auf Vertrauen zu verzichten; ganz im Gegenteil: Sich bei Geschäftsabschlüssen von „Alten Hasen“ des Südamerikageschäfts beraten zu lassen, wie man Verträge „wasserdicht“ abschließt, kann viel Lehrgeld ersparen. Denn darauf zu spekulieren, mit Hilfe der einheimischen Gerichtsbarkeit zu seinem Recht zu kommen, wäre keine gute Idee.

Geschichte/Religion:

Die Geschichte Südamerikas ist uns allen aus der Schulzeit bekannt. Wir haben gelernt, wer, wann, welches Land entdeckt hat und dort die heidnischen Eingeborenen zur Räson brachte. Diese

Version ist in der Zwischenzeit einer humaneren Sicht gewichen, die auch die Perspektive der Ureinwohner zu berücksichtigen versucht. Und gerade die neuere Geschichtsbetrachtung lässt es nicht zu, die Geschichte des lateinamerikanischen Erdteils auf ein paar Sätze zu verkürzen. Deshalb an dieser Stelle nur einige Hinweise darauf, wie sich das unterschiedliche Durchsetzungsvermögen der ehemaligen Kolonialstaaten Spanien und Portugal gegenüber der ursprünglichen Bevölkerung in der heutigen Gesellschaftsstruktur dieser Länder widerspiegelt.

So gibt es Länder, die man als „weiße" Länder bezeichnet, wie zum Beispiel Uruguay, wo die Ur-Einwohner so weit zurückgedrängt wurden, dass sie nur noch Randgruppen darstellen. In anderen Ländern haben sich im Laufe der Jahrhunderte die Weißen mit der indianischen Bevölkerung stark gemischt (= Mestizen), wie zum Beispiel in Bolivien, Ecuador und Paraguay. Dagegen sind die Oberschichten von Chile, Kolumbien und Peru sehr stolz darauf, direkt von den spanischen Eroberern abzustammen (= Kreolen). Die Kreolen sehen sich auch heute noch als Bewahrer spanischer Tradition.

Die riesengroßen Länder Argentinien und Brasilien sind sogenannte „klassische" Einwanderungsländer, die seit dem vorigen Jahrhundert immer wieder Einwanderungswellen erlebten. Diese Länder sind zu einem großen Schmelztiegel europäischer und asiatischer Völker geworden. Unter den weißen Argentiniern sind ein Drittel italienischer Herkunft – dort leben auch mehr als 200 000 Deutschstämmige; in Brasilien sind die Weißen vorwiegend portugiesischer, italienischer und spanischer Abstammung.

Die dominierende Religion in den lateinamerikanischen Staaten ist die katholische Kirche, der insgesamt 90 bis 95 Prozent der Bevölkerung angehören. Die katholische Kirche hat in diesem Erdteil eine Machtposition, die man – wenn auch mit anderen Inhalten – nur noch mit der Stärke des Islam in den arabischen Staaten vergleichen kann. Die jeweilige Einstellung der Kirche ist in den einzelnen Ländern jedoch sehr unterschiedlich, sie reicht von erzkonservativ bis geradezu revolutionär.

Sprachen:

Außer in Brasilien spricht man in Südamerika Spanisch. Es ist jedoch unerlässlich, den „Modismo" (besondere Ausdrücke) der spanischen Sprache in den einzelnen Ländern zu beachten, um verhängnisvolle sprachliche Missverständnisse zu vermeiden – das nette Kompliment in dem einen Land kann im anderen Land eine üble Beleidigung bedeuten.

Verhaltensnormen für Frauen:

Die Länder Lateinamerikas sind klassische „Macho"-Länder. Allgemein genießen die traditionellen Rollen Mann/Frau noch ungebrochenes Ansehen. Eine deutsche Businessfrau wird sich darauf einzustellen haben, dass man ihr sehr zuvorkommend begegnet – aber „man" wird ihr nicht zuhören.

Dos und Don'ts für die geschäftsreisende Frau in Südamerika

- ⊕ Die Business-Kleidung der Dame ist – trotz der klimatischen Bedingungen – keineswegs leger, sondern durch die internationalen Gepflogenheiten vorgegeben; das heißt: Rock, Bluse und Blazer oder auch Hosenanzug, aber stets mit Strümpfen bekleidete Beine, selbst bei 40 Grad(!). Auch abends werden langärmelige Bluse und lange Hose dringend empfohlen, um sich vor Mückenstichen zu schützen.
- ⊕ Besonders europäische Frauen sollten sich in den ersten Tagen des Aufenthaltes etwas Ruhe gönnen, um die großen physischen und psychischen Anforderungen an den menschlichen Körper, verursacht durch die klimatischen Veränderungen, auszugleichen. Denn das subtropische Klima mit großer Hitze und hoher Luftfeuchtigkeit fordert zunächst seinen Tribut. Vor allem sollte man viel Flüssigkeit zu sich nehmen.
- ⊕ Eigentlich überflüssig zu betonen: in keinem dieser Länder wäre es für eine elegante Frau ratsam, sich allein auf die Straße zu begeben, schon gar nicht abends oder nachts. Vor allem in den Großstädten Lateinamerikas ist die Kriminalitätsrate doch sehr hoch.
- ⊕ Ihren schönen Schmuck sollte eine Dame im Hotelsafe oder am besten gleich zu Hause lassen.

Bekleidungsvorschriften/Tischmanieren:

Der Business-Anzug ist auch in Lateinamerika der dunkle Anzug, das weiße Hemd und die Krawatte. Zum offiziellen Dinner tragen die Herren Smoking, die Damen Gala-Kleidung. Generell gilt das internationale Protokoll. Zum Business-Dinner tragen Herren oft ein dunkles Hemd mit langen Ärmeln anstelle des Jacketts, und keine Krawatte. Es ist stets ratsam, sich bei den Geschäftspartnern nach der gewünschten Kleiderordnung erkundigen.

Die europäischen Tischmanieren sind auch in diesen Ländern absolut korrekt. Natürlich gibt es in vielen Ländern noch nationale Besonderheiten. So ist die Tischordnung in *Brasilien* bei privaten und inoffiziellen geschäftlichen Einladungen für uns etwas ungewöhnlich: Alle Herren sitzen an einem Ende der Tafel zusammen und am anderen die Damen. Das hat keine tiefschürfenden Gründe, man glaubt nur, sich auf diese Weise besser zu unterhalten.

Besonderheiten:

Es gibt eine unangenehme Besonderheit, die man in einigen dieser Länder nicht außer Acht lassen sollte: der allgegenwärtige Straßenraub. Das betrifft vor allem die Großstädte der Länder, in denen eine katastrophale Armut in breiten Bevölkerungsschichten herrscht. Dagegen kann man sich als Besucher/in nicht generell schützen, aber einige Vorkehrungen sollte man/frau doch treffen:

⊖ *Man sollte nie*
- mit echtem Schmuck abends ausgehen,
- viel Geld oder Schecks einstecken,
- im Auto sitzen, ohne die Türen von innen zu verschließen.

⊕ *Man sollte stets*
- eine billige Armbanduhr anlegen, oder
- billigen Schmuck tragen und
- etwas Geld einstecken.

Das hat den Sinn, dass man die Straßenräuber nicht leer ausgehen lassen sollte, weil das sonst sehr unangenehm werden könnte.

Venezuela
Republik Venezuela

1. Politisches System:

Präsidiale Bundesrepublik. Hauptstadt: Caracas.
Einwohnerzahl: 23 Millionen, davon mehr als 69 Prozent Mulatten und Mestizen, 20 Prozent Weiße, 9 Prozent Schwarze und 2 Prozent Indios.
Mitgliedschaften: UN, WTO, OAS, OPEC.
Währung: Bolívar (Bs) = 100 Céntimos.

2. Wirtschaft/Führungsschicht:

Venezuela hat die stattliche Zahl von 23 Universitäten und 58 vorwiegend technische und pädagogische Hochschulen. Da das Land seit 1958 sein Bildungssystem zielstrebig ausgebaut hat, verfügt es heute über eine für Südamerika ungewöhnlich breite Gebildetenschicht.

Ein schwieriges Problem ist die Bildung von Vertrauen: Sowohl Misstrauen gegenüber Fremden als auch das Übervorteilen eines „Monsieurs" entspricht indianischer Tradition und gilt nicht als Sünde. Deswegen sollte man mit seinem Vertrauen sehr vorsichtig umgehen – und das gilt nicht nur für den Umgang mit Alteingesessenen, sondern kann sich auch gegenüber lange dort lebenden Landsleuten als nützlich erweisen.

3. Geschichte/Religion:

Als die Spanier Alonso de Ojeda und Amerigo Vespucci 1499 das Land entdeckten, nannten sie es wegen der dort angetroffenen indianischen Pfahlbautendörfer „Venezuela" (Klein-Venedig). Dank seiner großen Erdölvorkommen, die seit 1912 von niederländischen und britischen Erdölgesellschaften ausgebeutet werden, entwickelte sich Venezuela seit den zwanziger Jahren zu einem der modernsten Staaten Lateinamerikas. Leider versäumte man es, den Staat an den riesigen Gewinnen aus den Erdölvorkommen angemessen zu beteiligen oder gar in Industrialisierungsprojekte zu investieren.

Trotz seiner wirtschaftlichen Schwierigkeiten zählt Venezuela zu den „reichen" Ländern Südamerikas.
Religion: Mehr als 93 Prozent römisch-katholisch, 5 Prozent Protestanten und andere Minderheiten.

4. Sprache:

Amtssprache: Spanisch; Landessprachen: Spanisch sowie rund 20 indianische Sprachen. Business-Sprache: Englisch.

5. Verhaltensnormen für Frauen:

Noch recht traditionell, wenngleich sich in den letzten 30 Jahren auch hier die Situation der Frau im Berufsleben stetig verbessert hat. Gleichberechtigt laut Gesetz kann man heute auch in Führungspositionen in Politik, Wirtschaft, Wissenschaft und Kultur zunehmend Frauen finden.

6. Bekleidungsvorschriften/Tischmanieren:

Nur in der Hauptstadt Caracas trägt man Anzug und Krawatte im Business. In der heißen Zone des nördlichen Küstenstreifens, im Tiefland von Maracaibo sowie in den Llanos ist Tropenkleidung erforderlich. In der gemäßigten Zone – Caracas und Mérida – trägt man europäische Sommerkleidung. Für den Abend sollte man sich mit leichter Wollkleidung ausrüsten, wobei zu offiziellen Anlässen und Geschäftskontakten international-formelle Kleidung gehört. Für Frauen sind lange Hosen offiziell. *Regenkleidung* ist überall erforderlich.
Die Tischmanieren sind europäisch, allerdings pflegt nur eine dünne Schicht sicheren Umgang mit der Etikette. Whisky statt Wein zum Essen ist keine Seltenheit.

7. Besonderheiten:

Venezuela ist bekannt für die vielen Volksfeste, die das ganze Jahr über in allen Gegenden des Landes gefeiert werden. Tragendes Element aller Feste ist die Musik, deren Charakteristik eindeutig auf ihre Herkunft und den Ursprung des Kultes – hier afrikanische Trommeln, dort Bantu-Trommeln, Rohr-Flöte und Kürbisrasseln – schließen lässt.
Nationalfeiertag: 5. Juli.

Kolumbien

Politisches System: Präsidialrepublik.
Hauptstadt: Santa Fe de Bogotá (Bogota).
Einwohnerzahl: 41 Millionen; davon 58 Prozent Mestizen, 20 Prozent Weiße, 14 Prozent Mulatten, 4 Prozent Schwarze, 3 Prozent Zambos.
Mitgliedschaften: UN, WTO, OAS.
Währung: Kolumb. Peso (kol$) = 100 Centavos.
Sprache: Amtssprache: Spanisch.
Nationalfeiertag: 20. Juli.

Ecuador

Politisches System: Präsidialrepublik. Hauptstadt: Quito.
Einwohnerzahl: 12,2 Millionen; davon 35 Prozent Mestizen, 25 Prozent Weiße, 20 Prozent Indianer, 15 Prozent Mulatten, 5 Prozent Schwarze.
Mitgliedschaften: UN, WTO, OAS.
Währung: Sucre (S/.) = 100 Centavos.
Sprache: Spanisch. Business-Sprache: Englisch.

Brasilien

Föderative Republik Brasilien

1. Politisches System:

Bundesrepublik. Hauptstadt: Brasília.
Einwohnerzahl: 166 Millionen; davon 53 Prozent Weiße, 34 Prozent „Pardos“ (Mulatten, Mischlinge, Mamelucken, Caboclos, Cafuzos und andere), 11 Prozent Schwarze, 2 Prozent Asiaten (über 1 Million Japaner), 0,2 Prozent Indianer.
Mitgliedschaften: UN, WTO, OAS, Mercosur.
Währung: Real (R$) = 100 Centavos.

2. Wirtschaft/Führungsschicht:

Das Wirtschaftleben konzentriert sich hauptsächlich auf den Großraum São Paulo mit etwa 25 Millionen Einwohnern.
Deutsche Geschäftsleute treffen in Brasilien meist auf Partner mit internationalem Hintergrund, die also sowohl ihre Ausbildung als auch ihre Berufserfahrungen im Ausland – zumeist in den USA – erworben haben. Frauen sind im mittleren Management häufig, im Top-Management dagegen seltener anzutreffen. Unter Geschäftspartnern duzt man sich normalerweise und begrüßt sich per Handschlag mit viel Schulterklopfen und geringerer körperlicher Distanz als bei uns; wenn man sich schon etwas länger kennt, kann man sich sogar mit Wangenkuss begrüßen. Um Vertrauen zu gewinnen ist es wichtig, die „richtigen" Leute zu kennen, das wird dann auch mit „name dropping" abgeklopft. Es ist hier durchaus üblich, bei geschäftlichen Kontakten durch Gespräche über „Privates" erst einmal das Eis zu brechen; bevorzugte Themen: Familie, Hobbys, Fußball(!). Die Einhaltung von Deadlines und Versprechungen wird hier sehr wichtig genommen.

3. Geschichte/Religion:

Die offizielle Geschichte dieses riesengroßen Landes am Amazonas beginnt erst am 22. April 1500, als der portugiesische Seefahrer Pedro Alvares Cabral hier anlandete. Die uralte Geschichte der indianischen Völker, den Altbewohnern dieses Landes, wurde bisher nicht in die Geschichtsschreibung dieses Landes integriert; das gilt im Übrigen für fast alle Staaten auf dem fälschlicherweise als „jungen Kontinent" bezeichneten Erdteil. Nichtsdestoweniger haben die Brasilianer ihren letzten Monarchen, den portugiesischen Kaiser Pedro II., bereits 1889 in die Wüste geschickt und die Republik ausgerufen.
Religion: 75 Prozent Katholiken, 10 Prozent Protestanten sowie viele andere Religionsgemeinschaften.

4. Sprache:

Amtssprache: Portugiesisch; Landessprache: Brasilianisches Portugiesisch. Internationale Business-Sprache: Englisch.

5. Verhaltensnormen für Frauen:

In Rio de Janeiro, Sào Paulo und großen Teilen Südbrasiliens sind die Frauen genauso emanzipiert wie die Süd-Europäerinnen. Viele Frauen bekleiden hohe Positionen in der Administration (gegenwärtig z. B. das Amt des Bürgermeisters von Sào Paulo) und in der Privatwirtschaft. Meist sind es Töchter der sehr vermögenden und einflussreichen Familien mit hervorragender, im Ausland erworbener Ausbildung. Die Mehrheit der in Städten lebenden Brasilianerinnen dort ist berufstätig. Im krassen Unterschied dazu ist die Rolle der Frau in den übrigen Landesteilen sowie in den sozial schwachen Schichten nach wie vor die der Hausfrau, Mutter und Putzfrau für extrem geringen Lohn.

Das Verhalten der Männer gegenüber Frauen ist im Alltagsleben von weniger Zurückhaltung geprägt als bei uns. Auch Managerinnen kann es passieren, auf der Straße angesprochen oder angehupt zu werden – äußerste Zurückhaltung ist hier sehr ratsam.

6. Bekleidungsvorschriften/Tischmanieren:

Die Geschäftswelt ist durch formelle Kleidung geprägt. Trotz der in Brasilien nahezu ganzjährig hohen Temperaturen sollte man zu geschäftlichen Anlässen korrekte, dunkle Kleidung tragen. Brasilianer ziehen ihr Jackett auch nicht im Büro aus, sondern üblicherweise nur zum Essen(!). Kurzärmelige Oberhemden sind nicht üblich. Sollte zu einem offiziellen Dinner „Black tie" vorgeschrieben sein, so kann man sich den Smoking leihen, mit allem Drum und Dran, einschließlich der Abendschuhe.

Die Tischordnung ist bei privaten und inoffiziellen geschäftlichen Einladungen für uns ungewöhnlich: Die Herren sitzen zusammen an einem Ende der Tafel, und am anderen sitzen die Damen. Eine Lobpreisung der Kochkünste der Gastgeberin sollte man sich tunlichst verkneifen, denn das könnte peinlich werden; heutzutage wird das Essen häufig ins Haus geliefert – einschließlich dem gesamten Gedeck mit Leuchtern, Tischschmuck und sogar den Weinen. Die Tischmanieren sind grundsätzlich kontinental-europäisch, die Regeln der Etikette werden allerdings meist nur bei offiziellen

Anlässen bemüht. Im Allgemeinen gehen Brasilianer sehr gern in Restaurants – und geben dort viel Geld aus; dies gilt sowohl für private als auch für offizielle Anlässe. Die Rechnungen im Restaurant werden, sofern es sich nicht um eine Einladung handelt, von einer Person beglichen und dann pro Kopf geteilt – ganz gleich, wer wie viel konsumiert hat!
Gastgeschenke: ja, Blumen oder Pralinen.

7. Besonderheiten:

Statussymbole sind in der brasilianischen Kultur sehr wichtig; das sind z. B. Autos (die „Firmenwagen-Hierarchie" gibt es auch hier), das Haus (Häuser) in der richtigen Gegend (man lädt nicht nur Freunde sondern auch Geschäftspartner gern nach Hause ein), das Ferienhaus am Strand, Kleidung internationaler Nobel-Marken, imageträchtige Auslandsreisen, internationale Kontakte u. a. m.

Wegen der unbeschreiblichen Armut breiter Volksschichten – etwa 17 Millionen Kinder und Heranwachsende leben im Zustand des Elends = „miseria" – ist es selbstverständlich, dass man sich außerhalb von den bewachten Enklaven der Geschäftswelt und des Wohlstands nur mit äußerster Vorsicht bewegen sollte. Auf alle Fälle sollte man die Ratschläge der Gastgeber beherzigen; ohne sich durch die oftmals übertriebene Sorge der Brasilianer um Leib und Leben davon abhalten zu lassen, die Schönheit dieses Landes zu genießen.

In Brasilien ist es empfehlenswert, als Autofahrer/innen an manchen Stellen der Stadt an einer roten Ampel nicht anzuhalten, sondern lieber vorsichtig über die Kreuzung zu fahren; das wird von der Polizei im Allgemeinen toleriert. Sollte man nachts Opfer eines Auffahrunfalls werden, empfiehlt es sich, nicht aus dem Auto auszusteigen, da diese Masche häufig von Kriminellen zu Raubüberfällen genutzt wird.
Nationalfeiertag: 7. September.

Peru

1. Politisches System:

Präsidialrepublik. Hauptstadt: Lima.
Einwohnerzahl: 25 Millionen, davon 47 Prozent Indianer, 32 Prozent Mestizen, 12 Prozent Weiße und Minderheiten von Schwarzen, Mulatten, Japanern, Chinesen.
Mitgliedschaften: UN, WTO, OAS, APEC.
Währung: Neuer Sol (S/.) = 100 Céntimos.

2. Wirtschaft/Führungsschicht:

Durch die starken Einwanderungsströme aus Japan finden sich hier ganze Wirtschaftszweige – z. B. die Fischindustrie – unter japanischer Führung. Japaner stellen nicht nur die größte Gruppe peruanischer Businessleute, sie verfügen auch politisch über den größten Einfluss. Im Zuge der Privatisierung staatlicher Unternehmen vor allem im Energie- und Telekommunikationsbereich sind Spanier – als die zweitstärkste ethnische Gruppe – und Chilenen in der peruanischen Wirtschaft stark vertreten. Die deutsch-peruanische IHK in Lima kümmert sich um Kontakte zwischen den Geschäftsinteressenten beider Länder. Die persönlichen Kontakte werden allerdings vorzugsweise in Sportclubs, wie Golf- oder auch Tennisclubs, geknüpft – da bleiben die Herren dann wieder meist unter sich.

3. Geschichte/Religion:

Die uralte Kulturgeschichte dieses Landes reicht bis ins 12. Jh. v. Chr., uns ist hingegen erst deren Epoche ab dem 15. Jh. geläufig, als sich das berühmte Inka-Reich ausbreitete. Dummerweise befand sich das sonst straff geführte und perfekt durchorganisierte Reich gerade in einem Bürgerkrieg, als die Spanier 1532 landeten. Diese Tatsache wussten die Eroberer unter dem „netten" Herrn Francisco Pizarro gut für sich zu nutzen, als sie sich daran machten, das Reich mit List und Tücke zu erobern. Immerhin war es Pizarro, der die Stadt Lima gründete, die im 18. Jahrhundert durch ein schweres Erdbeben zu 80 Prozent wieder zerstört wurde. Von da an ging es mit Peru bergab. Immerhin – bereits 1821 wurde die Unabhängigkeit der Republik Peru proklamiert.

Religion: 89 Prozent Katholiken, 3 Prozent Protestanten sowie Anhänger von Naturreligionen.

4. Sprache:

Amtssprachen: Castellano (Spanisch) und Quechua. Landessprachen: dto. und Aymará. Business-Sprache: Englisch.

5. Bekleidungsvorschriften/Tischmanieren:

Keine bemerkenswerten Unterschiede zu den Gepflogenheiten im internationalen Business.

6. Besonderheiten:

Erwachsene reichen sich zur Begrüßung die Hand, Frauen werden oftmals mit einem Wangenkuss begrüßt.
Nationalfeiertag: 28. Juli.

Bolivien

1. Politisches System:

Präsidialrepublik. Hauptstadt: Sucre.
Einwohnerzahl: 8 Millionen.
Mitgliedschaften: UN, WTO, OAS.
Währung: Boliviano (Bs) = 100 Centavos.

2. Wirtschaft/Führungsschicht:

Hauptsächlich werden es deutsche Geschäftsleute mit Unternehmern zu tun haben, die aus deutschen Familien stammen und traditionell mit deutschen Unternehmen verbunden sind. Jedoch gibt es auch ur-bolivianische Businessleute mit Interesse an deutschen Geschäftsverbindungen.

3. Religion:

Überwiegend Katholiken.

4. Sprache:

Amtssprache: Spanisch; Landessprachen: Spanisch sowie Quechua und Aymará. Business-Sprache: Englisch.

5. Bekleidungsvorschriften/Tischmanieren:

Keine bemerkenswerten Unterschiede zu Kontinental-Europa; zu besonderen Anlässen gibt es einen Bekleidungsvermerk auf der Einladung, wie bei uns.

6. Besonderheiten:

Bei Vertragsabschlüssen oder beim Bezug neuer Gebäude oder Büros etc. wird meist eine „Challa" veranstaltet. Das ist eine Art Weihe der neuen Räumlichkeiten oder auch begonnener Geschäftsbeziehungen, damit die zukünftigen Aktivitäten erfolgreich sein mögen.
Nationalfeiertag: 6. August.

Paraguay

1. Politisches System:

Präsidialrepublik. Hauptstadt: Asunción.
Einwohnerzahl: 5,2 Millionen; davon: etwa 90 Prozent Mestizen, 3 Prozent Indianer, 2 Prozent Weiße sowie Japaner, Koreaner u. a.
Mitgliedschaften: UN, WTO, OAS, Mercosur.
Währung: Guarani (G) = 100 Céntimos.

2. Wirtschaft:

Über die neue Führungsschicht lässt sich noch nichts Definitives sagen – auch nicht darüber, ob es denn eine neue Schicht ist. Man kann aber feststellen, dass die alten Eliten, die Großgrundbesitzer und Viehzüchter, durch neue Gesichter aufgefrischt werden. Denn in den letzten Jahren stellen von allen Einwanderern das größte Kontingent die Japaner.

3. Geschichte/Religion:

Die jüngste Geschichte Paraguays ist geprägt durch die Diktatur des deutschstämmigen Generals Alfredo Stroessner. Seit 1954 regierte er mit Hilfe der Militärs das Land, das er jahrzehntelang unter Kriegsrecht stellte. Am 3. Februar 1989 wurde Stroessner nach 34 Jahren Regierung gestürzt. Seit 1992 hat Paraguay eine neue Verfassung.
Religion: römisch-katholisch.

4. Sprache:

Amtssprache: Spanisch; Landessprache: Guarani. Business-Sprache: Englisch.

5. Bekleidungsvorschriften/Tischmanieren:

Bei Geschäftsbesuchen und offiziellen Begegnungen ist formelle Kleidung mit Anzug und Krawatte unerlässlich.
Die Tischmanieren sind europäisch.

6. Besonderheiten:

Sich nicht präzise auf die Besonderheiten des Landes einzustellen, könnte man schnell bereuen. Zum Beispiel sollte man in Paraguay – wie auch in anderen Ländern Lateinamerikas – nie Leitungswasser ungekocht in irgend einer Verwendungsart zu sich nehmen. Deshalb sollte man auch nicht Salat essen.
Nationalfeiertag: 15. Mai.

Argentinien

1. Politisches System:

Präsidialrepublik. Hauptstadt: Buenos Aires.
Einwohnerzahl: 36,1 Millionen; davon über 90 Prozent Weiße.
Mitgliedschaften: UN, WTO, OAS, Mercosur.
Währung: Argent. Peso (arg$) = 100 Centavos.

2. Wirtschaft/Führungsschicht:

Die argentinischen Businesspartner sind meist italienischer (sizilianischer) Abstammung; der Bildungsstand ist hoch, häufig auf nordamerikanischen oder europäischen Universitäten erworben. Bei alteingesessenen Geschäftsleuten ist gegenüber gezeigtem Vertrauen etwas Vorsicht geboten. Die „wichtigen" Leute trifft man am besten in den privaten Sportclubs (Golf/Tennis/Polo). Argentinien weist einen hohen Industrialisierungsgrad auf und verfügt über eine diversifizierte Wirtschaftsstruktur, gespeist von einer starken Energierohstoffbasis. Jedoch ist der Agrarsektor nach wie vor das Hauptstandbein des argentinischen Exports. Mit einem konsequenten Privatisierungsprogramm wurde innerhalb von fünf Jahren die Wirtschaft entstaatlicht und ein günstiges Investitionsklima geschaffen.

3. Geschichte/Religion:

Anders als seine Nachbarn hatte es Argentinien schon früh mit zwei sich gegenseitig befehdenden Kolonialmächten zu tun, mit Spanien und England. Aus dem zeitweilig daraus entstehenden Machtvakuum formierte sich schon früh eine Unabhängigkeitsbewegung, und so konnte Argentinien – damals noch als „Vereinigte Provinzen des Rio de la Plata" – bereits 1816 formell seine Unabhängigkeit erklären. Jene Tradition der Selbstbestimmung hat dem Land in der Folge ein permanentes Wechselbad zwischen sozialreformerischen Regierungen und putschenden Generälen beschert. Wobei es Juan Domingo Peron fertig brachte, zunächst zu den Einen und dann – zusammen mit seiner legendären Frau Eva, genannt „Evita" – zu den Letzteren zu gehören. Der bisher letzte Militärputsch war 1976, und gegenwärtig deutet alles darauf hin, als sei es – auch mit Hilfe einer neuen Verfassung von 1994 – gelungen, demokratische Gewaltenteilung und demokratische Wahlen durchzuhalten.
Religion: 91 Prozent Katholiken, 2 Prozent Protestanten, Minderheiten von Juden und Muslimen.

4. Sprache:

Spanisch. Internationale Business-Sprache: Englisch.

5. Verhaltensnormen für Frauen:

In Argentinien gelten eigentlich – etwas „stehen gebliebene“ – südeuropäische Standards. Die Kleidung der Managerin kann im Sommer etwas heller sein, für die traditionelleren Branchen gilt: Blazer mit Rock oder Hose und Strümpfe(!), in den Werbe- oder Kommunikationsbranchen: sportlich-elegant. Am Abend trägt die Dame zu offiziellen Anlässen sogar langes Kleid.

6. Bekleidungsvorschriften/Tischmanieren:

Der Business-Anzug ist der dunkle Anzug oder auch eine Kombination mit Blazer; stets Krawatte, auch bei 40 Grad Außentemperatur. Zum Business-Dinner: Anzug mit Krawatte.
Die europäische Tischetikette ist grundsätzlich die richtige.

7. Besonderheiten:

Es ist sehr wichtig, die „Mate-Regeln“ zu beachten: Bei Einladungen auf einer Hazienda/Finca wird Mate-Tee gereicht, den man mit Hilfe eines – meist silbernen – Mundstücks aus einem Kürbis („bombilla“) saugt. Nun gilt es als Geste der Freundschaft, das – kollektiv genutzte – Mundstück dem Gast anzubieten, und das sollte von diesem nicht zurückgewiesen werden, will man die Gastgeber nicht beleidigen.
Nationalfeiertag: 25. Mai.

Chile

1. Politisches System:

Präsidialrepublik. Hauptstadt: Santiago (Santiago de Chile).
Einwohnerzahl: 14,8 Millionen; davon ca. 92 Prozent Mestizen und Weiße und 6,8 Prozent Indianer.
Mitgliedschaften: UN, WTO, OAS, APEC.
Währung: Chilenischer Peso (chil$) = 100 Centavos.

2. Wirtschaft/Führungsschicht:

Die Weißen altspanischer Herkunft (Kreolen) bilden die Oberschicht Chiles, deshalb zählt man Chile – mit Argentinien und Uruguay – zu den „weißen“ Staaten Südamerikas. Im Übrigen haben sich in Chile europäische Einflüsse noch weitgehend erhalten. Auch Umgangsformen und Etikette sind noch weitgehend europäisch. Früher galt Chile als Südamerikas „Preußen“.

3. Geschichte/Religion:

Die Geschichte Chiles verbindet sich mit dem Inkareich, zu dem die Völker im Norden des Landes vom 14. bis zum 16. Jahrhundert gehörten. Diego de Almagro entdeckte 1536 diese Gebiete für Spanien und immerhin erst 1541 hatten die Spanier die letzten Widerstände gebrochen beziehungsweise die Einwohner weitgehend ausgerottet. Zwischen 1810 und 1818 erkämpften sich deren Nachfahren nun ihrerseits die Unabhängigkeit von Spanien. Der Süden des Landes wurde erst Mitte des 19. Jahrhunderts „erschlossen“ und die dort ansässigen Indios erschossen.
Religion: 77 Prozent Katholiken, 12,4 Prozent Pfingstler, 0,8 Prozent Protestanten.

4. Sprache:

Amtssprache: Spanisch; Landessprachen: Spanisch, „Mapuche“ und andere Sprachen der Indianer. Business-Sprache: Englisch.

5. Verhaltensnormen für Frauen:

Die traditionell katholischen Verhaltensnormen haben Chiles Frauen schon durch die Lehren der politischen Ereignisse der letzten 20 Jahre weitestgehend verlassen. Es waren hauptsächlich die Frauen, die sich im Widerstand gegen das Pinochet-Regime mutig hervortaten. Die Chileninnen gehören seitdem zu den emanzipiertesten Frauen Südamerikas. Auch Europäerinnen kommen in Chile ganz gut zurecht, ohne sich irgendwo befremdlichen Zwängen unterziehen zu müssen.

6. Bekleidungsvorschriften/Tischmanieren:

Mit unseren guten Manieren ist man in Chile gut gelitten. Für Restaurantbesuche und offizielle Empfänge gilt die internationale Etikette. Im Geschäftsleben legt man großen Wert auf korrekte Businesskleidung: Anzug mit Krawatte für Herren, und für Damen Kostüm – der Hosenanzug ist hier noch nicht etabliert.
Die Tischmanieren unterscheiden sich nicht von den unseren.

7. Besonderheiten:

Es gilt in Chile als völlig normal, auch Fremde zu duzen. Die Pünktlichkeit wird allerdings etwas großzügiger interpretiert als bei uns: 10 bis 15 Minuten später als zu der angegebenen Zeit zu einem Termin zu kommen, zählt noch zu „pünktlich".
Nationalfeiertag: 18. September.

Uruguay

Präsidialrepublik. Hauptstadt: Montevideo.
Einwohnerzahl: 3,2 Millionen; davon 85 Prozent Weiße, 5 Prozent Mestizen, 3,3 Prozent Mulatten.
Mitgliedschaften: UN, WTO, OAS, Mercosur.
Währung: Uruguayischer Peso (urug$) = 100 Centésimos.
Religion: 78 Prozent Katholiken, 2,4 Prozent Protestanten, 1,6 Prozent Juden.
Sprache: Spanisch. Internationale Business-Sprache: Englisch.
Nationalfeiertag: 25. August.

Asien

Natürlich fällt es mir schwer, mich gerade in diesem Teil der Erde den gebotenen Zwängen zur Kürze zu beugen und nicht der Versuchung zu erliegen, die ungeheure Vielfalt der Kulturen, der Gegensätzlichkeiten von Traditionen und Wesensunterschieden zwischen den Menschen nachzuzeichnen. Dieses Buch kann jedoch nicht das leisten, was man von einem Reiseführer zu jeweils einem dieser Länder erwarten darf. Hier geht es darum, allgemeingültige Hinweise zum Umgang mit den Menschen zu geben, mit denen man es als Geschäftsreisende/r im Allgemeinen in dieser Region zu tun hat.

Bedauerlicherweise verwischen sich für uns durch die geographische Entfernung nicht nur historisch gewachsene Unterschiede, selbst die sehr von einander abweichende jüngere Geschichte dieses Kontinents, die in der Hauptsache eine Geschichte der Befreiung von fremder Herrschaft war, ist uns nicht zureichend geläufig. Alles dies sind jedoch Grunddaten, deren Kenntnis selbstverständlich auch als Hintergrundwissen für effiziente Geschäftsbeziehungen unerlässlich ist. Dazu kommen die gesellschaftlichen Auswirkungen von unzähligen Formen der großen asiatischen Religionen (siehe dazu den Abschnitt „Frauen“ weiter unten).

Vorder-Asien

Zur Geschichte

Die Geschichte der Neuzeit in dieser Region war geprägt durch unzählige Kriege untereinander, wobei das Osmanische Reich (Türkei) und Persien (Iran) lange Zeit die bedeutendsten Großreiche waren. Die heutigen Staatsgebilde sind größtenteils Ergebnisse der Kriege der letzten beiden Jahrhunderte, in denen europäische Nationen noch kräftig mitmischten, zum Beispiel England und Frankreich als frühkapitalistische Kolonialmächte sowie Russland (bzw. die UdSSR) als kommunistische Kolonialmacht.

Zur Religion

Die Religionen spielen in dieser Region eine für Mitteleuropäer schwer nachvollziehbare Rolle. Sie sind Basis mancher Staatsgründungen (zum Beispiel Israel und Pakistan) und Anlass (oder Rechtfertigung!) für eine Reihe bewaffneter Auseinandersetzungen zwischen (Iran-Irak) oder innerhalb dieser Staaten (Libanon). Die ausnahmslos staatstragende Religion der arabischen Staaten ist der *Islam*; die Mehrheit sind schiitische Muslime, eine Minderheit sind Sunniten. Hier gilt es jedoch für Europäer darauf zu achten, ob der Islam nur Religion – wenngleich auch Staatsreligion – ist, oder ob er in diesem Land auch als Grundlage aller Rechtsprechung angesehen wird (islamische Scharia). In diesen Fällen kann es schwierig werden, sich auf internationales Recht oder die Menschenrechts-Charta der Vereinten Nationen zu berufen – obwohl sie von einigen dieser Länder mitunterschrieben wurde. Wegen der Bedeutung dieser Information wird bei den nachfolgend angeführten Staaten jeweils auf die Religion gesondert – und der eventuell geltenden Scharia – hingewiesen.

Zur Bekleidung

Der internationale Stil in der Geschäftswelt, bei Organisationen und Institutionen ist die formelle Businessbekleidung. Das gilt für Europäer auch – und ungeachtet der dort herrschenden Temperaturen – für die Länder Vorder-Asiens, obwohl die einheimischen Männer in vielen dieser Staaten in der Regel in ihrer Landestracht auftreten. Ebenso formell sind die Bekleidungsvorschriften für offizielle Essen. Allerdings sollte bei den Essen *peinlichst darauf geachtet* werden, ob die Gastgeber sich beim Betreten der Räume die *Schuhe ausziehen* – was bei allen privaten Häusern oder Palästen der Fall ist. Dann wäre es eine grobe Unhöflichkeit, wenn der Gast mit Straßenschuhen diese Räume beträte. Bei Einladungen in ein internationales Hotel werden die Schuhe in der Regel anbehalten.

Tafelsitten und -manieren

Die Ess-Sitten in vielen Ländern Asiens kann man – unter notwendiger Vernachlässigung aller nationaler Eigenheiten – in etwa so beschreiben: Man sitzt gewöhnlich auf dem Boden oder auch auf Sitzkissen und isst von Platten und Schüsseln, die auf kleinen Tischen arrangiert werden. Das bei uns übliche Besteck wird ersetzt durch das Fladenbrot und die *Finger der rechten(!) Hand.* Mit Hilfe von kleinen Stücken, die man vom Fladenbrot *abreißt* (nicht abbeißt), transportiert man solche Speisen, die man nicht mit den Fingern aufnehmen kann, wie zum Beispiel Saucen und ähnliches.

Die Beachtung des islamischen Dogmas, zum Essen und zur Begrüßung ausschließlich die rechte Hand zu benutzen, ist dabei unerlässlich. Die linke Hand gilt als *unrein* – mit der linken Hand wird man sich auf der Toilette waschen, anstelle von Toilettenpapier, das dort als unhygienisch gilt.

Ebenfalls gehört es sich für den Gast, darauf zu achten, wie genau man in diesem Land das islamische Alkoholverbot nimmt. Normalerweise kann man als Gast immer dann ein Glas Wein oder Bier akzeptieren, wenn es einem angeboten wird.

Gastgeschenke nimmt man in diesen Ländern überall gern entgegen, oftmals wird man aber auch als Gast noch beschenkt. Blumen für die Gastgeberin mitzubringen, erübrigt sich in islamischen Ländern. Umso lieber sieht man diese Geste in Israel.

Hinweise für Businessfrauen

Alle islamischen Staaten unterscheiden sich in ihrer Haltung gegenüber Frauen grundlegend von christlich geprägten Staaten: *die Frau gilt im Islam als unrein.* Das ist aus allen Sittengesetzen, wie immer sie auch in den unterschiedlichen Ländern in Nuancen differieren mögen, nicht wegzudenken. Grundsätzlich sind die islamischen Staaten also Männergesellschaften, und Frauen hatten im öffentlichen Leben bis vor kurzem grundsätzlich nichts zu suchen. Dass sich dies heute in manchen dieser Länder geändert hat, hängt oft mit dem Machtkalkül der Parteien der herrschenden Klasse zusammen, gilt aber ausnahmslos nur für einige Frauen der Oberschichten und nicht für die Armen und die Landfrauen.

Wie verhält sich nun eine Europäerin, die aus beruflichen Gründen in diesen Ländern zu tun hat? Oft geht ja kein Weg daran vorbei, dass auch Muslime die europäische Frau als Verhandlungspartnerin zu akzeptieren haben, und sie tun es im Allgemeinen auch. Ausnahmen bilden hierin in der Regel die Länder, in der die islamische Scharia staatliche Rechtsgrundlage ist. Dort ist es für eine europäische Frau auch jetzt noch nicht ratsam, ohne männliche Begleitung zu reisen, um als Geschäfts- oder Verhandlungspartnerin akzeptiert zu werden.

Für andere Länder ist es hingegen keine Katastrophe mehr, auch mit Frauen in wichtigen Funktionen zu verhandeln oder zusammenzuarbeiten. In der Mehrzahl der islamischen Republiken spielt sich das internationale Geschäftsleben in sehr europäischen Bahnen ab, weil die überwiegende Mehrheit derjenigen, mit denen wir es normalerweise zu tun haben, zu der europäisch gebildeten Elite gehört. Einer europäischen Vertreterin eines Unternehmens oder einer Organisation wird man dort auch unseren Vorstellungen entsprechend höflich begegnen.

Aber selbst wenn die arabischen Männer es bereits gewohnt sind, an europäische Frauen nicht die gleichen Verhaltensnormen anzulegen, wie an ihre eigenen Frauen, sollte die emanzipierte Europäerin doch mit viel Taktgefühl auftreten und die strengen Sittengesetze für Frauen nicht in provozierender Weise missachten. Ich meine damit, dass man im Angesicht verschleierter Frauen nicht gerade leicht geschürzt herumlaufen sollte. Es ist für Frauen auf jeden Fall ratsam, sich auf die zum Teil ungewöhnlichen Verhaltenserwartungen einzustellen. Das macht es unerlässlich, sich vorher eingehend zu informieren. Dann wird eine Frau es zum Beispiel nicht als Provokation verstehen, wenn die dortigen Honoratioren zögern, neben ihr Platz zu nehmen; sie wird wissen, dass es für die Männer ein Tabu bedeutet, sich neben eine ehrbare Frau zu setzen – man würde sie entehren.

Für die *Region Vorder-Asiens* sind insbesondere solche Länder für europäische Frauen problematisch, in denen der Islam Staatsreligion ist. Angesichts der Tatsache, dass unzählige Gebote, Einschränkungen und Verbote für Frauen ihrer Selbstentfaltung und häufig auch der Inanspruchnahme ihrer Menschenrechte entgegenstehen, empfiehlt es sich, hierauf das besondere Augenmerk zu richten und keineswegs diese Ge- und Verbote zu missachten. Grundsätzlich sollten sich Businessfrauen für die Länder Asiens einen *Assistenten* mitnehmen, der als Sprachtransmitter und gleichzeitig als eine Art Bodyguard fungieren kann; denn in vielen dieser Länder wird man Frauen gar nicht erst zuhören. Außerdem ist es in vielen Gegenden durchaus noch normal, allein reisende Frauen für unehrenhaft zu halten.

Einzig in Israel gibt es für Frauen nicht nur keine frauenspezifischen Einschränkungen, sondern – im Gegenteil – hier sind Frauen de facto gleichberechtigt. Eine Ausnahme bilden hierin die Kreise der orthodoxen Juden, die eine Frau, schon überhaupt als Deutsche, nicht unbedingt als Geschäftspartner suchen sollte.

Dos und Don'ts für Businessfrauen

- ⊕ In der Kleidung sollten Businessfrauen noch formeller auftreten als bei uns – leger ist im Geschäftsleben völlig tabu.
- ⊖ Niemals leicht bekleidet in der Öffentlichkeit herumlaufen.
- ⊖ Niemals mit dem Finger auf etwas deuten, schon gar nicht auf Menschen.
- ⊖ In Staaten, in denen die sittenstrengen Gesetze des Islam und die Scharia gelten (zum Beispiel Iran, Saudi-Arabien, Jemen und andere), dürfen diese Gesetze auch von Ausländerinnen nicht verletzt werden!!
- ⊕ Händeschütteln unter Frauen ist in den Städten dieser Länder zwar üblich, allerdings sollte das Zeichen hierfür auf jeden Fall von der Seite der Gastgeberinnen ausgehen.
- ⊕ Auch Frauen müssen bei Besuchen von Privathäusern und Wohnungen stets ihre Schuhe vor der Türe lassen.
- ⊖ Vorsicht: In den meisten islamischen Ländern ist es Frauen nicht gestattet, Tempel zu betreten.

Für die Hinweise in diesem Abschnitt über *Asien* habe ich ein anderes Raster als für Europa gewählt. Die nachfolgenden Informationen zu einzelnen Staaten sind in *vier Punkte* gegliedert:

1. Politisches System mit Hauptstadt und Einwohnerzahl
2. Währung und Sprache
3. Religion
4. Besonderheiten.

Georgien

Republik Georgien

1. Politisches System:

Präsidiale Republik mit den autonomen Republiken Abchasien, Adscharien, und Südossetien. Unabhängige Republik seit 1991. Hauptstadt: Tbilisi (Tiflis).
Einwohnerzahl: 5,4 Millionen; davon 71,7 Prozent Georgier, 8 Prozent Armenier, 5,6 Prozent Aserbaidschaner, 5,5 Prozent Russen und andere.
Mitgliedschaften: UN, WTO, Europarat, OSZE.

2. Währung und Sprache:

Lari (GEL) = 100 Tetri.
Amtssprache: Georgisch; Landessprachen: Georgisch und Russisch und andere Minderheitensprachen.

3. Religion:

Mehrheitlich orthodoxe Christen.

4. Besonderheiten:

Immer wieder kam es im letzten Jahrzehnt zu bürgerkriegsartigen Auseinandersetzungen zwischen dem gewählten Präsidenten und der Opposition; stets gab es dabei Tote. Insbesondere die Konflikte mit den Autonomen Republiken Abchasien, Adscharien, und Südossetien machten eine UNO/GUS-Friedenstruppe notwendig.
Nationalfeiertag: 26. Mai.

Armenien

Republik Armenien

1. Politisches System:

Präsidialrepublik. Hauptstadt: Jerevan (Eriwan).
Einwohnerzahl: 3,8 Millionen; davon 93 Prozent Armenier, 2,6 Prozent Aserbaidschaner, 2 Prozent Russen und 2 Prozent Kurden.
Mitgliedschaften: UN, Europarat, OSZE.

2. Währung und Sprache:

Dram (ARD) = 100 Luma.
Amtssprache: Armenisch (mit eigenem Alphabet).

3. Religion:

Mehrheitlich armenisch-apostolische Christen („Gregorianer").

4. Besonderheiten:

Seit 1988 kam es immer wieder zu bewaffneten Konflikten mit Aserbaidschan um die mehrheitlich von Armeniern bewohnte, aber zu Aserbaidschan gehörende Region von Berg-Karabach. Unabhängige Republik seit 1990.
Nationalfeiertag: 21. September.

Aserbaidschan

Aserbaidschanische Republik

1. Politisches System:

Präsidialrepublik mit den autonomen Gebieten Berg-Karabach und Nachitschewan. Unabhängige Republik seit 1991. Hauptstadt: Baki (Baku).
Einwohnerzahl: 7,9 Millionen; davon 85,4 Prozent Aserbaidschaner, 4 Prozent Russen, 2 Prozent Armenier sowie Lesgier, Tataren und andere Minderheiten.
Mitgliedschaften: UN, Europarat, OSZE.

2. Währung und Sprache:

Aserbaidschan-Manat (A.M.) = 100 Gepik.
Amtssprache: Aserbaidschanisch (lateinische Schrift).

3. Religion:

90 Prozent Muslime (davon 65 Prozent Schiiten, 35 Prozent Sunniten) und christliche Minderheiten.

4. Besonderheiten:

Ein ganz alter Konflikt ist in jüngster Zeit wieder aufgebrochen, der darin seine Ursache hatte, dass Berg-Karabach, das von christlichen Armeniern bewohnt wird, 1923 als autonomes Gebiet Aserbaidschan zugeschlagen wurde. Und so sind die kriegsähnlichen Auseinandersetzungen zwischen den beiden ehemaligen Unionsrepubliken einer der vielen Religionskonflikte dieser Welt.
Nationalfeiertag: 28. Mai.

Iran

Islamische Republik Iran

1. Politisches System:

Islamische Präsidialrepublik. Hauptstadt: Tehrān (Teheran).
Einwohnerzahl: 62 Millionen; davon 50 Prozent Perser, 20 Prozent Aserbaidschaner, 10 Prozent Luren und Bachtiaren, 8 Prozent Kurden, 2 Prozent Araber, 2 Prozent Turkmenen, ferner Balutschen, Armenier und andere.
Mitgliedschaften: UN, OPEC.

2. Währung und Sprache:

Rial (Rl.) = 100 Dinars.
Amtssprache: Farsi (Persisch); Hauptlandessprache: Farsi (von ca. 85 Prozent der Bevölkerung verstanden); dazu regionale Sprachen: Luri, Kurdisch, Balutschi, Aserbaidschanisch, Turkmenisch, Arabisch und andere.

3. Religion:

Der Islam ist Staatsreligion; 90 Prozent der iranischen Muslime sind Schiiten, 8 Prozent Sunniten; zugelassene Minderheiten: ca. 360 Tausend Christen (vor allem armenisch-apostolische Kirche und syrische Kirchen), sowie Juden, Parsen und Mandäer.

4. Besonderheiten:

Das Verhältnis zwischen Deutschland und dem Iran ist gegenwärtig durch den sogenannten „Mykonos“-Prozess belastet; zeitweilig kommt es zur Abberufung der Botschafter aus Teheran und Bonn. Im Verlauf dieser Krise ziehen alle EU-Staaten (Ausnahme: Griechenland) ihre Diplomaten aus dem Iran ab.
Nationalfeiertag: 11. Februar.

Irak

Republik Irak mit Autonomer Region Kurdistan

1. Politisches System:

Präsidialrepublik. Hauptstadt des Irak: Baghdād (Bagdad). Hauptstadt von Kurdistan: Irbíl (Erbil).
Einwohnerzahl: 22 Millionen; davon ca. 80 Prozent Araber, ca. 15 Prozent Kurden und andere Minderheiten.
Mitgliedschaften: UN, Arabische Liga, OPEC.

2. Währung und Sprache:

Irak-Dinar (ID) = 1000 Fils
Amtssprache: Hocharabisch. Landessprachen: Arabisch und Kurdisch.

3. Religion:

Der Islam ist Staatsreligion. 95 Prozent Muslime (davon 66 Prozent Schiiten und 34 Prozent Sunniten), weniger als 5 Prozent Christen.

4. Besonderheiten:

Das UN-Embargo in Folge des Golfkriegs und die internationale Isolation der irakischen Wirtschaft hat in diesem Land mit der Zeit unübersehbare Spuren hinterlassen.
Nationalfeiertag: 17. Juli.

Syrien
Arabische Republik Syrien

1. Politisches System:

Präsidialrepublik. Hauptstadt: Dimashq (Damaskus).
Einwohnerzahl: 15,3 Millionen; davon 89 Prozent syrische Araber, über 6 Prozent Kurden, sowie Armenier, Tscherkessen, Turkmenen, Türken und andere.
Mitgliedschaften: UN, Arabische Liga.

2. Währung und Sprache:

Syrisches Pfund (syr£) = 100 Piaster.
Amtssprache: Hocharabisch.

3. Religion:

90 Prozent Muslime: 80 Prozent Sunniten, 7 Prozent Alwiten, 2 Prozent Drusen und 1 Prozent Ismailiten; 9 Prozent Christen.
Nationalfeiertag: 17. April.

Libanon
Libanesische Republik

1. Politisches System:

Parlamentarische Republik. Hauptstadt: Bayrūt (Beirut).
Einwohnerzahl: 4,2 Millionen.
Mitgliedschaften: UN, Arabische Liga.

2. Währung und Sprache:

Libanesisches Pfund (L£) = 100 Piaster.
Amtssprache: Hocharabisch. Internationale Sprache: Englisch und Französisch.

3. Religion:

60 Prozent Muslime (32 Prozent Schiiten, 21 Prozent Sunniten, 7 Prozent Drusen) und 40 Prozent Christen (25 Prozent Maroniten, 7 Prozent Griechisch-Orthodoxe, 5 Prozent Griechische Katholiken, 4 Prozent Armenier).
Nationalfeiertag: 22. November.

Israel

1. Politisches System:

Parlamentarische Republik. Besetzte Gebiete: Westjordanland, Gaza, Golan, Ost-Jerusalem. Hauptstadt: Yerushalayim/Al-Quds (Jerusalem).
Einwohnerzahl: 6 Millionen; davon 82 Prozent Israelis, 18 Prozent Palästinenser, Tscherkessen, Armenier, Türken u. a.
Mitgliedschaften: UN, WTO.

2. Währung und Sprache:

Neuer Schekel (NIS) = 100 Agorot.
Amtssprachen: Neu-Hebräisch (Iwrith) und Arabisch. Internationale Sprachen: Englisch, Deutsch, Französisch und andere.

3. Religion:

78,8 Prozent Juden, 15 Prozent Muslime, 2,1 Prozent Christen, 1,6 Prozent Drusen und andere Minderheiten.

4. Besonderheiten:

Die Beziehungen zwischen Israel und Deutschland und zu den Deutschen sind die eigentliche Besonderheit, die Geschäftsreisende

nicht außer Acht lassen sollten. Ganz gleich, wann nun jemand geboren wurde – die Leiden der Juden durch das Nazi-Deutschland kann und sollte man nicht durch Taktlosigkeiten verniedlichen.
Nationalfeiertag: 14. Mai.

Jordanien

Haschemitisches Königreich Jordanien

1. Politisches System:

Konstitutionelle Monarchie. Hauptstadt: Ammān (Amman).
Einwohnerzahl: 4,6 Millionen, davon 98 Prozent Araber.
Mitgliedschaften: UN, WTO, Arabische Liga.

2. Währung und Sprache:

Jordan-Dinar (JD.) = 1000 Fils.
Amtssprache: Hocharabisch. Internationale Sprache: Englisch und Französisch.

3. Religion:

80 Prozent sunnitische Muslime, Minderheiten anderer Muslime und Christen.

4. Besonderheiten:

König Hussein hatte seinem Land Jordanien zu politischem Gewicht verholfen, das ohne ihn nicht denkbar wäre. Sowohl im Dauerkonflikt zwischen Palästinensern und Israelis als auch im Golfkrieg hat er sich als integrer Vermittler einen Namen gemacht. Jordanien beteiligt sich ebenso an UN-Friedenseinsätzen.
Nationalfeiertag: 25. Mai.

Saudi-Arabien
Königreich Saudi-Arabien

1. Politisches System:

Islamische absolute Monarchie, *Scharia* (islamisches Recht) ist Rechtsgrundlage. Hauptstadt: Ar-Riyād (Riad).
Einwohnerzahl: 20,8 Millionen, davon 72,7 Prozent Saudi-Araber, 27,3 Prozent ausländische Gastarbeiter.
Mitgliedschaften: UN, Arabische Liga, OPEC.

2. Währung und Sprache:

Saudi Riyal (S.Rl.) = 100 Hallalas.
Amtssprache: Hocharabisch. Internationale Sprache: Englisch.

3. Religion:

Islam ist Staatsreligion. 98 Prozent Muslime (Sunniten); Christen und Hindus ausschließlich ausländische Arbeitskräfte.

4. Besonderheiten:

Die fundamentalistisch-islamische Rechtsordnung steht den europäischen Errungenschaften der Aufklärung und des Humanismus ablehnend gegenüber. Dieser Tatsache sollte man sich als Geschäftsreisender jederzeit gegenwärtig sein. Insbesondere betrifft das alle Begegnungen mit dem anderen Geschlecht; hier ist die Beachtung der besonderen Gesetze dringend geboten. So ist es beispielsweise einem Mann nicht erlaubt, eine Frau – außer seiner Angetrauten – mit dem Auto mitzunehmen.
Nationalfeiertag: 23. September.

Kuwait
Staat Kuwait

1. Politisches System:

Erbmonarchie (Emirat). Hauptstadt: Al-Kuwayt (Kuwait).
Einwohnerzahl: 1,9 Millionen; davon 38,2 Prozent Kuwaiter, 61,8 Prozent Ausländer (Ägypter, Inder, Bangladescher, Sri Lanker, Pakistaner, Amerikaner, Briten u. a.).
Mitgliedschaften: UN, WTO, Arabische Liga, OPEC.

2. Währung und Sprache:

Kuwait-Dinar (KD.) = 1000 Fils.
Amtssprache: Arabisch.
Internationale Sprache: Englisch.

3 Religion:

Islam ist Staatsreligion. 95 Prozent Muslime (66 Prozent Sunniten, 29 Prozent Schiiten), 2 Prozent Christen, Hindu-Minderheiten.

4. Besonderheiten:

Je mehr sich das Land aus dem internationalen Beistand im Zuge des Golf-Kriegs begeben kann, umso mehr greifen fundamentalistische Bestrebungen Platz – zum Beispiel Gesetze zur Einführung der Scharia als Rechtsgrundlage.
Nationalfeiertag: 25. Februar.

Katar
Staat Katar

1. Politisches System:

Absolute Monarchie des Emir von Katar. Hauptstadt: Ad-Dawhah (Doha).
Einwohnerzahl: ca. 742 000.
Mitgliedschaften: UN, WTO, Arabische Liga, OPEC.

2. Währung und Sprache:

Katar-Riyal (QR) = 100 Dirham.
Amtssprache: Hocharabisch. Internationale Sprache: Englisch.

3. Religion:

Islam ist Staatsreligion. 92 Prozent sunnitische Muslime, ferner Christen, Hindus und andere Minderheiten.

4. Besonderheiten:

Reicher Erdölstaat am Golf.
Nationalfeiertag: 3. September.

Vereinigte Arabische Emirate

1. Politisches System:

Bundesstaatliche Föderation von sieben autonomen Emiraten unter Führung des siebenköpfigen Obersten Rats der Scheichs von Abu Dhabi, Dubai, Sharjah, Ras al-Khaimah, Fujairah, Umm al-Qaiwain und Ajman. Hauptstadt: Ab Zaby (Abu Dhabi).
Einwohnerzahl: 2,7 Millionen.
Mitgliedschaften: UN, WTO, Arabische Liga, OPEC.

2. Währung und Sprache:

Dirham (Dh) = 100 Fils.
Amtssprache: Hocharabisch. Internationale Sprache: Englisch.

3. Religion:

96 Prozent Muslime (meist Sunniten), 3 Prozent Christen.

4. Besonderheiten:

Reicher Ölstaat mit besonderer Vorliebe für vielseitige sportliche Aktivitäten mit hochdotierten – daher erstklassig besuchten – internationalen Turnieren (Golf, Tennis, Pferde, Autos, Boote usw.)
Nationalfeiertag: 2. Dezember.

Oman

Sultanat Oman

1. Politisches System:

Absolute Monarchie (sehr altes Sultanat); die islamische Scharia ist Rechtsgrundlage. Hauptstadt: Muskat.
Einwohnerzahl: 2,3 Millionen.
Mitgliedschaften: UN, Arabische Liga.

2. Währung und Sprache:

Omanischer Rial (RO) = 1000 Baizas.
Amtssprache: Hocharabisch. Landessprachen: Arabisch, Urdu, Swahili und Balutschi. Internationale Sprache: Englisch.

3. Religion:

Islam ist Staatsreligion.

4. Besonderheiten:

Anders als die übrigen Ölstaaten der Golf-Region hat Oman politisches Gewicht in vielen internationalen Organisationen und Institutionen. Sultan Qaboos bin Said erhielt ab seinem 16. Lebensjahr seine Ausbildung in England: zunächst in einem Elite-College und dann in der Königlichen Militärakademie Sandhurst. Ein Jahr verbrachte er als Stabsoffizier der britischen Armee sogar in Deutschland.

Ungewöhnlich sind Intensität und Vielzahl an internationalen Aktivitäten und internationalen Mitgliedschaften. Schwerpunkt der

Außenpolitik letzter Zeit war die vertragliche Vereinigung der Randstaaten des Indischen Ozeans.

Oman hat eine sehr männlich-archaische Gesellschaft mit traditionell-muslimischen Lebensformen – auf der einen Seite. Auf der anderen Seite hat das Land modernste Bildungseinrichtungen, die auch Mädchen offenstehen, eine ausgeklügelte, moderne Wirtschaft mit neuester Technologie und 20 Frauenverbände.
Nationalfeiertag: 18. November.

Jemen

Republik Jemen

1. Politisches System:

Islamische Präsidialrepublik, islamische *Scharia* als Rechtsgrundlage. Hauptstadt: San (Sanaa).
Einwohnerzahl: 16,6 Millionen.
Mitgliedschaften: UN, Arabische Liga.

2. Währung und Sprache:

Jemen-Rial (Y.Rl) = 100 Fils.
Amtssprache: Hocharabisch. 34 Prozent männl. und 77 Prozent weibliche Analphabeten (1998).

3. Religion:

Islam.

4. Besonderheiten:

1990 wurde der unabhängige Nord-Jemen, die „Arabische Republik Jemen", mit dem kommunistischen Süd-Jemen, der „Demokratischen Volksrepublik Jemen", der ehemals britischen Kolonie, zur Republik Jemen vereinigt.
Nationalfeiertag: 22. Mai.

Zentral-Asien

Turkmenistan

1. Politisches System:

Präsidialrepublik; Hauptstadt: Aščhabad (Aschgabad).
Einwohnerzahl: 4,7 Millionen; davon 73,3 Prozent Turkmenen, 9,8 Prozent Russen, 9 Prozent Usbeken sowie Kasachen, Tataren, Ukrainer, Armenier, und Belorussen.
Mitgliedschaften: UN, OSZE.

2. Währung und Sprache:

Turkmenische Manat (TMM) = 100 Tenge.
Amtssprache: Turkmenisch.

3. Religion:

Überwiegend sunnitische Muslime.

4. Besonderheiten:

Ursprünglich ein Nomadenvolk, verteidigten die Turkmenen lange ihre Eigenständigkeit gegenüber der Zentralverwaltung in Moskau. Erst nach langwierigen Kämpfen gelang es den Bolschewiki, Turkmenien unter ihre Kontrolle zu bringen. Wieder Unabhängige Republik seit 1990.
Nationalfeiertage: 27./28. Oktober.

Usbekistan
Republik Usbekistan

1. Politisches System:

Präsidialrepublik. Hauptstadt: Taškent (Taschkent).
Einwohnerzahl: 24,1 Millionen; davon 73,7 Prozent Usbeken, 6 Prozent Russen, 4,8 Prozent Tadschiken, 4,1 Prozent Kasachen und andere.
Mitgliedschaften: UN, OSZE.

2. Währung und Sprache:

Usbekistan-Sum (U.S.) = 100 Tijin.
Amtssprache: Usbekisch. Landessprachen: Usbekisch, Russisch und Minderheitensprachen.

3. Religion:

Überwiegend sunnitische Muslime, ferner schiitische, orthodoxe und katholische Minderheiten, sowie ca. 90 000 Juden.

4. Besonderheiten:

Auch bei den Usbeken hatten die Bolschewiki große Schwierigkeiten, das Gebiet der ursprünglich drei Khanante – Buchara, Chiva und Kokand – unter ihre Kontrolle zu bringen. 1925 wurde Usbekistan sowjetische Unionsrepublik. Dank bedeutender Erdgasvorkommen ist besonders die chemische Industrie stark entwickelt. Unabhängige Republik seit 1991.
Nationalfeiertag: 1. September.

Tadschikistan
Republik Tadschikistan

1. Politisches System:

Präsidialrepublik. Hauptstadt: Dušanbe (Duschanbe).
Einwohnerzahl: 6,1 Millionen.; davon 62 Prozent Tadschiken, 23 Prozent Usbeken, 7,6 Prozent Russen, sowie Tataren, Kirgisen und noch wenige Deutsche.
Mitgliedschaften: UN, OSZE.

2. Währung und Sprache:

Tadschikistan-Rubel (TR) = 100 Kopeken.
Amtssprache: Tadschikisch.

3. Religion:

Mehrheitlich sunnitische Muslime, schiitische und ismailitische Gemeinden.

4. Besonderheiten:

Die Tadschiken gehören zu den ältesten Völkern Zentralasiens. Der Bürgerkrieg zwischen Regierungstruppen und einer von Afghanistan aus operierenden fundamental-muslimischen bewaffneten Oppositionsgruppe hat seit Ende der Sowjetunion bis 1998 bereits 100 000 Tote gefordert und rund 600 000 Menschen auf die Flucht geschickt. Seit Juni 1997 gibt es ein Friedensabkommen zwischen der Regierung und den Oppositionskräften. Unabhängige Republik seit 1991.
Nationalfeiertag: 9. September.

Kirgisistan
Kirgisische Republik

1. Politisches System:

Präsidialrepublik. Hauptstadt: Biškek (Bischkek).
Einwohnerzahl: 4,7 Millionen; davon 56,5 Prozent Kirgisen, 18,8 Prozent Russen, 13,4 Prozent Usbeken, sowie Tataren, Ukrainer und 1 Prozent Deutsche.
Mitgliedschaften: UN, WTO, OSZE.

2. Währung und Sprache:

Kirgisistan-Som (K.S.) = 100 Tyin.
Amtssprachen: Kirgisisch und Russisch.

3. Religion:

Mehrheitlich sunnitische Muslime.

4. Besonderheiten:

Im Altaigebirge gibt es erhebliche Rohstoffvorkommen (Quecksilber, Gold, Kohle und andere), die über die Hälfte des Exports ausmachen. Landwirtschaftlich ein sehr armes Land, da nur 7 Prozent der Fläche des Landes bebaubar sind.
Nationalfeiertag: 31. August.

Kasachstan

Republik Kasachstan

1. Politisches System:

Präsidialrepublik. Neue Hauptstadt (seit 1995): Akmola.
De-facto-Hauptstadt: Almaty (früher Alma-Ata).
Einwohnerzahl: 15,6 Millionen; davon 44,3 Prozent Kasachen, 35,8 Prozent Russen, 5,1 Prozent Ukrainer, 3,6 Prozent Deutsche sowie Usbeken, Tataren und andere.
Mitgliedschaften: UN, OSZE.

2. Währung und Sprache:

Tenge (T) = 100 Tiin.
Amtssprache: Kasachisch; Landessprachen: Russisch und Kasachisch.

3. Religion:

50 Prozent sunnitische Muslime (Kasachen), ca. 50 Prozent orthodoxe Christen (Russen).

4. Besonderheiten:

Die Kasachen sind ein altes Nomadenvolk, das aus Mischungen von altai-türkischen und mongolischen Völkern stammt. Kasachstan verfügt über vielfältige Bodenschatzvorkommen. Dadurch sind insbesondere die metallverarbeitende und die petrochemische Industrie bedeutend.
Nationalfeiertag: 25. Oktober

West-Asien

Afghanistan:
Islamischer Staat Afghanistan

1. Politisches System:

Islamische Republik. Hauptstadt: Kābol (Kabul).
Einwohnerzahl: 25,1 Millionen.
Mitgliedschaft: UN.

2. Währung und Sprache:

Afghani (Af) = 100 Puls.
Amtssprachen: Dari und Paschtu.

3. Religion:

100 Prozent Muslime, meist Sunniten.

4. Besonderheiten

Krieg seit 1979, seit 1992 herrscht Bürgerkrieg. Die Taliban – sunnitische Fundamentalisten, die in pakistanischen Koran- und Militärschulen ausgebildet wurden – terrorisieren seit 1994 die von ihnen eroberten Landesteile, vor allem die Frauen.

Süd-Asien

In *Südasien* finden wir die ärmsten Staaten der Erde. Seit 1947, als die Engländer die von 1763 an jahrhundertelang ausgebeuteten Kolonien verließen, haben diese Länder zu keiner befriedigenden Wirtschaftstruktur gefunden, die der riesigen Bevölkerung einen einigermaßen akzeptablen Lebensstandard ermöglichte. Wegen der immer wieder ausbrechenden religiösen Konflikte – die zwischen Hindus und Muslimen hatten bereits 1947 zur Teilung von Indien und Pakistan geführt – und Massenunruhen sowie Naturkatastrophen, hält sich die Investitionsfreudigkeit deutscher Unternehmen auf diesem gebeutelten Subkontinent in Grenzen.

Dass ausgerechnet Indien und Pakistan sich neuerdings gegenseitig mit Atombomben bedrohen, gehört zu den Anachronismen und dem Irrationalismus von Politik.

Dos und Don'ts für Businessfrauen

⊕ In der Kleidung sollten Businessfrauen noch formeller auftreten als bei uns – leger oder sommerlich ist im Geschäftsleben völlig tabu.

⊖ In Pakistan sind es die Gesetze des Islam, die auch von Ausländerinnen nicht verletzt werden sollten.

⊕ Händeschütteln unter Frauen ist der modernen Inderin gegenüber westlichen Frauen durchaus geläufig, allerdings sollte auch hier das Zeichen dafür von der Seite der Gastgeberinnen ausgehen.

⊖ Niemals leicht bekleidet einen Tempel betreten!

⊕ Auch Frauen müssen bei Besuchen von Privathäusern, Wohnungen und Tempeln stets ihre Schuhe vor der Tür lassen.

Indien

Republik Indien

1. Politisches System:

Parlamentarische Bundesrepublik im Commonwealth of Nations.
Hauptstadt: New Delhi (Neu-Delhi).
Einwohnerzahl: 980 Millionen.
Mitgliedschaften: UN, WTO.

2. Währung und Sprache:

Indische Rupie (iR)= 100 Paise.
Amtssprache: Hindi, Englisch und 17 gleichberechtigte Regionalsprachen. Internationale Sprache: Englisch.

3. Religion:

80,3 Prozent Hindus, 11 Prozent Muslime, 2,4 Prozent Christen, sowie Jainismus, Sikhismus und Parsismus und andere Minderheiten.

4. Besonderheiten:

⊕ Achtung: *Linksverkehr!*

Neuerdings verschärft sich der traditionelle Indien-Pakistan-Konflikt durch Atombombenversuche, die – von Indien angefangen und in Pakistan sofort eifrige Nachahmer erzeugend – weltweit Besorgnis und Kritik hervorgerufen haben.
Nationalfeiertag: 26. Januar.

Pakistan

Islamische Republik Pakistan

1. Politisches System:

Islamische Föderative Republik im Commonwealth of Nations.
Hauptstadt: Islāmābād (Islamabad).
Einwohnerzahl: 132 Millionen.
Mitgliedschaften: UN, WTO.

2. Währung und Sprache:

Pakistanische Rupie (pR) = 100 Paisa.
Amtssprache: Urdu. Internationale Sprache: Englisch.

3. Religion:

Islam ist Staatsreligion, fast 100 Prozent Muslime (90 Prozent Sunniten, 5 bis 10 Prozent Schiiten; Minderheiten von Christen, Hindus und Buddhisten).

4. Besonderheiten:

⊕ Achtung: *Linksverkehr!*

Das Überbringen wie auch die Entgegennahme kleiner Gastgeschenke (nur unter Männern!) entspricht der islamischen Tradition und fördert die Verständigung. Keinesfalls darf man der Gastgeberin ein Geschenk mitbringen, eher den Kindern.
Nationalfeiertag: 23. März.

Ost-Asien

Asien ist für Europäer oftmals ein Buch mit sieben Siegeln. Unsere Vorstellungen über die großen Länder Asiens sind durch angebliche „Kenner" entweder mystifiziert oder romantisiert worden oder durch sehr partielle Informationen sonstwie abstrus. Wer sich ein verantwortbares Urteil über diese Länder erlauben will, der sollte mindestens fünfundzwanzig Jahre dort gelebt haben und die jeweilige Landessprache beherrschen. In diesem einzig seriösen Sinn bin ich keine Kennerin Asiens. Meine eigenen Erfahrungen und Kenntnisse dieser alten Kulturvölker erlauben es mir noch nicht, asiatische Denk-Schemata oder -Motive sicher zu deuten.

Im Bewusstsein dieser Unzulänglichkeit habe ich mich in einigen Ländern Ostasiens an zuverlässige Zeugen gewandt – nämlich an deutsche Geschäftsleute und Manager, die lange Jahre in dieser Region leben und arbeiten. Ihre Erfahrungen – zusammen mit persönlichen Eindrücken von dort – sind die Grundlage der nachfolgenden Anmerkungen.

Selbstverständlich können diese Hinweise nicht als ausreichende Vorbereitung für die Aufnahme von Geschäftsbeziehungen zu diesen Ländern angesehen werden, sie sollten vielmehr als Anregung dafür dienen, sich mit den hier angeführten Stichpunkten ausführlicher zu beschäftigen und gezielt die noch notwendigen Informationen einzuholen.

Frauen

Wenn den Völkern Ostasiens etwas gemeinsam ist, dann ist es die Einordnung der Frauen in ihr Wertesystem: deren Standort ist in den meisten Ländern ziemlich weit unten.

In Ostasien sind der Konfuzianismus, Buddhismus und Taoismus (China) und der Schintoismus (Japan), die herrschenden Religionen – wenn man einmal von der vormals großen Anhängerschaft der Ersatz-Religionsgemeinschaft der Kommunisten absieht.

Die gängigen Reiseführer enthalten in der Regel keine brauchbaren Hinweise für allein reisende, selbständige Frauen, die in Geschäften und nicht nur zum Sightseeing unterwegs sind. Die Informationen der businessorientierten Länderführer sind in der Regel aus männlicher Perspektive für männliche Interessen geschrieben.

Eine wohltuende Ausnahme bilden die Autoren Peter Odrich und Barbara Odrich, die intime Kenntnisse über Japans und Koreas Wirtschaft vermitteln. Das Ergebnis einer Analyse über Businessfrauen in Korea lautet bei ihnen: „Im Laufe der Zeit hat es schon so manchen Fall in Korea gegeben, bei dem ein koreanischer Manager, der vorher nicht wusste, dass er eine Frau treffen würde, schlichtweg wortlos den Raum verließ, als er sie schließlich erblickt hatte. Für Frauen, die nicht in einer Einkäufer-Rolle nach Korea kommen, sind Geschäfte dort meistens außerordentlich schwierig zu betreiben.“ (Zu Textangaben: siehe Literaturliste)

Die folgenden allgemeinen Hinweise für diesen Erdteil beziehen sich auf die wenigen mentalitätsbedingten Gemeinsamkeiten. Obwohl alle Völker und Nationen Asiens nicht nur unterschiedliche Kulturtraditionen und eine unterschiedliche Entwicklung der Emanzipationsbestrebungen von Frauen sowie eine eigenständige Einordnung der Frauen in ihr Wertesystem haben, ist deren Position nach wie vor nicht der einer Europäerin vergleichbar. Deutschen Frauen wäre also in den meisten asiatischen Ländern anzuraten, nicht allein zu Verhandlungen zu reisen, sondern sich von einem Mitarbeiter begleiten zu lassen, um überhaupt bis an ihr Ziel vorzudringen.

Dos und Don'ts für Businessfrauen

- ⊕ *Achtung*: In Japan und in Korea haben *Frauen keinen Vortritt*! – Ganz im Gegenteil, es wird von ihnen erwartet, Männern Vortritt zu gewähren.
- ⊕ In allen Ländern Asiens wird dem Alter besonderer Respekt entgegen gebracht – in China auch alten Frauen.
- ⊖ Insbesondere in Ostasien sind laute Gefühlsausbrüche verpönt. Lachen ist o.k.
- ⊕ Wenn immer es geht, lächeln, auch in peinlichen und unangenehmen Situationen.
- ⊖ Niemals mit dem Finger auf etwas deuten, schon gar nicht auf Menschen.
- ⊕ In der Kleidung sollten Businessfrauen noch formeller auftreten als bei uns.
- ⊖ Bequeme oder sommerliche Kleidung ist im Geschäftsleben völlig tabu.
- ⊖ In China sollte eine Frau nicht allzu offenherzig gekleidet sein, will sie nicht Aufsehen und Belästigungen riskieren.
- ⊕ Auch Frauen müssen bei Besuchen in Privathäusern und Wohnungen stets ihre Schuhe vor der Türe lassen.
- ⊕ Frauen sollten unbedingt beachten, dass in Asien *Weiß die Farbe des Todes* ist. Vorsicht also auch bei festlichen Anlässen!

Allgemeine Hinweise für den geschäftlichen Umgang in Ost-Asien

- ⊖ Im gesamten Ostasiatischen Raum ist lautes, unhöfliches und ungeduldiges Benehmen als westliche Arroganz verpönt.
- ⊕ Ältere Menschen genießen großen Respekt; sie sollten stets zuerst angesprochen werden, man hält ihnen die Tür auf oder erhebt sich, wenn ein Älterer einen Raum betritt.
- ⊕ Kinder werden vergöttert; alle Leute freuen sich, wenn man ein Kind freundlich anspricht – aber *nicht anfasst*!

⊕ Pünktlichkeit und korrekte Kleidung werden bei allen Terminen vorausgesetzt.

⊖ Zu geschäftlichen Verabredungen nicht pünktlich zu erscheinen, gilt als sehr unhöflich und herabsetzend.

⊖ Es gilt als sehr ungehörig, jemanden zu unterbrechen.

⊕ Die Umgehung eines direkten „Nein" ist allen Asiaten eigen – für Geschäftsverhandlung eine stark gewöhnungsbedürftige Eigenart, die man selbstverständlich zu beachten hat, um nicht falsche Schlüsse zu ziehen.

⊕ In China wie in Japan wird man eher einen falschen Weg geschickt, ehe jemand zugibt, dass er den Weg nicht kennt.

⊖ Bei Geschäftsverhandlungen sollte man *nie unmittelbar* sein Ziel anstreben, es gehört zur Kultur Asiens, „Umwege" zu gehen und sein Anliegen in einen weitläufigen Kontext einzubinden. Dabei kann es sich durchaus auch um private Konversation handeln.

⊕ *Titel* werden in allen diesen Ländern wichtig genommen, sofern bekannt, sollte man sie in der Anrede mit verwenden.

⊕ Der Austausch von Visitenkarten hat hier *sofort nach der Begrüßung* zu erfolgen. Dabei ist es unerlässlich, dass

- sowohl die Übergabe als auch die Entgegennahme der Karten *mit beiden Händen* geschieht;
- man die erhaltene Visitenkarte sofort und ausführlich liest;
- in Japan und in Korea gleichzeitig eine leichte Verbeugung erfolgt

⊖ Es wird als eine Herabsetzung empfunden, wenn man eine erhaltene Visitenkarte ungelesen einsteckt.

⊖ Für Japaner und Koreaner ist jegliche Berührung bei der Begrüßung völlig tabu; man darf sich nur voreinander zu verneigen. Als Ausländer sollte man nie einem Japaner oder einem Koreaner die Hand zum Gruß reichen oder ihn sonstwie anfassen. Falls die Gastgeber mit unseren Gepflogenheiten vertraut sind, werden sie von sich aus zuerst die Hand reichen, die man dann natürlich ergreifen sollte.

- ⊕ In Asien muss bei Besuchen von Privathäusern oder Wohnungen jede/r – auch jeder Besucher und jede Besucherin – die Straßenschuhe vor der Tür lassen. Das gilt selbstverständlich auch für Japan, Korea und für China.
- ⊕ Das Respektieren von Hierarchien ist eine asiatische Manie, die viel Geduld kostet; der Einordnung dienen zum Beispiel auch die unverzichtbaren Visitenkarten.
- ⊖ Japaner vermeiden gern den direkten Augenkontakt.
- ⊖ In ganz Ostasien gilt es als ausgesprochen unhöflich, jemandem den Rücken zuzuwenden.

In Anbetracht des stark anwachsenden wirtschaftlichen Interesses an Geschäftsbeziehungen zu den Ostasiatischen Ländern werden die nachfolgenden Hinweise wieder in das gleiche Raster eingefügt wie bei Europa und *nach folgenden 6 Schwerpunkten strukturiert*:

1. Politisches System
2. Wirtschaft beziehungsweise Führungsschicht
3. Geschichte/Religion
4. Sprache
5. Bekleidungsvorschriften/Tischmanieren
6. Besonderheiten.

China

Volksrepublik China

1. Politisches System:

Sozialistische Volksrepublik (die höchste Staatsmacht bildet der Nationale Volkskongress mit seinen sechs Verfassungsorganen: dem Ständigen Ausschuss, Präsidenten, Staatsrat, Zentraler Militärkommission, Oberstem Volksgericht und Oberster Volksstaatsanwaltschaft). Hauptstadt: Beijing (Peking).
Mitgliedschaften: UN, APEC.

Einwohnerzahl: 1,25 Milliarden, davon sind 92 Prozent Chinesen (Han) und 8 Prozent – immerhin noch 100 Millionen – verteilen sich auf die 55 übrigen Nationalitäten wie Uiguren, Mandschuren, Tibeter, Mongolen und andere.
Hongkong gehört seit dem 1. Juli 1997 wieder zu China (siehe nächster Abschnitt), daneben gibt es fünf autonome Provinzen: die Innere Mongolei, Ningxia, Xinjiang, Guangxi und Tibet. Taiwan gilt offiziell als chinesisches Territorium.
67 Prozent der Bevölkerung Chinas lebt auf dem Land, 33 Prozent in Städten.
Währung: Renminbi Yuan = 10 Jiao.

2. Führungsschicht:

Als Verhandlungspartner sieht man sich gegenwärtig sowohl der älteren Garde der über 45-jährigen „Senior Economists" gegenüber – Parteifunktionäre, mit nicht zwangsläufig vorauszusetzender Sachkenntnis – als auch der Schicht von unter 45-jährigen Wirtschaftsfachleuten, die allesamt auf ein Universitätsstudium zurückgreifen können, gute Techniker und oftmals gewiefte Geschäftsleute sind und in der Regel gut Englisch sprechen.

Und dass China ein kommunistisches Land sei, scheint wohl nur noch in Bezug auf die Führung und die Beamtenkaste zuzutreffen. Geschäftsreisende haben vielmehr den Eindruck, sich in einem gänzlich kapitalistischen Land zu befinden. (Der verstorbene Reformer Deng Xiaoping: „Reich werden ist ruhmvoll.")

3. Geschichte/Religion:

Bereits im 21. Jh. v. Chr. vereinigte die Qi-Dynastie die Urgesellschaften der Chinesen zum ersten Reich chinesischer Geschichte als zentralistischen, einheitlichen Nationalstaat. Als letzte Dynastie endete die Qing-Dynastie im Jahre 1911. Revolutionen von 1911 und 1921 sowie mehrere Befreiungskriege führten zum Sieg der „Neudemokratischen Revolution" unter Mao Zedong, der am 1. Oktober 1949 die Gründung der Volksrepublik China verkündete.

In der VR China herrscht Glaubensfreiheit. Zu den am meisten vertretenen Religionen gehören: Buddhismus, Taoismus, Islam und Christentum beider Konfessionen. Zahlenangaben über jeweilige Anhänger wären rein willkürlich, da es keine amtliche Statistik darüber gibt; alle Zahlen beruhen auf eigenen Angaben der Religionsgemeinschaften. Zweifelsfrei kann man nur festhalten, dass der Buddhismus über die weitaus größte Anhängerschaft verfügt.

4. Sprache:

Amtssprache: (Han) Chinesisch; regionale Sprachen.
Internationale Sprache: Englisch.

5. Bekleidungsvorschriften/Tischmanieren:

Bei sämtlichen Geschäftsbegegnungen ist der formelle *Business-Anzug unerlässlich*: kompletter Anzug in dunkelgrau oder schwarz, Krawatte.

Tabu: Für Freizeitlook – etwa ein offenes Hemd ohne Krawatte – hätte man in China absolut kein Verständnis.

Chinesen gehen sehr gern zum Essen ins Restaurant, in der Regel sind es Betriebsgruppen oder Geschäftsessen; deswegen sind die Tische dort normalerweise auch groß und rund. Auch kennt man keine getrennte Rechnung; in der Regel zahlt der Gastgeber für alle.

Die Tischsitten hingegen sind schon etwas speziell. Zwar scheint sich die international übliche Zurückhaltung gegenüber Spucken, Rülpsen und ähnlichen elementaren Lebensäußerungen immer mehr durchzusetzen, jedoch gilt dies gegenwärtig nur für die Business-Elite mit internationalen Geschäftskontakten. Für deutsche Geschäftsreisende besteht weder eine Notwendigkeit, zu Urgeräuschen zurückzukehren, noch die Erfordernis, sich mit Stäbchen abzumühen, es sei denn, sie haben Spaß daran und können damit souverän umgehen. Jeder Chinese respektiert die europäische Art, mit einer Gabel zu essen, und würde es als peinlich ansehen, wenn sich ein Europäer nur deswegen mit Stäbchen abrackert, um sich den Gastgebern anzupassen. Wichtiger ist dagegen die Beachtung einiger Besonderheiten.

Hierzu *12 Tipps für die chinesische Tafel:*

- Das Gedeck für jeden Gast besteht aus zwei Schälchen oder einem kleinen Teller und einem Schälchen, einem Paar Stäbchen (in hygienischer Verpackung), einem Mini-Messerbänkchen zum Ablegen der Stäbchen, sowie Serviette und Glas.
- Man sollte sich nicht wundern, wenn man seine Serviette von einer freundlichen Bedienung direkt auf den Schoß gelegt bekommt.
- Die Schüsseln mit den verschiedenen Gerichten werden auf einer großen runden Drehplatte nacheinander serviert.
- Der Gast nimmt sich mit den Stäbchen (oder Extra-Löffel) etwas aus den Schüsseln und legt es zunächst auf seinen Teller oder sein Schälchen. Es gilt als unfein, Speisen aus der Schüssel direkt in den Mund zu stecken.
- Das zweite Schälchen ist meist für den Reis bestimmt, den Chinesen mit den Stäbchen direkt in den Mund schaufeln. Aus dem gleichen Schälchen isst man auch die Suppe.
- Die Schüsseln müssen keineswegs leer gegessen werden, jedoch stets das persönliche Schälchen/Tellerchen.
- Man sollte sich daher nur so viel in sein Schälchen nehmen, wie man auch essen kann.
- Überall in China wird – ein schmackhafter – grüner Tee zum Essen gereicht; in allen guten Restaurants gibt es selbstverständlich auch Mineralwasser, Bier und Wein auf Wunsch.
  - Das einheimische Bier ist gut und preiswert.
- Milch und *Milchprodukte* – wie zum Beispiel Käse, Joghurt etc. – werden von Chinesen nicht konsumiert.
- Auch in China – wie überall auf der Welt – gilt es als unhöflich, Wein, Bier oder andere Alkoholika zu trinken, bevor der Gastgeber einen Trinkspruch gesagt hat.
- Wenn man das Essen beendet hat, wird nicht mehr nachgeschenkt.

- Man verweilt nie länger am Tisch als die Mahlzeit andauert.

Im Großen und Ganzen ist die chinesische Küche – ungeachtet der erheblichen regionalen Unterschiede – für unseren Gaumen sehr schmackhaft und normalerweise weit weniger exotisch, als Gerüchte es uns suggerieren möchten. Wie bei uns gibt es zunächst kalte Vorspeisengerichte, dann die warmen Speisen; die Suppe wird in unterschiedlicher Reihenfolge gereicht, meist gegen Ende des Menüs, dafür kann die Süßspeise, die bei uns unter „Nachtisch" firmiert, durchaus schon zwischendurch serviert werden.

- Schnaps gibt es vorher und während des Essens, was der Verträglichkeit der Mahlzeit durchaus zuträglich ist.
- *Achtung*: Man kann in Restaurants in der Regel nicht ein Glas Schnaps bestellen, sondern nur eine *ganze Flasche*.

6. Besonderheiten:

Es gibt *nicht ein China* – China ist ein Staat mit sehr vielen Nationalitäten und Kulturen, die natürlich auch bis heute fortwirken. Die Nord-Chinesen gelten im Allgemeinen als etwas verschlossener (bäuerlicher), Süd-Chinesen werden als geschäftstüchtiger angesehen. Nichts wäre irreführender als sich mit der Vorstellung nach China zu begegeben, man reise in ein Land mit einer sozialistischen Wirtschaftsordnung, bei der weder für Profit noch für persönlichen Reichtum Platz sei. Weit gefehlt! Kaum ein Volk auf der Erde ist dermaßen kaufmännisch begabt und geschäftstüchtig wie die Chinesen. Und mit beängstigender Geschwindigkeit setzen sie diese Begabung überall im Land um in Entwicklungen und Modernisierungen, die unübersehbar in Richtung kapitalistische Wirtschaftsmacht laufen. So gibt es gegenwärtig nicht nur modernste Wirtschaftmetropolen zu bestaunen – wie zum Beispiel Shanghai – die jedem westlichen Land zur Ehre gereichen würden, sondern bereits auch schon die Schattenseiten dieser Entwicklung: Arbeitslosigkeit. In China gilt seit 1990 die 40-Stunden-Woche. Das Kind (das Einzelkind-Dogma genießt in den Städten allgemeine Akzeptanz) der neuen wohlhabenden Schicht lernt Klavierspielen, geht in eine Privatschule oder hat einen Privatlehrer.

Einige Dos und Don'ts für China-Business-Reisende

- Chinesen begrüßen Europäer meist mit Handschlag, allerdings sollte der Gast stets abwarten, bis ihm die Hand gereicht wird.
- Das gegenseitige Vorstellen wird wie bei uns praktiziert: Jüngere werden den Älteren, Niederrangige den Höherrangigen zuerst vorgestellt.
- Chinesische Namen setzen sich meist aus drei Teilen zusammen, wobei der erste Teil der Familienname ist. In der Anrede sollte dieser Familienname – unter Voranstellen von Mr./Mrs. oder Ms. – benutzt werden. Chinesen unter sich reden sich nur mit dem Familiennamen an.
- Titel, wie Professor und ähnliche, werden sehr wichtig genommen und stets zur Anrede benutzt.
- Der Austausch von Visitenkarten gleich nach der Begrüßung ist unerlässlich; sowohl die Übergabe als auch das Entgegennehmen erfolgt mit beiden Händen zusammen mit einer leichten Verbeugung.
- In China ist der Körperabstand zum Gesprächspartner üblicherweise geringer als bei uns. Man sollte sich auf diese gewöhnungsbedürftige Gepflogenheit einstellen, um nicht instinktiv zurückzuzucken.
- Pünktlichkeit und korrekte Kleidung (siehe oben) werden bei offiziellen Terminen vorausgesetzt.

Für deutsche Geschäftsleute ergibt sich nun nicht nur das Problem, dass sie es mit einer fremden, noch dazu sehr, sehr alten Kultur zu tun haben, die die Berechenbarkeit ungeahnt erschwert; zusätzlich geht es um Geschäftstüchtigkeit, die nicht so leicht zu schlagen ist. Um mit Chinesen auf eine positive Geschäftsebene zu gelangen, muss man sich in einen langen Prozess des Aufbaus von Vertrauen begeben. Falls das – manchmal nach drei Tagen, manchmal nach drei Jahren – erreicht ist, kann man in der Regel „Häuser" – sprich: Unternehmen – darauf bauen.

Deutsche kommen in China im Allgemeinen gut an. Zur Vermeidung von Misserfolgen im Umgang mit chinesischen Businessleuten hier einige *nützliche Ratschläge aus der Praxis von deutschen Managern* mit jahrzehntelanger Asien-Erfahrung:

⊕ Die drei wichtigsten Faktoren, über die deutsche Unternehmer oder Manager in China verfügen müssen, sind

- *Geld* ▸ *Geduld* und ▸ *Zeit.*

⊖ Die drei *gewichtigsten Fehler*, die deutsche Unternehmer oder Manager in China am häufigsten begehen, sind

- keine Geduld zu haben;
- das Mittagessen zu übergehen;
- das chinesische Wort für bare Münze zu nehmen.

⊕ In der Regel sprechen die chinesischen Geschäftspartner gut Englisch; trotzdem sollte man bei Verhandlungen

- selbst absolut *klar und unmissverständlich* sprechen;
- auch bei gutem Englisch: stets durch *Nachfragen* verifizieren, dass man richtig verstanden worden ist;
- durch Rückfragen sich über die *Gesichtspunkte* der Gegenseite *vergewissern.*

⊖ Nie jemanden zum Neinsagen bringen, oder zum „ich weiß nicht" (Gesichtsverlust!) – *es gibt kein „Nein"*!

⊕ Sich auf Smalltalk einstellen, zum Beispiel Familie, Sport und anderes.

⊕ *Vertrauen* ist das Wichtigste!!

- Ob ein Geschäft zustande kommt, ist ausschließlich eine Frage des Vertrauens zwischen den Handelnden.
- Deswegen dienen alle Begegnungen zunächst dem Ziel, auf einer persönlichen Ebene Vertrauen aufzubauen.
- Einen neuen Mann reinzubringen kann als *Misstrauen* verstanden werden.

⊕ Ein Geschäft kann durchaus auch mit Handschlag abgeschlossen werden.

⊕ Man sollte sich auf jeden Fall auf folgende Möglichkeiten einstellen:

- Wenn der Vertrag unterschrieben ist, *beginnen* oftmals erst die Verhandlungen.
- Eventuell *kann* der Vertrag durch die chinesische Seite gar nicht eingehalten werden.
- Ein spezielles Problem: in China gibt es bisher *keinen Vertrieb.*

⊖ Die von deutschen Managern am häufigsten begangene „Todsünde“: sie verkennen die *Notwendigkeit für Chinesen, zwischen 11.30 Uhr und 12.30 Uhr zu Mittag essen* zu müssen. Das bedeutet:

- Zur Mittagszeit muss es eine Gesprächspause geben, bei der man ein – chinesisches – Mittagessen einnehmen kann.

⊕ Geschäftseinladungen sowie Gegeneinladungen erfolgen stets ins Restaurant; chinesische Wohnungen sind bisher für geschäftliche Zwecke nicht geeignet.

⊖ Nie während des Essens über Business reden! Chinesen essen sehr gern; sie mögen es nicht, wenn diese Genusshandlung durch Konzentration auf geschäftliche Dinge unterbrochen wird.

⊖ Übers Geschäft darf man sowieso *nicht bei der ersten Einladung* reden, sondern frühestens bei der Gegeneinladung, die durchaus bereits am nächsten Tag stattfinden kann. Wenn es allen Beteiligten passt, kann man die Gegeneinladung sogar für den Abend des gleichen Tags aussprechen.

⊕ Chinesische Manager lassen sich gern in ein gutes Restaurant einladen, je teurer, desto höher fühlt man sich geschätzt.

⊕ Normalerweise hat man nichts dagegen, wenn der Gast aus Deutschland auch dann die Bezahlung der Rechnung übernimmt, wenn er selbst zum Essen eingeladen wurde.

- In teuren Restaurants zahlt immer der Deutsche.

- Nach dem Essen stehen die Chinesen sofort vom Tisch auf; man bleibt nicht bei einem Glas Wein im Restaurant sitzen (siehe oben).
- Zum Trinken – und Reden – geht man in eine Bar.
- Den früher üblichen Test im Hinblick auf die Trinkfestigkeit des Gastes gibt es heute kaum noch im Geschäftsleben (höchstens noch im Norden, etwa in Beijing).
- Im Süden – in Shanghai und Hongkong – kann man durchaus bei Tee und Wasser bleiben, wenn man möchte.
- Nach dem Essen überreicht man Geschenke, das geht völlig offen und unverkrampft.
  - Gegenwärtig sind das „Schweizer Messer" oder Whisky die Favoriten.
  - Über Gastgeschenke wird relativ offen gesprochen.
- Ein Gast sollte in einem Restaurant nie mit dem Rücken zur Tür sitzen, er sitzt immer mit dem Rücken zur Wand.
- Die *Bedeutung*, die die regelmäßig einzunehmende *Mittagsmahlzeit* für Chinesen hat, kann nicht ernst genug genommen werden.
- Ein weiterer *wichtiger Hinweis* aus der Praxis: Auch deutsche Manager kommen in manchen Fällen nicht darum herum, sich an der chinesischen Leidenschaft für *Karaoke* zu beteiligen. Der Besuch einer Karaoke-Bar war bisher für Geschäftsbesucher obligatorisch, wo sie – unter dem Jubel der Gastgeber und der einheimischen Bevölkerung – einen gängigen internationalen Popsong zu schmettern haben. Der dringende Rat der deutschen Asien-Profis lautet also: mindesten ein, zwei Songs schon zu Hause vorbereiten, um sich dann in China nicht in einer Karaoke-Bar „kalt" erwischen zu lassen.
  - Der einzige Hoffnungsschimmer für Nicht-Pavarottis: es hat gegenwärtig den Anschein, als würde der Karaoke-Fimmel durch ein „Bowling-Fieber" abgelöst werden. Das dürfte deutschen Keglern etwas mehr entgegenkommen.

Wichtig: In China herrscht in der Öffentlichkeit ein *Rauchverbot*; Verstöße gegen das Verbot werden sofort „cash" geahndet.

Nationalfeiertage: Drei Tage Frühlingsfest (an jeweils im Vorjahr festgelegten Tagen) und 1. Oktober.

Hongkong – China

Sonderverwaltungsregion Hongkong/SAR

1. Politisches System:

Chinesische Provinz mit Sonderrechten, zum Beispiel parlamentarisches Wahlsystem, eigener Zollbezirk und eigenes Geld.
Hauptstadt: Xianggang (Viktoria).
Einwohnerzahl: 6,7 Millionen; davon 95 Prozent Chinesen, 1,2 Prozent Philippiner, 1,2 Prozent Briten u. a. Minderheiten.
Währung: Hongkong-Dollar (HK$) = 100 Cents.
Mitgliedschaften: UN, WTO, APEC.

2. Wirtschaft/Führungsschicht:

Seit der Rückgabe der ehemaligen Britischen Kronkolonie an China am 1. Juli 1997 hat sich weder am Wirtschaftssystem noch an der Führungsschicht der Wirtschaft Grundlegendes geändert. Allen vorher geäußerten Unkenrufen zum Trotz hat man – im Gegenteil – den Eindruck, als würde China diese rein kapitalistische Enklave wie einen Augapfel hüten, um diese äußerst gewinnträchtige, aber auch – im Hinblick auf ausländisches Kapital – sensible Region nicht durch kurzsichtige, ideologisch motivierte Aktionen zu irritieren.

Die alte Führungsschicht waren Chinesen mit westlichem Lebensstil; und so ist es auch noch heute, wenngleich einige wenige neu Hinzugekommene nicht im Westen, sondern in China ausgebildet wurden. Selbstverständlich sind die Spuren von 156 Jahren britischer Herrschaft überall unübersehbar, obwohl sie in Hongkong eine faszinierende Symbiose mit der uralten chinesischen Kultur eingegangen sind. Man hat nach wie vor die wöchentlichen Pferderennen, man spielt Golf und hat den Hang für Formen und Etikette voll adaptiert.

Über 80 Prozent des BIP erwirtschaftet der Dienstleistungssektor und nur 18 Prozent die Industrie.

3. Geschichte/Religion:

Die ehemalige britische Kolonie wurde, wie 1984 vertraglich vereinbart, am 1. Juli 1997 an China zurückgegeben. Die Anfänge der britischen Herrschaft über Hongkong spiegeln ein äußerst unrühmliches Bild kolonialer Geschichte Großbritanniens. Im sogenannten „Opiumkrieg" erzwangen britische Kanonenboote die Öffnung Chinas. Bei diesem Kriegsziel ging es einzig und allein darum, China als Absatzmarkt für das unter englischer Herrschaft in Indien erzeugte Opium zu nutzen. Im Vertrag von Nanking mussten die Chinesen unterschreiben, fünf Häfen (Kanton, Shanghai, Amoy, Fuchow und Ningpo) für englische Handelsniederlassungen zu öffnen, die Stationierung von britischen Kanonenbooten zuzulassen und diese Häfen als exterritoriales Gebiet zu betrachten. Außerdem musste China Hongkong bis „in alle Ewigkeit" an Großbritannien abtreten.

1858 kam dann noch die Insel Kowloon hinzu. Die New Territories wurden 1898 – mit einer Pachtfrist von 100 Jahren – übernommen. Das Auslaufen dieses Pachtvertrags für das für Hongkong lebensnotwendige Hinterland war der eigentliche Anlass für die Verhandlungen zwischen London und Peking, die mit dem Rückgabevertrag für die Kronkolonie zum 1. Juli 1997 endeten.

Religion: überwiegend Buddhisten, Konfuzianer, Taoisten, sowie ca. 500 000 Christen und andere Minderheiten.

4. Sprache:

Amtssprache: (Han) Chinesisch; regionale Sprache: Kantonesisch. Internationale Sprache: Englisch.

5. Bekleidungsvorschriften/Tischmanieren:

Englische Kleiderordnung, nur durch leichtere Stoffe klimatisch angepasst. In der heißen Jahreszeit kann man eventuell unter dem dunklen Anzug ein kurzärmeliges Kragenhemd tragen. Das gilt allerdings nicht für die Führungspositionen; dort geht kein Weg an einem korrekten Business-Outfit vorbei: dunkler bis schwarzer Anzug, schwarze Socken, weißes oder pastellfarbenes Hemd, Krawatte, *blitzblank polierte Schuhe*. Man sollte dabei bedenken, dass man sich in Hongkong – zumindest in den modernen Bürogebäuden und erstklassigen Hotels – ausschließlich in klimatisierten Räumen aufhält, und sich die Begegnung mit der freien Natur in der Regel auf die wenigen Minuten des Wegs reduziert.

Die Tischmanieren sind europäisch-international; mit einer korrekten Haltung und guten Tischsitten von zu Hause kann man in Hongkong nichts falsch machen. Übrigens isst man hier mit Löffel, Messer und Gabel; Stäbchen gibt es automatisch nur in den typischen China-Restaurants.

6. Besonderheiten:

An Haltestellen, Anlegestellen und sonstige Gelegenheiten, bei denen mehr als zwei Leute auf etwas warten: Schlange bilden! Das ist die auffälligste Hinterlassenschaft der Briten! Trotz Menschenfülle auf den Straßen wird man nie gerempelt, wie bei uns; jeder geht ameisenartig ohne Verzögerung an den ihm begegnenden Menschen berührungslos vorbei.

Die ultimative Toilette gehört zur Bar im obersten Stock des „Peninsula", des englischen Luxushotels auf Kowloon; die Herren haben eine unbeschreiblich freie Sicht auf Kowloon, und die Damen erleben immerhin den Kick, kompakte Marmortüren zwischen den Kabinen bewegen zu müssen.

⊕ Achtung: *Linksverkehr!*

Einige Dos und Don'ts für Hongkong

⊕ Hongkong-Chinesen begrüßen sich meist mit Handschlag, Jüngere auch nur mit Kopfnicken.

⊖ Wangen-Küsschen sind zu vermeiden.

- Das gegenseitige Vorstellen wird wie bei uns praktiziert: Jüngere werden den Älteren, Niederrangige den Höherrangigen zuerst vorgestellt, eine Dame erfährt ebenfalls zuerst den Namen des ihr unbekannten Herrn.
- Chinesische Namen setzen sich meist aus drei Teilen zusammen, wobei der erste Teil der Familienname ist. In der Anrede sollte dieser Familienname – unter Voranstellen von Mr./Mrs. oder Ms. – benutzt werden.
- Titel, wie Professor und ähnliche, werden – völlig unbritisch – sehr wichtig genommen und stets zur Anrede benutzt.
- Pünktlichkeit und korrekte Kleidung (siehe oben) werden bei offiziellen Terminen vorausgesetzt.
- Auch in Hongkong sollte man bei geschäftlichen Verhandlungen nicht sofort mit der Tür ins Haus fallen. „Allow plenty of time!“
- Auch hier sind – wie in China – Geschäftsbeziehungen eine Sache des persönlichen Vertrauens, die viel Zeit brauchen.

Japan
Nihon-Koku

1. Politisches System:

Parlamentarische Monarchie. Hauptstadt:Tōkyō (Tokio).
Einwohnerzahl: 126 Millionen.
Währung: Yen (Y) = 100 Sen.
Mitgliedschaften: UN, WTO, APEC, G7, OECD.

2. Wirtschaft:

Zurzeit können Aussagen über die japanische Wirtschaft nur für den gleichen Tag Gültigkeit beanspruchen, da das Land – wie auch die meisten Staaten Südostasiens – gegenwärtig durch eine Serie von Firmenpleiten einige Turbulenzen durchläuft, deren Ausgang im Augenblick nicht zu prognostizieren ist. Zu Grundsätzen und Hürden im Umgang mit der japanischen Wirtschaft empfiehlt sich die Lektüre des Buchs von Peter Odrich: Japanischer Unternehmensalltag aus europäischer Sicht (siehe Literaturliste).

3. Geschichte/Religion:

Die Geschichte des „Landes der aufgehenden Sonne“ ist für einen Europäer meist interessanter als für die Japaner selbst. Sicherlich lassen sich Erkenntnisse aus der Geschichte dieses Landes für ein heutiges Verständnis der japanischen Mentalität nutzbar machen. (Literaturempfehlung: Peter Odrich, wie oben)
Religion: 108 Millionen Schintoisten, 92 Millionen Buddhisten, 12 Millionen Mischreligionen sowie ca. 1 Million Christen.

4. Sprache:

Amtssprache: Japanisch. Internationale Sprache: Englisch.

5. Bekleidungsvorschriften/Tischmanieren:

Der korrekte Geschäftsanzug ist in Japan noch etwas dunkler als anderswo und für alle Geschäftsbegegnungen unerlässlich.

Die *Geschäftsessen* mit Besuchern aus Deutschland laufen in der Regel nach westlicher Art ab, das heißt man sitzt auf Stühlen am Tisch und isst von Tellern. In jedem internationalen Restaurant bekommt man auf Wunsch Besteck gereicht, so dass das Essen mit Stäbchen dem Unterhaltungsteil des Abends vorbehalten bleiben kann. Im Ernst: Japaner empfinden die deutschen Übungen mit Stäbchen meist deswegen als peinlich, weil sie darin eine Überanpassung an ihre Gebräuche sehen. Darüber hinaus bleiben Kulturfremden die Nuancen unterschiedlicher Haltungen verschlossen, die, wie auch bei uns, eindeutig gesellschaftlichen Schichten zuzuordnen sind.

Zu einem (Abend-)Essen nach japanischer Sitte wird man eigentlich nur als besondere Aufmerksamkeit und nicht bei der ersten Begegnung eingeladen. Ein solches Essen wird – auf Bodenkissen sitzend – aus kleinen Schälchen mit Hilfe von Stäbchen eingenommen, wobei abwechselnd vom Reis und von den anderen Speisen genommen wird. Die Suppe, die die ganze Mahlzeit begleitet, trinkt man aus dem Schälchen.

Reis ist in Japan das Hauptnahrungsmittel und den ganzen Tag über verfügbar, beispielsweise als Reis-Sandwich, außen von Algen gehalten, oder als Grundlage für allerlei Gewürz- oder Gemüsebeigaben, vergleichbar etwa unserem Umgang mit Brot.

6. Besonderheiten:

Wenn man sich von Anfang an mit der ostasiatischen Denkweise vertraut macht (siehe Eingangstext zu Asien), sind Überraschungen und Enttäuschungen weitgehend vermeidbar. Vor allem sollte man in allen Begegnungssituationen bedenken, dass die Hierarchie ein unumgänglicher – und akzeptierter – Bestandteil des japanischen Lebens ist. Selbstverständlich spielt die hierarchische Rangordnung bei der japanischen Etikette die zentrale Rolle.

⊕ In Japan funktionieren Türklinken, Wasserhähne und Schalter oft in entgegengesetzter Richtung als bei uns.

⊕ Achtung: *Linksverkehr!*

Nationalfeiertag: 23. Dezember.

Einige Dos und Don'ts für Japan-Business-Reisende:

⊕ Zur Begrüßung verneigen Japaner sich voreinander, wobei der Neigungswinkel der Verbeugung in direktem Zusammenhang zum Statusunterschied steht. Jegliche körperliche Berührung wird vermieden.

⊕ Meist bekommen Europäern zur Begrüßung die Hand gereicht, verbunden mit einer leichten Verbeugung; man ergreift die Hand kurz – ohne heftiges Schütteln – und erwidert diese Geste.

⊖ Von sich aus sollte man auf keinen Fall einem Japaner die Hand reichen oder ihn berühren.

⊕ Auch bei mehreren Begegnungen am Tag verbeugt man sich kurz voreinander, bei Ranghöheren bleibt man dabei kurz stehen.

- ⊕ Der Blickkontakt ist bei der Begrüßung mit Japanern eher unüblich, wird sogar gern vermieden.
- ⊕ Kennt man den Titel seines Gegenübers, sollte man ihn zur Anrede stets benutzen.
- ⊕ Mit der Nachsilbe „san“ – was so viel bedeutet wie „der Ehrenwerte“/„Ehrenwerter“ – kann man den Rang des Angesprochenen erhöhen. Damit sollte man aber zunächst etwas zurückhaltend umgehen, bis einem die Gepflogenheit aus einer Reihe von erlebten Beispielen geläufig ist.
- ⊕ Fast wichtiger als das Begrüßungsritual ist das Ritual der Übergabe und Entgegennahme der Visitenkarten. Sie werden mit beiden Händen und einer leichten Verbeugung übergeben und in gleicher Weise entgegengenommen.
- ⊕ Wegen der Bedeutung der Visitenkarte im Hinblick auf die korrekte gesellschaftliche Rangordnung ist eine überreichte Visitenkarte sofort zu lesen.
- ⊖ *Nie* sollte man eine erhaltene Visitenkarte achtlos und *ungelesen einstecken.*
- ⊖ Jemandem den Rücken zuzuwenden gilt als ausgesprochen unhöflich.
- ⊖ Als schlechtes Benehmen wird eingestuft: eine legere Haltung in Gegenwart Fremder einzunehmen, Gähnen oder Lachen, ohne sich die Hand vor den Mund zu halten – das heißt, Anderen gegenüber seine Zähne zu entblößen – ist tabu.
- ⊖ Man sollte nicht mit dem Zeigefinger auf Menschen deuten – die ganze Hand ist dafür erlaubt.
- ⊖ Die Fußsohlen gelten als niedrigster Teil des Körpers, deren Anblick man – ganz gleich ob mit oder ohne Schuhe – anderen Menschen nicht zumutet. Auch beim Übereinanderschlagen der Beine sollte das Gegenüber nicht die Schuhsohle sehen.

- Wie in ganz Asien ist es ein unumgängliches Gebot der Umgangsformen, sich beim Betreten von Häusern/Wohnungen und Tempeln die Schuhe auszuziehen.
- Gastgeschenke sind sehr beliebt, wobei man schon auf eine liebevolle Verpackung Wert legen sollte.

Korea

Republik Korea (Süd-Korea)

1. Politisches System:

Präsidiale Republik. Hauptstadt: Sôul (Seoul).
Einwohnerzahl: 46,5 Millionen.
Währung: Won (W) = 100 Chon.
Mitgliedschaften: UN, WTO, APEC, OECD.

2. Wirtschaft:

Ähnlich wie in Japan hatte die rasant expandierende Wirtschaft Koreas in letzter Zeit mit Turbulenzen zu kämpfen, die man gegenwärtig jedoch – schneller als in Japan – wieder in den Griff bekommen hat.

3. Geschichte/Religion:

Korea ist ein Land mit einer über 4000-jährigen Geschichte, die gekennzeichnet ist von unendlich langen Herrschaftsperioden alter Dynastien und unzähligen Versuchen fremder Völker, sich des Landes zu bemächtigen. Korea ist bis heute immer noch ein geteiltes Land. Der stark verkrustete Staat auf nordkoreanischer Seite, der sich als eine der letzten kommunistischen Bastionen versteht, hat große Schwierigkeiten, seine Bevölkerung ausreichend zu ernähren.
Religion: 14,5 Millionen Protestanten, 10,3 Millionen Konfuzianer, 9 Millionen. Buddhisten, 3,1 Millionen Katholiken, 1,2 Millionen Won-Buddhisten sowie Minderheiten, darunter auch Schamanismus.

4. Sprache:

Amtssprache: Koreanisch. Internationale Sprachen: Englisch und Japanisch.

5. Bekleidungsvorschriften/Tischmanieren:

Im täglichen Leben trägt man westliche Kleidung mit den entsprechenden Bekleidungsvorschriften für offizielle Gelegenheiten. Bei besonders festlichen Gelegenheiten wie Hochzeiten oder zu Neujahr tragen Koreaner gern ihre Nationaltracht, den „Hanbok".

⊖ Man sollte ein koreanisches Haus nie mit Schuhen betreten.

Im Hinblick auf die Tischmanieren ausländischer Gäste sind Koreaner tolerant. Jeder kann nach seiner Kultur selig werden.

⊕ Koreanische Mahlzeiten werden nicht nacheinander serviert, sondern kommen gleichzeitig auf den Tisch. Die Suppe gibt es zuletzt; als Nachspeise werden höchstens Früchte gereicht.

⊕ Anders als die schmackhafte chinesische Küche oder auch die japanische, ist die koreanische für unsere Gaumen eher etwas gewöhnungsbedürftig.

⊕ Unmittelbar nach dem Essen verlässt man das Restaurant, wie in China.

⊖ Tabu: Naseschneuzen bei Tisch.

6. Besonderheiten:

Die koreanischen Namen bestehen aus drei chinesischen Zeichen, die als drei koreanische Silben ausgesprochen werden. Der Familienname steht zuerst, die beiden anderen sind Eigennamen. Es gibt in Korea rund 300 Familiennamen; am weitesten verbreitet sind die Namen Kim, Yi, Pak, An, Chang, Cho, Choe, Chong, Han, Kang, Yu und Yun.

Einige Dos und Don'ts für Korea-Reisende:

- Koreaner redet man mit „Mr." oder „Mrs." und dem Familiennamen an.
- Man begrüßt sich mit einer leichten Verbeugung. Die Hand schütteln sollte man nur, wenn sie einem angeboten wird.
- Sofort nach der Begrüßung erfolgt der Austausch der Visitenkarten, wie in Japan ebenfalls beidhändig.

Nationalfeiertag: 15. August.

Südost-Asien

Leider kann ich mit den, bei Ostasien gebotenen, Detailinformationen hier nicht in gleicher Weise fortfahren, sondern muss mich für diesen Teil der Erde wieder auf einige Basisinformationen beschränken. Die Gründe dafür liegen zum einen in der Notwendigkeit, sich an den Rahmen eines vernünftigen Buchumfangs zu halten, zum anderen in der Tatsache, dass ich für diese Region nicht auf eigene Kenntnisse und Erfahrungen zurückgreifen kann. Mich aber ausschließlich auf Erkenntnisse Dritter zu verlassen, würde mit meinem eigenen Anspruch kollidieren und Unbehagen bei mir auslösen.

Die nachfolgenden allgemeinen Hinweise zu Südost-Asien folgen wieder dem Raster aus *4 Schwerpunkten*:

1. Politisches System mit Hauptstadt und Einwohnerzahl
2. Währung und Sprache
3. Religion
4. Besonderheiten.

Allgemeine Dos und Don'ts für Südost-Asien

- Wichtig: Auch in den Ländern Südostasiens wird – wie übrigens in allen alten Zivilisationen – *der Respekt vor dem Alter* sehr ernst genommen!

- ⊕ Höflichkeit und Freundlichkeit sind oberstes Gebot.
- ⊖ Ironie oder sarkastische Bemerkungen verletzen die Menschen dieser Region zutiefst, sie haben dafür kein Verständnis.
- ⊖ Man sollte Menschen in Südostasien, insbesondere Kinder, nicht am Kopf berühren. Der Kopf gilt als heilig, weil er der Ort der Seele ist.
- ⊖ Man sollte nichts mit der linken Hand übergeben oder anreichen, noch gar mit der linken Hand essen: die *linke Hand* gilt als *unrein*.
- ⊕ Mit Kritik sollte man äußerst zurückhaltend sein, um nicht den Gesichtsverlust des andern zu riskieren.
- ⊕ Das gleiche gilt für das schwierige Problem, dass auch schon eine nicht zu beantwortende Frage bei Asiaten zum Gesichtsverlust führt.
- ⊖ Niemals mit dem Finger auf etwas deuten, schon gar nicht auf Menschen und in deren Nähe auch nicht heftig gestikulieren.

Eine Fülle lebensnaher wie nützlicher Informationen über diese Region bieten die von der Deutschen Lufthansa herausgegebenen Broschüren (siehe Literaturliste).

Frauen

In diesem Teil der Erde wirken sich die vielen unterschiedlichen Religionen besonders gravierend im Hinblick auf die gesellschaftliche Stellung der Frau aus. Allein in diesem südostasiatischen Raum gibt es sechs große Religionsgemeinschaften: Buddhismus, Islam, Christentum, Konfuzianismus, Taoismus und Hinduismus. Angesichts der Tatsache, dass alle Gebote und Einschränkungen, denen Frauen sich überall auf der Welt gegenübersehen, und die ihrer Selbstentfaltung und häufig auch der Inanspruchnahme ihrer Menschenrechte entgegenstehen, ihre Basis stets in der jeweilig vorherrschenden Religion haben, verbietet sich eigentlich eine zusammenfassende Aussage über diese Region. Brauchbare Ratschläge für geschäftsreisende Frauen sind eigentlich nur guter Spezialliteratur gesondert für jedes dieser Länder zu entnehmen (siehe Hinweise für „Businessfrauen" weiter oben und Literaturliste). Trotz dieses Vorbehalts einige

Dos und Don'ts für Businessfrauen:

- ⊕ Achtung: In vielen Ländern Südostasiens haben Frauen keinen Vortritt! – Ganz im Gegenteil, sie haben vor einem Mann zurückzutreten.
- ⊕ In allen Ländern Südostasiens wird dem Alter besonderer Respekt entgegen gebracht.
- ⊕ In der Kleidung sollten Businessfrauen noch formeller auftreten als bei uns – leger ist im Geschäftsleben völlig tabu.
- ⊖ Niemals leicht bekleidet einen Tempel betreten!
- ⊕ Auch Frauen müssen bei Besuchen von Privathäusern, Wohnungen und Tempeln stets ihre Schuhe vor der Türe lassen.
- ⊕ Frauen sollten unbedingt beachten, dass in Asien *Weiß die Farbe des Todes* ist. Vorsicht also auch bei festlichen Anlässen!

Indonesien
Republik Indonesien

1. Politisches System:

Präsidiale Republik. Hauptstadt: Jakarta.
Einwohnerzahl: 204 Millionen.
Mitgliedschaften: UN, WTO, APEC, ASEAN, OPEC.

2. Währung und Sprache:

Rupiah (Rp.) = 100 Sen.
Amtssprache: Bahasa Indonesia (Indonesisch). Internationale Sprachen: Englisch, Niederländisch und Arabisch.

3. Religion:

87 Prozent sunnitische Muslime, 6,5 Prozent Protestanten, 3 Prozent Katholiken und andere.

4. Besonderheiten:

- ⊕ Achtung: *Linksverkehr!*
- ⊕ Bei einer ersten Begrüßung schüttelt man leicht die Hände, man sollte dabei seinen Namen nennen und sich leicht verneigen.
- ⊕ Bei weiteren Treffen fällt der Händedruck weg; man nickt und lächelt sich zu.
- ⊕ Es gibt unterschiedliche, von Alter und Stand abhängige Bezeichnungen und Anreden für Männer und Frauen. Sind einem weder Namen noch die korrekte Anredeformen bekannt, sollte man „Sir" und „Madam" benutzen.
- ⊕ Der Austausch von Visitenkarten erfolgt sofort nach der Begrüßung.
- ⊖ Bei der Unterhaltung sollte man nicht gestikulieren, um nicht Anlass zu Missverständnissen zu geben, da manche Gesten eine andere Bedeutung haben als bei uns.

In Indonesien besteht der Geschäftsanzug aus einer leichten Baumwollhose mit weißem Hemd und Krawatte, oder buntem, langärmligen Seidenhemd ohne Krawatte.
Businessfrauen sollten ein Kleid oder Rock und Bluse mit mindestens kleinem Ärmel tragen – niemals ärmelloses Oberteil!
Nationalfeiertag: 17. August.

Malaysia

Persekutuan Tanah Malaysia

1. Politisches System:

Konstitutionelle Wahlmonarchie im Commonwealth of Nations.
Hauptstadt: Kuala Lumpur.
Einwohnerzahl: 22 Millionen.
Mitgliedschaften: UN, WTO, APEC, ASEAN.

2. Währung und Sprache:

Malaysischer Ringgit (RM) = 100 Sen.
Amtssprache: Malaiisch (Bahasa Malaysia). Internationale Sprache: Englisch.

3. Religion:

Islam ist Staatsreligion. 53 Prozent sunnitische Muslime, 17 Prozent Buddhisten, 12 Prozent chinesische Religionen, 7 Prozent Hindus, 7 Prozent Christen und andere.

4. Besonderheiten:

- Bei der Begrüßung verbeugen sich Malaysier leicht und schütteln sich gegenseitig die Hände. Dies gilt für Frauen und Männer gleichermaßen, wobei es Frauen passieren kann, dass konservative Männer ihnen nicht die Hand geben.
- Hast und Ungeduld findet man kaum in Malaysia, die Menschen sind sehr höflich zueinander.
- Achtung: *Linksverkehr!*

Nationalfeiertag: 31. August.

Philippinen
Republik der Philippinen

1. Politisches System:

Präsidiale Republik. Hauptstadt: Manila (auf Luzon).
Einwohnerzahl: 75 Millionen.
Mitgliedschaften: UN, WTO, APEC, ASEAN.

2. Währung und Sprache:

Philippinischer Peso (p) = 100 Centavos.
Amtssprache: Filipino; Landessprachen: Spanisch und 988 Regionalsprachen. Internationale Sprache: Englisch.

3. Religion:

84 Prozent Katholiken, 6,2 Prozent Unabhängige Philippinische Kirche, 4,6 Prozent Muslime und andere Minderheiten.

4. Besonderheiten:

Obwohl das einzige katholische Land in diesem Erdteil, sind die meisten Wertvorstellungen und Verhaltensnormen hier ebenfalls typisch für Asien: der praktizierte Respekt vor dem Alter und die Achtung vor Kindern, die Höflichkeit gegenüber anderen, der Hang zu Hierarchien und zum Gebrauch von Titeln, die Aversion gegen Hektik und Ungeduld etc.

Einige Besonderheiten gibt es aber doch:

- ⊕ Die Begrüßung per Handschlag ist eine übliche Begrüßungsform, auch zwischen Männern und Frauen – mit dem auch bei uns üblichen Privileg des Handreichens durch den/die Ranghöhere/n.
- ⊕ Filipinos haben eine äußerst ausgeprägte Mimik und gestenreiche Kommunikationsformen: bei der Begrüßung ist der Augenkontakt unerlässlich, dazu kommen oft noch Bewegungen der Augenbrauen.
- ⊕ Kellner werden durch Zischlaute herbeigerufen, Taxis durch den ausgestreckten, nach unten gerichteten Arm.
- ⊕ Pünktlichkeit ist keine Sache der Filipinos.
- ⊕ Gegessen wird mit Löffel und Gabel.
- ⊖ Ein angebotenes Getränk abzulehnen gilt als unhöflich und müsste begründet werden.
- ⊖ Nicht mit dem Zeigefinger auf Menschen deuten.

Nationalfeiertag: 12. Juni.

Singapur
Republik Singapur

1. Politisches System:

Präsidiale Republik im Commonwealth of Nations. Hauptstadt: Singapore (Singapur).
Einwohnerzahl: 3,2 Millionen; davon 77,5 Prozent Chinesen, 14,2 Prozent Malaien, 7,1 Prozent Inder, Pakistaner, Sri Lanker, u. a.
Mitgliedschaften: UN, WTO, APEC, ASEAN.

2. Währung und Sprache:

Singapur-Dollar (S$) = 100 Cents.
Amtssprachen: Malaiisch, Chinesisch, Tamilisch. Internationale Sprache: Englisch.

3. Religion:

54 Prozent Buddhisten und Taoisten, 15,4 Prozent Muslime, 12,6 Prozent Christen und andere Minderheiten.

4. Besonderheiten:

Singapur lebt mit seinem Wertesystem in Asien und seinen Umgangsformen noch in britischer Tradition. Man legt ungeheueren Wert auf die Wahrung des Gesichts, Hochachtung vor dem Alter, Nichtzeigen von Gefühlen, Missbilligung von lautem Gehabe, aber die Begrüßung ist meist europäisch.

⊕ Man redet sich mit „Mr.", „Mrs." und „Miss" im Zusammenhang mit dem Familiennamen an.

⊕ Beim Betreten von Wohnungen werden die Schuhe ausgezogen.

⊖ Man sollte niemanden – auch nicht Kinder – am Kopf berühren.

⊕ Die Businessbekleidung besteht hier für Herren aus Hose, Hemd mit Krawatte ohne Jackett. Für Damen sind bedeckte Arme notwendig.

Mit europäischen Tischgewohnheiten kann man hier – wegen der kulturellen Vielfalt von Küche und Tafel – nichts falsch machen.

Achtung: *Linksverkehr!*

Nationalfeiertag: 9. August.

Thailand
Königreich Thailand

1. Politisches System:

Konstitutionelle Monarchie. Hauptstadt: Krung Thep (Bangkok).
Einwohnerzahl: 61 Millionen; davon 80 Prozent Thaivölker (Siamesen, Schan, Lao), 12 Prozent Chinesen, 4 Prozent Malaien und andere Minderheiten.
Mitgliedschaften: UN, WTO, APEC, ASEAN.

2. Währung und Sprache:

Baht (B) = 100 Stangs.
Amtssprache: Thai. Internationale Sprache: Englisch.

3. Religion:

94 Prozent Buddhisten; Minderheiten von Muslimen, Christen, Hindus und Sikhs.

4. Besonderheiten:

Die Monarchie und der Buddhismus sind ineinander verwoben und ergeben so die allgemeinverbindlichen Lebensformen. Von jedem Thai wird erwartet, vor seinem Eintritt ins Berufsleben eine kurze Zeit als Mönch im Kloster zu verbringen. Daher üben auch die Tempelmönche einen nicht unerheblichen Einfluss auf die Gesellschaft aus und sind als Machtfaktor nicht zu unterschätzen, wenngleich der Buddhismus eine unvergleichlich menschenfreundliche Religion ist. Der tief verinnerlichte Glauben trägt ganz offensichtlich dazu bei, dass man sich von Problemen nicht umwerfen lässt und über Missgeschicke mit einem Lächeln hinweggeht.

Thailand wird oft „Land des Lächelns“ genannt, denn Lächeln ist für Thailänder ein unverzichtbares Kommunikationsmittel. Allerdings erschließt sich uns nur schwer eine gewisse Differenzierung, denn man lächelt dort aus Freude, Spaß, beim Dankesagen und bei Entschuldigungen, aus Verlegenheit und aus Trauer. Ansonsten gelten hier die für Asien typischen, oben beschriebenen „Dos und Don'ts“.

⊕ Thailänder begrüßen sich traditionsgemäß mit zusammengelegten Handflächen und einer leichten Verbeugung. Diese Begrüßungsform wird als Geste des Respekts verstanden, der sich durch die Neigung des Kopfes – bis hin zu einem kurzen Nicken – nuancieren lässt.

⊖ Als Mann einer thailändischen Frau die Hand zu geben gilt als unhöflich.

⊕ Eine europäische Frau sollte warten, ob ihr die Thailänderin die Hand reichen möchte.

⊕ Formelle Kleidung wird zu Business-Terminen und in First-Class-Restaurants erwartet.

⊕ Man sollte sich auf eine sehr scharfgewürzte Küche einstellen.

⊕ Achtung: *Linksverkehr!*

Nationalfeiertag: 5. Dezember.

Vietnam
Sozialistische Republik Vietnam

1. Politisches System:

Sozialistische Republik. Hauptstadt: Ha Noi (Hanoi).
Einwohnerzahl: 76,5 Millionen, davon ca. 87 Prozent Vietnamesen; insgesamt über 60 Nationalitäten.
Mitgliedschaften: UN, APEC, ASEAN.

2. Währung und Sprache:

Dong (D) = 100 Xu
Amtssprache: Vietnamesisch. Internationale Sprachen: Englisch und Französisch.

3. Religion:

55 Prozent Buddhisten, 5 Prozent Katholiken sowie religiöse Minderheiten und zahlreiche Sekten.

4. Besonderheiten:

- Vietnamesen begrüßen Fremde mit Handgeben wie im westlichen Ausland, unter sich nicken sie sich nur gegenseitig zu.
- Das körperliche Distanzbedürfnis entspricht nicht dem unseren, deswegen rücken einem die Menschen etwas dichter „auf die Pelle“.
- Auch hier: Schuhe aus, bevor man eine Wohnung betritt!

Nationalfeiertag: 2. September.

Afrika

Der afrikanische Erdteil umfasst heute 52 Staaten. Das bedeutet jedoch nicht, dass wir es in Afrika mit 52 historisch gewachsenen Kulturen zu tun hätten, wie etwa den unterschiedlichen Kulturen europäischer Staaten. Kennzeichnend für den afrikanischen Kontinent war seine komplette Kolonialisierung und die Versklavung seiner Bevölkerung durch europäische Mächte.

Diese über Jahrhunderte andauernde, fremde Herrschaft hat Afrika bis heute seinen Stempel aufgedrückt. Das gilt insbesondere für die Grenzen der heutigen afrikanischen Staaten, die in den seltensten Fällen mit denen der ursprünglichen Völker identisch sind. Beim überwiegenden Teil dieser Staaten handelt es sich um Gebilde, die aufgrund einer Grenzziehung durch die Kolonialmächte entstanden sind, als diese den Kontinent unter sich aufteilten. Darunter leidet nicht nur die nationale Identität vieler Völker Afrikas bis heute, sondern auch der Frieden. Kein Mensch weiß es mit Sicherheit zu sagen, wie lange die blutigen Auseinandersetzungen und Massaker zwischen den einzelnen Stämmen schon andauern, die von außen gern als Bürgekriege bezeichnet werden. Allein die Anzahl der „Binnenflüchtlinge" dieser Staaten – zum Beispiel in Angola: 1,2 Millionen, in Uganda: 70 000, in Zaire: 4 Millionen, Kongo: 400 000 etc. – führt die Problematik vor Augen, die entsteht, wenn sich Völker der Herrschaft fremder, wenn nicht gar traditionell verfeindeter Stämme in „ihrem" Staat unterzuordnen haben.

Um es gleich deutlich zu machen: Über den afrikanischen Kontinent werden in diesem Buch nicht die gleichen Detailkenntnisse zu erwerben sein wie über die anderen Kontinente. Der Hauptgrund dafür ist zunächst in der vorgesehenen Handhabbarkeit dieses Buches zu sehen, das nicht zum Umfang eines Lexikons anwachsen soll. Deswegen die Beschränkung auf solche Länder, die für deutsche Wirtschaftsinteressen größere Relevanz besitzen als die meisten afrikanischen. Dazu kommen dann noch meine Erwägungen, dass ich den Anspruch des persönlichen Eindrucks in Afrika nicht aufrecht erhalten könnte – bis auf Marokko. Aus den beiden zuletzt genannten Gründen wird Marokko hier detailliert behandelt.

Im Hinblick auf die Zweckmäßigkeit für deutsche Geschäftsreisende scheinen auch grobe Zusammenfassungen, wie sie die zweite Auflage dieses Buches noch enthielt, eher obsolet. Sowohl die politischen Systeme und die einzelnen Führungsschichten wie auch die Wirtschaftssysteme, Währungen und Sprachen sind zu unterschiedlich, als das eine Zusammenschau nützlich erscheinen könnte.

Marokko
Königreich Marokko

1. Politisches System:

Konstitutionelle Monarchie. Hauptstadt: Rabat.

Einwohnerzahl: 27,8 Millionen; davon 50 Prozent arabischsprachige Marokkaner, 30 bis 40 Prozent Berber und etwa 60 000 Ausländer.
Mitgliedschaften: UN, WTO, Arabische Liga.
Währung: Dirham (DH) = 100 Centimes.

2. Führungsschicht:

Ohne Zweifel handelt es sich hier um ein feudalistisch regiertes Land, mit allen Vorteilen und Risiken, die diese Regierungsform in heutiger Zeit in dieser Region mit sich bringt. Die Vorteile sind eine relative Verlässlichkeit und Stabilität – das sind auch die Gründe, weswegen eine solche anachronistische Herrschaft von den westlichen Industrienationen gestützt wird. Die Risiken verbergen sich in der zähneknirschenden Loyalität der Untertanen, die bis jetzt noch durch ein Netzwerk von Protegés und Privilegien aufrecht erhalten werden kann. Allerdings herrscht in Marokko – im Gegensatz zu den meisten anderen arabischen Staaten – Toleranz gegenüber nicht-islamischen Religionen. So leben dort sowohl christliche Geschäftsleute als auch solche jüdischen Glaubens [noch] völlig unbehelligt.

Die Führungsschicht im internationalen Business unterscheidet sich ganz bemerkenswert nach Generationen: die ältere Generation ist der Tradition der arabischen Kaufleute verhaftet und Geschäftsbeziehungen zu ihr bedürfen langer Pflege, um befriedigende Ergebnisse zu bringen. Die jüngere Generation – meist an europäischen oder amerikanischen, zunehmend auch an islamischen Universitäten ausgebildet – gilt als durchschaubarer und zuverlässiger.

3. Geschichte/Religion:

Marokko ist das ursprüngliche Berberland. Ende des 7. Jahrhunderts kamen die Araber auf unfriedlichem Weg ins Land und verbreiteten den Islam unter den Berbern. Bis in unser Jahrhundert hinein hatte es immer wieder mit Fremdherrschaft und Kolonisatoren zu tun, die ebenso regelmäßig von Berberstämmen verjagt wurden. 1904 wurde Marokko durch ein Abkommen zwischen den europäischen Kolonialmächten den Franzosen zugeteilt, 1912 dann bekam Spanien auch noch etwas von dem Land ab; Tanger wurde internationalisiert.

Der erbitterte Widerstand der Berber gegen die Kolonialmächte wurde erst 1934 blutig niedergeschlagen. 1956 konnte die marokkanische Bevölkerung endlich die Kolonialherrschaft beenden und eine unabhängige konstitutionelle Monarchie ausrufen. Sultan Mohammed V. ernannte sich 1957 zum König, nach seinem Tod folgte 1961 sein Sohn Hassan II. auf den Thron.

Berber und Marokkaner arabischer Herkunft grenzen sich nach wie vor voneinander ab und lassen sich nicht gern in einen Topf werfen. Sie haben unbestreitbar unterschiedliche Sitten und Gebräuche. Zum Beispiel genießen – vor allem die jüngeren – Berberfrauen, trotz des Islam, größere persönliche Freiheit als Araberinnen. Darüber besteht allerdings kein Zweifel: Marokko ist ein arabisches Land.
Religion: Islam ist Staatsreligion; 89 Prozent sunnitische Muslime, etwa 69 000 Christen, 7000 Juden.

4. Sprache:

Amtssprache: Hocharabisch; Landessprachen: 60 Prozent Arabisch, Berbersprachen, Französisch. Business-Sprachen: Französisch und Spanisch.

5. Bekleidungsvorschriften/Tischmanieren:

Je offizieller der Anlass, desto korrekter ist die Kleidung, das gilt auch in Marokko. Sowohl die Businesskleidung als auch die Bekleidung zu gesellschaftlichen Anlässen folgt dem internationalen Standard. Auch hier wird der korrekte Anzug als Zeichen des Respekts gewertet.

Unvergleichlich großzügig ist die arabische Gastfreundschaft, mit der man den Besucher verwöhnt. Geht man in ein Restaurant europäischen Stils, so sitzt man dort ganz normal auf Stühlen an Tischen, wie anderswo auch. In typisch marokkanischen Restaurants werden die Speisen auf niedrigen Tischchen serviert, und man sitzt in Fauteuils, auf Sitzkissen oder gepolsterten Bänken.

6. Verhaltensnormen für Frauen: Siehe im Abschnitt Asien „Dos und Don'ts für Businessfrauen".

7. Besonderheiten:

Die am weitest verbreiteten Fettnäpfchen für deutsche Geschäftsleute resultieren aus ihrer Ungeduld. „Ein Herr hat Zeit, nur ein Knecht hat keine Zeit" lautet eine der Weisheiten.

Eine Crux ist die weitverbreitete Überzeugung, dass anstelle der Respektierung von Gesetzen, Verträgen und Vorschriften letztlich alles mit Geld zu regeln sei.

Dos und Don'ts für Marokko:

Zunächst ist es äußerst wichtig, einige *Tabus* zu beachten, die wir nicht kennen:

- Die linke Hand ist die *unsaubere Hand*, sie darf man nie zur Begrüßung, zum Essen oder dem Austeilen von Essen benutzen.
- Man muss strickt darauf achten, seinem marokkanischen Gesprächspartner *nie die Fuß- oder Schuhsohlen entgegenzustrecken*, weil es den gegenüber Sitzenden entwürdigt, denn sie sind der niedrigste und damit schmutzigste Teil des Körpers.
- Mit dem Zeigefinger auf jemanden zu deuten gilt als sehr ungehörig; zum Zeigen benutzt man die ausgestreckte ganze Hand.
- Als Ausländer sollte man von sich aus nie einen Araber berühren – schon gar nicht Kinder streicheln etc. So sehr Kinder in arabischen Ländern geschätzt und beachtet werden, so sehr ist es geboten, Kinder nicht zu berühren.
- Selbstverständlich darf man fremde Kinder auch nicht zurechtweisen.

- ⊕ Bei der Begrüßung direkten Augenkontakt meiden, vor allem wenn es sich bei dem Gegenüber um das andere Geschlecht handelt.
- ⊕ Nochmals: Begrüßung, *Essen* oder Austeilen von Essen *nur mit der rechten Hand.*
- ⊖ Eile ist absolut verpönt und bringt auch nichts ein, schon gar nicht einen Zeitgewinn.
- ⊕ Da Eile stets unangebracht ist, und alles mögliche noch in letzter Minute passieren kann, setzt man hinter ausgedrückte Vorhaben: „*Inschallah*" (So Gott will).
- ⊕ Pünktlichkeit wird in Marokko gar nicht oder anders definiert; keinesfalls stellt sie einen Wert dar.
- ⊕ „Danke" für Dienstleistungen etc. drückt man meist nur mit einem freundlichen Kopfnicken aus.
- ⊕ Beim Betreten eines marokkanischen Hauses sollte man sich vor der Tür die Schuhe ausziehen. Die Böden in arabischen Häusern sind sehr sauber; in vielen Familien isst man wirklich vom Fußboden – was deutschen Hausfrauen manchmal völlig zu Unrecht unterstellt wird.
- ⊕ Die korrekte Anrede ist „Mr …/Mrs …" zusammen mit dem Nachnamen.
- ⊕ Die Anrede für einen „Sheikh" (Scheich) ist der Titel zusammen mit dem Vornamen.
- ⊕ „Your Royal Highness" ist als Anrede für Mitglieder der Königlichen Familie angebracht; weitere Verwandte werden mit „Your Highness" tituliert.

Nationalfeiertag: 3. März.

Australien und Neuseeland

Australien

1. Politisches System:

Konstitutionelle Monarchie im Commonwealth of Nations.
Staatsoberhaupt ist Königin Elisabeth II. von England; sie wird durch einen Generalgouverneur sowie die sechs Gouverneure der einzelnen Bundesstaaten vertreten. Hauptstadt: Canberra.
Einwohnerzahl: 18,8 Millionen; Herkunftsländer der Einwanderer: 37,6 Prozent Asien, 29,2 Prozent Europa, 19,3 Prozent Ozeanien, 5,4 Prozent Naher Osten, 5,1 Prozent Nord-und Südamerika, 3,4 Prozent Afrika. Die Ureinwohner, die Aborigines und Torres-Straßen-Insulaner, stellen nur noch 2,3 Prozent der Bevölkerung.
Mitgliedschaften: UN, WTO, APEC, OECD.
Währung: Australischer Dollar ($A) = 100 Cents.

2. Führungsschicht:

Die australische Führungsschicht wird zunehmend gemischter, wenngleich die anglo-keltischen beziehungsweise anglo-sächsischen Bevölkerungsgruppen noch maßgebend sind. Auch Einwanderer aus Neuseeland genießen hohes Ansehen.

3. Geschichte/Religion:

Die dauerhafte Besiedlung Australiens begann 1788. Den Ureinwohnern, die vorher in komplexen Gesellschaftsstrukturen lebten, wurde ihr Land genommen und ihre Kultur zerstört. Wie überall, wo die Europäer als Kolonisatoren auftraten, behandelten sie auch dieses fremde Territorium als ein Land ohne Besitzer, ohne Regierung etc. – terra nullius. Die Ureinwohner wurden durch eingeschleppte Krankheiten und Zerstörung der traditionellen Nahrungsgrundlagen dezimiert.

Den Anfang seiner neuzeitlichen Geschichte bildet nun mal die historische Tatsache, dass Australien eine britische Strafkolonie war, auf der die Sträflinge nach Verbüßung ihrer Strafe Land erhielten. Die ebenso verbürgte Tatsache, dass es sich bei den Sträflingen um Meuterer gehandelt hatte, kann man heute noch bemerken. Der Australier ist prinzipiell etwas aufmüpfig – und darauf ist er stolz!

Religion: 70 Prozent Christen (davon 26 Prozent Katholiken, 22 Prozent Anglikaner, 14 Prozent verschiedene Protestanten) 3 Prozent Griechisch Orthodoxe, und Minderheiten aus Muslimen, Juden, Buddhisten und Anhänger von Naturreligionen; 12,7 Prozent bezeichnet sich als konfessionslos.

4. Sprache:

Amtssprache: Englisch. Landessprachen: ein gewöhnungsbedürftiges Englisch mit zum Teil spezifischer Ausdrucksweise, sowie etwa 200 weitere Sprachen.

5. Bekleidungsvorschriften/Tischmanieren:

Ungeachtet der Tatsache, dass die Leute auf der Straße im Sommer mit Shorts und langärmeligen(!) Shirts – „Ozonloch" – rumlaufen, tragen die australischen Geschäftsleute formelle Kleidung wie überall sonst auch – wenngleich die Stoffe im Sommer etwas leichter und im Winter etwas schwerer sind. Melbourne gilt als die modebewussteste Stadt Australiens.

Die Tischmanieren werden – außer bei offiziellen Gelegenheiten – nicht so eng gesehen wie bei uns, da jedoch folgen sie der kontinental-europäischen Etikette (also wie bei uns).

6. Besonderheiten:

Ein hoher Fernsehturm aus Beton mit Dreh-Restaurant und obenauf eine Pagode – dieses Bild aus einer Ausgabe des „Sidney Morning Herald" könnte Symbolcharakter besitzen. Denn das neue Australien schickt sich an, seine moderne Wirtschaft mit asiatischer Kultur zu krönen. Die Einwanderungszahlen der letzten Jahre zeigen ein deutliches Übergewicht der Länder des Fernen Ostens; die meisten kommen aus Hongkong, Vietnam und China. Das Besondere an

Australien aber ist die Art und Weise, wie in diesem Land die verschiedensten Kulturen nebeneinander existieren und sich gegenseitig respektieren. Australien zeigt das Beispiel einer multikulturellen Gesellschaft, in der sehr unterschiedliche Traditionen erhalten und gepflegt werden, und die sich weder gegeneinander zu beschneiden trachten noch zu verschmelzen drohen.

⊕ Man redet sich in Australien schnell mit dem Vornamen an; der Familienname wird meist nur zur offiziellen Vorstellung gebraucht.

⊖ Der erhobene Daumen, wie wir ihn als Zeichen für O.K. kennen, bedeutet in Australien eine *vulgäre Geste*.

Nationalfeiertag: 26. Januar.

Ozeanien

Die Inselgruppen, die man unter dem Begriff Ozeanien zusammenfasst, werden zwar dem fünften Kontinent zugerechnet, sie haben aber mit Australien nicht viel zu tun. Es handelt sich vielmehr um selbständige Staaten, die untereinander etwa so viel Gemeinsamkeiten haben wie England und Sizilien. Hier nur die wichtigsten Daten:

Fidschi

Unabhängige Republik. Hauptstadt: Suva (auf Viti Levu).
Einwohnerzahl: 790 000; Währung: Fidschi-Dollar ($F) = 100 Cents;
Mitgliedschaften: UN, WTO.
Amtssprachen: Fidschianisch und Englisch.
Nationalfeiertag: 10. Oktober.

Französisch Polynesien

Französisches Überseeterritorium (T.O.M.). Hauptstadt: Papeete (auf Tahiti).
Einwohnerzahl: 224 000.
Währung: CFP Franc.
Mitgliedschaften: UN.
Amtssprachen: Tahitisch und Französisch.

Kiribati

Präsidialrepublik im Commonwealth of Nations.
Hauptstadt: Bairiki (Tarrawa-Atoll); Einwohnerzahl: 86 000.
Währung: Austral. Dollar/Kiribati ($A/K) = 100 Cents.
Mitgliedschaft: UN.
Amtssprache: Gilbertetisch und Englisch.
Nationalfeiertag: 12. Juli.

Mikronesien

Parlamentarische Republik (in freier Assoziierung mit den USA).
Hauptstadt: Kolonia (Pohnpei)/Regierungssitz: Palikir.
Einwohnerzahl: 113 000.
Währung: US-$.
Mitgliedschaft: UN.
Amtssprache: Englisch.
Nationalfeiertage: 10. Mai und 3. November.

Nauru

Parlamentarische Republik im Commonwealth of Nations.
Einwohnerzahl: 11 000.
Währung: Austral. Dollar ($A).
Mitgliedschaft: UN.
Amtssprachen: Nauruisch und Englisch.
Nationalfeiertag: 31. Januar.

Neukaledonien

Französisches Überseeterritorium (T.O.M.); Hauptstadt: Nouméa.
Einwohnerzahl: 204 000.
Währung: CFP Franc.
Mitgliedschaft: UN.
Amtssprache: Französisch.

Papua-Neuguinea

Konstitutionelle Monarchie im Commonwealth of Nations.
Hauptstadt: Port Moresby; Einwohnerzahl: 4,6 Millionen.
Währung: Kina (K) = 100 Toea.
Mitgliedschaften: UN, WTO, APEC.
Amtssprachen: Englisch, Pidgin und Motu.
Nationalfeiertag: 16. September.

Salomonen

Konstitutionelle Monarchie im Commonwealth of Nations.
Hauptstadt: Honiara (auf Guadalcanal); Einwohnerzahl: 416 000.
Währung: Salomonen-Dollar (SI$) = 100 Cents.
Mitgliedschaft: UN.
Amtssprache: Englisch;
Nationalfeiertag: 7. Juli.

Samoa

Konstitutionelle Monarchie im Commonwealth of Nations.
Hauptstadt: Apia (auf Upolu); Einwohnerzahl: 169 000.
Währung: Tala (WS$).
Mitgliedschaft: UN.
Amtssprachen: Samoanisch und Englisch.
Nationalfeiertag: 1. Juni.

Tomnga

Konstitutionelle Monarchie im Commonwealth of Nations.
Hauptstadt: Nuku'alofa; Einwohnerzahl: 99 000.
Währung: Pa'anga (T$) = 100 Seniti.
Mitgliedschaft: UN.
Amtssprache: Tongaisch.
Nationalfeiertag: 4. Juni.

Tuvalu

Konstitutionelle Monarchie im Commonwealth of Nations.
Hauptstadt: Vaiaku bei Fongafale (auf Funafuti).
Einwohnerzahl: 11 000.
Währung: Austral. Dollar ($A).
Mitgliedschaft: UN.
Amtssprache: Tuvaluisch und Englisch.
Nationalfeiertag: 1. Oktober.

Vanuatu

Parlamentarische Republik im Commonwealth of Nations; Hauptstadt: Port Vila (auf Éfaté); Einwohnerzahl: 183 000.
Währung: Vatu (VT).
Mitgliedschaft: UN.
Amtssprachen: Bislama, Englisch und Französisch.
Nationalfeiertag: 30. Juli.

Neuseeland

1. Politisches System:

Konstitutionelle Monarchie im Commonwealth of Nations.
Hauptstadt: Wellington. Souveräner Staat seit 1907. Königin Elisabeth II. ist Staatsoberhaupt; sie wird durch einen Generalgouverneur vertreten.
Einwohnerzahl: 3,8 Millionen, davon: 73,8 Prozent Europäer, 9,6 Prozent Maori, 3,6 Prozent Polynesier sowie Chinesen und Inder.
Mitgliedschaften: UN, WTO, APEC, OECD.
Währung: Neuseeland-Dollar (NZ$) = 100 Cents.

2. Wirtschaft:

Seit einiger Zeit machen bei uns neuseeländische Weine auf sich aufmerksam und auf die Tatsache, dass es dort auch noch etwas anderes außer Schafe gibt. Von denen gibt es allerdings genügend: auf einen Einwohner kommen (angeblich und von mir nicht nachgezählt) mehr als 12 Schafe. Hauptexportartikel sind nach wie vor landwirtschaftliche Erzeugnisse, diese allerdings von beispielhafter Qualität. Der Lebensstandard ist hoch, ebenso die Lebensqualität dieses Landes.

3. Geschichte/Religion:

Neuseeland wurde vom Volk der Maori, das vor über tausend Jahren von den polynesischen Inseln über das Meer kam, entdeckt und besiedelt. Die ersten Besucher aus Europa waren der Holländer Abel Tasman 1642 und über hundert Jahre später der Engländer James Cook. Mit der Unterzeichnung des Vertrages Waitangi im Jahre 1840 akzeptierten die Maorihäuptlinge die britische Herrschaft und erhielten im Gegenzug eine Reihe von Zusicherungen in Bezug auf den Besitz von Land, Wäldern, Fischgründen sowie Kunst- und Kulturschätzen. Der *„Treaty of Waitangi“* sichert den Maori eine einmalige Stellung in Neuseeland zu und ist auch für deutsche Geschäftsleute wichtig und zu beachten, sofern sie sich dort engagieren wollen.

Bemerkenswert ist die Vorreiterrolle Neuseelands bei sozialen Reformen; so wurden hier bereits 1893 den Frauen das Wahlrecht zugestanden und 1898 die Altersrenten eingeführt.

Religion wird in Neuseeland als Privatsache betrachtet und nicht amtlich erfasst. Am weistesten verbreitet ist das Christentum; aber auch fast alle anderen Weltreligionen sind hier vertreten.

4. Sprache:

Amtssprachen und Landessprachen: Englisch und Maori.

5. Bekleidungsvorschriften/Tischmanieren:

Das Verhalten unter Geschäftsleuten in Neuseeland entspricht weitgehend dem internationalen Standard, wenngleich der Umgangston weniger formell ist.
Die Tischmanieren werden nicht so eng gesehen wie bei uns.

6. Besonderheiten:

- Trinkgelder sind in Neuseeland nicht üblich.
- Ortsgespräche sind für private Haushalte kostenlos.
- Die vier nationalen TV-Programme sind ebenfalls gebührenfrei.
- Das Land besitzt ein ausgezeichnetes Schulsystem, 25 Fachhochschulen und 7(!) Universitäten.
- Achtung: In Neuseeland herrscht *Linksverkehr!*

Nationalfeiertag: 6. Februar.

Literaturverzeichnis

Wrede-Grischkat, Rosemarie: Auffallen oder anpassen? – Neue Verhaltensmuster für die berufstätige Frau –, Wiesbaden 1993, ISBN 3-409-19182-8

Wrede-Grischkat, Rosemarie: Hohe Schule des guten Benehmens – Erfolgreich und sicher auf jedem Parkett –, München 1999, TB, ISBN 3-453-15465-7

Wrede-Grischkat, Rosemarie: Mit Stil zum Erfolg – Auftreten – Outfit im Beruf – Umgangsformen –, München 2001, TB ISBN 3-453-18167-0

Wrede-Grischkat, Rosemarie: Div. Aufsätze in: Stil & Etikette-Berater, (Loseblattsammlung), ISBN 3-8125-0126-0, ISSN 0939-0286

Berger, Roland u. Partner: Auf der Suche nach Europas Stärken – Managementkulturen und Erfolgsfaktoren, Landsberg/Lech 1993, ISBN 3-478-34450-6

Böning, Uwe (Hrsg.): Interkulturelle Business-Kompetenz, Frankfurt am Main 2000 ISBN 3-933180-44-9

Chu, Chin-Ning: China-Knigge für Manager, Frankfurt am Main 1996 ISBN 3-593-34950-7

Deutsche Lufthansa AG (Hrsg.): Sitten, Gebräuche und Empfehlungen rund um die Welt, 9 Bde., Köln 1995

Elias, Norbert: Über den Prozeß der Zivilisation, Bd.1 u. 2, Frankfurt am Main 1976, ISBN 3-518-07758-9 und ISBN 3-518-07759-7

Elias, Norbert: Die höfische Gesellschaft, Frankfurt/M. 1983, ISBN 3-518-28023-6

Fircks, Alexander Freiherr von: A & A – Anschriften und Anreden, Sankt Augustin 1997, ISBN 3-537-70010-5

Fischer Weltalmanach, 2001, Frankfurt/M. 2000, ISBN 3-596-72001-X; ISSN 0430-5973

Goleman, Daniel: Emotionale Intelligenz, München 1996
ISBN 3-446-18526-7

Knigge, Adolph Freiherr von: Über den Umgang mit Menschen, Frankfurt am Main 1977, ISBN 3-458-31973-5

Molcho, Samy: Körpersprache im Beruf, München 1997,
ISBN 3-442-12733-5

Molloy, John T.: New Dress for Success, Warner Books Inc., New York 1988
ISBN 0-446-38552-2 (USA)

Morgan, John: Debrett's New Guide to Etiquette and Modern Manners, Headline Book Publishing, London, ISBN 0-7472-1557-X

Odrich, Peter: Japanischer Unternehmensalltag aus europäischer Sicht, Frankfurt am Main 1993, ISBN 3-929368-06-4

Odrich, Peter/Barbara Odrich: Korea und seine Unternehmen, Frankfurt am Main 1994, ISBN 3-929368-26-9

Post, Peggy: Emily Post's Etiquette, 16th ed. 1997, Harper Collins Publishers Inc., New York, ISBN 0-06-270078-2

Rothschild, Nadine de: Le bonheur de séduire – L'art de réussir, Fixot TB, Manchecourt 1991
ISBN 2-266-04712-4

Rowland, Diana: Japan-Knigge für Manager, Franfurt am Main 1996
ISBN 3-593-35062-9

Rusche, Thomas: Kleines SOR-Brevier der Kleidungskultur, Münster 1997, ISBN 3-89473-101-X

Stichwortverzeichnis

Die Autorin

Rosemarie Wrede-Grischkat war eine der ersten Stewardessen der Deutschen Lufthansa. Später – inzwischen Mutter von drei Kindern – studierte sie Germanistik und Politische Wissenschaften und unterrichtete acht Jahre lang an einem privaten Gymnasium.

Als Expertin für Unternehmenskultur und Umgangsformen schult sie seit 1986 Führungskräfte und Führungskräftenachwuchs der Wirtschaft im Inland und im deutschsprachigen Ausland. Sie ist Inhaberin des Instituts RWG Führungskräfte-Seminare. Zu ihren regelmäßigen Kunden gehören Wirtschafts- und Dienstleistungsunternehmen, Banken, Verbände und Organisationen.

Weitere Bücher
von Rosemarie Wrede-Grischkat

Auffallen oder Anpassen? –
Neue Verhaltensmuster für die berufstätige Frau
Gabler Verlag, Wiesbaden 1993
ISBN 3-409-19182-8

Hohe Schule des guten Benehmens –
Erfolgreich und sicher auf jedem Parkett
Wilhelm Heyne Verlag, München 1999
ISBN 3-453-15465-7

Mit Stil zum Erfolg
Auftreten – Outfit im Beruf – Umgangsformen
Wilhelm Heyne Verlag, München 2001
ISBN 3-453-18167-0